新世紀叢書

當代重要思潮・人文心靈・宗教
社會文化關懷

焦慮的意義

The Meaning of Anxiety

羅洛・梅（Rollo May）◎著
朱侃如◎譯
蔡昌雄◎審訂・導讀

焦慮的意義：羅洛・梅經典

【目錄】本書總頁數共528頁

9 — 未婚媽媽的研究

10 — 案例研究拾遺

〈參考書目〉
〈人名索引〉
〈名詞索引〉

9

從焦慮的意義看意義的焦慮

〈中譯本導讀〉／蔡昌雄（南華大學生死學研究所助理教授）

在二十一世紀初的台灣，當自殺率已攀升至國人十大死因的第九位，離婚率與精神疾病率亦不斷走高，甚至整個社會因過度政治動員而呈現價值空洞化的同時，**焦慮在我們的日常生活中幾乎已是無所不在，它所引發的內在困惑、疏離、價值混亂，以及行為的失序等現象**，更是令人刻骨銘心的經驗。本書雖然早在半個世紀前寫成（再版修訂於一九七七年），但是作者羅洛・梅爲西方文化下的人類處境把脈，所描繪的焦慮圖像及其意義解讀，似乎依然適用於今日的台灣社會。

焦慮或許是我們熟悉的人性經驗，但是**焦慮所指為何？是恐懼？壓力？還是心理衝突？我們在面對焦慮時該如何自處？漠視它？壓抑它？還是擁抱它？焦慮對於人類的社會文化又具有怎樣的意義？都是負向的嗎？還是也有其正向的功能？**這一連串的疑問，卻可能使我們有如墜五里霧中的感覺，因爲當我們靜心內省時，以上問題的答案似乎不會因此顯得清晰明白，反而更加令人困惑。不少周遭的朋友看到或聽到這本書的第一個反應，幾乎如出一轍地關心問道：「焦慮到底要怎樣才能消除？」這個衆人普遍關切的問題背後所代表的意義，正是焦慮對我們的深刻影響，以及我們對焦慮的無知，因爲焦慮在此不折不扣地被當成一個壞胚子來對待，毫無正面積極的意涵可言，這其實是與事實有相當出入的。

我個人認爲，這個現代人既關切又無知的現象，正是羅洛・梅在本書中試圖爲讀者解惑的重點。

身爲美國存在心理分析學派創建大師的羅洛・梅，其心理學說與治療進路一向致力於調和弗洛依德精神分析傳統中的心理動力論，以及存在主義哲學中強調主體生存理由的意義理論；換言之，**存在心理分析的任務，就是在解析生命存在的心理現象時，對生命原欲的驅力（libido drive）和主體對意義的意志（will of meaning）這兩股看似相互對立的力量之間，保持解釋角度上的平衡**，以避免落入科學實證的偏頗化約或存在思想玄妙虛無的窠臼中。而焦慮這個主題因爲既有精神動力的現象，又指向人類存在的核心意義，會吸引存在心理分析的應用研究，並不令人感到意外。

本書在羅洛・梅的早期著作中佔有重要地位，除了存在心理分析觀點的應用具有價值之外，作者企圖將發展至五〇年代爲止，散見於各領域的焦慮研究見解與成果加以釐清統整，更使得本書得以站上焦慮研究的經典地位。事實上，美國心理學界在六〇年代、七○年代，甚至在八○年代初期，雖說廣受行爲主義的影響，但是對於焦慮的研究不但未有停歇，甚至還因多種研究量表的問世，而在各個應用場域中呈現蓬勃發展之勢，直到晚近十幾年來才稍顯式微。這個現象可從死亡焦慮的研究發展趨勢中，窺見一斑。

但是，在這學術研究稍顯沉寂現象的背後，並不是代表焦慮研究不再重要，或是已被人遺忘漠視，它所凸顯的反而是各種實證研究量表，在實際研究上遇到了應用與解釋上的困難。例如，焦慮究竟是一個單一的概念，還是一個含括恐懼、壓力、威脅等心理現象的多元概念？它是有意識的？還是無意識的？這些當前遇到的瓶頸問題，其實羅洛·梅在五十年前出版的本書中，就已經有如先知般地預見到了，**它一方面讓我們認識到焦慮問題，因涉及人類存在的根本處境而困擾難解的屬性，另一方面也更彰顯出本書在焦慮研究指引上的經典價值**。對於一般的讀者而言，本書第一部分除第一章導論必讀外，其餘的理論整理可以略讀，或者逕自參考第七章的綜合摘要即可；但是第二部分的心理治療案例，以及第三部分的焦慮管理，則是浸淫研讀的重點所在，只要用心體會，應可從中凝煉出個人在生活中應對焦慮的素養。至於有志思考存在心理課題以及懷抱學術研究關懷的讀者，則千萬不能錯過作者在第一部分爲焦慮理論所做的精采整理與分析，對我而言，它們是通往此一議題深層探索的必經之路。

焦慮其實是人類所獨具的現象，但是這個道理卻非不證自明的。生物學家與神經心理學家曾經注意到，當動物處身於未知的危險狀態時，一樣會表現出類似人類焦慮時的身心緊張反應，例如，羚羊或麋鹿嗅知異常氣氛，覺得有天敵接近但無法確知時；但是深入探究比較得出的共通看法是，所謂動物發出類似焦慮的狀態，只能稱之爲警戒（vigilance），而不能稱爲焦慮。因爲動物在時間的意識範圍有其侷限，例如鹿大約前後十分鐘左右，狗兒稍長可達二、三十分鐘左右，所以牠們只是基於外在環境的制約刺激被動地反應。至於人類雖然也受制於外在環境的影響，但是他了解自己有限的處境，能夠在思想上設定目標，並以此向未來投企（being projective）。**這個人類獨具向未來無限延展的能力，使得他獲得相對的自由，但是他惶惑不安的性質，就從單純對外在的限制或攻擊反應的層次，提升到主體設定目標範圍可能受到不確定影響的層次；此時人類既有限，也無限，既無限，卻也有限，這種因思想與意義能力而帶來對未知危險狀態的有機反應，正是人類焦慮的特質，也是與動物類似情狀的分野所在。**

明白了焦慮是基於人類存在核心的意義設定與追求而產生的，我們便能夠掌握羅洛·梅在處理本書紛紜學說中的主軸理路，不僅可以辨識焦慮與恐懼、壓力以及威脅等常見心理現象的差異，也能夠區分正常焦慮（normal anxiety）與神經性焦慮（neurotic anxiety）的不同。

羅洛・梅在書中舉出一個非常生動的例子，來說明焦慮與恐懼的差異。一位前往牙醫診所赴約拔牙的大學生，在途中巧遇自己上課的教授，但是教授既不跟他打招呼，也不正眼瞧他一下，此時這位本來恐懼拔牙疼痛的大學生，瞬間在胸口感到一股被輕蔑鄙夷的痛楚，而莫名地焦慮起來，他也說不上來究竟是怎麼回事，只覺得自己的存在彷彿毫無價值和意義；不過當他走入牙醫診所時，拔牙的恐懼再度籠罩著他，直到手術結束的許多天裡，那股被鄙夷的莫名焦慮又持續地湧現。這是一段很生動的描述，讓我們清楚地看到恐懼與焦慮的差別，以及兩者間的關係。

基本上恐懼是對可能威脅自己的對象（拔牙）所產生的防衛，而焦慮則是起因於自己內在核心的生存價值與意義受到威脅挑戰（被歧視）時所產生的反應。正因爲它是起於內在的，所以並無外在的對象，雖然它往往也是因爲外在的人事物所引起。就像孩童夢中恐懼的對象，往往是一些抽象的鬼魅，或是他們極少見過的猛獸如獅子老虎等，其原因通常是因爲孩子恐懼母親會離開他或不再愛他，因而引發了不確定的焦慮感，但是又因爲這是說不清、道不明的關係連結，所以就轉變成某種恐懼的對象，如此我們才能加以「因應」，否則將使個體達到難以忍受的地步。當焦慮被轉換爲恐懼時，個體的壓力會增加，焦慮會下降，威脅由內轉外，不過弔詭的是，**當個體有具體的對象可以恐懼時，雖然焦慮的程度下降，可是因為真正引發個體焦慮的原因（內在價值與意義的崩塌）被錯置為外在的對象，因此並不能真正地消解焦慮，它只是隱藏起來蠢蠢欲動，**

或甚至將逐步演變成為更大的災難。

從這個焦慮與恐懼及其他心理現象的區辨，我們可以進一步引申出正常焦慮與神經性焦慮的差異。**因為人的存在是不斷地面對非存有（nonbeing）的挑戰**，所以人會產生焦慮感其實是很正常的，只要前述的威脅→焦慮→恐懼→壓力的循環是良性的即可，換言之，外在威脅與內在焦慮成比例關係就沒有問題。但是，一旦外在威脅與內在焦慮不成比例，也就是焦慮的能量被轉移到某個外在客觀事物上，但卻與現實情境大幅脫節時，便是所謂神經性的焦慮。例如各種恐慌症與強迫症患者，都是因爲內在的里比多能量無法正常釋出所導致的。換言之，原本在前述正常焦慮的循環過程中，個體因爲某種意義經驗的阻滯，里比多的能量被導引黏著在某個事物或情境中，而使得當事人有一種被「卡住」，進退不得的感覺。例如，強迫洗手症者在洗手時，因能量被導引到洗手這個動作上，便不會產生焦慮，但是因爲產生焦慮的根源在於內在對「潔淨」象徵意義的要求，因此外在的洗手並不能眞正消解焦慮的問題，反而使得正常生活因此付出了代價。

個人的焦慮是如此，社會文化層次的集體焦慮，亦復如是。當今日科技社會的快速變遷，已經成爲大眾日常生活的基調時，強迫式地不停工作、熱愛交際，以及**瘋狂地想把休閒時間填滿的種種無意義作為，背後其實似乎也隱藏著現代人想藉著分散注意力，**

來逃避孤獨及無意義感等深層焦慮的企圖。但是基於上述的個體分析，我們明白這樣的作爲終歸是無用的，它只會更加深集體的困擾與焦慮。如果我們從存在心理分析的觀點來看，**焦慮其實是跟隨人的存在而來所必須面對的挑戰，它也是使得人之所以為人的價值之所繫**，所以，如果我們只是一味地逃避存在必須做出意義抉擇的責任，則我們面對焦慮產生的壓力會更大。反之，**如果我們能夠坦然地面對人類存在的焦慮，則生命的意義與價值也就在過程中被構築起來**。這是爲何自殺者並非尋死，只是找不到生存理由的緣故，這也是爲何社會（society）與文化的出路在於社群（community）的建立，因爲只有在社群中，人與人的關係才是以價值和意義連結起來的。**既然當代人的焦慮性格，是始於自我價值的無限上綱，因此它的對治之道也就在於社群倫理新秩序的建立**。本書重點雖然擺在焦慮意義的析論，但是我們也從中看到當代人的意義焦慮，以及它的可能解決之道。

〈初版前言〉／羅洛．梅／一九五〇年

焦慮，不只是當代或西方的問題

本書是針對當代最急迫的問題而寫，歷經數年的探索、研究與思考始成。對心理學家與精神醫生而言，臨床經驗已經證明，**心理治療的核心問題在於焦慮的本質**。只要我們能夠解決這個問題，便已經在了解人格整合與裂解的成因方面，邁出了第一步。

但是，如果焦慮只是一種調適不良的現象，我們大可把它交託給諮商室與診療間，而本書也大可放在專業圖書館就好了。然而，我們今日生活在「焦慮時代」的證據，可說是無所不在。**如果我們能穿透政治、經濟、商業、專業或家庭危機的表層，深入去發掘它們的心理原因，或者試圖去了解當代藝術、詩歌、哲學與宗教的話，我們在每個角落幾乎都會碰到焦慮的問題**。在今日這個變遷世界中，日常生活的壓力與緊張，已經讓每個人都需要去面對焦慮，並以某種方式與之共處。

百年來，基於本書將陸續談到的理由，心理學家、哲學家、社會歷史學家，以及其他的人文學者，對這個緊隨現代人，無形又無名的不安狀態，越來越關注。然而，據我

17

所知，迄今只有兩本書寫就——作者分別是齊克果與弗洛依德——主旨在於呈現焦慮的客觀形貌，並指出與它共處的建設性方法。

本研究試圖將西方文化中，不同探索領域發現的焦慮理論整理成册，找出這些理論中的共同質素，並形塑某種共同的基礎，以利未來的研究。如果本書對焦慮理論的統合，能夠對這個領域的連貫性與理則化有所貢獻，那麼我的目的基本上也就達到了。

焦慮並不只是抽象的理論概念，其理至明；它**就像游泳對於乘船在岸外一哩翻覆的人一樣的重要**。不以當下人類問題爲依歸的焦慮討論，是不值得去寫或讀的。因此，理論的綜合必須經由實際焦慮情境的研究檢證，而挑選出來的案例研究是爲了找出具體證據來支持我的結論，以指出焦慮的意義以及它對人類經驗的價值。

爲了把本研究維持在可處理的限度內，我的範圍僅限於當代人具有價值的觀察，甚至於只挑那些最重要的人物。他們是我們西方文明的代表人物，不論是哲學家的齊克果、心理治療師的弗洛依德、小說家、詩人、經濟學家、社會歷史學家，或其他對人類問題具銳利洞觀的人，都包括在內。把時空縮限在一定範圍內，能夠使焦慮問題更形聚焦，但是這並不表示焦慮只是當代的問題，或只是西方的問題。我希望本書可以刺激其他領域中的類似研究。

因爲我對焦慮這個主題極感興趣，所以我會針對我的研究發現加以說明，不僅使專業讀者能夠淸楚，就是學生、社會科學家，以及想對當代心理問題有所了解的讀者，也都能夠一目瞭然。事實上，**本書是為那些感受到今日社會的壓力和焦慮衝突的人而寫的，也是為那些尋求焦慮的意義、原因，以及可能的因應之道的人而寫的。**

對於現代心理治療學派的比較研究感興趣的人，不妨把本書當作教科書，其中呈現了這個領域十幾位代表人物的觀點。要了解這些不同學派，透過焦慮理論的比較是最有效的。

在本書寫作期間，我對焦慮的看法曾受惠於多位同仁和朋友的砥礪，討論的內涵因此更為深廣，但是因為人數太多，無法在此全數致謝。不過我想要表達對莫勒教授（Dr. O. H. Mowrer）、葛斯汀醫生（Dr. Kurt Goldstein）、田立克教授（Dr. Paul Tillich）與瓊斯教授（Dr. Esther Lloyd-Jones）的感謝，他們在不同階段分別閱讀了我的手稿，並就他們的專長與我討論了許多關於焦慮的問題，使我深具啓發。我同樣要感謝佛洛姆醫生（Dr. Erich Fromm）以及懷特學院（William Alanson White Institute of Psychiatry, Psychoanalysis and Psychology）的其他同仁，對這個研究直接與間接的協助。最後我要感謝的是，未婚媽媽之家的精神醫生與社工人員，是他們協助完成書中的個案研究。這些同仁在了解個案方面，提供了專業的協助，不過基於倫理因素，他們必須以匿名處理。

紐約市，紐約州
一九五〇年，二月

19

20

焦慮之謎及其隱含的意義

〈修訂版序〉／羅洛・梅／一九七七年

自從本書初版於一九五〇年問世以來，有關焦慮的研究大量出現，對於焦慮也十分關注。與一九五〇年以前相較，當時只有兩本論述焦慮的書出版，而在過去的二十五年間，就有二十本相關的書籍上市。在一九五〇年以前，探討這個主題的論文只有六篇，而一九五〇年以後，焦慮和相關主題的研究與博士論文，則估計至少有六千篇。焦慮無疑已經走出專業人士燈光微弱的辦公室，來到商業市場的耀眼明燈之下。我很高興，本書初版爲這方面的關懷增添波瀾。

但是，儘管齊聚了天才們的投入奉獻，我知道沒有人可以宣稱，焦慮之謎已經解答。我們的知識增加了，但是還沒有學會如何處理焦慮。雖然本書第一版中提出的正常焦慮概念，在理論上已經普遍被接受，但是我們還沒有能夠面對焦慮隱含的意義。我們仍舊執著不合理的信念，認爲「心理健康就是指生活中沒有焦慮」。我們似乎沒有覺察到，**在生活沒有焦慮的這個幻念中，顯露出對真實的嚴重誤解**；對於當前的原子彈輻射與氫彈時代而言，這點已是昭然若揭。

焦慮是有意義的。儘管這層意義可能有毀滅性的部分，但是也另有建設性的部分。我們的生存之道已是老生常談，就是面對焦慮。**弗洛依德和阿德勒說過，原始人最初的焦慮體驗，是來自野生動物的尖齒厲爪的威脅警示。在人類祖先發展思考能力，以及運用象徵與工具來拓展保護範圍方面，焦慮扮演了非常重要的角色。**

但是到了現代，我們仍舊認為主要的威脅來自具體敵人的尖牙和厲爪，可是它們實際上大多是來自心理或更廣義的靈性層面；換言之，它們主要是無意義的問題。**我們不再是老虎和乳齒象的獵物，但是卻受害於自己的自尊，被自己的族群孤立，或在競爭中受到失利的威脅。**焦慮的形式已經改變，但是焦慮經驗依然大體相同。

焦慮是人類的基本處境。在此舉一個我個人的例子，儘管我已身經百戰，但是我在每次演講之前都會感到焦慮。有一天，我決定不再忍受這種看似無必要的緊張，在意志堅定的情況下，我終於能讓自己不再焦慮。那天晚上當我上台時，我非常放鬆，而且完全不會緊張。但是那場演講很糟糕。張力、處於挑戰的感受，以及如賽馬在門欄前等候衝刺的熱力全不見了；而那些是正常焦慮表達時的身心狀態。

面對焦慮能夠（注意是能，而不是會）使我們不再無聊，使我們的心智敏銳，而且使我們確知這份張力的存在是人類生存的保障。有焦慮便有活力。就像發燒一樣，焦慮表示人格內正在激戰。只要我們持續爭戰，建設性的解決方案便有可能。**當焦慮不**

21

再，爭戰結束，憂鬱可能就會出現。這就是為什麼齊克果主張，焦慮是我們的「良師」。他指出，只要當新的可能性浮現時，焦慮就會在那兒。這些思考點出一個當代研究幾乎沒有碰觸的主題，那就是**焦慮與創造力、原創性和智識的關係**。儘管本書第三部分只是簡要地處理了這些議題，但卻是爲了第二版全新重寫的。

我相信大膽提出一個含納正常與神經性焦慮，以及文學、藝術與哲學的焦慮理論，是有必要的。這個理論必然是以最高形式的抽象呈現。我提議必須以下列這個定義爲基礎，亦即**焦慮是存有肯認自己以對抗非存有的經驗**。後者是減損或毀滅存有之物，如侵略性、疲累、無聊以及終極的死亡。我重新改寫本書，寄望其出版有助於焦慮理論的形成。

我很高興地在此向鼓勵我改寫本書的研究生與同事致謝，工作的回報遠超過我原先的期待。我要特別感謝與我協同研究的庫柏博士（Dr. Joanne Cooper），她在主題圖書資料蒐尋和提供有力建議上，對我助益良多。

提柏隆，加州
一九七七年六月

PART

I

焦慮的現代詮釋

Modern Interpretations of Anxiety

我們見到了敵人，他就是我們自己。

1

二十世紀中葉的焦慮

Anxiety in Mid-Twentieth Century

當現代人被困在……兩個不同的年代，
以及二種不同的生活模式中，
他們了解自身的能力便全然喪失，
沒有標準、沒有安全感，
也沒有最起碼的共識。

——赫塞（Herman Hesse），《荒野之狼》（*Steppenwolf*）

每一位機敏的社會公民，從他自己的經驗以及對同胞的觀察中，都明白焦慮是二十 3
世紀普遍而深刻的景象。自一九四五年原子彈誕生以來，焦慮由潛藏的問題，轉變成公
開的問題。機敏的公民不僅覺察到某些顯然會產生焦慮的處境，如不受控制的原子戰
爭、激進的政經動亂等，更可以在自己和身邊其他人的身上，注意到某些較不明顯，但
卻更深刻的個人焦慮來源。其中**個人焦慮的部分包括內在困惑、疏離、心理混亂，以
及價值和行為標準的不確定**。因此，努力去「證明」當代焦慮的無所不在，就像晴天 4
打傘一樣，顯然沒有必要。

既然大家都清楚社會中焦慮潛藏的來源，我們在這章導論中的任務，便在於指出焦慮浮現的過程，並說明它如何成爲我們許多不同文化領域中的**顯性**問題。我們可能會感覺到，當此二十世紀中葉的時節，在完全分歧的科學、文學、宗教、政治領域中，都共同關切焦慮這個問題。二、三十年前，我們或許還可以稱它爲「隱性的焦慮年代」——本章稍後將做說明——但是到了二十世紀中葉，就成爲奧登（W. H. Auden）和卡繆（Albert Camus）口中所謂「顯性的焦慮年代」了。焦慮問題的浮現從隱性而顯性，從只是一種「情緒狀態」，變成我們必須不計代價試圖澄清界定的緊急議題，的確是意義重大的現象。

焦慮不僅在了解和處置情緒紛擾及行爲失序時，被認爲是弗洛依德所謂的「關鍵問題」（nodal problem），即使在文學、社會學、政治與經濟思想、教育、宗教和哲學等不

同領域中，也都同樣被認爲是關鍵的課題。我將從這些領域中引證案例，從比較一般性的問題開始談起，然後再進一步論及把焦慮視爲科學研究問題的特殊考量。

文學

如果我們探究一九二〇或三〇年代美國文學中呈現出的焦慮，我們所關注的必然是焦慮的症狀，而不是顯性的焦慮本身。儘管在那個時期，公開和外顯的焦慮徵兆並不太多，但是研究者還是可以發現許多潛藏焦慮的症狀。譬如，像湯瑪斯・吳爾夫（Thomas Wolfe, 1900-1938，譯註：著名美國南方詩人）這樣的小說家作品中，所宣稱的孤寂感，以及永恆追尋的特質——亦即強迫式的瘋狂追尋，但卻總是受挫——便是。我們可以從本書說明焦慮的案例中看出，焦慮在本質上往往是根植於吳爾夫的小說標題——《你回不了家了》（*You can't go home again*）——所象徵表達的那個議題上的。我們看到書中衆生相，因爲無法接受回不了家的心理意義，也就是失去心理上的自主，所以產生了神經官能的焦慮。人們感到好奇（因爲文藝家以象徵手法表達文化中的無意識假設和衝突，往往令人深信不疑）的是，吳爾夫書中的象徵，是否意味著美國在一九二〇與三〇年代的許多人，已經開始了解到，我們不僅回不了家，也不可能再依靠過去的經濟、社會和倫理準繩來維繫安全感了？這個體認的核心便是，顯性焦慮逐步浮現變成人們意識得到的一個問題，以及一種「無家可歸」的感覺。如果我們把這個現象視爲是針對家鄉和母親核心象徵的揣測，或許便以更清楚的形式，提出了一個我們在這項焦慮的研究中，將不斷面對的問題。

到了一九五〇年代，焦慮在當時的文學作品中，已經成爲顯性的陳述。奧登認爲自己的詩題——《焦慮的年代》（*The Age of Anxiety*）——最精確地呈現出該時期的特性。①儘管奧登對詩中四位人物的內在經驗詮釋，是設定在戰爭時期——亦即「恐懼成爲必然，而自由卻窮極無聊」的時期②——但是他淸楚地表明，詩中人物和其他同時代的人之所以會感到焦慮的潛藏因素，必須在比戰爭更深刻的層次尋找答案。詩中的四個人物，儘管出身背景與氣質皆不相同，卻共同具有某些當代的特徵：孤寂、做人無意義的感覺，以及無法擁有愛人與被愛的體驗；儘管我們有共同的需求，共同努力，同時也都有酒精提供的短暫喘息。對奧登而言，**如果焦慮的來源可以在我們某些文化的基本趨勢中找到的話，便是向崇尚商業與機械價值的世界靠攏的壓力**：

我們隨著
巨輪的轉動前行；革命
影響無所不在，無論是世事浮沉
還是商業買賣……③

……這個愚蠢的世界
精品巧器主宰一切，我們喋喋不休
說東道西，卻仍舊孤獨，
存活卻孤獨，歸屬——在哪裡？——④
像無根的野草一般。

而詩中四位人物可能要面對的處境是，他們也將被捲入這無意義的機械化常規之中：

……我們所知的恐懼
是未知。夜晚的降臨是否會為我們帶來
可怕的境遇——在小鎮
經營五金行……以教職謀生
教新教的女孩學科學——？為時已晚。
我們有被徵詢過意見嗎？我們是否根本
不堪聞問？⑤

他們失去的是體驗的能力，以及自己是具有獨特價值個體的信念。這象徵我們每個人的四位角色，同時也不再對其他同胞懷抱信念，更無法與他們獲致有意義的溝通。⑥

與奧登的詩題相似，卡繆將這個年代命名爲「恐懼的世紀」，而稱十七世紀爲數學的年代，十八世紀爲物理科學的年代，十九世紀爲生物學的年代。卡繆知道這些特性在邏輯上並不對稱，也知道恐懼並不是科學，但是「科學必定扮演了一定的角色，因爲**當完美的科技即將造成地球毀滅的威脅時，科學的最新理論發展，便已經走到否認自己的地步了。此外，儘管恐懼本身不能被視為是一種科學，但是它確實可以被認為是一種技術。**」⑦而我們的時代也常被指稱爲「心理學的世紀」。恐懼與心理學之間是否有必然的關聯，以及恐懼是否就是驅使人們去檢視他們自己心靈的力量，都是本書所要探討的疑問。

另一位沉痛表達出本世紀的焦慮，以及人們有類似焦慮狀態的人，便是卡夫卡（Franz Kafka, 1883-1924，譯註：捷克作家，代表作有《變形記》〔1912〕、《地洞》〔1923〕、《審判》等）。卡夫卡在一九四〇和五〇年代的作品中大量湧現的寫作旨趣，對於本書的寫作目的極爲重要，因爲它所呈現的正是變遷中的時代氛圍。如果有越來越多的人發現卡夫卡所言對自己是有意義的，這就表示他所傳達的乃是社會大眾普遍經驗中的某些深刻層面。在卡夫卡的小說《城堡》（*The Castle*）中，故事主人翁一生奮鬥不懈的乃是，致力與城堡中全面控制村民生活的權威當局溝通；這個城堡當局有權決定他所從事的行業，以及他的人生意義。卡夫卡的平民英雄（non-hero）之所以反抗，乃是受到「生命最原始要素，植根於鄉土與心靈召喚，以及成為社群一員等需求」⑧所驅策的。但是城堡中的權威當局仍然莫測高深、不可親近，故事主人翁的人生失去了方向、無法整合，也不能融入社群之中。雖然城堡究竟所指為何是可以深入辯論的問題，但是就城堡當局以權力壓制個人自主性和有意義的人際關係這點而言，很清楚地便是官僚科層組織效能的縮影。我們堅定地認為，卡夫卡所描寫的正是十九世紀末、二十世紀初中產階級文化的諸般面向；由於科技效能的大幅提升，以致個人的價值幾近摧毀。

相較於卡夫卡，文學象徵處理來得較少的赫塞，卻更明顯地指出當代人焦慮的來源。二十世紀在美國發生重大的社會變革之前，歐洲已經歷過了這個創傷，因為對此社會形勢有所覺察，所以赫塞所寫的內容，比起一九二七年的《荒野之狼》，就更貼近美國一九四〇年代社會所顯現出來的問題。他以海勒（Harry Haller）為主人翁的小說故事，做為我們時代的寓言。⑨赫塞主張，海勒及其時代同袍的孤立與焦慮，是來自於十九世紀末、二十世紀初的中產階級文化，因為它強調的是機械和理性的「平衡」，卻以壓制經驗中動態的非理性質素做為代價。海勒克服自己孤立寂寞的方式，就是將自己先前受壓抑的感官與非理性衝動（亦即書名中的「狼」）解放出來。但是這種反應式的方法，只能帶來短暫的情緒紓解。赫塞的確沒有針對當代西方人的焦慮問題，提出徹底的解決方案，這是因為他相信當前的時代正是「整個世代被困在……兩個不同年代」的情況。

換言之，中產階級的標準與自制已經崩解，但是取而代之的社會標準卻尚未形成。赫塞視海勒的行徑

為時代的記錄，因為就我所知，海勒的靈魂之病不是某個人的變態行為，而是整個時代生病了，是海勒所屬的整個世代都患了神經官能症……這種疾病……正是要嚴懲那些精神堅強、天資聰穎者的疾病。⑩

社會研究

焦慮在社會研究的領域中，也浮出了檯面。如果我們接受琳德夫婦在「美國小鎮」（Middletown）這二篇研究中所比較呈現的結果，那麼焦慮成為一個顯性的社會問題，便是在一九三○與四○年代。（⑪譯註：琳德夫婦在二十世紀初，以社會人類學為進路，在美國印地安納州的曼希〔Muncie〕鎮，研究典型美國小鎮的日常生活，前後出版了二冊珍貴的社會學文獻，後來並有以這二冊書為本的六集電視影集問世）在一九二○年代完成的第一次研究中，焦慮對小鎮居民而言，並不是一個顯性的問題，而且焦慮這個主題甚至沒有出現在該書的索引內。但是如果我們從心理學的角度來閱讀此一研究就會懷疑，小鎮居民的許多行為已經是**隱性焦慮**的病症了——譬如，強迫式地不停工作（「工商人士似乎都以追逐金

錢的方式，來追求美好的生活」⑫）、普遍有屈從規範的掙扎、強迫式的熱愛交際（非常強調所謂的「參加」社團），以及瘋狂地想用活動把自己的休閒時間塡滿（諸如「飆車」）等，也不管這些活動本身是多麼沒有意義。到了週日下午，許多人都會固定地跳上車，開個五十哩，然後再駛回來。這讓我們聯想到巴斯卡（Pascal）對某些隱性焦慮症狀的描述：**人們不斷分散自己的注意力、逃避無聊、避免孤獨，直到「困擾」本身成為問題為止**。在第一本書中只有一個人——琳德夫婦形容他為「敏銳的」觀察者——透視到這些症狀的底層，並感受到潛在的憂慮。他注意到他的同鎮居民「都有所恐懼；那是什麼呢？」⑬

但是對同一社區在一九三〇年代的第二次研究，卻呈現出非常不一樣的圖像。**顯性的焦慮出現了**。琳德夫婦注意到，「美國小鎮居民共通的地方，是在面對複雜世界時的不安。」⑭當時外顯的焦慮場景，可以確定就是經濟大蕭條。但是如果立即下結論說，經濟不安是焦慮浮現的全部**因素**，並不正確。琳德夫婦把「美國小鎮」的不安，跟那個時代個人所經驗的**角色混淆**相連結，是十分準確的看法。他們寫道，「鎮民陷入衝突模式的混亂中，這些模式並非全然不對，但是也沒有哪一個模式清楚地得到認同，或能夠免於困惑；換言之，基於團體的制裁而要求男分女歸的角色扮演，乃是天經地義的事，但是個人在面對文化的要求時，卻無法做出合於標準的回應。」⑮

美國小鎮這種「衝突模式的混亂」，所呈現的乃是美國文化中無所不在的社會變遷，它們和我們時代中四處瀰漫的焦慮密切相關，這點我將在後面的章節中提出來。⑯琳德夫婦注意到，既然「多數人無法容忍生活各層面的變遷與不確定完全爆發」⑰，美國小鎮便傾向**撤退到更嚴厲、更保守的經濟與社會意識形態中去**。此一焦慮症狀和抗拒焦慮的不祥發展，預示了我們接下來要討論的主題，也就是焦慮與政治極權主義之間的關係。

社會心理學家立富頓（Robert Jay Lifton, 1926-）已爲我們提供許多有關洗腦過程的洞見；⑱而洗腦已是一九五〇年以來，全球顯著的社會動亂形式。我在此不會從許多相關面向切入討論立富頓這項深具潛力的研究，只引述其中談到焦慮主題的地方做爲參考：

> 著名的天主教神學家鄧恩（John S. Dunne）認為「所謂的『逾越』（passing over）現象」，乃是當代的新宗教。鄧恩對這個過程的描述是，「先是過渡到另一種文化的標準，另一種生活的方式，另一種宗教……接下來就是所謂『歸返』（coming back）的過程，帶著嶄新的洞見歸返自己原來的文化、生活方式和宗教。」⑲
>
> 然而，這個過程也有其陰暗面。「逾越」過程的千變萬化，以及所謂的普羅修斯風格（Protean style），將產生大量的焦慮。因分散現象而引發的焦慮，反而

會帶動人們對安定的追求，這個情況我們在當前基本教義派和許多集體靈修運動中一覽無遺。⑳

所謂的「普羅修斯人」（Protean Man）是立富頓對當代人格的分析，他們不斷地改變自己的身分認同。希臘神話中的普羅修斯（Proteus，譯註：普羅修斯在荷馬史詩《奧德賽》中是海神波塞頓的助手，善於形變）能夠不斷轉變自己的外形——「從大野豬、鬃鬚雄獅、龍怪、大火到流水。……但是，除非他被抓住用鐵鍊鎖起來，否則就**沒有辦法不改變他的外形**。」這種戴上不同面具、不斷變遷、持續反映環境，而「不知自己歸屬之處」（某位年輕的現代普羅修斯的形容）㉑的驅力，所顯示的乃是變動得令人暈眩的文化處境。不論我們對此讚許或失望，此情此景所顯現的無疑正是我們社會的動盪不安。

立富頓把恐懼原子戰的當代焦慮，比擬爲一種**麻木不仁的**過程。此一防衛機轉是一種情緒的縮斂，人們除了以此麻痺感覺、切斷威脅的知覺外，無可奈何。萎靡自己的意識作用似乎可以暫時防阻焦慮。至於個人日後是否要爲此付出代價則是個未知數；對於**帕布洛**事件（*Pueblo*）的生還者而言，他們確實付出了代價。某位研究過此一事件的學者說道，「因爲明顯的壓抑和否認，而做出短期調適是可能的，但是事後一定得付出代價」㉒，例如，後果可能會以自殺或精神性的抑鬱症表現出來。

政治場景

政治與焦慮的理想關係，在史賓諾莎（Spinoza）對「免於恐懼」的政治層面意涵解讀中表露無遺。他認爲國家的目的在於「讓每個人免於恐懼，使個人因此可以在沒有安全顧慮下生活與行動，不會傷害自己與鄰人。」但是當我們轉向實際的政治舞台時，我們卻發現焦慮正若隱若現地展露出來。我們不用深入法西斯主義的複雜成因，就會注意到它的誕生和攫取權力，都是發生在普遍充斥焦慮的年代裡的。保羅・田立克（Paul Tillich）曾親身經歷納粹在德國的興起，他如此描述德國法西斯主義發展背景的一九三〇年代歐洲處境：

> 首先是一種**恐懼**感，或者更確切地說，是一種不確定的焦慮感到處瀰漫。不只在政經層面，文化與宗教亦復如是，人們似乎失去了安全感。個人失去可以信賴的基石；一切也都沒了根底。災難性的崩解隨時會發生。因此，對安全感的渴望遂與日滋生。**伴隨著恐懼與焦慮的自由已喪失價值；於是人們寧可要安全的權威，也不要恐懼的自由！**㉓

當此時期，由於人們急切地想要從焦慮中釋放出來，因此會牢牢地抓住政治的威權。這樣的極權主義在文化層級上所發揮的功能，和神經症狀使個人不必面對無法忍受的焦慮，實有異曲同工之妙。觀察義大利與西班牙法西斯主義的馬修（Herbert L. Matthews, 1899-1977，譯註：美國戰地記者）寫道：「**法西斯主義就像是一座監獄，它讓個人擁有一定程度的安全、庇護和食物。**」[24]除了一些主要的差異外，共產極權主義所滿足的也是類似的功能。小施萊辛格（Arthur M. Schlesinger Jr., 1917-，譯註：美國著名文化評論家與歷史學者，二屆普立茲歷史獎得主，曾任甘迺迪總統的策士）告訴我們：「〔共產主義〕填補了現有宗教衰微後造成的『信仰真空』；它提供某種目的感，療癒了焦慮與懷疑所造成的內在巨痛。」[25]正如我在本書稍後會指出的，這種極權主義形式不僅是一種經濟現象，也同樣是心靈、倫理和心理真空的產物，它呈現的正是西歐中產階級傳統崩解的內涵。正如艾邦（Martin Ebon，譯註：美國作家）所述一般，**共產主義乃是「在迷惑與虛無中找到目標的渴望」所催生的。**[26]**在這片迷惑虛無的雲霧中，焦慮卻是真實存在的。極權主義於是立定腳根，因為就像病症一般，它「綁住」了焦慮，而使大眾得以從中獲得喘息。**[27]

除了上述以隱性症狀形式出現的焦慮外，**尚未統整的**（unsystematized）焦慮在當時的政治社會場域中也日益明顯。我們會時常引用**小羅斯福總統**（Franklin D. Roosevelt, 1882-1945，譯註：美國第三十二任總統）第一任就職演說中的箴言——「**唯一需要恐懼的，**

就是恐懼本身。」——可見多數人在面對當前政治社會情勢的劇烈變遷時，已經越來越注意到「恐懼的恐懼」——或更正確地說，焦慮——這項事實。㉘

原子時代的到來，原本還處在醞釀階段、浮動不安的焦慮，已開始令人無法迴避。美國丟下第一顆原子彈之後，現代人的宿命處境就在寇森斯（Norman Cousins, 1915-1990，譯註：美國記者、作家，有美國良心之稱，曾得過聯合國和平獎）有關焦慮的激越陳述中表現了出來：

> 原子時代的降臨使人心懷恐懼，而不抱希望。那是對原初的恐懼，對未知的恐懼，是對人類無法處置或理解的力量的恐懼。這種恐懼並非新鮮事物；對非理性死亡的恐懼，便是它的古典形式。只是它在一夜之間就增強放大罷了。它已經從下意識迸發進入到意識的領域，心中滿是原始的躁動不安。……在此，人們找不到答案，找到的只是恐懼。㉙

即便我們在槍戰和原子戰爭中死裡逃生，可怕世界中本具的焦慮處境，仍將如影隨形地跟著我們。歷史學家湯恩比（Arnold Toynbee, 1889-1975，譯註：英國歷史學家，著有《歷史研究》等）堅信，世界大戰在我們有生之年是不可能爆發的，但是我們卻將長期處於「冷」戰之中。這就意味著緊張與憂慮的狀態將持續下去。整個世代（事實的情況是更爲漫長）都處在焦慮的狀態中，的確是一幅嚇人的景象！

但是未來的圖像未必是黑暗的。湯恩比主張，持續的冷戰緊張狀態，也可以建設性地促使我們致力提升西方的社經水準。我同意湯恩比，**西方政治社會的存續，有賴我們對險惡世界處境中所含蘊焦慮的容忍，以及將此焦慮轉為建設性用途的能力**。

湯恩比關於建設性運用焦慮的類比，十分鮮活，我摘述如下。從北海把捕獲的鯡魚帶回來的漁夫，得面對水槽中魚隻越來越不新鮮，而不能在漁市場上賣得好價錢的問題。有一名漁夫便想出在鯡魚水箱中放進一對鯰魚的點子。鯡魚面對鯰魚現身的生命威脅，非但不會變得奄奄一息，反而更加活躍繁盛了起來。㉚當然，西方面對鯰魚（中共或蘇俄）能否眞有建設性的反應，是另一個問題；換言之，我們在面對世界的焦慮處境時，能否建設性地運用焦慮，仍然有待觀察。

在此處境下的焦慮會與日俱增，因爲沒有絕對的壞人或「惡魔」，可以讓我們投射自己的恐懼。隨著我們自己在主客兩方面更加地涉入問題，焦慮會日益增加。就像品納茲（Peanuts）所說的，「**我們見到了敵人，他就是我們自己。**」

哲學與神學

焦慮在當代的哲學與宗教中也已成爲中心的問題，它不僅是一般性的問題，同時是文化中普遍存在著焦慮的特殊指標。焦慮已經成爲神學家如尼布爾（Reinhold Niebuhr, 1892-1971，譯註：美國神學家，著有《人性與命運》〔*The Nature and Destiny of Man*〕）等人思想中聲譽卓著的部分，他是最關切當代政經議題的神學家；而哲學家如田立克與海德格等人，也因爲親身經歷過去三十年來西方社會的文化危機與動盪，而特別重視焦慮的問題。

根據尼采「哲學家乃『文化醫生』」的概念，這些哲學家和神學家的思想不應該被視爲是學術象牙塔的思想產物，而是對整個西方文化情境的診斷。

田立克形容焦慮是人類對**非存有**（nonbeing）威脅的反應。人是自覺存在的生物，但也同時覺察到自己隨時會死去。田立克這個概念當然是在原子時代之前就形構的，但那的確是一幅栩栩如生的圖像，讓許多人得以理解非存有的立即威脅。用哲學的語言說，當個體察覺到自己的存有正與非存有的無限可能對抗時，焦慮便產生了。這與齊克果把焦慮描述爲「對虛無恐懼」（fear of nothingness）的說法不謀而合，這一點我們後面會再討論。「非存有」（Nobeing）不是只有軀體死亡的威脅——雖然死亡極可能是此一焦慮最普遍的形式與象徵。非存有的威脅在心理與精神領域同樣存在，也就是在個人的實存處境中所承受的**無意義感**（meaninglessness）威脅。無意義感的威脅通常是一種負面的經驗，會被當成是自我存在的威脅（也就是葛斯汀〔Goldstein〕所謂的「自我消解」經驗）。但是當這種焦慮的形式被確認時，亦即當個人領受了無意義感的**威脅**，並**挺身對**

抗它時，其結果便是個人自我本性經驗的強化。這也使得他更加確認，自己做爲一個存有者，是與非存有或客體世界截然不同的。

尼布爾把焦慮放在他「神人論」的核心部分。對尼布爾而言，人的每一項行爲，不論是創造的或毀滅的，都牽涉到某些焦慮的質素。所以會產生焦慮，一方面是因爲人像動物一樣是有限的，有其存在的偶然與必然。但另一方面，人類也擁有自由。人類「不像動物，他看清自己（偶然的）處境，並期待隨之而來的冒險，」就這一點而言，人超越了他自己的有限。「簡言之，**人因為既有限又自由，既受限又無限，所以是焦慮的。自由與有限並存的弔詭情境，使人生而焦慮**。」㉛有關焦慮是神經官能症的先決條件這一點，本書稍後將大量引介；不過我們在此要指出，尼布爾以對應的神學語彙，把焦慮比喻成是「原罪的內在先決條件……焦慮是誘惑心態的內在描述」㉜，這一點很具意義。

心理學

社會心理學家威洛拜（Raymond Royce Willoughby）主張，「**焦慮是西方文明最耀眼的心理特質**」。他從三個社會病理學範疇中，提出事件持續增加的統計數據爲證；他相信這些事件可以被合理地理解爲對焦慮的反應，也就是**自殺**、**功能性的精神失常**和**離婚**。

㉝在過去的七十五年到一百年之間，自殺率在多數歐陸國家中穩定地增加。威洛拜提到各種功能性的精神疾病時說，「即使運用最大可能的資源來提升醫療設備和診療能力，……精神疾病的事故可能還是會顯著上升。」㉞在二十世紀裡，除了日本以外，各國的離婚率都呈現穩定上升之勢。威洛拜相信離婚事件是衡量文化成員，無法忍受重大婚姻調適所需付出額外壓力的指標，因此較高的離婚率必然顯示該文化的焦慮十分沉重。在美國，因爲感到「殘酷」（cruelty）而離婚者，是「離婚率增加最主要的原因，其他的因素則穩定下滑中。」威洛拜認爲「殘酷」是因爲焦慮增加——「如果另一半的行爲強化了焦慮，就是『殘酷』。」

威洛拜引介這些統計數字，目的在爲「西方文明的焦慮與日俱增這個常識性的看法」提供實質的證據，這一點是無庸置疑的。但是這些統計數字與焦慮之間，是否就像他宣稱的具有那麼直接的關係，也是可以被質疑的。離婚事件的日增，除了普遍存在的焦慮以外，社會態度的變遷似乎也是成因。**將高漲的離婚率、自殺率與精神疾病率，視為是西方文化遽變轉化過程下的症狀與產物，並且把焦慮視為是此一轉變狀態下的症狀與產物**，似乎更合乎邏輯。

我們追蹤離婚事件以迄今日的發展，便會注意到，根據一九七六年出版的統計數字㉟，「美國人的第一次婚姻，在當事人近三十歲時以離婚收場的比例，比四十五年前在類似年紀離婚者，多了三、四倍。」而離婚率在過去十二年已經成長了二倍以上。不論我們怎麼看待這些統計數字，它們確實是文化處於激烈動盪狀態的指標，也因此文化中的人們便暴露於無所不在的焦慮之中。

因爲後續的章節將會詳細討論許多心理學領域中的焦慮研究，所以我在導論中只簡要地說，焦慮已逐漸在學習理論（learning theory）與動力心理學（dynamic psychology）中被視爲是重要的問題，特別是在精神分析與其他心理治療形式中，更是如此。不安和恐懼，特別是雙親和老師的賞罰，會對學校的孩童造成重大的影響，雖然這點我們早已知道，但是直到晚近我們透過科學才明瞭，孩童在教育與課堂的經驗中，焦慮細膩的顯露及影響，可說是多得不勝枚舉。我們能夠把焦慮當成是學習理論的核心問題，並以科學的方式陳述出來，這都要歸功於莫勒（Orval Hobart Mowrer, 1907-1982）、米勒（Neal E. Miller, 1919-?）、道勒德（John Dollard, 1900-1980），以及其他許多後繼的學習心理學家。㊱

三十多年前，弗洛依德便特別標舉出**焦慮，把它視為是情緒混亂與行為失序的核心問題。精神分析的進一步發展，只是證明了他的命題**，時至今日焦慮已被各方認定是「神經官能症的基本現象」，或用霍妮（Karen D. Horney, 1885-1952，譯註：德國女心理學家，著有《焦慮的現代人》）的話來說，是「神經官能症的動力中心」。這不僅在心理病理學中是個事實；即使在「正常」人的行動中，焦慮也比數十年前人們所懷疑的更爲普遍，這點大眾已有共同的認識。不論我們關心的是「正常」的行爲或病態的行爲，弗洛依德說，要找出焦慮這個「謎題」的答案，就必須「照亮我們心理存在的全部」才行，

這點無疑是正確的。㊲

本書意旨

儘管焦慮已成爲西方文化中各領域的核心問題，但是針對該問題的攻堅卻呈現跛足之勢，原因在於許多關於焦慮的理論與研究，至今尙未統整。雖然專業的心理學家勤奮研究，但是從一九五〇年到一九七七年，這個情況都沒有改變。當我們讀到許多研討會關於焦慮主題的論文時就明白，心理學家甚至不是使用同樣的語言在談論。弗洛依德在一九三三年出版論焦慮的著作中，開宗明義對此問題處境所做的描述至今仍大致不差：「當各位聽到我將針對焦慮這個主題的研究假設，提出大量嶄新的資訊時，一定不會感到驚訝……但是這些資訊卻無法針對這個惱人的問題，提供最終的解決之道。」在當前這個階段，要了解焦慮就必須要「引進正確的抽象概念，並且把這些概念應用在觀察所得的材料上，這樣才能看清焦慮的因由。」㊳

本書的意旨是，在現有尙未整合的焦慮理論領域中，儘可能「看淸焦慮的因由」。我提議整合不同的焦慮理論，然後逐一檢視其文化、歷史、生物和心理的面向。我將在這些理論中尋找公分母，評估歧見，並儘可能地將不同的觀點綜合成一個整全的焦慮理論。書中提出的案例研究，是爲了從臨床的角度來**審視焦慮理論**——換言之，是針對這個整全的當代焦慮理論的各個面向，進行解說或質疑的工作。

註釋

①奧登，《焦慮的年代》（New York, 1947）。

②同上，p.3。

③同上，p.45。

④同上，p.44。

⑤同上，p.42。

⑥本書初版時，我很興奮地發現，由伯恩斯坦（Leonard Bernstein, 1918-1990，譯註：猶太裔美國音樂家）創作，在一九四九年首度公演的一部交響樂，就叫《焦慮的年代》（*Age of anxiety*）。伯恩斯坦相信，奧登的詩眞正地把「時代的情狀」展現了出來，同時也把像他這樣的個體心聲表露無遺，因此，伯恩斯坦就把奧登的詩轉譯成音樂的符號表現出來。

⑦引述自《紐約時報》，一九四七年十二月二十一日，第七版，p.2。

⑧柏德（Max Brod），《城堡》（New York, 1930）的附錄，p.329。

⑨赫塞，《荒野之狼》（New York, 1947），克雷頓（Basil Creighton）譯：一九二七年出版於德國。

⑩同上，p.28。強調我的看法。

⑪琳德夫婦（R. S. Lynd and H. M. Lynd），《美國小鎮》（*Middletown*, New York, 1929），《美國小鎮變遷史》（*Middletown in transition*, New York, 1937）。

⑫《美國小鎮》，p.87。

⑬同上，p.493。

⑭《美國小鎮變遷史》，p.315。

⑮同上，p.177。

⑯此一問題將在第六章論及文化轉變與焦慮的關係時詳加討論。

⑰《美國小鎮變遷史》，p.315。

⑱立富頓，《思想改造與集體心理學》（*Thought reform and the psychology of totalism*, New York, 1961）。

⑲鄧恩，《世界之道》（*The way of all earth*, New York, 1972）。

⑳立富頓，《自性的生活》（*The life of the self*, New York, 1976），p.141。

㉑立富頓，《歷史與人類生存》（*History and human survival*, New York, 1961），p.319。

㉒福特（Charles Ford），〈**帕布洛**事件：對嚴重壓力的心理反應〉（The *Pueblo* incident: psychological response to severe stress），收錄在沙朗生（Irwin Sarason）與史匹柏格（Charles Spielberger）主編，《壓力與焦慮》（*Stress and anxiety* II, New York, 1975），pp.229-241。

㉓田立克，《新教的年代》（*The Protestant era*, Chicago, 1947），p.245。

㉔《特派記者的教育》（*The education of a correspondent*, New York, 1946）。

㉕《紐約時報》（*New York Times*），一九四八年二月一日。

㉖《今日共產主義》（*World communism today*, New York, 1948）。

㉗我們可以說，獨裁政權的誕生與坐大或多或少是始於文化焦慮的時期；一旦掌握了權力，獨裁者也活在焦慮之中——譬如，許多獨裁政團的行爲就是基於它自身的焦慮而引發的；而獨裁政權鞏固自己政權的法寶，就是利用和引發自己人民與敵國的焦慮。

㉘亞當斯（J. Donald Adams, 1891-1968，譯註：美國詩人、記者）引述了幾則小羅斯福總統之前提到有關「恐懼的恐懼」的事例（《紐約時報書評》〔*New York Times Book Review*〕，一九四八年一月十一日，p.2）：愛默生（Ralph Waldo Emerson, 1803-1882，譯註：美國詩人、散文家、哲學家）引述梭羅（Henry David Thoreau, 1817-1862，譯註：美國詩人，著有《湖濱散記》等）《日記》（*Journals*）的話，「除了恐懼本身，再無可怕之物。」卡萊爾（Thomas Carlyle, 1795-1881，譯註：英國詩人）提及，「我們必須滌除恐懼；否則我們無法行動。」培根（Sir Francis Bacon）也說過，「除了恐懼本身，再無可怕之物。」而「我們唯一需要恐懼的是恐懼本身」這句話，古羅馬作家辛尼加（Lucius Annaeus Seneca）也同樣講過。這些陳述如果指涉的是恐懼，是說不通的。嚴格說，恐懼無法阻卻行動；它其實為行動預置了動機。「恐懼本身」這個用語是否具有邏輯意義，是很值得懷疑的——因為說到恐懼，就必須是恐懼某個事物才對。把「恐懼本身」稱為焦慮更有道理。如果用「焦慮」這個詞彙代入上述的引言，其意義就更加彰顯了。

㉙《當代廢人》（*Modern man is obsolete*, New York, 1945），p.1。首先以社論形式刊登在《週六文學評論》（*The Saturday Review of Literature*）上，隨後以書的形式出版。儘管寇森斯用了「恐懼」這個詞，我認為他形容的是焦慮。「對非理性死亡的恐懼」則是焦慮的佳例。

㉚湯恩比，〈如何轉變蘇俄局勢〉（How to turn the tables on Russia），發表在《婦女良伴》（*Woman's Home Companion*），一九四九年八月號，30 ff。

㉛尼布爾，《人的本性與命運》（*The nature and destiny of man*, New York, 1941），p.182。

㉜同上。

㉝威洛拜，《同質幻象假設》（*Magic and cognate phenomena: an hypothesis*），收錄在默慶生（Carl Murchinson）主編，《社會心理學手冊》（*Handbook of social psychology*, Worcester, Mass., 1935），p.498。

㉞同上，p.500。

㉟哥倫比亞大學政策研究中心（Center for Policy Research）所完成的統計數字。

㊱詳見第四章。

㊲弗洛依德，《精神分析導論》（*Introductory lectures on psychoanalysis*, New York, 1966），史崔西（James Strachey）譯，p.393。

㊳弗洛依德，《精神分析導論補篇》（*New introductory lectures in psychoanalysis*, New York, 1974），史崔西譯，p.113。

2

焦慮的哲學詮釋

Philosophicall Interpreters of Anxiety

儘管我無意對現世高談闊論，
但是對當代情勢稍有觀察的人都不會否認，
這個時代是錯亂的；而造成其焦慮不安的原因則是，
思想的範圍也許更為寬廣，
或甚至在抽象層次上變得清晰，但是卻越來越不確定了。

——**齊克果，《懼怖的概念》**（*The Concept of Dread*）

在弗洛依德和其他深度心理學家出現之前，焦慮的問題是屬於哲學倫理學和宗教討論的範疇。特別著力於焦慮與恐懼問題的哲學家，對於建立抽象的知識系統並不感興趣，倒是人類存在的衝突與危機吸引了他們的注意。正因爲焦慮是人類無可迴避的處境，所以他們不得不正視這個問題。於是，歷史上對於焦慮及其相關問題的眞知卓見，多出自那些同時關注哲學與宗教問題的思想家，如史賓諾莎、巴斯卡和齊克果等人，也就不令人意外了。

探索焦慮問題的哲學背景，對於了解當代的焦慮有兩點幫助。首先，最明顯的助益就是，我們可以在這些哲學家的著作中，尋覓出焦慮意義的洞觀；例如齊克果所見的這類觀點，不僅預示了弗洛依德理論的到來，更在某些方面預測了弗洛依德以後的發展。其次，這樣的探索也可以澄清我們社會中焦慮問題的歷史背景。由於個體的焦慮受限於他所在的歷史文化處境，因此**如果我們想要了解個體的焦慮，就不能不對他的文化以及形塑他成長氛圍的主要觀念有所了解**。①因此，本章研討說明的重點是，對當代的焦慮具關鍵影響的某些文化議題與態度，究竟是如何產生的。

以身心二元分立的議題爲例，這個觀點的現代主流版本是由笛卡兒，以及其他十七世紀的思想家所提出來的。它不僅在十九世紀晚期和二十世紀，造成許多人的心理分裂與焦慮，同時在某些方面也爲弗洛依德定下了討論焦慮問題的基調。②

另外一個例子是，我們的文化一直對「理性的」、機械的現象過度熱衷，卻對所謂

「非理性的」經驗加以抑制。因爲焦慮總是有些不理性，於是我們的文化便傾向壓抑這樣的經驗。我們不妨以兩個問題來探討這項議題：爲何直到十九世紀中期，焦慮才被認爲是問題而浮上檯面？爲何在一九三〇年晚期以前，儘管針對恐懼的研究在心理學界已成爲主流達半世紀之久，但是心理學各家學派卻根本不把焦慮這個問題當一回事（精神分析學派除外）？在諸多分歧的回應中，其中有一個重要的答案是，自從文藝復興時代以後，我們對「非理性」現象的觀察，便普遍採取一種保持距離的態度。我們只有當某些經驗能夠被「理性的」表達——也就是能提出知識上的「理由」時，才會認可這些經驗，並把它們納入合理的研究範圍。我們在本書幾個關於未婚媽媽焦慮研究的案例中，便可以看到這樣的傾向。讓我們特別看看海倫（第九章）這個例子。她因未婚懷孕而十分焦慮，但是她卻不斷地關注自己懷孕的客觀「事實」，以此壓抑焦慮。海倫**把理智上不能「接受」和解釋的想法與感受，都排除在意識覺察之外的作法，乃是我們這個社會中許多人的縮影**。

因爲恐懼是具體而明確的經驗，我們可以提出「合於邏輯的」原因加以解釋，並且可以用計量的方式進行研究；但是焦慮則不然，它在人們的經驗裡，乃是一種極端非理性的現象。因爲焦慮的非理性特質而壓抑它，或者用「恐懼」一詞將它合理化的傾向，在我們的文化中絕不僅限於高級的知識圈裡。在醫療臨床或精神分析的治療工作中，焦慮的問題也不斷成爲主要的障礙。本書的個案海倫便是一個絕佳的例證。我們若是想要了解這類傾向是如何發生的，那麼就必須深入探索我們的社會態度與規範形成的背景。

在接下來的討論裡，我將不會把哲學的解釋系統當成事件的因果，而是把它們視爲該時代整體文化發展的一種表現。那些哲學解釋系統對當時和後世具有重要影響的哲學家（例如我們將在本章中提到的哲學家），正是那些能成功穿透和傳達文化發展之主流意義與方向的人士。因此，由某個時代知識領袖提出的解釋系統，便會以無意識認定的形式，成爲後世許多人們的共同看法。③

我們的討論以十七世紀爲起點，因爲主導現代的思想系統，是在那個時候成形的。雖然指引該世紀科學家與哲學家的許多發展原則，在文藝復興時期已經浮現，但是一直要等到十七世紀，這個由笛卡兒、巴斯卡、萊布尼茲、洛克、霍布斯、伽利略、牛頓等大家所塑造的經典時代，這些原則才得以形成系統。

在了解人類本質這件事上，十七世紀的哲學有一個共同的看法，那就是它們提供「人類問題的理性解決之道」。④這些學說的公分母在於，它們相信人是理性的動物，有能力在知識、社會、宗教以及情緒生活上自主。數學被認爲是理性的主要工具。這種對「自主理性」（保羅・田立克的用語）或「數學理性」（凱斯勒〔Ernst Cassirer〕的稱呼）的信念，乃是文藝復興以降主導文化革命的知識原則，它推翻了封建和專制，最終成就了布爾喬亞（Bourgeoisie）階級的獨尊地位。當時人們相信自主的理性可以掌控個人的情緒，例如史賓諾莎就持這種看法。自主的理性也可以使人類掌控物理的性質，這個信心後來被物理科學一日千里的進步完全驗證。這股發展的動力是由笛卡兒對心物的截然二分所賦予的，內攝（intension）的思想過程與外延（extension）的物理性質毫無干涉。

重點在於笛卡兒二元論引申出來的副題——亦即**包括身體在內的物理性質，可以藉由機械與數學的法則來了解和控制**。於是，當代對易於以機械和數學處理的現象，便過度地熱衷。這個過度熱衷地傾向，一方面使得人們儘可能地把機械與數學的方法，應用到各種經驗領域中去，另一方面，它也造成了把那些不易於使用這種方法處理的經驗面向，剔除於我們考量之外的風潮。在文藝復興後新興工業主義的需求下，對於非數理以及「非理性」經驗面向的壓抑，可說是攜手並行、互爲因果的。凡是可以被計算和被度量的，便在工業和工作的世界裡具有實用性，而「非理性」的事物則沒有這樣的價值。

確信物理性質與人類身體可以經由機械與數學方法加以控制，具有龐大的焦慮驅逐效應。這不僅在滿足人類的物質需求和克服自然威脅方面是如此，在使人類免於「非理性」恐懼與焦慮的干擾方面，亦復如是。中世紀和文藝復興兩百餘年來的普遍焦慮，亦即對惡魔、巫師與幻術等的多重恐懼，於是開啓了一條消解的道路。田立克指出，笛卡兒主義者藉由靈魂不能影響身體的假說，便將「世界除魅」（disenchant the world）了。例如，從整個文藝復興時期直到十八世紀早期所盛行的處死女巫行動，在笛卡兒的二分法下便消弭無蹤。

對自主理性的個人力量賦予高度信任，起源於文藝復興時期，但到了十七世紀才清楚成形；這種信心一方面造成了驅逐焦慮的效應，但是另一方面，也因爲這種對理性的信心與文藝復興時期的個人主義密不可分，所以它也連帶爲個人心理的孤立感，引進了新的焦慮來源。⑤事實上，就某方面而言，自主理性的原則本身，乃是十七世紀文藝復興與個人主義在知識層面的主張。笛卡兒的經典名句「我思故我在」，雖然凸顯了把理性過程當作存在判準的基調，但是如果就社群的意義而言，它也意味著個人自我存在信念的**空洞**（in vacuo）。如果我們參照當代的心理學概念便了解，自我認同的經驗是在孩童察覺到與自己截然不同的他人時才發生的。奧登以精練的詩詞，對這個自我的社會起源做了以下的描繪：

……自我如夢如幻
直到鄰人的需求出現
它才誕生。⑥

倘若這鄰人的需求沒有被納入考量，那麼新的焦慮之路便爲之敞開。

在十七世紀的思想中，也同樣要面對這個人孤立的問題，而它所提供的解決之道，對於減輕焦慮具有極佳的效果。這個解決方案相信，當每個人的理性被解放時，個人就會了解到人性的無所不在，以及個人與社會之間有一個和諧的系統存在。換言之，個人無須感到孤立，因爲如果他能夠勇敢地拓展他自己的理性，他的觀點與利益最終都將會與他的同胞們一致，並將因此造就出一個和諧的社群來。此外，甚至還有某種可以克服孤獨的形上思想被提出來，亦即追求普遍的理性（universal reason）將使個人與「普遍的眞實」（universal reality）之間達成和諧。誠如凱斯勒所言：「數學理性是個人與宇宙的連結。」⑦

此一時期思想的個人化特性，以及補強此一個人傾向的質素，都可在萊布尼茲的思想中見到。他的基本思想主張——單子（monads）——是以個人爲中心的，原因在於單子是單一分立的；不過他卻以「先在和諧」（pre-established harmony）的原則做爲補充。田立克以生動的圖像描述這個思想如下：

> 在這個和諧的系統中，每個個體的形上孤立被強烈地指出，它認為每個「單子」之間「沒有門窗相通」。每個單元自身都是孤獨的，沒有任何直接的溝通。平衡這個可怕想法的是以下的和諧預設：每一個單子都潛在著整個世界的可能現身，而每個單子的發展與所有其他單子之間，則是處於一種自然和諧的狀態。這是布爾喬亞文明早期階段的處境，最深刻的形上象徵。它所以與當時的處境若合符節，原因就在於社會儘管日益原子化，但是仍然有一個共同的世

界存在。⑧

這種驅逐焦慮的思維方式，對於了解十七世紀的思想家爲何鮮少面對焦慮這個問題，具有關鍵的地位。我將以史賓諾莎的著作爲例，說明相信恐懼得以被理性克服，確實在相當程度上避開了焦慮問題。我們也將討論巴斯卡，他是當時不接受自由理性力量這個流行信念的代表，對他而言，焦慮便自然是一個重要的問題。

史賓諾莎：理性克服恐懼

以數學理性方法處理恐懼最有名的例子，就是史賓諾莎（1632-1677）。史賓諾莎「在這個有關世界與人類心智的數學理論中，嘗試邁出最後也是最具決定性的一步。」凱斯勒評論說道，「史賓諾莎建構了一種新倫理……關於道德世界的數學理論。」⑨眾所周知的是，史賓諾莎的著作充滿了敏銳的心理學洞見，它們與當代科學的心理學理論相當近似，例如他曾說過心理與生理現象乃是同一過程的兩個面向。⑩我們可以確定的是，如果史賓諾莎沒有考量到焦慮的問題，並不是因爲他缺乏心理學的洞觀。在許多地方他已預見了後來的心理分析概念，例如，他提及熱情（passion，意指某種情結〔complex〕，而不是像齊克果把它視爲寄託〔commitment〕之意）「不再是熱情，一旦個人對它形成清晰的觀念。」⑪有趣的是，這預見了後來心理分析中釐清情緒的技術。

史賓諾莎相信，恐懼基本上是一個主體問題，換言之，它是個人心智狀態或態度的問題。他把恐懼與希望並列，認爲它們都是懷疑者的特徵。**恐懼是一種「不確定的痛苦」**，源自我們認爲某件我們所憎恨的事，將降臨在我們身上；而**希望則是「不確定的快樂」**，源自我們認爲我們期待的好事即將發生。「我們從以上的界定可以得知」，他進一步說道，**「沒有希望就沒有恐懼，反之亦然。」**⑫**恐懼「起於心智的軟弱，因此是理性沒有運作的緣故。」**⑬**希望同樣也是一種心智的軟弱**。「因此我們越是在理性的引導下過活，我們就越不需要依賴希望，也就越能夠使我們儘可能免於恐懼和克服命運，最後並且能根據理性的建議來指導我們的行動。」⑭史賓諾莎對於如何克服恐懼的指引，與那個時代一般對理性的強調是一致的，認爲情緒不是被壓抑的，而是對理性的補充。沒錯，他確實主張克服情緒的唯一方法，就是以另一種更強大的相反情緒來對治。但是，這也可以藉由「將思想與心象理則化」的方式做到。「我們必須以同樣的態度思及勇氣，以摒棄恐懼，換言之，我們必須盤算和觀想日常生活中的危難，以及怎樣以勇氣來挫銳解紛。」⑮

在好幾個分析點上，史賓諾莎站在焦慮問題的門檻上，例如，當他把恐懼與希望並列在一起來界定恐懼時便是。恐懼與希望在個體中同時出現，並持續相當一段時間，乃是心靈衝突的一個面向，這在後來的作者眼中，包括我自己在內，就是焦慮。⑯但是史賓諾莎並未跨越門檻進入焦慮問題的本身。他與十九世紀的齊克果形成鮮明的對照，他並不認爲恐懼與希望之間的衝突會必然持續下去，他堅持恐懼會被勇敢獻身理性的行爲所擊退，也因此他就沒有遇到焦慮的問題。

存在於史賓諾莎與十九世紀哲學家之間的類似差異，同樣也可以在他們處理信心與絕望的議題上找到證據。根據史賓諾莎的說法，當懷疑的因子從希望中被移除，也就是我們確定好事會發生時，我們便充滿信心。而當懷疑的因子從恐懼中被移除，也就是我們確定壞事將發生或已發生時，我們便感到絕望。相反地，對齊克果而言，信心並非去除懷疑（或焦慮），而是抱持著**即便**有懷疑和焦慮，依然勇往直前的態度。

在史賓諾莎的思想中，**確定**一詞最讓我們感到驚心動魄。如果我們像史賓諾莎在那個時代一樣的相信，可以成就如此這般確定的理智與情緒，那麼令人欣羡的心理安全便可以獲致。當然，這也是史賓諾莎在建構「**數學**倫理學」（a mathematics of ethics）時的潛在信念；換言之，人們對於倫理問題應該有如他們對幾何學命題一樣的確定。重點是，對史賓諾莎而言，懷疑的去除以及確定性的完成都是可能的，如果我們能夠遵循「理性的確切建議」。

焦慮的核心問題從未侵入史賓諾莎的思想中。我們不得不承認，他所居處的文化情境，使得他對理性的信心能夠徹底支撐他的思想。⑰

巴斯卡：理性的偏失

雖然巴斯卡（1623-1662）是以他傑出的數理科學天才，成爲十七世紀知名知識分子的代表人物，但是他獨樹一格之處在於，他不相信變化莫測、內涵豐富、充滿矛盾的人類，可以從數學的理性主義來加以了解。他相信關於人在理性上的確定性，絕對與幾何學及物理學在理性上的確定性是不同的。因此巴斯卡聽起來像是我們同時代的人，而史賓諾莎則像是個不同時代的人。根據巴斯卡的觀點，人類生活運作的法則是機率（chance）和「或然率」（probabilities）的法則。因此，他對人類存在的偶合性（contingency）留下深刻的印象。

> 當我思及自己短暫的一生，那被先前往後的永恆吞噬的生命，我當下所在的渺小，或者看清自己只不過是被虛無冷漠的無垠時空所籠罩的生物罷了。我害怕且驚異地看見自己在此不在彼，在今不在昔；但是我為什麼要在當下的此地出現，而不是在昔日的彼處出現，這其中並沒有道理。

在親眼目睹人類的盲目與可憐，以及明白整個宇宙都是無知的之後，人類頓失光明，留給他的命運彷彿只有偏處於宇宙的一隅，不知道造物為何如此弄人，也不清楚自己人生的使命，或者對自己死後的前途也感到茫然。這種全然無知的狀況，讓我為人類擔憂，因為他就像是在睡夢中，被帶到一座可怕的沙漠孤島上的人一樣，他醒來時不知自己身在何處，也不知道該如何才能逃離孤島。然而，人們在如此可悲的情境下，竟然沒有生出絕望之情，我對此感到震驚！⑱

於是巴斯卡最關心的，還不只是他個人所經驗到焦慮，更重要的是他在同時代人類生活表層下觀察到的焦慮，這點可以從「人們總是匆忙度日」⑲這個現象上得到證明。他注意到，**人們不斷設法讓自己分神、逃避無聊、避免孤獨，直到「困擾」成為問題本身為止**。他覺得人們最需要分神的事項，就是設法不去「想到他們自己」，因爲一旦他們停下腳步自我沉思的話，他們就會感到悲憐和焦急。

因爲巴斯卡專注於人類經驗中偶合（contingent）與不確定的面向，所以他雖然明白與他同時代的人們以理性做爲確定性的指引，但是他卻相信理性在現實的引導上是完全靠不住的。他並非貶抑理性本身。相反地，他確信理性是人類獨具的特質，是人類在一片沉寂自然中的尊嚴所在，也是道德的來源（「愼思明辨……乃道德的律則」⑳）。但是在現實生活中，理性之所以靠不住，是因爲「它受限於各種感官覺知」，而感官傳遞的訊息則是極不可靠的。此外他更主張，衆人對理性的信心之所以錯誤，是因爲沒有把情緒的力量納入考量。㉑巴斯卡對情緒的看法正反兩面都有。他一方面看到情緒具有理性主義所無法了解的價值，這點在以下引述的美麗詞句中便呈現出來：「**心的理由是理性所不知道的**。」但是另一方面，情緒往往又會扭曲和推翻理性，於是理性變成只是合理化的藉口罷了。對理性過度信賴往往會造成理性的濫用，不是用來支持陳規陋習或國王的權力，就是用來合理化不公義的舉措。實際上，理性總是「讓眞理站在自己這邊，而讓錯誤站在對方那邊。」㉒人類眞正的動機是自利虛榮，但卻以「理性」加以辯護，巴斯卡對此層出不窮的現象印象深刻。他意在言外地說道，如果「理性眞的合理的話」，那麼我們便能賦予理性更大的信任。在所有這些對理性普遍具有信心的標準中，巴斯卡公開推崇的乃是他所謂「對智慧的眞愛與尊重」，但是他覺得這份對智慧的眞愛與尊重，卻是人類少見的現象。因此，他所見的人類處境，比起同代人要悲觀許多。「我們被置放在一座巨大的媒介中」，他提出他的觀察說，「永恆地在知與不知之間懸盪著」。㉓

我們先前提過，十七世紀知識菁英信任理性，其目的是爲了驅逐焦慮。結果不能接受理性可以解決人類問題的巴斯卡，同時也成爲無法迴避焦慮問題的人，由此也可以做爲上述假說的某種支持。

不過，相對於當時的流行信念，以及當代哲學發展的主流而言，巴斯卡的立場是個例外。㉔整體而言，相信理性可以掌控自然以及調伏人類的情緒，這個信念大體上足以讓十七世紀的知識菁英們信服，所以焦慮的問題極少出現在他們的思想中。我認爲，史賓諾莎和其他現代初期思想家所奠基的文化立場，**並未對他們造成像十九世紀的知識菁英，以及二十世紀大眾所承受的那種內在創傷**。自主理性的核心信念爲當時的文化賦予了心理結構的完整性，一直到十九世紀出現嚴重的裂解後，文化才開始受到威脅。

齊克果：十九世紀的焦慮

我們可以從比較宏觀的層次，在十九世紀統整的現代文化中，觀察到裂痕的出現，而這些裂痕正好潛藏在許多當代的焦慮之下。自主的理性一度是現代文化誕生與成熟的重大革命信念，如今卻被「技術理性」㉕所取代。對於物理本質的急速掌控，使得人類社會結構的普遍劇變應運而生。有關這些變遷的經濟與社會面向，後面的章節會再予關注，我們現在要說明的重點是，當時的人們怎麼看待他們自己。

這是一個「自動化科學」（autonomous sciences）的年代。每一種科學各自以它自己的方向發展，但卻像凱斯勒所說的那樣，缺乏統一的原則。尼采曾對「科學變成製造工廠」的後果提出警告；他一方面眼見技術理性的快速發展，另一方面卻看到人類理想與價值的裂解，他擔心這將會導致虛無主義。十九世紀的人性觀多數並未與先進科學所產生的實證資料脫節，但是自從科學本身失去統一的原則之後，人性的詮釋觀點便眾說紛紜、大異其趣了。「每位思想家，」凱斯勒說道，「向我們表達了他們各自的人性圖像」；而在每幅圖像各有其經驗證據支持的情況下，每一種「理論遂成了削足適履與強加規範的強盜溫床，經驗層面的事實被擴大解釋，以便吻合先前就預想好的模式。」㉖凱斯勒接著說道：

> 因為這樣的發展，現代的人性論遂失去它的知識重心。我們所得到的反而是一種思想的無政府狀態……神學家、科學家、政客、社會學家、生物學家、心理學家、民族學家以及經濟學家，全都從他們自己的觀點出發來探討人性的問題。要結合或統整所有這些特定的層面和觀點是不可能的……每位學者專家最終似乎都是依據他們自己對人性生活的想法與評價而行事的。

凱斯勒覺得這種觀念上的戰國時代，不僅造成了「嚴重的理論問題，同時也對我們的倫理與文化生活構成了全面而立即的威脅。」㉗

十九世紀的特徵就是文化上**因間隙化造成的隔閡**（compartmentalization），這個現象不僅在理論與科學領域發生，就是在文化的其他面向上亦復如是。在美學上有所謂「為藝術而藝術」的說法，以及藝術越來越與自然實在情境分離的現象；直到十九世紀末，此一發展趨勢仍飽受塞尙和梵谷的攻擊。在宗教的領域裡，神學信仰和主日崇拜也與日常生活的事務分離。家庭生活的裂解現象，則在易卜生所著的《玩偶之家》（*The Doll's House*）被生動地描繪出來，並予以批判。至於個人的心理生活，十九世紀被廣義地看成是「理性」與「情緒」分離的時代，並以意志做爲兩者之間的仲裁者，而常見的結果便是情緒遭到否認。

於是十七世紀對情緒採取**理性控制的信念**，如今到了十九世紀便成爲對情緒的**習慣性壓抑**。由此便容易了解，爲何像性與敵意等比較不被接受的情緒衝動，先前會遭受如此廣泛的貶抑。此一心理上的裂解現象，於是爲弗洛依德的研究奠定了問題基礎。他在無意識力量方面的發現，以及他爲了協助個案找出心理統合之道所設計的技術，我們只有從十九世紀人格裂解的背景觀看，才能恰如其份地加以了解。[28]

基於這種心理解離的狀況，焦慮會成爲十九世紀無可迴避的問題，並不令人感到驚訝。到了十九世紀中期，齊克果（Søren Kierkegaard, 1813-1855）會創作出有史以來對焦慮最直接和深刻的研究，也就不足爲奇了。當然這種解離的現象本身就會製造焦慮。像是早先的齊克果以及後來的弗洛依德，都在致力尋找人格統一的新基礎，這使我們不得不面對焦慮，同時儘可能地尋求問題的解決之道。

這種思想與文化上的裂解，被十九世紀若干靈敏的思想先知覺察到，他們有許多人可以被統稱爲存在主義者。存在主義運動可以追溯到一八四一年德國哲學家薛陵（F. W.

J. Schelling）在柏林發表的一場演說，當時在場聆聽的知名人士包括齊克果、恩格斯（Friedrich Engels）以及布克哈特（Burckhardt）等。[29]除了薛陵和齊克果之外，另一支存在主義思維的代表是所謂的「生活哲學家」，如尼采、叔本華和後期的柏格森（Henri Bergson）等人；此外，還有代表社會學存在主義思想的費爾巴哈（Ludwig Andreas Feuerbach）和馬克思。[30]所有的存在主義思想家所共同反對的是，西方工業社會及其哲學代表人物爲思想與生命所設定的「理性」系統。[31]田立克認爲，這些存在主義思想家的努力，是「在基督宗教與人文思潮兩大傳統已失去解惑及影響力的文化處境中，設法爲那些與現實疏離的人們，找出生命的新意義。」田立克繼續說道：

> 在過去數百年期間，這個系統的含意已經日益清晰：這個邏輯或自然的機制似乎已經摧毀了個人的自由、個人的決定和有機的社群；這個分析的理性主義則把生命的活力耗損掉，並且把包括人類自己在內的每件事物，都轉變成可以被計算和控制的東西……[32]

存在主義的思想家在拒斥傳統的理性主義之餘，堅稱只有以**個人的知識、情感與行動所構成的生命全體**，才能夠掌握和經驗眞實。齊克果覺得黑格爾的〔哲學〕體系把抽象思想與眞實混爲一談，可說是狡詐至極。齊克果以及其他的存在思想家相信，熱情（Passion，全心寄託投入之意）不能與思想分離。費爾巴哈寫道：「只有熱情投注的對象才是眞實的。」㉝尼采也說：「我們是以肉身之軀在思考的。」

因此，這些思想家所尋求的是克服傳統的身心二分，以及壓抑「非理性」經驗面向的傾向。齊克果主張，純粹的客觀是一種假象；即使不是如此，它也不值得我們追求。他強調「關懷」（interest, *inter-est*）這個字詞，意思是說我們事實上是如此密切地涉入客觀世界，以致我們根本不可能以客觀看待眞理爲滿足，換言之，我們不可能「冷漠地」（disinterestedly）對待世界。㉞齊克果強烈反對我們窄化「自我」與「眞理」的定義，他覺得這些字詞只能動態地（也就是辯證地）定義，由生活的人們不斷地翻修訂定。他高喊道：「遠離臆測，揚棄體系，回到眞實。」㉟他堅稱「眞理只爲個人存在，它只存在於他的行動創造中。」㊱這聽起來頗像「激進主體性」（radical subjectivity）的論調，表面上看確是如此；但是我們要知道，齊克果以及其他的存在主義運動者相信，這才是通往眞正客觀性的道路，而不是「理性主義」系統**假造的**客觀性。田立克說得好，這些思想家「朝向人的當下經驗，朝向『主體性』，這裡的『主體性』並非與客觀性相對立，而是主客共同根植的生活經驗。」㊲此外，「他們也致力發掘在主客二分之前（或超越主客對立），那具有創造性的存有領域。」

這些思想家的目標在於克服他們所處文化的裂解現象，方法是**強調個人乃活生生的經驗整體**，換言之，個人是集思想、感覺與意志於一身的有機體。存在主義的思想家在本研究佔有重要地位，不僅是因爲心理學與哲學的二分狀態在他們的思想中得到突破，同時也是因爲這是現代史上的第一次，**焦慮直接走到幕前成為待解的問題**。

我們現在直接進入齊克果的討論。根據布洛克（Werner Brock）的說法，他在歐陸思想的地位被視爲「有史以來最了不起的心理學家，他或許在思想的廣度上不如尼采，但是在深度上卻有過之而無不及，而在洞察力方面，也只有杜思妥也夫斯基（Dostoievski）差堪比擬。」㊳

齊克果論焦慮的小冊子㊴出版於一八四四年，其中主要的觀念是闡述焦慮與自由的 37
關係。齊克果主張，「焦慮總是被理解爲朝向自由的。」㊵自由是人格發展的目標；就心理學的意義而言，「善即是自由。」㊶齊克果把自由界定爲**可能性**。他認爲這是人的靈性層面；事實上，當齊克果每次寫到「靈魂」（spirit）時，把它讀成「可能性」便大致不差。與單純的動植物不同的是，人類的特質在於人類可能性的範圍，以及我們對可能性的自我覺察。齊克果眼中的人類是不斷受到可能性召喚的物種，他想像可能性、前瞻可能性，並且透過創意活動把可能變成事實。就心理學的意義而言，這種可能性的具體內容何時出現，這點我將在以下處理齊克果有關擴延（expansiveness）與溝通（communicativeness）的概念時討論。我們在此只需強調這個可能性就是人類的自由。

伴隨著這份自由能力而來的便是焦慮。齊克果說，**焦慮是人類在面對他的自由時** 38
所呈現的狀態。事實上，他把焦慮描繪成「自由的可能性」。當個人預見可能性的同時，焦慮就已經潛藏在那兒了。就日常經驗的意義而言，我們或許可以從每個人在成長過程中，都有機會與需要邁步向前的記憶來加以說明；例如孩子學會走路，成人走進婚姻和事業等。就像前面的道路一樣，因爲還沒有走過，也沒體驗，所以這樣的可能性必然涉及焦慮。（這是「正常焦慮」，不要與「神經性焦慮」混爲一談，我們後面會再討論這點。齊克果說得很清楚，神經性焦慮是比較緊縮和不具生產力的焦慮形式，它是因爲個人在正常焦慮的情境中，**沒有能夠**向前邁進所導致的。）㊷在實現可能性的過程中一定會有焦慮。對齊克果而言，個人的可能性（創造性）越高，他潛在的焦慮也就越高。可能性（「我能夠」）或可過渡成爲事實，但是過程中的決定因素卻是焦慮。「可能性意味著『我能夠（做某事）』。在一個邏輯系統中，我們可以很輕鬆地說，可能性會過渡成爲事實。但是在眞實的世界中這並不容易，它必然需要中介的決定要素。而這個中介決定要素就是焦慮……」㊸

齊克果以發展的概念看待焦慮，他把嬰兒的原初狀態做爲觀察的起點。他稱此一狀態爲天眞無知的狀態，此時嬰兒與其自然的條件和環境，是處在一種水乳交融的統合狀態。嬰兒是具有可能性的。這就隱含著焦慮，但是此焦慮沒有具體的內容。在這個原初狀態中，焦慮是一種「冒險的追求，偉大的渴望，以及幽冥神秘。」㊹孩子由此勇往向前，去實現他的可能性。但是在這個天眞無知的狀態中，他的自我並沒有覺察到，這個成長的可能性將涉及到他與父母之間的危機、衝撞和忤逆。在這個天眞無知的狀態中，成爲完整個體的過程僅僅是一種可能性，尚未被自我覺察到。與此相關聯的焦慮，是一種「純粹的焦慮」，也就是沒有具體的內容。

接下來的人類發展便邁向自我覺察。齊克果舉亞當爲例，做爲這個現象的神話形式代表。他不接受把這個神話當成是歷史事件的粗劣觀點，堅決認爲「這個神話事件其實是內在經驗的外顯。」㊺就這個意義而言，亞當的神話大約在每個人一到三歲時就會再現（re-enacted）。齊克果對此現象的解釋是，它代表了個人內在自我意識的覺醒。就像這個神話所述說的那樣，在發展過程中的某個時點上，「善惡的知識」誕生了。於是**有意識的抉擇**遂進入了可能性的圖像中。但是這個可能性與連帶的責任感，卻讓我們有不祥之兆的感覺。因爲個人現在要面對衝突與危機的可能性；而可能性可以是正向的，但也可以是負向的。從成長的角度觀之，孩童現在正邁向完整的個體發展過程。而他所要踏上的道路卻不是與環境毫無衝突的，特別是與父母的關係更是如此，他所要踏上的道路與環境的關係，毋寧是走在剃刀邊緣的；事實上，在許多案例中，**直接走過**與雙親衝突的實際經驗，才是不歸之路。孤獨、無能與接續而來的焦慮，就在孩童發展的這個時點上產生（這點我們後面會討論）。完成個體化（成爲完整的自我）的代價，是在面對環境時要保持既**衝突**又**和諧**的關係。正是在描述這種對自由可能性高度覺知的當下經驗時，齊克果提及所謂「**令人驚懼的**創造可能性（the *alarming* possibility of being able）」。㊻

爲了有助於讀者了解，我們在此要指出的是，齊克果心理學式寫作的核心問題在於，人如何能夠自主地成爲他自己。**意欲成為他自己乃是人生的真正志業**。齊克果主張，**我們無法具體定義個人存在的自我，因為自我即是自由**。但是他花了相當的篇幅指出，人是如何地不願意成爲他自己；他或者逃避自我的覺知，或者意欲成爲他人，或者乾脆當個墨守成規的人，又或者意欲大膽地成爲自己，但卻以悲劇的斯多葛式（stoic，譯註：原古希臘哲學學派，主張禁慾，在此意指對人生抱持灰暗負向的態度）絕望形態收場，因此也就註定不可能成就完整的自我人格。他在此所用的字詞「意欲」（will），與十九世紀的唯意志論（voluntarism）不可混爲一談；後者的範疇主要指涉的是，自我內在不可接受質素的再現（representation）。不同的是，此處的**意欲是一種創造性的抉擇，主要是以擴大自我覺知為基礎**。「一般而言，意識（亦即自我意識），乃是完整自我的決定要件。」齊克果如此寫道。「意識能力越強，自我的範圍便越大……」[47]

這番談話對於任何熟悉現代心理治療的人而言，都不會是陌生的語言。治療的基本目的之一，就是要釐清內在自我毀滅的衝突，以擴大自我的覺知；這些衝突所以會存在，是因爲個人在事件發生初期，就被迫把自我覺知加以阻絕。[48]在治療中可以看得很清楚，這些自我覺知被阻絕的現象之所以會發生，是因爲案主無法跨越他在成長不同時點所積累的焦慮障礙。齊克果明白表示，完整的自我人格是奠基於個人**面對焦慮，以及雖有焦慮依然前進的**能力。自由對齊克果而言，並非自然附加之物，也不會像被礡石壓迫的植物，在障礙移除後就自發地向陽生長（就像自由的問題，有時會被低劣的心理治療形式過度簡化一樣）。**自由毋寧端視個人在每個存在的瞬間，如何對待自己。**以今日的語言來說，這表示自由是依個人對自己負責和自主的程度而定。

齊克果言及在孩童的無知狀態之後，會產生自我覺知的喚醒，我們會忍不住想要拿它和當代的心理學資料做比較。但是要做這樣的比較有其困難，因爲兩者之間的比較基礎不盡相同。例如，齊克果的**自我**（self）概念意涵，在當代心理學最相近的**自我**（ego）概念中，也只有部分的意思相通。不過我們可以確定地說，自我覺知喚醒發生的時間，與我們在心理學中所說的「自我浮現」（emergence of ego）期相近。約莫是在一到三歲之間；我們可以觀察到，嬰兒並不具備這樣的自我覺知，但是在四、五歲的孩子身上卻清晰可辨。根據齊克果的觀點，他認爲這個變化是一種「質性的跳躍」（qualitative leap），因此科學方法無法做出適切的描述。齊克果的目標是要針對人類的處境進行現象學的描述，例如，成人發現自己置身於衝突的狀態中（自我覺知）便是。㊾

這個「躍入」自我覺知狀態的後果，就是焦慮成爲反思之物，換言之，它現在有了比較多的內容。焦慮「在成年晚期者身上會更具反思的性質，因爲個人參與人類歷史之故。」㊿自我覺知不僅使自我導向的個人發展成爲可能，它同時也使自我覺知的歷史發展成爲可能。就像個人不會把自己視爲是環境及自然條件的俘虜，而是具有選擇與獨立的能力一樣，他也同樣不會只把自己視爲是自動機器，被毫無意義的歷史發展所吞噬。

透過自我覺知，人類可以塑造他現在的歷史發展，並在一定程度上轉化它。這並未否決了個人所處歷史環境的決定性影響力。「每個人都在歷史的網絡中誕生，」齊克果寫道，「自然法則的效應仍然一如往常的有效。」⑤¹但是更重要的是，個人如何看待他自己與所處歷史網絡的關係。

齊克果到此為止的論點可以整理如下：在天真無知的狀態下，個人與環境是不分離的，此時的焦慮是模糊的。然而在自我覺知的狀態中，個人分離獨立出來的可能性產生了。此時的焦慮是反思的，個人可以透過自我覺知一定程度地引導自身的發展，以及參與人類的歷史。

我們現在面臨關鍵的要點所在。焦慮涉及內在衝突，這是自我覺知的另一項重要產物。齊克果說，焦慮「害怕它的對象，但是卻與它的對象保持一種若即若離的關係，視線無法離開它，事實上也不會離開它……」⑤²（我們的作者又補充說道：「如果有人很難了解這樣的說法，我也莫可奈何。」其中道理讀者心知肚明。）（譯註：作者可能意指壓抑的機制，使個人無法正視內在心理衝突的存在，故而不接受或不能理解這樣的說法。）再者，焦慮是個人對懼怖對象的慾望，一種同情的冷漠。焦慮是掌控個人的陌生力量，但是我們不能撕毀自己，也沒有意願這樣做；因為我們會害怕，但是**我們所害**

怕的，正是我們渴望的。焦慮於是使人動彈不得。[53]

內在衝突這個焦慮的特質，是現代臨床心理學非常熟悉的現象；弗洛依德、史德喀爾（Stekel）和霍妮（Horney）等人都描述過它。這點有大量的臨床資料可以引證說明，特別是在神經症的嚴重案例中可以看出：有位病患具有性與攻擊的慾望，但是他對這些慾望（以及它們的後果）感到害怕，持續的內在衝突於焉誕生。任何曾經生過重病的人都知道，病患會陷入嚴重的焦慮，擔心自己的病況可能無法好轉，然而他也會不自覺沉浸在自己可能依然患病的願景中；用齊克果的話來說，**他對自己最憎恨和害怕的願景滋生同情**。這個現象遠比想從生病中「獲取利得」的慾望深刻許多，不論利得指的是情緒或生理方面。當弗洛依德提出與「生命本能」衝突，且引起許多質疑的「死亡本能」假說時，他可能也在斟酌權衡這個現象。蘭克似乎比較接近齊克果（同時也避免掉弗洛依德的假說中，比較不被接受的質素）「生命意志」與「死亡意志」衝突的概念。[54]這個衝突不僅是**在**焦慮**中**產生，它本身就是焦慮的產物；換言之，個人所以會有這樣的衝突，是因爲他在此情境下已經有了焦慮。

總之，齊克果說得很淸楚，他不會把這個內在的衝突侷限於神經症現象的範圍內。他相信在每個可能性中，以及嬰兒期之後的每次焦慮經驗中，衝突都會現身。在每一次的經驗裡，個人都會想要向前邁進，實現他的可能性；但是他同時也幻想著不去做它；

換言之，他的內在另有一個**不去**實現他的可能性的願望。齊克果針對「神經性」與「健康」狀態之間的差異會說，健康的人是在有衝突的情況下依然向前邁進，去實現他的自由，而不健康的人卻會退縮進入「閉鎖」的狀態，犧牲他的自由。恐懼與焦慮的根本差異就此出現：在恐懼中，人們朝著單一的方向運動，**遠離**恐懼的對象，而在焦慮中，內在的衝突持續地運作著，人們與焦慮的事物卻保持著一種模稜兩可的關係。齊克果總是堅稱，雖然焦慮在反思的階段有比較具體的內容，但是全然具象的內容是了不可得的，因爲它描繪的是一種內在的狀態，而不是衝突的狀態。

自我覺知的另一項影響後果是，責任與疚責感的產生。[55]對齊克果與當代的心理學而言，疚責感是個令人困擾的難題，對我而言，它往往被過度簡化地迴避掉了。我們要了解齊克果對疚責與焦慮之間關係的看法，就必須強調，他總是從焦慮與創造性的關係來談論焦慮。我們會有焦慮是因爲有創造的可能，創造自己，意欲成爲自己，以及在數不清的日常活動中創造可能（這是同一過程的兩個階段）。如果完全沒有可能性，我們就不會有焦慮。讓治療中的病患了解這點是極爲重要的，也就是要爲他指出，焦慮的存在意味著衝突正在進行，但只要這是眞的，那麼建設性的解決方案就有可能。

現在我們知道，要創造實現我們的可能性，總會涉及建設性與破壞性這兩個層面。它總是意含著破壞現狀，摧毀個人內在的舊有模式，逐步地擊潰個人自孩提時代就緊抓不放的事物，從而創造出嶄新的生活型態與方式。如果你不這麼做，你就是在拒絕成長，拒絕自己的可能性；你在逃避對自己的責任。因此，拒絕實現自己的可能性便會帶來自我的疚責。但是，創造同時也代表摧毀個人現在的環境現況，打破舊有的形式；它意味在人類關係與文化形式中，產生了某種嶄新與原創的事物（例如藝術家的創作）。[56]每一個創造經驗都有可能會侵犯或否定個人周遭的他者，或者個人內在的既定模式。具體而言，在每一次的創造經驗中，某些過去的事物便會死去，以便讓新的事物能夠在當下誕生。因此對齊克果而言，疚責感是焦慮的附屬品；兩者都是體驗與實現可能性的面向。他認爲，**創造性越高的人，潛在的焦慮與疚責就越強**。齊克果寫道：「越是偉大的天才，陷溺在疚責中越深。」[57]

雖然性與肉慾往往成爲這個疚責的內容，但是齊克果並不認爲它們本身是焦慮或疚責的根源。然而性是具有意義的，因爲它代表**個體化與社群**的問題。在齊克果與我們的文化中，性往往是自我問題最淸楚的支點，例如在擁有個人慾望與渴求的同時，和他人的關係也不斷地拓展。要完全滿足這些慾望必然牽連到其他人。因此，性可以建設性地表達出「群我（individuality-in-community）」（性是人際連結的一種形式）的意涵，也可以被扭曲成自我中心（虛假的個體性）或共生的依附（虛假的社群）。齊克果曾經以比喻的方式說，焦慮的高峰點是在女性分娩時，因爲「此刻新的個體來到世間」。**在個體誕生進入社群的每個瞬間，焦慮與疚責都潛伏著**。這不僅在具象的嬰兒分娩過程中是如此，在個人每個新階段誕生的時候也都是如此。根據齊克果的看法，個人應該要在生命的每個瞬間，持續不斷地創造完整的自我人格。[58]

齊克果說，在創造的過程中，宿命被當作逃避焦慮與疚責感的方法。因爲「命運是靈魂（可能性）與外在事物（如不幸、必然或偶然）的連結」，所以我們並未充分體認到焦慮與疚責的意義。不過齊克果認爲，這種把自己交付宿命論的作法，會使創造性有所侷限。他因此認爲，坦誠面對疚責問題的猶太教，要比以命運信仰爲依歸的希臘文化更勝一籌。**不世出的創意天才絕不會退縮至命運的信仰中，以逃避焦慮與疚責；他會向前通過**焦慮與疚責，以此創造可能。

有一種失去自由的形式是「閉鎖」（shut-upness）的狀態。這是以具象的表達方式，來描述覺知受阻、禁制，以及其他常見焦慮的神經性反應過程。[59]齊克果指出，這個狀態在歷史上被界定爲「原魔的」（demoniacal），而且因爲他所引述的是《聖經》中歇斯底里與喑啞的案例，所以我們知道他所指稱的是各種臨床上的神經症與精神病。他覺得這些案例中的問題在於，「無法與良善保持自由的關係」。焦慮以「恐懼爲善」的形式呈現出來；個人竭盡所能地封殺自由，並壓縮自己的發展。齊克果主張，「自由是擴延（expansive）」，又說「自由是持續地溝通（communicating）」，後者甚至啓發了蘇利文（Harry Stack Sullivan）的概念。[60]在原魔的狀態中，「不自由使人變得越來越閉鎖，而且不願意溝通。」[61]齊克果說得很明白，「閉鎖」一語並不是指具有創造性個人的限制，而是指退縮和某種不斷否定的形式。「原魔狀態並非閉鎖起來**與**某物分離，而是把**它自**

己閉鎖起來。」⑥²因此他也主張，這種閉鎖狀態是令人沉悶（予人荒蕪的印象）和空虛的。當閉鎖的個人面臨到自由與「良善」（此處兩者爲同義語）的時候，便會焦慮起來。對齊克果而言，「良善」代表的是閉鎖個人的挑戰，看他是否能夠在自由的基礎上重新整合自己。此外，他也把「良善」描述爲一種擴延的狀態，一種不斷增進溝通程度的狀態（communicativeness）。

齊克果相信，把閉鎖人格看成命運的受害者是虛妄的慈悲，因爲這隱含了我們對事實的莫可奈何。**真正的慈悲是要以疚責**（也就是責任）**之心來面對問題**。這是我們每個人的責任，不論我們是否閉鎖。勇者生病時，寧可說「這不是命運，這是疚責」，因爲這樣他努力改變現況的可能性便還存在。齊克果繼續說道，對於「倫理情境中的個人而言，最害怕的莫過於命運，以及披在慈悲外衣底下華麗但空洞的詞藻，這會讓他失去自由的寶藏。」⑥³我可以用個人的經驗來說明這點，它在我們的文化中被認爲更接近命運，而不只是心理上的擾動不安；也就是傳染型的疾病。當我罹患肺結核時（在治療該疾病的藥物發明以前），我從觀察自己和其他病患的過程中注意到，好意的朋友和醫護人員常常會安慰我們說，染患此疾完全是因爲結核菌意外感染所致。這種歸咎於命運的講法原意是希望讓病人聽了好過些。但是事實上，對許多心思比較敏感的人而言，這樣的說詞卻使人陷入更深的絕望中。如果疾病是一場意外，那麼我們要怎樣才能確定它不會一次又一次地再發生呢？反之，如果個人覺得是自己的生活方式需要檢討，而且這是使他得病的原因之一，他當然會更覺疚責，但他也因此可以正向地看待有哪些條件需要改變，以便使疾病痊癒。從這個觀點而言，疚責感不僅是比較正確的態度，同時也使人得以燃起比較眞誠的希望。（不消說，齊克果與我在此所指的是**理性的**疚責，而不是**非理性的**疚責。後者帶有無意識的心理動能，是不具建設性的，需要加以剷除。）

終極而言，閉鎖狀態是以幻覺爲基礎的：「閉鎖狀態代表的是謊言或背離眞理的，其理至明；而背離眞理正是不自由……」㊿他認爲，我們在與閉鎖人格相處時，要了解沉默的重要，而且要一直保持「〔說話〕範疇的極度淸晰」。他相信閉鎖的狀態可以藉內在的啓發或「洞明」（transparency）加以治療，他這裡所意指的，就心理學的層面而言，與當代〔心理治療的〕淸滌法（catharsis）與釐淸法（clarification）不無相似之處。

自由也可能在身心相關的（psychosomatically）層次喪失。對於齊克果而言，「身體、心理、靈性」（可能性）是不可分的整體，任何一個層面的解構都會影響到其他的層面。」㊀他在傳統的身體與心理之外，又添加了第三項決定要素——自我（self）。就是這個「中介的決定要素」（intermediate determinant）涉及了可能性與自由。他不認爲人格只是身體與心理的綜合。如果人格要發展到更大的格局，那就必須看**自我如何與心理和身體相連結**。這是爲何齊克果的自我概念，不能與只佔心理一部分的自我（ego）等同的另一項指標。當個人能夠自由地看待心理與身體，同時以此自由地行動時，自我就在發揮作用。

其他因焦慮而喪失自由的例子，可以在窄化緊綳的人格中看到。齊克果寫道，這樣的人格特質是缺乏內在自信的。

> 嚴守正統教義而毫無彈性的那一類人，或許就是處於原魔的狀態。他什麼都知道，他崇奉神聖，真理對他而言就是禮儀的印記，他常常表達要到神的座下效忠，頂禮千回，他對每件事物的了解，就像小學生能以固定的方式記誦數學命題一樣，但是方式稍微變化，就把他考倒了。所以只要他聽到事情沒有按照既定的次序陳述時，他就會感到焦慮。他像極了一位現代玄想的哲學家，找到靈魂不滅的新證明，但是當他遇到致命的危險時卻派不上用場，因為他沒有隨身帶著他的筆記簿。[66]

因缺乏內在自信而引發的那種焦慮，一方面會以任性與不信（unbelief）的否定態度表現出來，另一方面則會以迷信的方式呈現。「迷信與不信兩者皆是不自由的形式」。[67]偏執者與不信者，就其心智框架下的焦慮形式而言，可說是一丘之貉。兩者都缺乏擴延性；「兩者皆欠缺內省，不敢接近他們自己。」[68]

人們會竭盡所能地避免焦慮，對齊克果而言自是意料中事。他提及所謂「懦弱的年代」，生活在此時代的人「想盡辦法讓自己分神，用大聲喧鬧的土耳其樂來驅趕孤獨的思想，就像在美洲森林中，他們用火炬、呼喊以及鐃鈸聲來逐退野獸一樣。」⑲因為焦慮是讓人痛苦異常的經驗。而且因為它是如此地鮮活與常見，所以我們再度摘述他對此痛苦經驗的描述如下：

無論宗教審判長手邊擁有的折磨方式有多可怕，也比不上焦慮；無論間諜如何狡滑地在他懷疑的人最脆弱時攻擊他，如何佈下陷阱逮捕他，都比不上焦慮；無論法官詰問審查被告的手段有多機巧，也比不上焦慮；不管他以分神或喧鬧干擾它，不管是在工作或遊戲，也不管是白晝或夜晚，它都讓他無所遁形。⑳

不過，一切想要迴避焦慮的嘗試，不僅註定要失敗，而且在逃離焦慮的過程中，個人會喪失讓自我浮現最珍貴的機會，而且也會失去為人的教育。「如果人是野獸或天使，那麼他就不能感受到焦慮。因為他是兩者的綜合體，所以他才能夠焦慮，而且焦慮越強，人就越偉大。」然而，這與我們一般所了解的焦慮意義不同，它並非與身外之物有關，而是就人自身創造焦慮的這個意義而言。㉑

齊克果對焦慮最迷人的描述是把它看成「學府」（school）。焦慮是比現實更好的老師，因為我們或許可以避開不悅的情境，而暫時逃避現實，但是做為教育資糧的焦慮卻總是存在，因為人們離不開它。「即使在最微不足道的事物上，只要個人機巧地權變一下，從某件事情上悄然消失，他極可能就此成功得手，因爲現實遠不如焦慮精明；焦慮就在手邊。」[72]以焦慮爲師似乎是個愚蠢的想法，他承認，特別是對那些夸夸其言從未有過焦慮的人，更是如此。「我對此一意見的回應是，我們當然不應懼怕爲人，或懼怕有限的事物，但是**只有經歷過可能性焦慮教育洗禮的人，才會成為沒有焦慮的人。**」[73]

就某方面而言（我們不妨稱爲負向方面），此項教育在教導個人坦誠地面對和接受人類的處境。它意味著要面對死亡的事實，以及其他存在的偶然現象，而且從這個「原始的焦慮」（*Angst der Kreatur*）中，我們學會如何詮釋人類處境的現實。「因此，當學人從這間可能性的學府畢業之後，他便會比孩童更徹底地了知世情，他絕對無法向生命要求任何東西，而且恐懼、地獄與毀滅就安駐在每個人的腳邊，此外他還學到一項可貴的教訓，每一項令人驚懼的焦慮可能在下一秒鐘就成爲事實，他會因此對眞實有完全不同的理解，他會讚頌眞實……」[74]

就正向方面而言，進入焦慮學府使個人得以走出有限與瑣屑的壓制，並且在人格中落實無限的可能性。對齊克果而言，有限就是那「閉鎖」自由的狀態，相反地，無限指的則是「敞開」自由之門。因此，無限是他可能性概念的一部分。有限性則可以被界定爲，個人對數不清的壓制與人爲侷限的體驗，我們在臨床上和生活中都可以觀察到這些現象。無限則無法被界定，因爲它代表自由。在面對焦慮這件事上，齊克果極爲推崇蘇格拉底的態度，他莊重地舉起毒酒杯……就像病人在一場痛苦的手術即將開始前，向醫生說「我已經準備好了」一樣。此時焦慮沒入他的靈魂，遍處蒐尋，擠出一切的有限與瑣屑，從此引導著他，直到生命凋零。[75]

在如此這般的焦慮對待中，個人被教育懂得信仰，亦即內在的信心。於是個人擁有「棄絕焦慮的勇氣，但卻不帶一絲焦慮，唯信仰有以致之；它不僅消除了焦慮，同時常保時新，從死亡焦慮的痛苦中不斷成長。」

具科學頭腦的讀者可能會覺得，在上述的引言中，齊克果似乎都是以詩文和弔詭的演講方式來論說的。這當然是正確無誤的，但是他要表達的意思，卻可以用清晰的經驗語言加以綜述。首先，他預示了霍妮等人的論點，認爲焦慮指出了一個事實存在且有待解決的問題；而且從齊克果的觀點看，焦慮會尾隨個人的足跡（假如他沒有進行全盤的神經性壓抑的話），直到它被解決爲止。其次，齊克果宣稱，「自我的力量」是在個人成功地面對焦慮的經驗之後，才發展得來的。

齊克果令人感到驚訝之處在於，儘管他的作品寫於一百三十年前，儘管他欠缺詮釋無意識素材的工具（所需工具形式直到弗洛依德之後才完備），但是他是如此敏銳而深刻地預見了現代心理分析對焦慮的洞觀。同時他又把這些洞見置放在一個更寬廣的脈絡中，以詩文和哲學的方式來了解人類的存在。法國的生理學家伯納德（Claude Bernard）

曾經渴望過會有這樣一天的到來，屆時「生理學家、哲學家與詩人可以用同樣的語言交談，並且彼此溝通無礙。」我們在齊克果的身上，似乎看到了那一天已然到來。

註釋

①本章所隱含的這項假設，在第六章中將有更詳細的說明。

②參見《焦慮》（*Anxiety*, New York,1950）一書中羅洛・梅的論文〈現代焦慮理論的歷史根源〉。

③現代文化中影響焦慮問題發展的其他面向（例如，經濟學與社會學面向），將在第六章處理。同時代焦慮之文化背景的摘述，將在第七章討論，可以當作是本章討論的補充。

④參見凱斯勒（Ernest Cassirer），《人性論》（*An essay on man*, New Haven, Conn., 1944），p.16。

⑤這個觀點將在第六章討論。

⑥奧登，《焦慮的年代》（*The age of anxiety*, New York, 1974），p.8。

⑦凱斯勒，同上引，p.16。

⑧The Protestant era（Chicago, 1948）, p. 246.

⑨凱斯勒，同上引，p.16。

⑩他對情緒的界定乃是現代約翰—朗吉理論（James-Lange theory）的先驅：「我們藉由情緒得以了解身體的調整狀況，身體中的行動力量因此或增或減，或升或抑；我們同時也因此了解我們對於這些調整狀況的想法。」參見《史賓諾莎的倫理學》（*Spinoza's ethics*）之〈情緒的起源與本質〉（London, 1910），p.84。

⑪參見《史賓諾莎的倫理學》之〈理智的力量〉，p.203。史賓諾莎看見「免於恐懼」的政治面向，這一點我們

在第一章中已經提過。

⑫《史賓諾莎的倫理學》之〈情緒的起源與本質〉，p.131。

⑬以史賓諾莎這個陳述為基礎，我們可以從中獲取卓見，了解到個人居處的歷史情境，可以對他的恐懼與焦慮產生多大的制約作用了。我們可以據此而言，生活在充斥原子彈、極權主義與社會劇變的二十世紀的人，要是**沒有**恐懼，就顯示出心智的軟弱，或者更準確地說，就是麻木不仁和心智的貧瘠。

⑭《史賓諾莎的倫理學》之〈情緒的力量〉，p.175。

⑮《史賓諾莎的倫理學》之〈理智的力量〉，p.208。

⑯參見瑞茲樂（Kurt Riezler），〈恐懼的社會心理學〉（The social psychology of fear），《美國社會學期刊》（*Amer. J. Sociol.*）一九四五年五月號，p.489。這類潛藏在焦慮之下的心靈衝突例證，參見我在本書第二部分舉出的神經性焦慮個案，我稱潛藏於這些症狀下的心靈衝突為「期待與現實之間的裂痕」。

⑰然而，我們必須牢記於心的是，史賓諾莎所處的十七世紀文化情境，不僅與十九和二十世紀不同，同時他對理性的信心也與十九世紀的劣質理性形式有別。後者對情緒是否認和壓抑的。此外，基於我們在此對史賓諾莎的主要關注點，是他做為十七世紀對理性抱持信心的代言人，我們就必須強調他絕不是當代意義下的理性主義者。他對倫理及神秘事物的關懷，使得他的思想脈絡更為深廣，這是後期侷促的理性主義形式中所欠缺的。例如，若我們窮究他對如何克服恐懼（以及焦慮，只要焦慮成了問題）分析的最後一個步驟，我們便會明白他說「**毀滅性的情感必須以更強的建設性情感才能克服**」這句話的意思。我們也會發現，他為終極建設性情感所下的定義是「對神的理智之愛」，用詞雜糅神秘與理性的意境，令人驚嘆。換言之，恐懼（及焦慮）最終必須在整全對待生命的宗教態度下才能被克服。此外，我們也應該順帶提到，由於史賓諾莎思想的基石寬廣，使他不至於掉入其他同期哲學身心二分的泥淖中。

⑱《巴斯卡的沉思錄》（*Pascal's penseés*），G.B. Rawlings 編譯，（Mt.Vernon, N.Y., 1946），pp.36-37。

⑲《巴思卡的思想》，Edward Craig 譯，（New York, 1825），p.110。

⑳《巴斯卡的沉思錄》，p.35。

㉑ 與巴斯卡悲嘆情緒不理性有關，且值得一提的是，三百餘年後的弗洛依德，致力於將理性的範圍延伸到將情緒也含括在內。

㉒《巴斯卡的沉思錄》，p.38。

㉓《巴斯卡的思想》，p.84。

㉔關於他爲何是個例外，以及他爲何比他的同代人更重視內在創傷與焦慮的問題，會使我們脫離目前討論的主題。不過，我們可以提一下凱斯勒的說法，他認爲巴斯卡對人類的觀點，是一路從中世紀思想延伸出來的，儘管巴氏具有科學天才，但是他並沒有眞正吸收文藝復興時期浮現出來的新的人本觀點。

㉕「技術理性」一詞出自保羅．田立克。它所指涉的事實是，理性在十九世紀的實踐日益運用在技術問題的解決上。這種逐步強調理性技術層面的理論意涵，在當時並沒有得到廣泛的重視。

㉖《人性論》，p.21。

㉗同上，p.22。

㉘弗洛依德常在寫作中言及，他的目標就是要把無意識的內容變成有意識的，以此擴大理性的範疇。在他比較理論化的著作（參見《文明及其不滿》〔*Civilization and its discontents*〕以及《幻象的未來》〔*The future of an illusion*〕）中，他對理性與科學的概念都是直接自十七與十八世紀承繼得來的。但是在實際的運作中，他的理性概念卻與傳統理性主義的「理性」大不相同；例如，他將個人的意識經驗與強大的無意識傾向加以統合時所運用的理性便是。

㉙參見保羅．田立克在《觀念史期刊》（*Journal of the History of Ideas*, 1944, **5**:1, 44-70）上發表的〈存在哲學〉（Existential philosophy）一文。由於田立克本人的思想涉及存在主義的傳統，因此他對該運動的描述特別強而

有力，本節中會經常引用他的陳述。

㉚此一思想形式與威廉・詹姆斯所表述的美國實用主義（pragmatism）關係，我們稍後會予以說明。現代存在主義思想的代表人物則有海德格（Martin Heidegger）、雅斯培（Karl Jaspers）、沙特（Jean-Paul Sartre）以及馬賽爾（Gabriel Marcel）。

㉛〈存在哲學〉，p.66。

㉜同上，p.67。

㉝同上，P.54。

㉞洛里（Walter Lowrie），《齊克果的短暫一生》（*A short life of Kierkegaard*, Princeton, N.J., 1944），P.172。

㉟同上，p.116。

㊱《懼怖的概念》（Princeton, N. J., 1944），洛里譯，p.123。

㊲田立克，p.67。

㊳布洛克（Werner Brock），《當代德國哲學》（*Contemporary German philosophy*, Cambridge, 1935），p.75。有關一位二十世紀的心理學家對齊克果的推崇，請參見莫勒（O. H. Mowrer）在《學習理論與人格動力》（*Learning theory and personality dynamics*, 1950）一書中的〈焦慮〉。莫勒相信，齊克果的洞見要能夠廣爲人知，就必須有弗洛依德的創作。

㊴《懼怖的概念》，洛里說道，在英文中「沒有字詞可以恰當地翻譯德文 *Angst* 這個字」（摘自前述版本的前言，p.ix）。因此，在幾經考慮之後，洛里博士以及其他齊克果的早期翻譯者，決定以「懼怖」（dread）這個英文字翻譯齊克果的 *Angst*。我當然同意，「焦慮」一詞在英文中常常是以膚淺的方式在運用，例如用來表示「急切」（eagerness）（「我急著（anxious）去做某事」），或者表示些微的憂心，或者是其他並不能適當傳達 *Angst* 意涵的同義語。不過，德文的 *Angst* 這個字是弗洛依德，戈斯登（Goldstein）等人用來表示「焦慮」

的用詞；它也是本書使用「焦慮」一詞時的公母。問題是「焦慮」的心理學意義（而非字面的意義）是否與齊克果對 *Angst* 指涉的意義相近（事實上比「懼怖」一詞更爲接近），這點不無疑義。田立克教授對 *Angst* 一詞的心理學意義，以及齊克果的著作都很熟悉，他認爲這沒有錯。我在本書中同時保留膚淺與深刻這兩層意義，它們分別以「正常焦慮」和「神經性焦慮」來加以表達。總之，洛里教授慷慨允諾我把他翻譯齊克果書中的「焦慮」一詞譯成「懼怖」，以便與本書的用詞相符。

在歷經這一切的斟酌衡慮之後，我很高興地發現，最新關於齊克果的翻譯中，學者已把「焦慮」一詞恢復了它應有的地位。參見《懼怖的概念》，洪恩等（Howard V. Hong & Edna V. Hong）譯，（Northfield, Minn., 1976）。

㊵《懼怖的概念》，p.138。

㊶同上，p.99。

㊷齊克果進一步堅稱，爲了成就自我的人格，個人必須勇往直前，義無反顧：「即便是從世界的眼光看來，大膽奮進也是一件危險的事。原因何在？因爲個人可能會失敗。然而，不冒險或許機靈，但是如果不勇敢前進，那麼我們極可能非常容易就會失去，那即使在最艱難的冒險中也很難失去的東西，那在任何情況下最容易、最完整、宛如無物的事物……亦即個人的自我。」如果我的冒險出了差錯，很好，那麼生命就會以它的懲罰幫助我。但是如果我根本裹足不前，那麼誰能幫助我呢？此外，如果我根本就不去冒險（**完全冒險的意思是對自我的覺知**），我贏得一切世俗的利益……但卻失去了自我！如此可好？」齊克果，《向死之病》（*Sickness onto death* Princeton, N.J., 1941），洛里譯，p.52。（黑體部分是我個人的加註）

㊸《懼怖的概念》，p.44。

㊹同上，p.38。

㊺同上，p.92。

㊻同上，p.40。

㊼《向死之病》，p.43。

㊽我們在此要澄清的是，就像現代心理治療的代表人物一樣，齊克果所說的並不是指稱某種「不健康的內省」。這類內省並不是因爲過多的自我覺察（這與齊克果的觀點相矛盾）所產生，而是因爲自我覺知被阻絕之故。

㊾以哲學的術語來說，這是人類的「本質」先於「存在」的問題。

㊿《懼怖的概念》，p.47。

51同上，p.65。

52《懼怖的概念》，p.92。

53同上，摘自他的日記（III A 233; Dru No. 402）。

54有趣的是，蘭克也主張，健康的個人是在內在衝突（依其術語，亦即「生命意志」與「死亡意志」的衝突）下，仍能創造的人，而神經症患者則除了退縮和犧牲自己的創造力之外，便無法處理這個衝突。

55當代的心理病理學主張，只要有疚責感（害怕懲罰）的地方，就會有焦慮，但是反之則未必盡然。不過，我們將會了解，齊克果說的是不同層次；也就是疚責感與創造性之間的關係。

56創造的過程並沒有在當代心理學中被充分地探究。藝術家的證詞在此可以支持齊克果的觀點；戴嘉思（Degas）說，「作畫時所投注的情感，要像罪犯作案時一樣強烈」；湯瑪斯・曼（Thomas Mann）則言及「珍貴的疚責秘密」是藝術家常保不失之物。我們可以在神話學中找到更多關於這個現象的洞見：在普羅米修斯（Prometheus）的神話中，創造性被視爲是對衆神的背叛。我們可以從心理學的角度追問，涉及創造性的個體化過程是否代表了逐漸與母親脫離，甚至背叛；或者以弗洛依德的術語來說，創造性是否意味著逐漸地去除父親的權威。

57《懼怖的概念》，p.96。

⑱同上，p.56。

⑲我們在後續的幾章中，將不時地討論到這點。例如，請特別參見第九章中菲麗絲（Phyllis）與法蘭西絲（Frances）的個案；也請參見第十章。

⑳《懼怖的概念》，p.110。

㉑同上，讓我們比較一下易卜生對瘋人院病患的描述：「每個人把自己閉鎖在自我的桶中，而桶子則被自我的栓塞阻滯，再被放到自我的井中聊添趣味。」

㉒《懼怖的概念》。

㉓同上，p.108。

㉔同上，p.114 註釋。

㉕同上，p.109。

㉖同上，p.124。

㉗同上。

㉘同上，p.129。

㉙同上，p.107。

㉚同上，p.139。

㉛同上。

㉜同上，p.144。

㉝同上，p.141（其中黑體部分是我說的）。

㉞同上，p.140。

㉟同上，p.142。

3

焦慮的生物學詮釋

Anxiety Interpreted Biologically

在人類進化的過程中，
神經系統的規劃功能最終成就了概念、價值和快樂
——這些都是人類社會生活特有的現象。
只有人類可以規劃未來的願景，可以體驗緬懷過去成就的喜悅。
只有人類可以快樂。
但是，也只有人類會憂心焦慮。
薛林頓（Sherrington）曾說過，動作與姿勢有如影之隨行。
我相信焦慮也有如知識活動的陰影一般相隨，
我們越了解焦慮的本質，就越了解智識。

——利戴爾（Howard Liddell），〈警戒在動物神經官能症發展上的角色〉

本章探討的主題是：當有機體面對危險的情境時，會有怎樣的反應？我們將從生物 52
學的角度進行研究，完整的生物學不只是針對危險的反射式反應，更具有有機生命整體回應威脅的廣泛意義。

我在研究焦慮時注意到，過去二十年來已經有許多研究涉入相對冷門的神經學與生理學。事實上，過去在嚴謹研究工具的開發上，已有長足進步，內分泌學的研究便是例 53
證。單項研究就像是蓋房子時會用到的個別磚塊。但是整個房屋的設計在哪裡？**換言之，把不同磚塊堆砌在一起的綜合體、統合體或模式在哪裡？**①

許多以焦慮爲題的論文作者似乎都同意，我們最需要的就是某種統合的設計，能爲這個領域帶入某種「秩序與清明」（弗洛依德半個世紀前的話）。我們異質、孤立和片斷的知識大量增加；但是我們對焦慮的整體了解卻幾乎沒有增長。含納所有差異面向的模式，仍是遙不可及的夢想。

這些「發現」經常讓人感到失望的原因在於，生命情境（如焦慮）的「成因」，永遠不可能從孤立的神經或生物反應發現。我們需要的是可以含納所有不同研究進路的新模式。焦慮的神經生理面向不能由它們本身來理解，而必須參照下列問題：**有機體與世** 54
界奮鬥想要滿足的需要是什麼？我所謂的世界不只是生理的環境，也包括心理與態度的環境。②

這表示神經生理過程應該被看成是有機體**組織階層**的一個面向。梅爾（Adolph Meyer）說，「生理學應附屬於整合功能，特別是象徵運用的方式」③，指的就是這個意思。

梅爾這一段綜合陳述有不少實證的支持。貝克（Aaron Beck，譯註：認知心理治療學派創始人）說，充滿壓力的生活情境本身，對造成焦慮與生理失序的影響，遠不如當事人**認知**這些情境的方式來得重要。」④在針對越戰士兵的焦慮研究中，梅森、柏恩與羅斯等三位作者總結認爲，造成焦慮變動的原因不在於生理本身，而是個別士兵「特殊的生活方式」。換言之，當事人認知威脅的方式，比威脅本身更爲重要。在當事人的生活方式中，**統合的**動能最爲重要。梅森指出，許多疾病可能就是**這種整合機制的失序**。就是這種整合機制，使個人象徵性地詮釋情境是否具有威脅的。

梅森表示，相較於生物學的「基本元素」（elementalistic）研究進路，「潛藏在『整合』或『綜合』這兩種進路之下的前提……認爲對生命有機體的終極了解，不在於對它的終極組成成分的了解，相反地，生物學特有的基本任務在於，弄清身體許多不同的部分或過程，是如何整合成爲一個有機體。」⑤

這個整合模式的目標，是本章心繫之所在。如果我們要避開生理學與神經學研究中既存的流沙，我們就必須追問每一項研究是如何與整體接軌的。

驚嚇模式

我們就從一個防衛的反應著手，儘管它既非恐懼也非焦慮，卻是所有這類情緒的先驅，也就是驚嚇模式。蘭迪斯（Landis）與杭特（Hunt）的驚嚇模式研究特別值得我們關注，因爲該研究澄清了防衛反應、焦慮與恐懼三者，在有機體身上浮現的順序。⑥

如果我們在某人背後製造槍響，或是以其他方式弄出巨響的突發刺激，它會很快彎下身去、頭往前抽動、眨眼，以及用其他方式表現出「驚嚇的反應」。這是原初和先天的不自主反應，先於恐懼和焦慮這兩種情緒。蘭迪斯與杭特以不同的實驗誘發這種驚嚇模式，主要是以手槍射擊來製造刺激，並用電影放映機記錄瞬間的反應。驚嚇模式的最主要特色是身體的彎曲，「這與防衛性收縮或個人的『退縮』相似。」⑦驚嚇模式的特徵在於眼睛的眨動，在正常情況下會有「頭向前伸、特殊的臉部表情、雙肩拱起向前、手臂往外、手肘彎曲、下手臂向前，手指彎曲、身體往前伸、下腹部收縮、膝蓋彎曲……它是原初的反應，無法自主地控制，也是普遍具有的，在黑人、白人、成人、嬰兒身上以及靈長類或其他較低等的動物形式都會具備。」⑧就神經學而言，驚嚇模式牽涉到較高神經中樞的抑制，因爲後者無法統整如此突發的刺激。也就是說，我們會先受到驚嚇，才會知道威脅自己的是什麼。

驚嚇反應不等於恐懼或焦慮。蘭迪斯與杭特正確地指出，「最好把驚嚇定義成『先於情緒的狀態』（pre-emotional）。⑨「那是針對突發性強烈刺激的立即反應，有機體被迫要做出某種超越常態的反應。就此而言，它有某種緊急回應的味道，但是以其組成與表達的方式觀之，則與所謂的『情緒』簡化許多，只能算是一種快速短暫的反應。」⑩眞正的情緒會在驚嚇的反射之後才出現。蘭迪斯與杭特的成人實驗對象，在驚嚇之後，出現了好奇、爲難和恐懼等衍生行爲（情緒）。作者認爲，這種衍生的行爲是「當事人由先天、非習得的反應，過渡到社會制約、純屬自發學習反應的橋樑。」⑪

要緊的是，**這些實驗中的嬰兒越小，伴隨驚嚇產生的衍生行為就越少**。一個月大的嬰兒除了驚嚇之外，沒有其他的反應，蘭迪斯與杭特說，「但是我們的研究同時顯示，隨著嬰兒的成長衍生的行爲也就越來越多。……哭喊和逃離的行爲——不論是轉頭避開聲音的來源，或是眞的轉移身體爬走——都會隨著年齡而日益頻繁。」⑫

從驚嚇模式中可以演繹出許多先於焦慮與恐懼的情緒性反應。例如，庫比（Lawrence Kubie）便在這種模式中找到「焦慮的發生學」（ontogeny of anxiety）。他主張，驚嚇模式是存在於**個人與周遭世界之間落差**的第一個指標。**庫比認為，胎兒不會有驚嚇的體驗；刺激與反應間的間隔對胎兒是不存在的。但是嬰兒與驚嚇模式卻同時誕生。從此以後，個人與環境之間便存在著「距離」。嬰兒會有等待、延宕、挫折的經驗。庫比主張，焦慮與思考過程都是來自這種個人與周遭世界的「落差」處境，而焦慮則是先於思想**

的發展。「個人生活中的焦慮，是驚嚇模式與所有思考過程起始之間的橋樑。」⑬

根據蘭迪斯與杭特的說法，這種驚嚇模式就是葛斯汀稱之爲「災難式反應」（catastrophic reaction）的一般反應類型。我們認爲驚嚇模式是一種原初和先天的防衛反應，它是有機體情緒反應的先驅，後來會變成焦慮和恐懼。

焦慮與災難反應

葛斯汀（Kurt Goldstein）對本書主旨貢獻卓著，因爲它提供理解焦慮的廣泛生物學基礎。⑭葛斯汀以一位神經生物學家的身分研究各式各樣的精神病患，特別是腦損病患，由此形塑其概念。葛斯汀在第一次世界大戰期間，擔任德國一家大型精神醫院的主任，因而有機會觀察研究許多因戰爭而腦損的士兵。這些傷兵適應環境的能力受其損傷大腦的限制，所以對許多刺激會出現震驚、焦慮和防衛的反應。透過對這些傷兵的觀察，我們就像在觀察危機情境中的個人一樣，能夠清楚了解關於有機體焦慮動能的生物面向。⑮

葛斯汀的中心論點在於，**焦慮是有機體在災難情境下的主觀經驗**。當有機體無法配合環境的要求時，便會被拋入災難的狀態，自己的存在或對存在至關緊要的價值，也會因此覺得備受威脅。我們不應認爲「災難情境」總是指涉高強度的情緒。它可能只是心中閃過的念頭，覺得自己的存在受到威脅。強度不是問題；它是一種**質性的**經驗。

葛斯汀的腦損研究對象發明出無數迴避災難情境的方法。例如，有些傷兵會發展出強迫整齊症狀：他們的衣櫃整理得一絲不苟。如果把研究對象放在雜亂無章的環境中——例如，如果有人更動了他們放置鞋子或衣服的方式——他們就會大爲慌亂，不知所措，並且顯得極爲焦慮。有些傷兵被要求在紙上寫下自己的名字時，會靠著最邊邊的角落寫；開放空間（「空無」〔emptiness〕）對他們而言是無法因應的處境。這些傷兵會迴避任何環境的變化，因爲他們無法適當地評估新的刺激。我們在這些情境中看到傷兵無法因應周遭的世界，也無法發揮自己的基本能力。當然，正常的成年人有能力適應更廣泛的刺激，但是這個**災難情境的有機體**問題，在本質上還是一樣的。在這種情境下，客觀層面便是失序的行爲。**主觀的層面則是焦慮**。

葛斯汀否認有機體是許多不同「驅力」的組合，以及是驅力受阻或干擾造成焦慮的說法。⑯有機體毋寧只有一個傾向——那就是**實現自己的本質**。（這個觀點與齊克果的自我實現〔self-realization〕概念之間有相似之處）每個有機體最主要的需求和傾向，就是使自己與環境相互調適。當然，動物或人類有機體的本質千差萬別，各自擁有的基本能力都不一樣，這會決定它實現的目標和方法。野生動物在叢林棲息處能夠一展雄風，但是當牠被捕關在籠內，便呈現虎落平陽之勢，甚至有躁動不安的行爲。有時候，有機體爲克服本性與環境的落差，會犧牲某些本性中的質素，例如上述的野生動物爲了避免關在籠內的災難狀況，想必會犧牲牠們自由吼叫的需要。適應不良的有機體可能會以削足適履的方式，從周遭世界退縮出來，以避免災難情境。葛斯汀以坎農（Cannon）研究的貓爲例說明，這些交感神經已被切除的貓會緊靠熱緣不肯離去，因爲牠們對寒冷的調適能力（藉此維繫牠們的生存）已經被剝奪了。

根據葛斯汀的看法，並不是疼痛的威脅造成了災難狀況，以及隨之而來的焦慮，它甚至不是最主要的因素。疼痛經常是在沒有焦慮或恐懼的情況下發生。同理，也不是**任何**危險都會引發焦慮。威脅到有機體生存的是特定的危險——「生存」在此的意義不只有身體的生命，也包括心理的生命。威脅有可能是針對**有機體所認同的實存價值**。除了葛斯汀的分析以外，我們要特別指出，西方文化所謂的「驅力」——不論是生理心理上的「性」驅力，或文化心理上的「成功」——往往以各種方式被等同於個人的心理存在。因此，某人可能會因爲性慾受到挫折而焦慮，而另一個人則可能會因爲錢賺得不夠多（或社會地位滑落），而覺得自己落入災難情境。

某位學生可能安然度過一次考試而不會有焦慮，然而，對另一位事業生涯維繫在此一考試能否過關的學生而言，同樣的情境卻成了創傷或災難的處境，並因此產生失序的行爲和焦慮。因此，「災難情境中的有機體」這個基本概念有兩個面向：第一是客觀情境本身，第二則是涉及的有機體本質。即使在日常生活的正常焦慮下，也就是「讓我們糾心絞痛的恐怖威脅」下，每個人都還是可以辨識出災難情境的威脅。

人類面對危機情境的能力因人而有極大的差別。為什麼有些人會因為內在衝突基本上是心理問題，便對危機欠缺準備，這個問題我們將在第四章中討論。我在這裡只是要提出，每個人自有其「門檻」，而超越門檻的額外壓力便會讓處境成為災難。葛蘭珂（Grinker）與史匹格爾（Spiegel）在他們對戰時崩潰士兵的研究中，已清楚說明這一點。⑰同理，梅森等人（Bourne, Rose and Mason）研究越戰中戰鬥的士兵，也說明了類似的情境。士兵們的多種防衛功能——相信自己是無敵的、強迫性活動、對長官能力的信仰，都是在保護個人免於災難狀況。⑱

焦慮以及世界的失落

我們現在轉向葛斯汀的有趣討論，**為什麼焦慮是沒有具體對象的情緒**。他與齊克果、弗洛依德等人的意見相同，認為焦慮必須與恐懼有所區分，因為恐懼有具體的對象，而焦慮則是一種模糊和具體的焦躁。當代心理學令人困惑的問題，不在於這項定義，而在於它的理論基礎。只要這種現象繼續下去，我們很容易就觀察到，重度焦慮者是說不出也不知道，他害怕的「對象」是什麼。⑲葛斯汀說，雖然這種「無對象的特性」在精神分裂初期的案主身上清楚可見，但是同樣的現象也會出現在較不極端的案例身上。當精神分析案主處於焦慮狀態時（例如第八章的哈洛・布朗〔Harold Brown〕），他們會表明說，自己沒有能力知道害怕的對象，正是使焦慮如此痛苦和令人不安的原因。

葛斯汀認爲，「隨著焦慮的增加，焦慮的對象與內容似乎消失得越多。」他追問說，「**焦慮的存在主要不就是在本質上無能知道威脅之害從何而來嗎？**」⑳在恐懼中，我們能夠覺察到對象，也覺察到自己的，而且能夠在空間上鎖定我們恐懼的對象。但是用葛斯汀的話來說，焦慮「會由後方攻擊我們」，我的說法則是同時從四面八方包抄。恐懼時，你的注意力侷限在對象上，全身的張力被動員去奔逃；你的確可以逃離對象，因爲它在空間佔有一席之地。但是焦慮時，你逃跑的努力基本上會變成瘋狂的行爲，因爲你經驗到的威脅並沒有特定的方向，因此你也不知道要逃到哪裡去。就像葛斯汀所說的：

> 恐懼時會有適當的防衛反應，對於環境的某一部分，身體會表現出緊張以及極度的關心。然而焦慮時有的只是無意義的狂亂，以及從世界退縮後的僵固或扭曲表現；此外，熱情全然封閉，彷彿周遭世界與個人完全無關，而且與世界的牽連，或任何有用的觀感與行動，都停擺了。恐懼會讓我們的感知更敏銳。焦慮會癱瘓知覺，並使它們無用武之地，而恐懼則會驅使著它們行動。㉑

葛斯汀觀察到，當腦損的傷兵感到焦慮時，他們無法適當地評估外在的刺激，因而，他們既無能正確地看待周遭的客觀環境，也無能務實地看淸自己與這些外在環境的關係。他說，「災難的狀況會使有秩序的反應成爲不可能，於是主體便無法在外在世界『擁有』客體。」㉒每個人都曾在自己的經驗中注意到，焦慮不但對自己的覺察造成混亂，同時也擾亂他對客觀處境的認知。這兩個現象的相伴相生是可以理解的，因爲，用葛斯汀的話來說，「覺察到自我是伴隨著對客體的覺察而來的。」㉓**在焦慮中失靈的正是對自我與世界關係的覺察。**㉔因此，焦慮會呈現出無特定對象的現象，並非全然不合邏輯。㉕

徵諸上述的討論，葛斯汀主張重度焦慮者會經驗到自我的解離，或「人格存在的消解。」㉖因此，**「有」焦慮的說法並不全然準確；比較準確的看法，應該說我們就「是」焦慮或「化身」為焦慮。**

葛斯汀觀點下的焦慮和恐懼來源

從進化的角度來說，依焦慮和恐懼的關係爲何？從葛斯汀的觀點來看，焦慮是原初和原始的反應，恐懼則是稍後的發展。嬰兒對威脅的最初反應是擴散且尚未分化的——也就是焦慮的反應。恐懼則是稍後的變化，是在當事人學會客體化和具體處理那些可能會將他帶入災難狀況的環境質素時才出現的。甚至在只出胎十天的嬰兒身上，我們都可以觀察到明顯的焦慮——那是針對會威脅他安全的事物做出的擴散與未分化反應。只有當成長的嬰兒在神經與心理上，成熟到足以客體化事物的時候——也就是能辨識其生活環境中，可能會帶來災難狀況的那些事項——才會有具體的恐懼出現。

當葛斯汀繼續發展更具體的恐懼／焦慮關係公式時，說了一段可能會讓許多讀者感到困惑的陳述。他先問：「**是什麼導致恐懼？**」接著肯定地說：「**無非就是可能引發焦慮的經驗。**」[27]他主張，恐懼事實上是我們對可能陷入災難狀況的不安。這點我們可以用前面提過的案例研究來說明——哈洛・布朗的案例。這位年輕人必須在好幾個時間點上通過考試，才得以繼續自己的學術生涯。某次他在回答考題時，突然覺得自己不可能成功，並且驚慌了起來，認爲自己會被迫從大學退學而會再度「敗下陣來」。這種明顯的緊張與衝突，連帶他那些深度焦慮的老症狀，都是他身處「災難狀況」體驗下的主觀反應經驗。

然而，他在另一次類似的考試情境下，雖然也感到不安但卻能堅持下去，穩定地從事自己該做的事，而終於能夠陷入不驚慌地完成考試。我們可以把後面這個情境下的不安界定爲恐懼。他這次害怕的是什麼？他怕的就是，他有可能再度陷入上述第一種情境下的災難狀況。因此葛斯汀主張，恐懼代表一個警示，也就是當事人如果沒有好好因應危險的經驗，便可能陷入危及整個有機體的危險處境。恐懼最後會變成具體經驗的不安，而這個經驗有可能帶來更糟糕的狀況，那就是焦慮。在葛斯汀的公式中，恐懼是害怕引發焦慮。

當時葛斯汀的公式可能會令人困惑的部分原因在於，過去的心理學多數傾向認爲恐懼是一般性的名詞，焦慮則是從恐懼衍生出來的。㉘葛斯汀的觀點正好相反：恐懼是從焦慮分化出來的，是有機體成熟的後期發展過程。他堅稱，我們習慣把焦慮認爲是一種恐懼的形式，或「最高形式的恐懼」，是不正確的。「因此，我們無法離開恐懼的現象而理解焦慮，是再明白不過的事了，而是相反的過程才合邏輯。」㉙我們可以確定地說，恐懼可能會變成焦慮（當個人發現自己無法因應情境的時候），焦慮也可能變成恐懼（當個人開始覺得自己能夠適切地處理情境的時候）。但是當恐懼持續增加而終於變成焦慮狀態時，葛斯汀認爲會有某種質變發生，換言之，**個人對威脅來自某個具體對象的覺察，轉變成讓整個人格都被淹沒的不安，以致個人會覺得連他的存在都受到了危害**。

我們要說明的是，因爲焦慮是一種令人更不舒服的狀態，所以向來都有以恐懼把焦慮「合理化」的傾向。這個意圖在恐慌症與迷信的現象中，以幻想和不具建設性的方式完成了。但是它也能夠被建設性地達成，例如在心理治療的過程中，個人學會務實地看待危險，同時發展出自己能適切面對它們的信心。

至於恐懼與焦慮的源起，葛斯汀顯然不同意焦慮以及對特定客體的恐懼會遺傳的各個理論。霍爾（Stanley Hall, 1846-1924，譯註：美國心理學家與教育家，在一八九二年創辦美國生物協會）假設孩童的恐懼遺傳可以追溯到人類的動物祖先。史坦（Stern）駁斥這一點，他與葛羅斯（Groos）共同主張，孩童對「神秘事物」會有本能的恐懼。葛斯汀認為不可能是這樣，因為孩童會藉由探索不熟悉情境的方式來學習。史坦認為客體的某些特異處，會讓孩童感到恐懼，例如突然現身、快速接近以及強度刺激等。葛斯汀說，這些特異事項有一個共同因素，那就是它們會讓適當的刺激評估變得困難，即使不是完全不能。㉚葛斯汀總結這個問題如下：「我們有理由認定說，有機體對不當的情境會產生焦慮，人類祖先如此，現在的我們也是一樣。」㉛我們要補充的是，這個解釋讓我們不會迷失在「遺傳 vs.學習」這個無用的爭辯迷宮中，而這正是到目前為止，多數恐懼與焦慮的討論令人困惑之處。葛斯汀的觀點具有釐清的作用，因為我們再也不需要把個人視為恐懼的載體，而是把個人看成是需要與環境互相調和的有機體。就像上面所說的一樣，當做不到這一點時，焦慮便因此產生；恐懼也不是遺傳而來，而是這種焦慮能力的客體化形式。由遺傳得來的是我們**擁有不安的生物能力**，並非具體的恐懼。

忍受焦慮的能力

葛斯汀下面這段話指出了焦慮的建設性用途：**忍受焦慮的能力對當事人的自我實現很重要，對他能否征服環境也同樣重要**。每個人都會不斷地經驗到存在的震撼與威脅；事實上，**自我實現**必須是**在承受這些震撼的情況下繼續前進，才有可能發生**。**這裡所指的是焦慮的建設性用途**。葛斯汀的觀點在這裡類似於齊克果；我們在第二章已經指出齊克果強調的重點，他認爲從正面的觀點看，焦慮是自我發展可能性的指標。葛斯汀主張，健康的個人所以自由，是因爲他可以在多種可行的方法之間做出抉擇，也能夠利用新的可能來克服艱難的環境。個人**若是走過**而非逃避焦慮，那麼不僅可以完成自我的發展，同時更擴大了世界的版圖。

> 不要害怕可能導致焦慮的危險——它本身便代表一種因應焦慮的成功之道。……㉜
>
> 終極而言，勇氣就是對存在震撼的堅定回應，為了實現我們自己的本性，我們必須忍受它。㉝

正常小孩因應世界的能力不如成人，但是孩子仍舊有採取行動的強烈傾向——葛斯汀認爲這是孩子天生本具的。如此，孩子才能不顧震撼與危險而進步、成長與學習。這是正常小孩與腦損者之間的本質差異，儘管兩者因應焦慮處境的能力都受到侷限。腦損者忍受焦慮的能力最差，小孩則多一點，具創造力成人最能忍受焦慮。**具創造力者深入許多使他們暴露在震撼處境中的冒險，更是經常受到焦慮的威脅，但是，如果他具有真正的創造力，那麼他就會更具有建設性克服這些威脅的能力**。葛斯汀引述齊克

果的陳述說：「越有原創性的人，他的焦慮便越深刻。」㉞

文化是人類征服焦慮的產物，因爲文化是人類逐漸把與環境調和得適合自己居住的表徵。葛斯汀不同意弗洛依德對文化的消極觀——亦即**文化是壓抑的驅力昇華後的結果，也就是避免焦慮的慾望產物**。葛斯汀主張，從正面觀點來看，創造力與文化都和克服挑戰與震撼獲得的喜悅有關。當創造性的活動是個人焦慮的直接產物，或者個人被焦慮所迫進入另一種替代現象時，行動的某些部分明顯有壓力，也有強迫傾向和不自由的感覺。因此，「……只要這些活動不是自發的，不是自由人格所產生的，僅僅只是焦慮的後遺症，那麼它們對人格就只有虛假的價值。」他繼續說道：

> 這點可從虔誠宗教人的真誠信仰，與迷信之間的差異來說明，前者的信仰基礎來自對無限的真心奉獻。或者也可從心胸開放的學者，與武斷科學家之間的不同來說明，前者的信仰基礎為真相，他隨時準備因為新的事實真相，而改變自己的概念。……㉟

葛斯汀對古今極權主義下人類受奴隸的古老模式另有評論說：

一個民族可以因為對當前處境的不安，以及對自己的存在感到焦慮而顫抖，也可以因為受騙於政治煽動家所描繪之美好前景的嘲弄而寒慄，它有可能就放棄自由，接受完全的奴役。而且可能是因為希冀去除焦慮才這麼做的。㊱

焦慮的神經學與生理學面向

我先前提過，有關焦慮神經生理面向的多數討論，會先描述自律神經系統的作用，以及透過自律神經系統產生的身體變化，然後會或明或暗地假定這問題已經被搞定了。我同意了解自律神經系統的功能，對於焦慮神經生理學的探究非常重要，但是我要指出爲什麼這個步驟本身並不恰當。焦慮這個反應在有機體身上是如此普遍而根本，因此它不能被化約地歸因於某個**特定**的神經生理基礎。我們在後續身心相關症狀的討論中會看到，焦慮總是涉及一組神經生理關係與「平衡」的複雜排列。因此在這節中，我們會從問題比較單純的層次——有機體受威脅時的自律神經系統作用——入手，然後再探討有機體在環境中整體回應的複雜層次。㊲

當有機體受到威脅時，身體變化便會發生，好讓有機體能夠對抗或逃離危險。這些變化是**自律**神經系統的效應。稱它爲「自律」，是因爲我們相信它不受意識直接控制，㊳而這個系統是身體進行情緒變化的媒介。它素有「身心橋樑」之喻。我們接下來會更仔細地討論，自律神經系統又分成兩個副系統，彼此互相對立或平衡的運作。**副交感神**

經系統掌管消化、生長以及有機體其他「建構」（upbuilding）的功能。與這些活動相關的情感有舒適、享樂、放鬆等。**交感神經系統**則是加速心跳、提高血壓、輸送腎上腺素到血液，以及動員有機體能量以對抗或逃離危險等其他層面的媒介。與交感神經刺激的「一般性興奮」相連結的情感，主要有憤怒、焦慮或恐懼等形式。

每個人在自己的焦慮或恐懼經驗中，都知道自律神經系統的活動會誘發身體的變化。行人差點被一輛超速的計程車撞到時，會感到自己的心跳加速。在重要考試之前，應試的學生會緊張得非去小便不可。演講者在重要演講之前，也會奇怪地發現自己一點胃口都沒有。

這些反應在原始人身上，最初顯然是在保護他們免於野生動物和其他具體危險的襲擊。在當代社會中，人們鮮少直接面對威脅；人們的焦慮主要與社會調適、疏離、競爭成就等心理狀態有關。但是因應威脅的機制維持不變。

這些現象以及其他許多焦慮與恐懼的肢體表達，很容易便能夠與坎農「逃或打」（flight-fight）的機制相連結。㊴心跳加速以注入更多血液到肌肉中，這是眼前打鬥所不可或缺的。身體表層下的周邊血管收縮，使血壓升高以維持緊急情況所需要的動脈壓力。這種周邊血管的收縮是「嚇得發白」這個俗語的生理面向。「冒冷汗」則是爲了實際肌肉活動將流的熱汗預作準備。此時身體可能會顫抖，體毛會豎起以逆轉體溫，並保護有機體免於周邊血管收縮所造成的寒冷威脅。呼吸會加深或加快以確保氧氣充分供給；這就是強烈興奮下的「氣喘吁吁」。眼睛的瞳孔擴張，好看清楚具威脅性的危險；所以會有「嚇得瞪大雙眼」的說法。肝臟釋放出糖以提供打鬥所需要的能量。某種物質被釋放到血液中，以加速血液凝結，好讓有機體不致受傷失血過多。

爲了使有機體就定位應付緊急情況，消化活動暫停下來，因爲所有可動用的血液都要供給骨骼肌肉。嘴巴會覺得乾燥，因爲唾液的流動減少了，此時胃液流動也告暫停。內生殖器的平滑肌產生收縮。用專門的術語說，此時膀胱與結腸有清空的傾向，這對釋放有機體從事激烈活動，顯然具有明顯的功用。

危險的覺察

進入自律神經系統的衝動，會穿過大腦中樞的中部與下部——丘腦與間腦，它們最近被命名爲負責處理焦慮與恐懼之交感神經刺激的「協調機制」。這些大腦中樞的中低部位會反過來與大腦皮質——亦即與情境的「覺察」和「意識詮釋」等功能有關的大腦中樞較高部位——交互作用。

例如，當我們感到害怕時，未經提煉的感官刺激便會激促一股自律神經的反應，從丘腦下部傳遞到腦的網狀啓動系統。這會調節我們的警覺，以備我們打鬥或逃離之需。丘腦同時會把衝動送到大腦皮質，以待進一步詮釋。

大腦皮質的這個功能就是心理學上的意識覺察，它在焦慮的臨床治療上非常重要，因為不安端視個人如何對潛在的危險**詮釋**。在神經學上，動物和人類的主要差異，就在於人類的大腦皮質比動物大得多。這就是焦慮問題在神經學上的對應關係，亦即人類有機體的焦慮問題涉及個人對自己危險處境細緻與複雜的詮釋。㊵例如，哈洛・布朗只是與別人小有爭執，或甚至只是打一局橋牌，就會引發深刻的焦慮，因為任何競爭的聯想都會讓他聯想到童年時與姊姊的競爭，而那對他與母親的親密依賴深具威脅。（當然，我們並不認為像布朗這樣的人，可以清楚意識到這些影響其詮釋的決定因素；無意識因子的影響是更嚴苛的心理問題，我們會在下一章討論。）因此，只要牽涉到個人詮釋自己童年經驗處境的複雜方式，客觀上，相對無害的處境都有可能成為嚴重焦慮的情境。

個人詮釋為危險的刺激可能是外在的，也可能是**內在心靈**的。例如，某種敵意或「性」方面的某種內在刺激，可能會使個人聯想起過去的經驗，而這些刺激便會帶來疚責感，以及被懲罰的恐懼或實際的懲罰。因此，一旦內在心靈再度發生了類似的刺激，疚責感以及隨之而來的懲罰預期心理便油然而生，個人也會經驗到強烈和未分化的焦慮。

正常而言，大腦皮質對腦中樞底部會有所抑制，有機體因此緩和並控制焦慮、恐懼或忿怒反應的強度。這種控制與大腦皮質發展的成熟度成正比。例如，嬰兒對不同的刺激反應都是未分化的強烈忿怒或焦慮。越接近嬰兒狀態的有機體，便越會採取反射式或未分化的反應。就這層意義而言，「成熟」的意思就是大腦皮質的持續分化與控制。當動物的大腦皮質以手術拿掉時，我們便可以觀察到過多的自律「假性忿怒（sham rage）」

（坎農）。極度疲累或生病也可能減弱大腦皮質的控制。因此，我們發現疲累或生病的人會對威脅產生高度未分化的焦慮反應。用精神分析的術語來說，這是一種退轉（regression）。

腦皮質的定向與控制，對學習理論與成熟度具有重要意義，這一點我們在這裡只能簡要提示。我們注意到嬰兒（以及被去掉大腦皮質的動物）對具有威脅性的刺激，會以一種未分化或反射的方式來反應。葛蘭珂與史匹格爾主張，「隨著生命日益成長與成熟，大腦皮質會有更好的發展。」

> 它會對這些不確定的反應逐步建立起抑制作用。首先，大腦皮質對刺激的反射式反應，只是一種次級的覺察，接著它試著重複這類刺激，以修正反應，將那些真正危險的刺激，與那些能夠處理的刺激分隔開來，並且從錯誤中學會因應真正的危險。㊶

當個人面對超過他能控制的處境時（例如突然的刺激和創傷性的刺激），他可能會被拋入分化較少的反應狀態中。葛蘭珂與史匹格爾主張，這相當於嬰兒階段的「退轉」狀態，此時就神經學的意義而言，大腦皮質對情緒反應完全無法控制。

自律神經系統的平衡

我們在這裡有必要申論一下前面提過的一個觀點——亦即交感神經系統與副交感神經系統的互相抗衡。誠如坎農所說，自律神經系統的這兩個分支是「平衡的」，有點像伸肌與屈肌。交感神經相對較強，因爲它有能力凌駕於副交感神經之上。換言之，輕微的恐懼或焦慮便能夠抑制胃腸消化，反之，必須有相當程度的副交感神經刺激（例如吃東西），才能夠克服微量的忿怒或恐懼。

然而，來自對立神經系統的些許刺激，便可以「強化」有機體正在從事的活動。例如，輕微的焦慮或恐懼便可能成爲我們所謂的「冒險」感，足以提振我們吃東西或性關係上的快感。民俗歌謠告訴我們：「禁果嘗起來比較香甜」，冒險的質素能夠增添性活動的熱力，這是許多人共同的經驗。當然，這如果演變成極端，就很容易以神經症的形式出現，但是它也有正常的階段。下列事實呈現出一個類比：如果同時加入屈肌的張力，則手臂的伸肌動作便會表現得比較好。這個討論指出了輕微焦慮與恐懼的建設性用途，這點我們稍後會談到。

這兩套神經系統互相平衡牽制的事實，對於了解身心現象的焦慮，具有關鍵的重要性。例如對某些人而言，焦慮似乎是促使他們開始進食的信號。臨床文獻中經常有因焦慮而暴食，並因此造成肥胖的案例。當然，這可能與以「吃」來表達因焦慮引發的襁褓時期依賴需要有關，但是它同時也明顯地有神經學層面的意義，亦即大量的的副交感神經刺激，或可平息交感神經的活動。

我們在「性」的領域，也可以看到類似的現象。早期的性亢奮與薦神經或副交感神經有關；刺激性器官勃起的神節纖維（nervi erigentes）也是這個神經區域的一部分。衆所周知，有些人會手淫或進行其他性活動，來平息焦慮。有趣的是，據說野蠻人包圍羅馬城的時候，手淫也盛行於羅馬人之間。蘇格拉底被迫服毒那天，他在《斐多》（*Phaedo*，譯註：這本書所記載的是蘇格拉底服刑前，於雅典監獄裡和朋友的談話內容，主題爲靈魂與生死問題）的最後一頁中說道：犯人在自己伏刑前的最後一天，通常會縱情於吃喝與色慾之中。這麼做顯然不只是爲了最後一次的人類享樂，更有平息焦慮的效果。

當我們把性活動當成是減緩焦慮的一種形式時，我們需得了解，射精與性高潮是藉由副交感神經對立的交感神經所傳遞的；這個神經區域會刺激儲精囊（seminal vesicles）。這是在性高潮時常常感受到的侵略或忿怒經驗的神經面向；艾利斯（Havelock Ellis, 1859-1939）曾提及「愛的咬痕」（love-bite）。純就神經學的觀點看來，性經驗紓緩焦慮的功能，僅止於性高潮的時候。儘管性高潮確實能夠釋放緊張，在正常情境下也不會製造焦慮，但是它卻會讓個人在以手淫或其他性活動紓緩焦慮處境時更加焦慮。我並不想把這些神經心理的相關關係看成是必然的事實。神經的功能往往普遍受到複雜心理因素的影響，彼此間也經常互不相容，因此我們必須不斷地強調，對案主行爲的了解，必須要把個別的有機體置放在整體的情境中加以審視才行。

交感神經的刺激會導致整個有機體處於**普遍**興奮的狀態。就神經學的原理而言，這是由具有大量連絡與溝通纖維的交感神經系統所啓動的，此時透過交感神經通路釋放出擴散和普遍的神經脈衝能量，這和頭蓋骨與薦骨的神經系統只對特定器官直接釋出有限能量的情況，形成強烈的對比。」㊷流入血液中的腎上腺素，對有機體也同樣具有廣泛的效應。坎農認爲，腎上腺素與交感神經的直接刺激是種「夥伴關係」。「既然腎上腺素密佈於血液之中，交感神經系統就算因爲其神經纖維的分佈方式，不會造成擴散的效果，它還是會因爲腎上腺素的啓動，而達到相同的效果。」㊸這是每個人在自己的親身經驗中都可以觀察到的神經生理事實，此時，氣憤、恐懼和焦慮被感受爲普遍而「全面的」情緒。

既然交感神經的刺激只會給有機體帶來一般的興奮狀態，所以我們也就不可能單以神經生理數據爲基礎，來預測情緒是以恐懼、焦慮、氣憤、敵意、挑戰或冒險等形式出現。除了驚嚇模式這類的反射式反應以外，情緒的形式將依據有機體對威脅情境的詮釋而定。用普通的話說，如果危險被詮釋成可經由攻擊掌控，那麼此時的情緒便是氣憤。於是有機體的活動便是「打」，而不是「逃」，而且特定的肢體變化也會隨著這項詮釋出現。例如氣憤時眼瞼經常會瞇起來，以便讓視線鎖定有機體伺機攻擊的環境部分。如果情境看似無法以攻擊克服，但是卻可以逃離，那麼此時的情緒便是恐懼。或者，如果危險被詮釋爲讓有機體處於進退兩難的無助狀態時，此時的情緒便是焦慮。

同理，這些詮釋的結果也會造成某些身體變化。例如，在恐懼和焦慮時，眼瞼通常會張得非常大，以使有機體有機會看清每一條脫逃的路線。因此，有機體與威脅的心理關聯，是定義這類情緒的關鍵。

既然情緒是由有機體與環境的特定關係構成，而且交感神經的神經生理過程是普遍而非特殊的，因此**從**特定的神經生理過程，**導出**特殊的心理經驗如恐懼或焦慮，或是反過來推導，都是錯誤的。精密平衡的神經生理器官，具備了無限可能的組合，端視有機體在當時的需要和模式而定。同理，如果我們把神經生理過程**等同於**情緒，也是錯誤的。我們在下面這段某心理學家的話中，便可以看到後面這個謬誤的例證：「當強烈的興奮神經與強烈抑制興奮的神經產生對立時，便會讓有機體陷入普遍化活動的情境中，彷彿普遍化的神經放射或溢流的狀態正在啓動……」他認爲「普遍化的興奮應該等同於焦慮。」㊹不，我不認爲焦慮可以被等同於任何普遍化的神經生理興奮。焦慮不像蒸汽，只是一種生物化學的實體。**它毋寧是為了說明存在於個人與威脅環境之間的某種關係（例如，無助或衝突等），以及伴隨這個關係產生的神經生理過程**。這裡的錯誤出在把心理運作的生理機轉，誤認爲是根本的病因。

這個概念來自弗洛依德初期的焦慮理論——換言之，焦慮是由受壓抑的里比多轉換而成的形式。從今日的眼光看來，這個理論思維顯然是把焦慮當成生理化學的實體來看待。然而弗洛依德的作品顯示，他對於把生理過程等同於情緒的看法是矛盾的。他也坦率地堅稱，對神經生理過程的描述，不應該與對該現象的心理了解混爲一談。他在《一般精神分析引論》（*General introduction to psychoanalysis*）中有關焦慮的章節寫道：

> 〔理論醫學上〕的興趣把重點放在焦慮情境產生的解剖過程上。我們了解到是延髓被刺激，此時病人被告知說，他罹患的是由迷走神經引起的神經症。延髓是令人驚異而美麗的東西。我清楚記得多年前我花了許多時間與心力去研究它。不過我今天必須說，根據我對有關焦慮心理學知識的了解，再也沒有比與奮感遊走的神經路徑更不重要的了。（pp.341-42）

他提醒精神分析師：「要抗拒耍弄內分泌學與自律神經系統的誘惑，要緊的是，要以心理學把握心理的事實。」但是在另一方面，不論我們把弗氏的里比多理論當成實際的化學過程或是類比，都已經爲「焦慮等於神經生理過程」的謬誤奠定基礎。我在此直接引述弗洛依德自己的陳述：**要緊的是，要以心理學把握心理的事實**。

巫毒死亡

創傷式恐懼與焦慮的情境，對有機體的重要程度以及傷害性，只有眞正的死亡可堪比擬。在某些案例身上，「嚇到死」的說法毫不誇張。多年前坎農就從這個觀點，討論了「巫毒」死亡的現象。[45]他引述了幾個經過充分觀察的死亡案例，案例中土著是因爲部落堅持某些強而有力的象徵行動而喪命，例如巫醫神奇的「指骨」動作（bone-pointing，譯註：在這項巫術中，巫師用一根骨頭指著一個人，不出幾個禮拜，那個人果然死去。坎農曾研究過這種巫術，結論是有些人眞會受其影響，變得毫無感情，像行屍走肉一般，最後果眞應驗巫師的詛咒而死），或吃下社群相信會致命的禁忌食物。人類學家陶吉亞（E. Tregear）觀察紐西蘭毛利人時記錄說：「我看到一位強壯青年在犯下禁忌後的當天便死去；受害者全身力氣像水一樣流失後死去。」[46]土著依循社群習俗相信，禁忌具有致他於死的力量。坎農說，「擔心惡兆與持續的恐懼狀態，是會要人命的。」[47]

在非洲可以找到宛如見證的例子。李納德（Leonard, 1906）解讀下尼日（Lower Niger）部落的故事如下：

> 我看過不只一位強悍的豪薩族（Haussa）老士兵，一步步、慢慢地死去，因為

他相信自己被施了魔法；提供給他的任何營養品或藥物，沒有一樣能夠阻止不幸的發生，或改善狀況，也沒有任何事物可以讓他脫離自認無可避免的命運。我同樣在類似情境下，看過受僱於白人的土著腳夫（Kru-men）等，在努力救治後，仍不免一死，並不是因為這些人已決心赴死（這是我們當時的想法），而是因為他們認為自己已被一群惡鬼掌握，必死無疑。㊽

巫毒死亡的生理層面不難理解。死於巫師「指骨」或因爲吃了禁忌食物而死的土著症狀報告，與持續而深刻體驗到交感神經—腎上腺素刺激的有機體症狀是一致的。如果這個刺激繼續下去，而沒有相對的行動出口——至於深信自己將死而焦慮得癱瘓掉的巫毒受害者，則缺乏有效的行動出口——死亡便會發生。坎農在他的去掉大腦皮質的貓的研究中發現，這些貓因爲少了調節情緒興奮效果的大腦皮質，在幾小時的「假性忿怒」後便死了。「在『假性忿怒』中，當事人就像受到創傷震嚇一樣，死亡原因的解釋是，核心器官無法得到足夠的血液供應，或具體而言，沒有足夠的氧氣可以維持器官的功能。」㊾

當代也有類似的事證。恩格爾提及「戰鬥中健康年輕的士兵無傷而亡，以及身處災難困境的人，因放棄希望而謝世……在民俗故事和現實中，也都有人『憂傷而死』。」㊿針對這點我們可以補充說，從「巫毒」的觀點看，人會因缺乏信仰死去，而不是生理原因。

但是「巫毒」死亡的心理問題並不容易回答，例如土著對於造成其嚴重威脅的環境，究竟是怎麼詮釋的。這主要是因爲我們缺乏該土著的主觀經驗資料。坎農提出威廉・詹姆斯（William James）的一項心理詮釋，也就是當族群中其他人漠視我們時「被砍死」（cut dead）的概念。原始部落的禁忌受害者當然是被「砍死」的，他也會經驗到強烈的心理暗示，因爲不只他所屬社群都相信他將死去，事實上他們也待他如死人一般。我們也同樣可以從其他情境中，觀察到全面焦慮造成的死亡，例如因爲戰爭驚嚇的死亡，此時「生理創傷或任何強化驚駭感的因素，都無法解釋當時的災難狀況。」[51]

坎農參照的是馬拉（Mira）的研究成果，這位精神醫生在一九三六到一九三九年西班牙戰爭期間，曾經提報受「惡性焦慮」折磨的病患導致喪命的案例。馬拉在這些病患身上觀察到悲痛與混亂的症狀，伴隨著脈搏快振、呼吸急促，以及其他因交感神經與腎上腺素過度刺激所引發的症狀，而且持續不停。馬拉提到「交感神經系統先前的某種傾向」，以及「因飢餓、疲累和缺乏睡眠等因素造成身體困乏，而引發嚴重的心理驚嚇」，做爲病症發生的前提條件。[52]不論這類經驗的心理決定因素爲何，**可以確定的是，當對個人存在的威脅，強大到足以讓當事人無法因應時，個人只有放棄自己的存在——就是逐漸死去。**

焦慮的身心面向

更具有現實關懷意義的是，各式各樣的身心失序，此時爲焦慮所苦的有機體，不斷地以身體功能變化的方式掙扎求存。焦慮與恐懼等情緒與有機體的病痛和健康，具有深刻而全面的互動關係，這點在歷史上已獲得民間傳說和人性觀察者的肯認。近年來，身心關係的研究已在這個領域展開科學的探索，並在恐懼和焦慮的動能與意義上，得到新的啓發。身心症狀可被視爲「情緒生活的表達方式之一，特別是無意識的情緒生活，例如夢、說溜嘴和神經症行爲等，都是其表意的語言。」㊹

身心失調的另一種講法，是因爲溝通被抑制所引起的，因爲「有機體的情緒輸入，必須被適當地輸出才行。當情緒狀態的口語或動能成分，被部分或全部抑制時，有機體便會循著其他的輸出管道，以其他**替代的**行爲形式表現出來。」㊺

在焦慮和恐懼的狀態下，身體會製造過多的糖份，而引起糖尿病，這種事件時有所聞。㊻許多心臟的狀況會伴隨焦慮而來，一點也不令人意外，因爲人的心臟對情緒壓力最爲敏感。邦基（Oswald Bumke）主張，多數「所謂的『心臟型神經官能症』（cardiac neuroses）不過是一種焦慮在肉體的表現。」㊼

許多食慾過度的案例（暴食症，bulimia），以及隨著慢性焦慮而來的肥胖，都被討論過。掃羅（Leon Saul）便曾描述過一位案主，他的食慾「是在愛慾強烈受挫後，被錯置於食物上……。」這類案主的媽媽有些會過度保護小孩，孩子的童年處境經常讓他會有焦慮的傾向。此時狀況相反，案主會有病態性缺乏食慾的症狀（神經性厭食症，*anorexia nervosa*），通常是因爲對他人的愛或關心遭遇到重大挫折，因此對母親產生敵意，而後又因敵意而產生疚責。[58]拉肚子和焦慮往往息息相關，這點也廣爲人知。掃羅引述了一個自己的臨床案例，案主是一位小時候受到雙親過度保護的年輕內科醫生。當他從醫學院畢業要開始執業時，他的反應是焦慮和拉肚子。掃羅指出，拉肚子是他被迫要獨立去擔負責任的敵意表現。因此，敵意是他對其焦慮的反應。[59]

雖然身心症相關文獻中記載，「本態性高血壓症」（essential hypertension，血壓升高卻沒有其他疾病的證據）通常與被壓抑的忿怒和敵意有關，但是某種焦慮模式卻經常潛藏於當事人的侵略性情感之下。掃羅引述高血壓案例來說明，怒氣與敵意都是在反應衝突的情境，案主會因爲過度依賴和順服雙親，而產生焦慮的傾向。[60]至於氣喘症，掃羅以若干研究爲基礎指出，「氣喘案主的獨特人格特徵在於，過度焦慮、缺少自信以及嚴重依賴雙親，這通常是對父母過度關心的反應。」氣喘發作「與焦慮和哭泣有關（啜泣變成喘氣）。」

頻尿與伴隨競爭野心所產生的焦慮有關。[61]與身心症相關的癲癇，一般的看法是，被壓抑敵意的大量釋放，但是證據顯示在某些癲癇案例中，是焦慮的發作以及焦慮引發的感情（有時與母親特別有關），潛藏在案主的敵意之下。62

胃功能的案例

胃功能以及其他的腸胃活動，與情緒狀態有密切關係，這是眾所周知的。俗話在這方面的表達非常豐富，像是對某個東西「沒有胃口」，或是對某個處境覺得「飽足了（受夠了）」。巴甫洛夫（Ivan Petrovich Pavlov）、坎農、恩格爾等人都曾指出這個互動關係的神經生理面向。就身心關係而言，基本的考量是腸胃功能與關懷、支持以及某種依附形式的愛之間有密切的關連——以上症狀都和母親的哺餵有遺傳上的關連。衝突的情境如焦慮、敵意與怨懟，都會強化這接納性的需求。但是，這些需求註定要受挫，部分原因在它們過度需求的特質，部分原因是它們在西方文化下，會被壓抑在講求野心和道德掙扎的「男子氣概」（he-man）外觀之下。我們馬上會看到，在湯姆和其他胃潰瘍病人身上，這些接納性需求以增加胃蠕動的身體方式來表達，而終於導致了胃潰瘍。

精神分析師密特曼（Bela Mittelmann）、精神醫生伍爾夫（H. G. Wolff）以及內科醫生沙夏夫（M. P. Scharf），訪談了十三位胃潰瘍的案主，並記錄訪談過程中病人的生理變化。研究者的實驗是藉誘發病人討論婚姻、職業等曾使案主焦慮的主題，以看出伴隨焦慮而來的胃腸功能變化。結果發現，當涉及焦慮與相關情緒的衝突被碰觸到時，病人胃的活動通常會加速。胃酸增加，蠕動加快，以及血液供給過度（血液供給增加）等現象都很明顯。這些狀況都是會製造潰瘍的。但是在訪談中，醫生向當事人一再保證，並紓緩其焦慮，於是胃的活動恢復正常，症狀也消失了。造成或加重胃酸的胃蠕動，會因為焦慮而增加，在安全感取代了焦慮之後，病人胃蠕動也減少了，這點已得到清楚的證明。63

這類的焦慮反應是否只發生在特殊身心類型的人身上？它是否普遍發生在西方文化中，或是普遍的人類反應？這些都是有待回答的問題。本研究中十三位控制組的普遍發生案例——健康而沒有特殊焦慮者——對情緒壓力大體上也展現出類似的胃部反應，但是比起潰瘍病人則較不嚴重，持續的時間也較短。只要他們的生活模式有了根本的改變——如離婚、被調職等，他們多少都會有焦慮與壓力。具有上述特徵的人，經常會有胃的症狀，而其他類型的人則會以不同的症狀「語言」反應。

湯姆的案例

湯姆這個案例對本書的研究也同樣重要，他在有情緒壓力期間的胃部活動，可透過其胃瘻管來觀察。湯姆是吳爾夫（S. G. Wolf）和伍爾夫（H. G. Wolff）長達七個月的密集研究對象。64他是一位五十七歲的愛爾蘭人，九歲時喝滾燙的熱湯，意外造成食道封閉。意外之後，一位勇於冒險的醫生，動手術從湯姆下腹部開了一個口，進入他的胃部。長達五十年之久，湯姆都是經由這個瘻管的漏口進食。因為情緒不穩定的湯姆，歷經了恐懼、焦慮、悲傷、忿怒與怨懟，所以吳爾夫與伍爾夫有許多機會透過漏口，觀察到這些情緒與湯姆的胃功能之間的互動關係。

在恐懼的時候，湯姆的胃部活動急遽**減少**：

> 在研究控制期間的某天早晨，突然發生了可怕的事情，一位怒氣沖沖的醫生突然走進房間，性急地打開抽屜，在架子上翻找東西，並對自己咒罵著。他是在找一份極為重要的文件。我們這位每天都把實驗室打掃得整整齊齊的研究案主，前一天下午才不小心把這些文件放錯地方，他很害怕被醫生發現而失去工作。他一句話都沒說，臉色蒼白地在一旁一動也不動。他的胃黏膜同時一下子變白，由九十的指數降到二十的水準，並持續有五分鐘之久，直到那位醫生找到要找的東西，並離開實驗室為止。然後胃黏膜才逐漸回復先前的顏色。[65]

其他會帶來這種胃部高度運作的情感有悲傷、沮喪和自責。湯姆和太太預定搬進新公寓，他們也非常期待。但是因爲他們自己的疏失，房東將他們想要的那間公寓租給了別人。在發現這件事的早晨，湯姆垂頭喪氣，非常難過，也不與人溝通。他感到被打敗，但卻不想回擊；他主要的心情是自責。他的胃部活動在那天早晨明顯減少。

但是湯姆焦慮時就像其他胃潰瘍病人一樣，**胃的活動急遽加速**：

我們接觸到最顯著的胃功能變化，與主體的焦慮有關，這是因為我們未能及時告訴他什麼時候可收到實驗室支付的錢。他在受僱於實驗室之前，一直接受政府的補助，有了新工作後，他的家庭生活水準也跟著提升，這對他的意義很重大。關於新工作可以維持多久這件事，他前一天晚上正巧和太太討論過，並決定第二天要問清楚。他和太太都對答案感到非常焦慮，兩個人因此都沒有睡好。第二天早上，他胃部的血流量與胃酸質，都達到這次研究進行以來的最高峰。……⑯

這說明了湯姆身上的一個例行模式。「焦慮和相關的複雜衝突情感，會帶來胃的過度供血、分泌過多以及過度蠕動（hypermotility，譯註：指胃的內容物與胃黏膜接觸的時間減少，因而養分的吸收也減少）。」⑰

敵意與怨懟的經驗，都讓湯姆的胃部活動持續增加。書中引述了兩種不同的事件，當時他感覺到醫院成員對自己的能力與良知有所中傷。在這些處境中，他的胃液會大量增加。在其中某段時期，湯姆以交談轉移了敵意時，胃部過度活動的情形也就緩和了下來，但是當他再度不小心籠罩在舊創傷之下時，胃的活動又跟著升高了。

雖然湯姆沒有胃潰瘍，但是他的人格模式在許多方面與先前研究的病人類似。他小時候非常依賴媽媽，雖然他在母子關係中不曾享受太多親情。吳爾夫與伍爾夫這麼寫道：「他對母親又愛又怕，正如他對神的態度一樣。」⑱母親去世時，他非常震驚，之後便完全依賴姊姊。類似的又愛又恨情感，也出現在他與醫生的關係中：他相當依賴醫生，當這種依賴受挫時，又經常以敵意相待。他極度強調要做成功支持家人的「強人」。他說：「如果我無法支持自己的家庭，我會很快跳水自殺。」這句話栩栩如生地透露出，在湯姆強壯負責的外表之下，他的心理價值受創程度有多深。他無法以哭泣來宣洩情緒，因爲他需要維持堅韌的外表。這種人格模式的特徵在於，情感的依賴因爲要故做堅強而被遮蔽了；這對下列事實具有決定性的影響：湯姆以不斷加速的胃部作用，來反應焦慮與敵意。

我們可以從兩種角度來檢視這種以胃部活動加速反應衝突情境的情況。首先，它可能是有機體在心理上被壓抑的關懷需求的身體表達。個人嘗試解決焦慮與敵意，並透過進食來獲得安全感。⑲其次，它也可能代表某種侵略性與敵意的形式，對象就是否定個人舒適與慰藉需求的人。以進食爲侵略性的形式在動物生活中很常見——「吃光」獵物就是一例。⑳

這些研究證明將焦慮貶抑爲只是自律神經的活動，不但過度簡化而且不正確。除非我們能夠從需要與目的的角度，來了解有機體在面對威脅時產生焦慮的神經功能。吳爾夫和伍爾夫指出，「目前掌握的證據尙不足以讓我們將身體變化的模式，單純歸結於迷走神經或交感神經的活動。若把隨著情緒困擾而來的胃部變化，視爲整體身體反應模式的一部分，似乎更爲有益。」[71]密特曼、伍爾夫和沙夏夫對此異口同聲地說：「在壓力下哪部分的神經系統會主導，是次要的問題；重要的是，**哪一種交互作用或結合最符合動物遭遇既定生命情境時的需要。**」[72]

文化與疾病的意義

生病是解決衝突情境的方法之一。疾病是縮小自己世界的一種方法，隨著個人的責任與擔心的減輕，而比較有機會可以成功地因應情境。反之，健康能夠讓有機體發揮自己的能力。

恩格爾對此曾簡潔有力地寫道，「健康和疾病可被視爲不同的生命面向」[73]。他又補充說，「把疾病看成是與自己分離之實體的想法，頗能打動人心。」換言之，**我相信當代人對疾病的利用，正如同古人利用魔鬼一樣**——魔鬼是古人忿恨經驗所投射的客體，好讓自己不用爲這些經驗負責。但是除了具有讓我們免於疚責感的短暫意義外，這些妄想沒有任何幫助。**健康與疾病都是我們一生中，持續不斷與周遭世界調和過程中重要的一部分。**

當個人不斷經驗到衝突情境，卻無法在意識覺察層次得到解決時，各種身體症狀必然會出現。這是「肢體語言」的一種。其中一種類型是**轉換型歇斯底里**（hysterical conversion）症狀，譬如在可怕的情境下，便會出現歇斯底里性的失明（當事人無法承受**看到這種可怕的事**），或是出現特定肌肉歇斯底里性的癱瘓。由於歇斯底里症狀有相當直接的心理起因，所以任何一部分的神經肌肉組織都有可能牽涉在內。但是**身心**類型的症狀狹義而言，是自律神經系統引發的機能障礙。不過從較廣泛的觀點看，焦慮不一定會以具體的歇斯底里或身心疾病形式展現，它有可能出現在任何疾病中。這個第三類型焦慮的例證之一，便是傳染病。有機體是否感染傳染病，會受到焦慮以及其他感情的影響。傳染病如肺結核可能與長期衝突情境所壓抑的挫折有關，當事人卻無法直接覺察，特別是在具體的身心層次。[74]

是什麼決定當事人能否透過意識的覺察，解決其衝突？還是會化現成身心症狀、歇斯底里症狀，或是另一種不同形式的疾病？這個複雜的問題只有對相關當事人徹底的研究，才能夠得到答案。問題的答案當然會涉及結構因素、當事人的襁褓經驗、其他的過去經驗，當下威脅的本質與強度，以及文化的情境等。然而，在每個案例中，有機體都被認爲致力於**解決某種衝突情境，衝突在主觀上是焦慮，在客觀上便是疾病**。當症狀呈現時，就是有機體努力解決衝突的表現。

文化因素與潛藏於身心失序底下的焦慮密切相關。這幾乎可以在任何身心疾病中援引出證明。我再以胃潰瘍爲例說明。胃潰瘍的高發生率經常與當代西方文化過度強調競爭的生活方式有關。它是「西方文明掙扎與野心的疾病」。最可能的解釋便是，一九四〇年代的男人必須在獨立與力量的假象中，壓抑自己的依賴需要，而女人卻得以用哭泣紓解她們的無助感。在某些圈子裡，女性的依賴反而被視爲一種美德。依據可靠的資料，十九世紀初期，胃潰瘍在二十多歲女性身上爆發的情況相當高。密特曼和伍爾夫認爲，十九世紀初年輕女性的胃潰瘍高罹患率，和當時的文化中，女性非常需要競爭爭取另一半的事實有關；終身未嫁依賴親戚過一輩子的遠景，會造成明顯的焦慮。相反地，當時的男性在職業上佔有「強勢」地位，也能夠表達他們依賴家人的需要。到了一九四〇年代，男性罹患胃潰瘍幾乎是女性的十倍，此時女性地位幾乎和男性平等的事實，呈現出有趣的文化問題。當女性在社會中扮演更堅持的角色時，女性胃潰瘍的情形也增加了。

我們還記得，密特曼、伍爾夫和沙夏夫研究中的控制案例（沒有胃潰瘍的病人），他在情緒衝突時，胃的活動也與胃潰瘍病人一樣高度作用，儘管其程度比胃潰瘍病人來得輕。湯姆不是胃潰瘍的病人，卻也出現相同的反應。這些資料指向一個假說：這個身心反應模式不只是個人類型的問題，也經常發生在西方文化之中。其中是否具體涉及了美國文化這個因素，也是個有趣的問題。葛蘭珂與史匹格爾在研究衝突情境中的士兵時，發現士兵對依賴需要的壓抑以及腸胃症狀之間，是有關聯的；葛蘭珂與史匹格爾發現這些士兵對喝牛奶具有強烈慾望。對這項「特定食物的強烈欲求，是與母性親情照顧的最早期印記，密不可分」，兩位研究者補充說，「喝牛奶是多數美國人的文化特徵。」[75]這個假說的初步證據是：西方文化對個人競爭的強調，在美國這個西方文化分支中，特別根深柢固。

因爲個人的生活、移動與存在都是在一個既定的文化中，他的反應模式也是依照該文化成形，他所面對的衝突情境也同樣是文化中既定的，因此文化因素與身心和其他行爲的失序密不可分，就不難理解了。在某個文化中**最容易被壓抑的情感、生物需求以及行為形式，也似乎最容易引發病症**。弗洛依德發現，維多利亞時期的性壓抑，對病症的形成至關重大。就像霍妮所主張的，一九四〇年代的美國文化中，敵意的壓抑比性壓抑更爲普遍，因此與身心症狀高度相關，也是可以想見的。因此我們當然不應該排除，我們的競爭性文化引發相當程度敵意的說法。

當文化強調的內容轉變時，不同的疾病事件也隨之轉變。例如第一次世界大戰到第二次世界大戰之間，心血管疾病事件的興起，以及歇斯底里案例的下降。另一個重點在於，美國文化比較能夠接受器官的疾病，而比較不能接受情緒或精神上的失序；影響所及使得焦慮和其他情緒壓力，在美國文化中常常採取身體表現的形式。簡言之，文化會制約個人解決焦慮的方式，特別會制約他可能會採取的症狀。

近來在我們的臨床心理治療中，已很少見到歇斯底里病人，除非是居住在拓荒邊境的外診病人，他們大體與當代的自我意識有所隔離。我們多數的案主屬於「強制—強

89

迫」型（compulsive-obsessional）或壓抑型，或兩者兼而有之。這與當代自我意識的過於高漲有關。幾乎每個受過教育的都市居民（我們主要的案主來源），都相當熟悉心理治療，因此不會再有弗洛依德當日狀況外的情形。此外，我們要指出另一種文化對疾病的影響，這在多位第一次世界大戰的軍官身上可以見到，他們基本上具有表達自己和其經驗的能力，所以相較於教育程度較低，不擅長語言溝通的充員士兵，他們比較不容易有歇斯底里性的崩潰。這點與格仁（Groen）、巴斯提恩斯（Bastiaans）等人強調的論點吻合，身心失序是與溝通障礙直接相關的。

身心層面的研究對**各種不同情緒的區別及其相關重要性**，提供了指引的明燈。首先以焦慮與恐懼的區別爲例。在某些焦慮與恐懼的處理中，歷來都不太願意將這兩種情感做個區分，因爲兩者的神經生理基礎被認爲是一樣的。[76]但是，當個人被視爲生命情境中的運作單元時，焦慮與恐懼之間的重要區分當然就會出現。以湯姆爲例，我們還記得他在焦慮與恐懼下的神經生理行爲大不相同。他因不掙扎和退縮所引發的情感，如恐懼、悲傷和自責，會讓胃部的活動暫停。但是當他一旦投身於衝突與掙扎的情境時，此時焦慮、敵意或怨懟的情緒，就會使得胃部的運作超過正常的時限。這與傳統神經生理過程分析的預期（亦即焦慮就是交感神經的活動），恰好**相反**。我因此認爲：區分恐懼與焦慮的不同是有必要的，如果我們把有機體看成是努力適應既定生命情境的行爲單位的話。該如何區分，我會在第七章摘述。然而，我在這裡可以再加上一個觀察：**如果有機體能夠成功逃離的話，恐懼一般是不會導致疾病的**。如果當事人無法逃離，而被迫留在無法解決的衝突情境的話，恐懼便可能轉變成焦慮，身心上的變化也會伴隨產生。

焦慮與侵略性的情感，如氣憤與敵意，也是不同的。雖然壓抑的忿怒和敵意是特定身心失序的具體病因，但是要緊的是，在更爲徹底的精神分析基礎上，經常可以發掘案主的忿怒與敵意，是針對潛在焦慮的反應。（請參照前面針對高血壓和與癲癇的討論。）這個處境背後的道理可以說明如下：氣憤不會導致疾病，除非怒氣無法透過打鬥或其他更直接的形式宣洩出來。當它必須被壓抑時——因爲如果有機體以行動執行了侵略性，他便會受到危害——身心症狀如高血壓便會出現。**但是，如果潛藏的焦慮沒有出現，那就根本不需要去壓抑敵意**。這點和我們強調的吻合，亦即有機體處於衝突情境，而衝突在心理面的呈現就是焦慮。杜意奇（Felix Deutsch）說：「**疾病都是焦慮引起的**」時，是有其根據的，如果這句話的意思是說，焦慮是疾病的心靈成分的話。

關於焦慮與身體變化的關係最難釐清的問題是**器官病症的意義**。身體病症可以透過兩個問題加以釐清，兩者在了解焦慮爲何採取身體形式表現，都是必要的。首先，在有機體嘗試因應威脅情境時，器官病症究竟有何作用？其次，使焦慮與病症得以互動的內在心靈機制為何？

有幾項相關的臨床觀察，可以為我們的問題解惑。**個人有意識地忍受焦慮的能力與身心症狀的出現，大體上呈反比關係**。雖然有意識的焦慮與恐懼是使情勢惡化的因素，但是有證據顯示，那些被排除在意識之外的焦慮、恐懼與衝突，卻具有最重要的意義。換言之，它們極可能就是致病的原因。焦慮越明顯，就越可能變成神經症行為，而生理疾病就越不嚴重。當個人設法在意識層次控制衝突時，雖然他可能會體驗到大量的有意識焦慮，但是他仍然保持覺察，直接面對威脅。「一般而言，我們可以這麼說：焦慮的存在意味個人的嚴重裂解……。這可以發燒的預警作用比擬。」⑺但是，不論原因是情況持續惡化或無法成功，當個人無法再忍受有意識的掙扎時，有機體的病症就會改變。這些病症會緩解衝突的壓力，並且在衝突無法實際解決時，做出近似或虛假的調適。因此我們可以說，**病症往往是含納焦慮的手段；它們是焦慮的結構化形式**。弗洛依德對心理病症的評論很正確，他說「症狀是被綁住的焦慮」，換言之，焦慮被具體化成為胃潰瘍、心悸或其他病症。

在布朗的案例中（第八章第二節），我們觀察到的焦慮狀態過程大致如下：首先，他會表明自己某種器官有病症，例如短暫的頭暈，他對此病症除了感到不舒服外，並不覺得焦慮。幾天後，焦慮的夢開始出現。接下來便是有意識的焦慮，會對治療師相當依賴並有許多要求。當焦慮越來越被意識到，他不舒服就越嚴重，**但是器官的病症卻消**

失了。

重要的是，上述潰瘍病人並沒有覺察到意識的焦慮。病症在這個意義下，是對抗焦慮處境的保護。事實上，這就是為什麼在焦慮本身能夠被釐清之前，把焦慮病患的病症處理掉是很危險的。**病症的存在大體上顯示主體尚無法處理自己的焦慮，它可能是對抗更惡化狀況的防衛**。

有趣的是，**當人們生病時，焦慮就會消失**。本書的研究進行到一半時，我因為肺結核而病倒，這在當時是無藥可醫的，我在周遭病友身上，觀察到一個詭異的現象。當病人知道自己病重時，在生病前與其行為模式有關的焦慮似乎就消失了。有意識的焦慮通常會在病人即將康復之際再次出現，也就是當他能夠重返工作崗位承擔責任的時候。我們可以膚淺地評論說，疾病使他免於責任並保護著他等等。但是這個現象似乎更為深刻。假設最初被病魔擊倒，部分原因是長期未解決之慢性衝突造成的，那麼或許**疾病本身是將衝突縮小到可解決範圍的手段之一**。這或許可以說明我們在臨床觀察到的現象，也就是為什麼當疾病出現時，就比較不覺得焦慮了，而當疾病療癒時，焦慮便又再度出現。㊸

病症與焦慮交互出現的問題，運用弗洛依德里比多理論的第一個焦慮假說，便能夠加以說明。譬如說杜意奇便主張，器官病症是來自被堵塞的里比多。如果里比多無法被正常釋放，它便會以焦慮的形式出現，而這焦慮也會以身體病症的形式自行釋放。**因**

此，**「就心理層面而言，個人要維持，或變得健康，就要善用里比多，或消除焦慮。」**[79]我在此所持的觀點是，焦慮會發生不是因爲個人是「里比多的載具」，而是因爲他所面對的是他無能處理的威脅情境，也因此將他拋入無助與內在衝突的狀態中。有可能是里比多——例如性驅力——的出現使個人陷入衝突中；但是我們要記得，問題在於衝**突而不在於性。因此我們的結論是：病症的目的不在於保護有機體，使其不致堵塞里比多，而是要避免焦慮發生的處境。**

我提出以下的大綱計劃，做爲總結本章觀點的架構。首先，有機體是以**象徵與意義**來詮釋他面對的現實情境。第二、這些意義與象徵會製造產生面對現實情境的態度。第三、這些態度則會召喚各種情緒（以及神經生理和荷爾蒙元素），以此做爲面對現實情境的行動準備。我已經強調過象徵與意義的重要性，人類即是藉著意義與象徵把情境詮釋爲引發焦慮之所在。我們在本章開始時便特別指出，梅爾強調的「整合功能」以及「象徵工具的使用」。神經學與生理學便附屬於它們之下。

我們也已說明，這些詮釋主要是發生在大腦皮質內，這個部分是人類神經器官與動物最大的不同之處。坎農針對交感神經活動的研究，是許多有關焦慮神經生理面向如何呈現在交感神經活動上的討論基礎；它基本上是以動物實驗爲主的。因此，我們不可能從這些研究逕自推論人類行爲，而必須清楚地交代但書；換言之，倘若我們要以動物反應類推人類反應，那麼只有當人類的某些面向被孤立於整體的脈絡之外時才有效。[80]

如此我們才有可能避免三個常見的心理學錯誤。第一個錯誤是，把情緒當成是神經生理的過程。第二個錯誤在於，「神經解釋的自說自話（neurologizing tautology）」（例如，在焦慮的神經生理面向中，只描述交感神經的活動）。第三個錯誤是，認爲可以把神經生理和心理過程做簡單的二分。

讀者或許可以指認出這三項謬誤，它們與爲解決身心問題而反覆出現的三項傳統哲學與科學觀點近似：⑴生理學的觀點（把心理現象當成是生理過程的附屬現象）；⑵身心平行論（parallelism）；以及⑶二元論（dualism）。

在心理學與哲學中，我們都需要朝向更加整合的身心理論發展，這原本就需要回歸到心身源起的層面上。本書的方式，是嘗試透過象徵、態度以及神經學與生理學的層級來進行。依我看來，梅爾的有機體進路就是其中的一個例證。

註釋

①我能夠想到的統合者有沙利（Hans Selye）和貝塔蘭菲（Ludwig von Bertalanffy，譯註：德國生物學家）。但是，他們的貢獻固然卓著，前者卻是在實驗醫學與外科醫學的領域，後者則在生物理論的領域。我們仍舊缺乏針對焦慮異質研究的統合工作。我會在後面指出，壓力與焦慮類似，兩者卻不應被認爲是一樣的。

②李維特（Eugene E. Levitt），〈論心理醫療學之突破〉（Commentary on the psychiatric breakthrough），收錄在史匹柏格（Charles Spielberger）主編，《焦慮》（*Anxiety: current trends in theory and research*, New York: 1972）

第一册，p.233。

③蘇利文（Harry Stack Sullivan），《當代心理醫療學概念》（*Conceptions of modern psychiatry*, Washington, D.C., 1947），p.4。

④貝克（Aaron Beck），〈認知、焦慮、與身心失序〉（Cognition, anxiety, and psychophysiological disorders），收錄在史匹柏格主編《焦慮》第二册，p.349。

⑤梅森（John W. Mason），〈內分泌統合模式所反映的情緒〉（Emotion as reflected in patterns of endocrine integration），收錄在李瑋（L. Levi）主編，《情緒》（*Emotions—their parameters and measurement*, New York, 1975）。

⑥蘭迪斯（C. Landis）與杭特（W. A. Hunt），《驚嚇模式》（*The startle pattern*, New York, 1939）。

⑦蘭迪斯與杭特，如前所引，p.23。

⑧同上，p.21。

⑨同上，p.153。

⑩同上。

⑪同上，p.136。

⑫同上，p.141。要注意這就是驚嚇**模式**，意即有機體的整體回應。這或許可以解釋爲什麼過去二十年的文獻中，研究者雖然對神經學與生理學中獨立的個別質素持續感到興趣，但是有可能忽略掉其中的驚嚇模式。

⑬庫比（L. S. Kubie），〈焦慮個體發生學〉（The ontogeny of anxiety），《精神分析期刊》（*Psychoanalysis Review*）, 1941, **28**: 1, 78-85。驚嚇模式可多方應用。請參見李文（Seymour Levine），〈壓力與行爲〉（Stress and Behavior），收錄在《美國科學》（*Scientific American*），一九七一年元月號，**224**: 1, 26-31。

⑭葛斯汀（Kurt Goldstein），《有機體》（*The organism: a holistic approach to biology*, New York, 1939），以及

《人類本性》（*Human nature in the light of psychopathology*, Cambridge, 1938）。

⑮「生物的」與「生理的」之間，應該有所區別，前者指涉有機體是行動與反應的整體，而後者指涉這個整體中的某個層次。某些相關文獻的作者主張，研究腦損病患，並不能具體針對神經性焦慮的心理面向得出數據，因爲這些病患本來在神經上便不平衡。例如，莫勒（1950）主張，葛斯汀研究對象的焦慮更接近「原始焦慮」（*Urangst*，基本、正常的焦慮），而不是神經性焦慮。「神經性焦慮」這個詞應用在傷兵身上是否有意義，是令人質疑的。然而，這個區分與我前面的陳述並沒有矛盾，也就是葛斯汀的發現爲焦慮的理解提供了生物學基礎，這一點極具價值。我認爲（後面會詳細地指出）從心理學的層次來了解焦慮，與葛斯汀在生物學層次的發現，不但不會不一致，反而可以互補。

⑯雖然葛斯汀排拒「驅力」的概念，但是他主張我們可以提及有機體在自我實踐傾向中的「需要」。

⑰葛蘭珂（R. R. Grinker）與史匹格爾（S. P. Spiegel），《壓力人》（*Men under stress*, Philadelphia, 1945）。本書中經常出現士兵的焦慮研究，絕對不是因爲過度偏好與軍隊相關的事情。而是因爲士兵如同未婚媽媽，會長期停留在所屬的團體中，且容易進行研究。他們一如未婚媽媽，身處會大量產生焦慮的情境。

⑱梅森等（Bourne, Rose and Mason），Urinary 17-OHCS levels，《一般精神科文獻》（*Archives of General Psychiatry*），一九六七年七月，**17**, 104-110。

⑲當然，焦慮中的「假對象」也很常見。這就是恐慌和迷信的功能。眾所周知，焦慮經常被錯置在任何可被接受的對象上；如果受煎熬者可以將焦慮附著在某個物件之上，通常都可以釋放其焦慮之苦。焦慮中假對象的現身不應該與焦慮的眞正來源混爲一談。

⑳《有機體》，如前所引，p.292。

㉑同上，pp.293, 297。

㉒同上，p.295。

㉓同上。

㉔讀者若想要了解這些觀點的臨床例證，請參考第八章布朗的案例，特別是第二節的討論。

㉕當然，葛斯汀無意在這個「焦慮無特定目標之本質」的討論中，將有機體與其客觀環境分開來。個體總是面對著某種客觀環境，只有當我們看清「環境與有機體共存相生」（organism-in-environment）的現實時，換言之，有機體是在回應自己無法解決的任務，這樣我們才能夠了解焦慮爲何會發生。

㉖如前所引，p.295。

㉗同上，p.296。

㉘請參見西蒙茲（P. M. Symonds），《人類的調適動能》（*The dynamics of human adjustment*, New York, 1946），p.155。

㉙《有機體》，如前所引，p.297。

㉚葛雷（J. Gray）在回顧焦慮的源起時，形成了一套關於「先天產生恐懼刺激」的四重分類：「弧度、新鮮度、特殊的演化危險（例如對掠奪者的累世經驗），以及來自社會互動的刺激。」前兩個原則都會隨著時間急速消退。後兩項則受成熟度的影響：它們會隨著時間增長而變得日益增強。葛雷，《恐懼與壓力心理學》（*The psychology of fear and stress*, London, 1971）。

㉛同上，p.300。

㉜同上，p.303。

㉝同上，p.306。

㉞葛斯汀，《精神病理學的人性觀》（*Human nature in the light of psychopathology*），p.113。

㉟同上，p.115。

㊱同上，p.117。

㊲葛斯汀提出了一項修正，它對這個領域中的多數討論頗富挑戰：他在某次與我談話時說道，「並沒有所謂的『特定』焦慮神經生理基礎；」「只要有機體有反應，整個有機體都在反應。」當然，這段陳述並不表示交感神經活動的研究沒有用——例如它可以被當成焦慮與恐懼的一個重要神經生理面向，但是這的確表示，這樣的研究必須被置放在把有機體視爲全體反應的整全觀點下來對待。葛斯汀的觀點也沒有暗指有機體的某些反應，不會比其他反應更特殊化。例如，恐懼不論在神經生理和心理上，都比焦慮更爲明確特定，因此只從交感神經活動的角度來描述恐懼的神經生理學，會比將同一過程用在焦慮上，謬誤來得少些。我們稍後會說明，恐懼與焦慮的差別之一，就在於焦慮擊中了有機體更爲根本且投注的「層級」。再者，我必須提醒讀者，有機體在威脅下的神經生理反應研究，雖然成效卓著（我們在本章剩餘的篇幅中將盡力探討），然而我們**不**知道的焦慮神經生理學知識仍有許多。

㊳這是自律系統不同於其他神經系統——更直接受到意識控制的中樞（腦脊椎）系統——之處。近來已有研究證明，自律神經系統的有意識控制，比想像中更有可能做到。這點已得到洛克斐勒大學（Rockefeller University）的米勒（Neil Miller）以及布朗（Barbara Brown）的實驗證明。然而，我並不相信這些實驗否證了我們在此所做的基本描述。

㊴請參見坎農（Walter B. Cannon），《疼痛、飢餓、恐懼、忿怒下的身體變化》（*Bodily changes in pain, hunger, fear and rage*, New York, 1927）第二版，以及《身體的智慧》（*The wisdom of the body*, New York, 1932）。

㊵《身體的智慧》，如前所引。

㊶葛蘭珂與史匹格爾，如前所引，p.144。

㊷坎農，《身體的智慧》，如前所引，p.254。

㊸同上，p.253。另有一項對坎農著作的後期批評是，情緒的過程乃是自律神經系統的功能，此時交感神經與副交感神經同時交互作用著，於是產生了我們所謂的情緒。此外，坎農的著作對荷爾蒙的角色也無法充分了解，

這在他的時代是不可能做到的。除了這些之外，坎農作品仍是這個領域的經典之作。楊格（Paul Thomas Young），〈情緒〉（Emotion），《社會學國際百科全書》（*International encyclopedia of social sciences*, New York, 1968）第五冊，pp.35-41。

㊹魏勞畢（R. R. Willoughby），〈魔幻與同質現象〉（Magic and cognate phenomena: an hypothesis），收錄在默奇森（Carl Murchison）主編，《社會心理學手冊》（*Handbook of social psychology.*, Worcester, Mass, 1935），p.466。

㊺坎農，〈「巫毒」死亡〉（"Voodoo" death），《美國人類學家》（*American Anthropologist*），1942, **44**: 2, 169-181。

㊻陶吉亞（E. Tregear），出現在《人類學期刊》（*Journal of Anthropology Institute*），1890, **19**, 100，坎農引用於〈「巫毒」死亡〉一文，p.170。

㊼同上，p.176。

㊽李納德（A. G. Leonard），《下尼日的部落》（*The Lower Niger and its tribes*, London, 1906），pp.257ff。

㊾同上，p.178。

㊿恩格爾（George Engel），《健康與疾病的心理發展》（*Psychological development in health and disease*, Philadelphia, 1962），pp.290, 392-393。

51同上，p.179。

52同上，p.180。

53恩格爾，如前所引，p.383，以及貝克，如前所引，pp.343-54。

54掃羅（Leon J. Saul），〈情緒緊張的生理效果〉（Physiological effects of emotional tension），收錄在杭特主編（J. McV. Hunt），《人格與行為失序》（*Personality and the behavior disorders*, New York, 1944）第一冊，pp.

269-305。

(55)格仁等（J.J. Groen & J. Bastiaans），〈心理社會壓力，人際溝通，身心疾病〉（Psychosocial stress, interhuman communication, and psychosomatic diseases），收錄在史匹柏格與沙朗生（Irwin Sarason）主編，《壓力與焦慮》（*Stress and anxiety*, New York,1975）第一冊，p.47。

(56)恩格爾，如前所引，p.391。

(57)鄧巴（Dunbar），《情緒與身體變化》（*Emotions and bodily changes*），p.63。

(58)掃羅，如前所引，p.274。我提出這個模式，是在強調焦慮狀態與依賴母親之間的相互關係。

(59)另一個案例請參見第八章布朗的案例，特別是第二節最後幾段的討論。

(60)掃羅，如前所引，pp.281-84。

(61)同上，p.294。

(62)同上，p.292。

(63)密特曼（Bela Mittelmann）、伍爾夫（H. G. Wolff）和沙夏夫（M. P. Scharf），〈胃炎、十二指腸炎與胃潰瘍病人的實驗研究〉（Experimental studies on patients with gastritis, duodenitis and peptic ulcer），《身心醫學期刊》（*Psychosomatic Medicine*）, 1942, **4**: 1, 58。作者及 Paul B. Hoeber, Inc., Medical Book Department of Harper & Brothers 授權轉載，版權所有，一九四二年，Paul B. Hoeber, Inc.。

(64)出自吳爾夫（Stewart Wolf）和伍爾夫（H. G. Wolff）合著，《人類的胃功能》（*Human gastric function*），版權所有，牛津大學出版社（Oxford University Press, Inc.），一九四三、一九四七（牛津大學出版社授權轉載）。

(65)同上，p.112。

(66)同上，p.120。

⑰同上，pp.118-19。

⑱同上，p.92。

⑲密特曼、伍爾夫和沙夏夫，如前所引，p.16。

⑳恩格爾發表過一個有趣的案例，案主是個嬰孩，她像湯姆一樣裝有胃瘻管。當「莫妮卡與外人發生連結時，不論是熱情或侵略性的，她的胃都很活躍地分泌。」換句話說，莫妮卡與湯姆有相似之處，卻沒有湯姆的神經性傾向。

㉑如前所引，p.176。

㉒如前所引，p.54（黑體部分）。

㉓同上，p.240。

㉔請參照哈茲（Jerome Hartz），〈肺結核與人格衝突〉（Tuberculosis and personality conflicts），《身心醫學期刊》（*Psychosomatic Medicine*），1944, **6**: 1, 17-22。我認為其過程大致如下：當有機體處於災難式情境時，解決衝突的努力首先是在意識狀態的層次；接著會發生在具體的身心層次；如果這兩個層次都無法奏效的話，衝突就可能會牽扯到疾病，例如肺結核，它代表的是有機體更全面的涉入。

㉕如前所引，p.140。

㉖我們在前面已指出這個假設的令人質疑本質。

㉗亞斯金（J. C. Yaskins），〈焦慮精神生物學〉（The psychobiology of anxiety—a clinical study），《精神分析評論》（*Psychoanalysis Review*），1936, **23**, 3&4, 1937, **24**, 81-93。

㉘不用說大家都知道，我們談的是有關病人行為模式的焦慮，而不是關於他生了病這個事實的具體焦慮（焦慮可能會明顯地出現在疾病之中）。許多觀察者提到以疾病代焦慮的「替換功能」。德雷普（Draper，請參見掃羅，如前所引）也提到神經官能症具有有機體病症替代品的功能。

⑲鄧巴引述，《情緒與身體變化》，p.80。

⑳當然此一觀察只是針對坎農研究發現的過度簡化應用，並不是針對坎農的經典研究本身。

4

焦慮的心理學詮釋

Anxiety Interpreted Psychologically

焦慮是
神經官能症的基本現象和重大問題。

——弗洛依德，《焦慮的問題》（*The Problem of Anxiety*）

動物會焦慮嗎？

研究動物的「類焦慮反應」（anxiety-like reactions），對於人類的焦慮問題具有重要的啓發。我們用「類焦慮反應」這個詞彙，是因爲對於動物是否會經驗到焦慮這一點，可說並無定論。葛斯汀相信動物確有焦慮，但是他用原初的驚恐反應來形容它，而這與兩星期大嬰兒的「正常」焦慮反應大致相同。蘇利文則主張動物不會焦慮。莫勒早期對老鼠「焦慮」（本章稍後會討論到）的研究中，曾使用過「恐懼」與「焦慮」這兩種名詞。但是他後來認定，動物所經驗到的不安是恐懼；除非把牠們與人類置放在一起，處於特殊的實驗心理關係情境中，否則動物是不會焦慮的。然而，與葛斯汀不同的是，莫勒的「焦慮」指的是**神經性的**焦慮；它的基本定義預設了「自我意識」、「潛抑」等人類獨有的特質。

我認爲利戴爾（Howard Liddell）解決了這項爭議的難題。利戴爾根據他以羊爲實驗對象所做的動物神經症系列研究，發表了與我們目前的焦慮研究特別相關的一篇論文；他認爲動物並不具備與人類相同意義的焦慮，不過牠們相對具有一種原始簡單的情緒，稱之爲**警戒**（vigilance）。①當動物處於可能受威脅的情境時——例如，實驗室裡預期將遭電擊的羊，以及躺在自然棲息區，每十秒便醒來一次，察看有沒有預備偷襲的愛斯基摩獵人的海豹——牠們都會顯現出警戒的狀態，並且預期會有危險發生。此時的動物彷彿在問說：「怎麼回事？」這種警戒狀態的主要特色是不間斷的懷疑（顯示動物並不知道危險何時會發生），隨時準備行動，但是卻沒有明確的行動方向。我們很快便會明瞭，動物的這種行爲與人類在焦慮情況下的迷惑與不安，十分相似。

利戴爾認爲，儘管葛斯汀引用了他的「災難式反應」（catastrophic reaction）概念，來描述這種警戒狀態，但是因爲葛氏只強調高強度的反應，而使得其他研究者難以認同所謂的災難式反應。這點似乎是正確的。在制約實驗中，警戒不必然是高強度的，例如實驗情境中的神經症反應便是，此時動物會清楚顯現葛氏所謂的「災難情境」是怎樣的景象。但是，各種層級的反應都會有，即使是「眼睛微動、心臟輕微加速」的低強度反應，也不例外。

利戴爾說，**提供制約反射**（conditioned reflex）**力量的，正是這樣的警戒狀態**。當巴甫洛夫（Ivan Petrovich Pavlov, 1849-1936，譯註：蘇聯生理學家，以消化生理的研究獲得一九〇四年諾貝爾生理醫學獎）能夠準確地描繪出制約的神經生理學**機轉**時，利戴爾卻認爲，巴甫洛夫有關制約動力來自本能的說法——例如，狗具有找食物、避免疼痛和不舒服的本能慾望——是不正確的。利戴爾寫道：「制約機轉的驅動，並非如巴甫洛夫所認定的那樣，是由不受制約的高能反射中心，連貫到因制約刺激啓動的低能感官衝動中心，所形成的能量傳輸新路線來完成的。」相反地，**它的動力來源是動物的警戒能力**，或是因爲動物的有機行爲對環境保持懷疑、警覺而取得動能的。利戴爾在這裡所做的區分，正是我們在前一章所強調的——這個問題在於生物心理層次，而非神經生理層次，換言之，發生行爲的神經生理**媒介**，切不可與行爲的**成因**混爲一談。如果動物受到制約——也就是說行爲學習有其規律——牠一定要能夠就「怎麼回事」這個問題，找出可靠的答案來。因此，在制約實驗中最爲要緊的，就是要能夠前後一致。

在牠們的能力範圍內（譬如，羊的回溯和前瞻能力，大概只有十分鐘左右，狗大約可以到半個小時），動物也要能夠針對「接下來會發生什麼事？」這個問題，找出答案來。當動物不知道接下來會發生什麼事，便會持續地處於緊張狀態中，彷彿不斷地在追問「怎麼回事？怎麼回事？怎麼回事？」，而動物在實驗情境下被設計產生神經症的反應，正是如此；換言之，此時動物正持續緊繃地處於警戒狀態，牠的行爲很快就會變得驚慌失措和「神經兮兮」。這個在動物身上發生的情況，就像是人類在嚴重而持續的焦慮負擔下崩潰了一般。儘管利戴爾警告說，我們不能把動物受擾的行爲，與人類的焦慮相提並論，但是我們可以說：**動物的制約反射行為和實驗情境下神經症反應的關係，就像人類的理智行動和焦慮之間的關係，是一樣的。**

讀者當可明瞭，我們和利戴爾一樣，從生理學的領域——亦即本能——踏入有機生物的領域。我們用本能釋出「能量」的方式來思考論說，似乎是輕而易舉的事，好像我們處理的是電流一類的東西，能夠被我們度量，甚至爲我們控管。利戴爾清楚地指出，事實眞相根本不是如此：我們所關心的是像利戴爾的狗和羊一樣的有機體，牠們的全方位防衛反應，包括視覺、聽覺、嗅覺、觸覺等，以及傳遞這些訊號的神經與生理媒介。這些能力的加總，便成爲動物的警戒狀態，也就是人類焦慮的前身。

這使得利戴爾在人類智識與焦慮的關係這一點上，發展出相當具有啓發性的想法來。巴甫洛夫相信，動物產生「怎麼回事」的反應，乃是人類追根究柢的基本形式，而這種形式的極致，就是人類對他所居世界進行科學研究與務實探索的能力。利戴爾在這條思想路徑上更進一步，並且使其更爲精確，他把對神經系統的**偵測**功能（也就是「怎麼回事？」）與**規劃**功能（也就是「接下來會發生什麼事？」）加以區分。相較於動物，後者在人類行爲中扮演著更爲重要的角色。人類是可以前瞻規劃未來，和享受既往成就的哺乳動物。文化的建構於焉完成。這種規劃未來能力的極致表現，在人類依概念和價值存活的獨特能力上，一覽無遺。

利戴爾說，**體驗到焦慮的能力和規劃未來的能力，是一體的兩面**。他堅稱「焦慮如影隨形地跟著智識活動而來，我們越了解焦慮的本質，便越了解智識爲何物。」因此，利戴爾所陳述的問題，是「創造潛能」與「焦慮體驗潛能」之間關係的某個面向，這正是齊克果與葛斯汀所攻擊的部分，而我們在本書中也將不斷地予以處理。人類所想像的眞相檢測能力，處理意義與象徵的能力，以及基於這些有機過程改變行爲的能力——這些過程都與我們體驗焦慮的能力密不可分。②

最後値得提出的一點是，就像我本人以及許多本書引述的研究者一樣，利戴爾也把人類的社會屬性，視爲是我們具有特殊智識創造能力的根源，同時也是我們具有焦慮能力的原因。（此處所謂「社會屬性」的定義，是「人際之間的」（interpersonal）以及「個人**內在的**」（*intrapersonal*）。）利戴爾肯定地認爲，「智識及其陰影——『焦慮』，都是人類社會交往活動的產物。」③我也必須強調，若是缺少了獨立的個體內在潛能，社會的交往活動也是不可能的。

孩童恐懼的研究

如果我們認定孩子所恐懼的，必定是在過去的經驗中，實際危害過他們的事物，因此把孩子的恐懼當成是對特定威脅的反應，結果便會令我們大吃一驚。報告指出，孩童最常感到恐懼的對象，是人猿、北極熊和老虎等，但是這些動物只有在孩童偶爾造訪動物園時才會碰上。而那些孩童從來不曾遇過的神秘事物如鬼魂、巫師與神怪等，也是他們宣稱最爲恐懼的對象。爲什麼恐懼的事物多半來自幻想呢？上述以及許多涉及恐懼等焦慮關係的類似問題，促使我們更深入地去探索孩童恐懼與焦慮的來源。

數十年前，恐懼心理學的主要問題，在於找出那些引發吾人恐懼、未經學習的原始刺激來，並且以本能的過程來解釋這些恐懼。孩子本來就會對黑暗、動物、深水，以及滑溜的東西等感到恐懼；霍爾（Stanley Hall）認定這許多恐懼是遺傳自人類的動物祖先。此後，心理學家便紛紛針對這些「遺傳的恐懼」予以駁斥，把它當成主要的任務，到了華生（John B. Watson）的行爲主義，這個問題便只剩下兩個說法。華生認爲「只有二件事會讓嬰兒產生恐懼的回應，那就是巨大的聲響和失去支持。」④此一假說認定，任何後續發生的恐懼都是「內建的」（built in），也就是因制約關係而建立的。

然而，後來研究孩童恐懼的學者卻指出，華生的觀點過度簡化的情形十分嚴重。許多研究者在嬰兒這二種「原始的恐懼」之間，根本找不出任何一致性的關係來。傑西爾德（A. T. Jersild）寫道：「恐懼的刺激因素絕非孤立構成……引發嬰兒產生『未經學習的』莫名恐懼的可能情境，不只限於巨大的聲響和失去支持，任何強烈、突發、無預警或未出現過的刺激，只要身處其境的有機體尚未準備就緒，就都有可能。」⑤換言之，凡是有機體無法回應的情境，便構成了威脅，於是以焦慮或恐懼來對待。

我認爲，本能論者與行爲論者對「原始恐懼」各執一詞的辯論，是一場唐吉訶德式的虛擬戰爭。爲了要確定嬰兒與生俱來的恐懼究竟是何種性質，卻使得我們在誤導問題的迷宮中失去了方向。比較有意義的問題反而應該是：在面對威脅的情境時，生物的有機體究竟擁有哪些（神經的與心理的）能力呢？關於遺傳這一點，我們只需假設，有機體會以焦慮或恐懼，來回應他們自己無法應付的情境，這在人類遠祖時代即是如此，今日亦然。至於焦慮與恐懼是後天習得的說法，可以被歸結到**成熟**與**學習**這二個問題上。

我對華生所說的那些嬰兒反應，是否應該被稱爲「恐懼」，也抱持懷疑的態度。它們不就是**被稱作焦慮的原始防衛反應嗎？**這個假設將可以解釋孩童反應的性質爲何總是不太明確——換言之，即使是同一個孩童，在回應某一特定刺激所產生的「恐懼」時，也不盡然是相同的。

焦慮與恐懼的成熟因素

華生對兒童恐懼的研究進路，有另外一個缺點，就是它忽略了成熟這個因素。傑西爾德觀察到這其中的關聯：「如果某個發展階段的小孩展露了早期未曾出現的行爲，我們並不能因此就推論說，這樣的行爲改變主要是受到學習因素的影響。」⑥

我們還記得前面有關嬰兒早期受驚反應模式的討論，小生命在剛開始的前幾星期所顯現的受驚反應，根本就與恐懼的情緒沾不上邊。但是隨著嬰兒的日益成長，比較進階的行爲（焦慮與恐懼）就出現了。傑西爾德在研究中發現，五、六個月大的嬰兒，偶爾在陌生人靠近時會有恐懼的情形，但是在五、六個月大之前的嬰兒，卻沒有這樣的反應。

吉塞爾（A. L. Gesell）針對不同年齡的嬰兒，進行被拘禁在小柵欄內的反應研究，他提出的解釋，非常有價值。十星期大的嬰兒反應溫和；到了第十二週大的時候，嬰兒會略感不安，不斷地轉頭。（我認爲，這「不斷轉頭」的動作便是警戒狀態和輕微焦慮具體而微的表象；嬰兒感到不安，但是他卻無法在空間裡找到令他憂慮的對象。）到了三十週大的時候，嬰兒對此處境「會聲嘶力竭地號啕大哭，我們遂稱此反應爲恐懼或驚慌。」⑦誠如傑西爾德所言，「孩子回應實際或潛在危險事件的傾向，端視孩子不同的發展階段而定。」⑧

成熟度顯然是決定嬰兒或孩童如何回應危險處境的因素之一。資料顯示，最初的反應是反射性的（如恐慌），而且是原始含混的不安（焦慮）。儘管此一含混的不安情緒，也有可能是數週大的嬰兒，在因應特定刺激（如跌倒）時所引發，但是當嬰兒逐步對危險情境發展出更強的覺知能力後，這種情形便更爲普遍。至於具有特定對象的恐懼，不是應該出現在嬰兒的成熟晚期嗎？誠如葛斯汀指出，要能夠以特定的恐懼回應，便必須具備客觀化的能力——也就是說，要能夠從環境中分辨出特定的客體來；這比起以原始含混的方式回應，需要更高的神經與心理成熟度。

史必茲（René Spitz）新創了一個「八月焦慮」的名詞，來形容八到十二個月大的嬰兒在面對陌生人時所顯現的不安情緒。嬰兒可能會感到困惑、哭泣，或轉頭去找媽媽。史必茲解釋說，逐漸成熟長大的孩子已經學會綜觀所察，認出媽媽和熟悉的對象。但是這樣的知覺作用還不太穩定，而且當媽媽應該在的地方出現了其他人時，便很容易受困擾。因此，當嬰兒的知覺被陌生人干擾時，焦慮就產生了。⑨

傑西爾德指出，孩子在嬰兒期以後，使他恐懼的刺激種類，也會產生重大的變化。

「隨著孩子想像能力的發展，他的恐懼與幻想的危險益發有關；而當孩子日益了解競爭的意義，並且在與他人比較的基礎上，更明白自己的社會地位時，他便經常有喪失特權、成為笑柄和面對失敗的恐懼。」⑩

在後期因競爭引發的不安情緒中，孩子顯然要對周遭的情境進行比較複雜的詮釋。雖然這個詮釋的過程必須以一定的成熟度為前提，但是經驗以及文化對孩子衝擊所產生的制約關係，也必然牽涉其中。研究發現，當孩子日益成熟時，孩子競逐名位的恐懼也隨之增高；更有趣的是，成人回憶的童年恐懼報告顯示，他們對競逐名位的恐懼比例，也比任何一組被研究的孩童來得高。此外，基於成人會傾向把成年後持續影響自己的恐懼與焦慮，「歸結到」童年去解釋，所以上述的解釋就有其合理性。

我們不必全盤檢視傑西爾德對孩童恐懼研究的成果。但是當我們靜思這些結論後，兩個問題便油然而生。以下我們將引述這兩個問題，因為它們可以闡明恐懼與潛藏焦慮的關係。

首先，傑西爾德的研究結論顯示了孩童恐懼的「**非理性**」**特質**。孩子口中的恐懼，以及他們在後來的訪談中所謂一生「最糟的事」，兩者間存在著極大的落差。⑪他們所言最糟的事計有生病、受傷、不幸，以及他們確實災難臨頭的經驗。此外，他們的恐懼「基本上被模糊地說成是，或許會發生的大災難。」真正與動物接觸發生的恐懼經驗，只佔「最糟的事」的2%，而對動物的恐懼卻佔了14%。他們感到害怕的動物，主要是甚少接觸的獅子、猩猩與野狼。在黑暗中獨處與迷路，佔實際發生經驗的2%，而對這類處境的恐懼卻高達15%左右。對神秘事物如鬼魂、巫師和神怪的恐懼，則超過所有恐懼項目的19%（比重最高的一組）。傑西爾德對此總結說：「**孩子所描述的大部分恐懼，與實際發生在他們身上的不幸，幾乎毫無關聯。**」⑫

上述的資料令人感到困惑。我們會期待，孩童所恐懼的是實際帶給他困擾的事物。因爲傑西爾德注意到，孩子的「幻想恐懼」會隨著年齡與日俱增，所以他以孩子的「想像能力」逐步發展來解釋。這種成熟的能力或許可以解釋，孩子處理的爲何是幻想的素材。但是在我看來，這並無法合理說明爲何這些事物如此地令人**恐懼**。

由傑西爾德的研究資料引出的第二個問題是，**恐懼的不可預測性**。我們可以從傑西爾德的研究資料清楚地看出，要預測孩子何時會害怕是非常困難的：

> 孩子在某個特定處境下，並不感到害怕，但是稍後在沒有其他明顯外力干涉的情況下，卻在同樣的處境中心生恐懼。……某種吵鬧聲會引發恐懼，另一種吵鬧聲卻不會；被帶到某個陌生地方的孩子，可以毫不恐懼，但是在另一個陌生情境下，卻是心生害怕。⑬

值得注意的是，「恐懼陌生人」是在某些情境下常被提及的恐懼，但是在其他類似的情境下卻沒有這樣的恐懼。因爲孩童的恐懼不停變換，深不可測，所以某些過程的發生遠比一般制約關係的概念複雜得多。但是，這個過程的實際情形爲何，仍舊得不到答案。

恐懼遮蔽了焦慮

我認爲，如果我們不把許多所謂的「恐懼」，看成是特定情境下的驚恐反應（也就是恐懼本身），而把它們視爲是**潛藏焦慮的客觀化形式**，那麼孩童恐懼的「非理性」與「不可預測性」這兩個問題，便能夠得到理解。恐懼通常會被認定是針對某種情境的反應，但是發生在這些「恐懼」中的某些情況，並不能以某種刺激造成某種反應來加以解釋。如果我們假設這些恐懼是焦慮的表現，有那麼高比例的「幻想」恐懼，便是可以理解的。衆所周知，孩童的焦慮（大人也是一樣）經常被錯置在鬼魂、巫師和其他的對象上，這些事物與孩子的客觀世界毫無關聯，不過確實發揮了滿足他主觀需求的重要功能，特別是在他與父母的關係方面。換言之，**恐懼有可能遮蔽了焦慮**。

在某些案例中，這個過程可以被視爲孩子對自己與父母的關係感到焦慮。例如，他無法直接面對「我害怕媽媽不愛我」這樣的想法，因爲一旦他明白這一點，他的焦慮便會急遽增加。或者，來自雙親的一再保證，也幫助他不必直接面對焦慮本身，但是這類保證通常與焦慮的眞正核心無涉。焦慮因此被錯誤地置放在「幻想的」對象上。我在這裡的討論，常常把「幻想的」這詞置放在引號當中，因爲在對神秘恐懼比較深刻的分析中，我們無疑將會發現，在孩子的經驗裡，幻想的客體是對他們具有眞實意義的事物。雖然成人焦慮的錯置也有類似的模式，但是他們更技巧地把焦慮合理化，使得這些幻想的對象變得更「邏輯」或更「合理」。

我們認爲，恐懼乃是潛藏焦慮的表現，這個觀點也能釐清爲什麼孩子害怕的不是實際接觸過，而是甚少接觸的獅子、猩猩等動物。孩子對動物的恐懼往往是焦慮的投射，是他們對某些對象或人物（如父母）的關係感到焦慮所導致的，而這些對象或人物絕非遙不可及。弗洛依德的小漢斯便是個經典的案例。⑭我認爲對動物的恐懼，也可能是孩子對家庭成員感到敵意的投射，這種敵意感會帶來焦慮，因爲如果這個傾向演變成行動，孩子便可能受罰或不被認可。

這個觀點也可以澄清孩童恐懼的不可預測性與不斷變換的特質。如果這些恐懼是潛藏焦慮客觀化的表象形式，那麼焦慮的對象自然是此一時也，彼一時也。從表面分析所呈現的不一致性，在深入審視後卻是相當一致的。傑西爾德本人便注意到，當恐懼是潛藏焦慮的表現時，恐懼便具有不斷變換的特質：

> 只要有潛在的困難從各方面給孩子施加壓力，那麼即使某種恐懼的表現會消失掉，其他不同的恐懼又會緊接著投射出來。⑮

本書初版發行後幾年，傑西爾德親口對我表示，他同意我的結論，這些恐懼正是焦慮的表現。他很訝異自己沒有早些看出這點來。我想，他沒能看到這層機轉，說明我們要跳出西方的傳統思考方式，是多麼地困難。

發生在許多孩子身上的是焦慮而非恐懼的另一項證據在於，有些研究指出，在克服（「而非掩飾」）孩童的恐懼這件事情上，**口頭一再地保證往往是無效的**。正如葛斯汀所主張的，如果情緒是某種特定情境下的恐懼，那麼反覆的口頭保證通常是能加以紓緩的。如果孩子擔心家裡著火，而能從家長那兒得到適當的保證，說明情況並不是這樣，那麼就不會有恐懼了。但如果這種不安其實是焦慮客觀化的形式，那麼要不是恐懼依舊，就是會轉移到新的對象上去。

焦慮潛藏在小孩的恐懼之下，他們的恐懼與他們父母的「恐懼」之間密切相關，這個假說有間接的推定可以支持。哈格曼（R. R. Hagman）的研究結果發現，孩子的恐懼與母親的恐懼之間，有大約〇・六六七的關聯性。⑯傑西爾德發現，「同一家庭孩子的恐懼頻率頗爲相符；其相互關係在〇・六五到〇・七四之間。」⑰父母的恐懼不只會「影響」孩子的恐懼，孩子更會因爲雙親之故，學會害怕某些特定的事物。此外，另有一種老生常談的看法，那就是「**兒童的焦慮發展，主要是來自他與父母的關係**」。⑱

我認爲，孩童恐懼與父母恐懼之間的關係，以及同一家庭子女之間的恐懼關係，若能被視爲在焦慮層次上的一種轉換狀態，將更爲清楚明白。換言之，在父母極焦慮的家庭中，親子關係也會受到這層焦慮的干擾，孩子的焦慮（亦即會更加「恐懼」）也將更大。

我們在此討論孩童恐懼的目的，除了闡明恐懼本身的問題外，所要證明的是，**研究恐懼必然要研究焦慮。我們在此提出的看法是，許多孩童的恐懼乃是潛在焦慮的客觀化形式。**⑲

關於壓力與焦慮

漢斯・沙利（Hans Selye）的第一本書《壓力》（*Stress*），與本書同在二十世紀剛好過半的一九五〇年出版，這一點十分有趣。他的這本書爲心理學界與醫學界，劃下對壓力進行深入研究思考的開端。沙利在一九五六年出版的另一本書中，把生理壓力界定爲「由入侵事物與身體抵抗的張力所發展出來的一種調適。」換言之，壓力是針對「身體耗損與撕扯」的反應。⑳

他提出了所謂的「一般適應症候群」（G.A.S.: General Adaptation Syndrome）。G.A.S.透過人類的各種內在器官（內分泌腺和神經系統），協助我們去適應不斷發生在我們身體內部與四周環境中的變化。「**健康幸福的奧秘就在於，能夠針對這個世界不斷變化的情境成功地調適；而在這個龐雜調適過程中的失敗者，便會受到疾病和不幸的懲罰。**」

㉑他相信，每個人與生俱來就擁有相當程度的調適能量。㉒

這點在生理學或許沒有問題，但是在心理學層面就不無疑義。產生能量的部分因素，不就是個人對手邊事務的熱情與承諾嗎？老年學的研究不就告訴我們，人們會變得老化並不全然是年齡使然，也是因爲他們在心理上找不到感興趣的事物嗎？人腦要保持能量，不就是要高度仰賴我們的工作熱情嗎？

我在此要說明一下，心理學家有用「壓力」做爲焦慮同義詞的傾向。以焦慮爲探討主題的書，卻反而以「壓力」一詞代替；顯然是在討論焦慮的學術會議，卻不時以「壓力」這個詞替換做爲標題。把壓力與焦慮等同的看法，我在此公開表示反對，此外，以壓力做爲描述我們一般所謂焦慮引起的不安，我也認爲並不妥當。但是，我反對的不是沙利的經典之作，因爲在他的實驗與外科醫學研究中，壓力一詞確實是適用的；在心理學領域中，我就不認爲「壓力」能夠包含焦慮的豐富意涵了。

壓力這個詞是從工程學與物理學借用來的。它在心理學領域會流行，似乎是因爲它定義方便，處理順手，而且通常能得到滿意的評估，但是這一切在面對「焦慮」一詞時，就都變得十分困難。要確定個人在壓力下何時會爆發，似乎相對容易得多。基於科技劇變與價值喪失等因素，西方文化顯然使其公民承受巨大的壓力，而且與日俱增。這與盛行的心臟病、動脈硬化等一長串壓力造成的疾病，顯然是有關聯的。今日雞尾酒會上的閒聊，鮮有不以壓力及其引發的疾病後果爲話題的。「精神壓力」一詞如今已被廣泛接受，儘管它在我的字典中，只能排上「壓力」意義清單的第八位而已。

然而，把「壓力」當作焦慮的同義詞的問題在於，它強調的重點是發生**在**人身上的情況。這樣雖具有某種客觀意義，但卻沒有真正的主體指涉。我知道許多使用「壓力」一詞的人，也主張用它來指稱內在經驗。恩格爾（George Engel）以悲傷爲例，主張壓力也可以因內在的問題引發。但是，正常的悲傷卻是因爲我們所愛的人死了這類事件所引發的，顯然這是外來因素。壓力主要強調的，依然是發生**到**和發生**在**某人身上的情況。因感嘆自己難免一死而悲傷，是焦慮而非壓力。患有神經型焦慮症的人，會因爲小孩過去發生的意外極度悲傷，以至於根本就不讓小孩到屋外玩。

儘管使用壓力一詞的人表示，他們有意把心理學的定義也包含在內，不過「壓力」一詞仍然是以發生**到**及發生**在**某人身上的情況爲主。這在原來使用壓力一詞的領域中是有意義的，因爲工程學所關心的問題是，一部重型汽車**在**橋樑上形成了多少壓力，或是建築物能否承受地震**在**它身上造成的壓力。在工程學的領域中，心理意識的問題是無關緊要的。然而，焦慮與心理意識和主體性，卻是絕對密不可分的。甚至弗洛依德也認爲，焦慮是與個人內在的感受有關，而恐懼則與客觀的事物有關。

就心理學的意義而言，個人如何**詮釋**威脅，才是關鍵。貝克（Aaron Beck，譯註：認知治療創始人）指出，壓力的生活處境本身，在形成焦慮方面，遠不如個人對這些情境的認知來得重要。㉓一篇關於越戰士兵（直昇機駕駛員）的焦慮研究論文指出，如果不考慮個人對威脅的認知態度，我們便不能把飛行或甚至死亡解釋爲壓力。㉔「認知」和「解釋」都是主體的過程，是焦慮而非壓力。

更進一步講，如果我們把壓力當成焦慮的同義詞，那麼我們就無法**區分不同情緒的差異**。於是經年的憤怒或內疚所造成的壓力，就和經年的恐懼所造成的壓力，沒有差別了；如果我們用壓力一詞含括一切，那麼就模糊了其中的差異。我們也就無法區分恐懼與焦慮的不同。在第三章湯姆的案例中看到，當他有恐懼的反應時（例如：他把醫生實驗室的重要報告放錯時），他的胃指數非常低。也就是說，他的胃不再蠕動。但是當他有焦慮反應時，例如當他整夜睡不著覺，擔心自己的工作前途時，他的胃指數卻前所未有的高。這時他的胃不停蠕動，與在恐懼狀況下的運作情形完全相反。如果我們以「壓力」之名，籠統地把這兩者混爲一談，便無法了解這個重要的區別。

不論沙利如何在他的近作中，極力否認他先前的論調，但是「任何壓力都會產生傷害」的說法，似乎已在美國被解讀爲「凡是壓力都要避免」或「至少應盡力避免」的意思。沙利在他的某本著作中看見了這個問題，他把那本書獻給那些「無懼於享受完整生命中的壓力，但卻不會天眞到以爲不需要知性的努力，就可以做到這點的人。」㉕且讓我們以霍格蘭德（Hudson Hoagland）的話提醒自己：「早晨起床就是一大壓力。」但是我們卻不會因此就不起床。

此外，我們還記得前述的道理，當壓力增加時，也可能爲我們釋放出更多的焦慮。

戰時的英國，處於德軍轟炸、物資缺乏以及其他極大的壓力之下，但是神經官能症卻明顯減少。㉖類似的情境也在許多國家中得到證明。神經症的問題在壓力大的時候反而得到紓緩，因爲人們可以把內心的混亂投注於確切的事物上，於是他們把焦點放在具體的壓力上。在這些案例中，壓力和焦慮的運作在方向上正好是相反的。**強大的壓力或許可以使人從焦慮中解脫**。

最後，我們可以從利戴爾的陳述中，清楚看到把「壓力」等同於焦慮是不恰當的；他說「**焦慮與知性如影隨行，我們越熟悉焦慮的本質，就越能了解知性**。」如果我們說「壓力與知性如影隨行」，就說不通了。同理，如果我們把庫比（Kubie）說「焦慮先於思想」的話，換成「壓力先於思想」，也一樣偏離了庫比的眞正意思。他所要表達的是，刺激與反應之間的落差，以及自我與客體之間的鴻溝，是思想有其必要的原因。「壓力」一詞在沙利的用法中，基本上是個生理學的詞彙。

焦慮是個體連結、接受與解讀壓力的方式。壓力是通往焦慮的必經之路。而焦慮則是我們處理壓力的方式。

貝特森（Gregory Bateson）曾感嘆心理學家經常搞不清楚部分和全體的分別：「那些以爲部分即是眞實的心理學家，上帝保佑他們吧！」我認爲壓力只是威脅處境的一部分，而當我們想要指稱全體時，「焦慮」這個詞彙便十分重要。

想以其他字詞替換焦慮，其實並不容易。儘管「焦慮」一詞爲心理學家帶來困擾，但是它的寓意豐富，以「懼怖」的形式與經驗，在文學、藝術與哲學中呈現出來，佔有重要地位。儘管對心理學家而言，焦慮這個字詞是個難題，但是當齊克果說「**焦慮是自由帶來的暈眩**」時，他所指稱的事物則是所有藝術家與文學家都能明白的。

晚近的焦慮研究㉗

過去二十年來，有關焦慮和壓力的文獻產出，多達數千篇的研究論文，以及氾濫成災的學位論文。史匹柏格（Charles Spielberger）努力不懈地把這個領域中，幾場研討會主要貢獻者的文章集結，至少出版了七冊的研究成果。㉘儘管這些研究讓我們更加了解焦慮的各個面向，但是這也使得針對焦慮意義形成整合理論，產生了更大的需求。我不敢奢望能完全掌握這些研究的實況。不過，如果只是提出其中某些對我具有重要價值的研究，我相信讀者應該會給我這樣的空間。**儘管**我明白個人不可能涵蓋一切，我還是帶著些微的焦慮，把這份整合的工作當成一項練習來進行。

有關造成人類焦慮原因的最新理解，當前共有四個研究領域最爲突出。首先，關心人對實在知覺作用的拉扎魯斯（Richard Lazarus）、亞維里爾（James Averill）㉙和艾波思坦（Seymour Epstein，譯註：麻省大學心理學教授，以焦慮、情緒、自我概念及人格的研究著稱）㉚等認知心理學家，他們相信個體對威脅的評估是了解焦慮的關鍵。這些研究的重要性在於，認知心理學家把知覺主體的人當成是焦慮理論的核心。雖然拉扎魯斯與亞維里爾把焦慮描述成一種情緒，是由處境與個人反應之間的認知中介所產生，但是他們強調焦慮非病理因素所生，而是人性使然。不過，他們的研究似乎多半放在心理壓力的效應上，而非焦慮。[31]艾波思坦把焦慮界定為「察覺到威脅狀況後，所帶來的極度不愉快亢奮狀態的擴散」，並且認為「期望」是決定亢奮程度的基本參數。焦慮被視為是尚未解決的恐懼，會造成威脅的擴散。艾波思坦和芬茲（Walter D. Fenz）[32]研究跳傘運動員時發現，跳傘老手能夠在亢奮中保持高度的專注，從而使他們在跳傘前提高警覺。另一方面，生手則比較會把刺激視為敵對而加以防衛，使他們完全被跳傘這個動作所引發的情緒吞沒了。對我們而言，艾波思坦最有趣的發現在於，他看到焦慮與低度自尊之間的關聯。[33]艾波思坦說，「人們有一套統合的自我理論，但是也會有崩解的可能」[34]，這一點與葛斯汀的「災難式處境」相似。極度的精神病反應可以促進人們的自我理論，得到更新、更有效的發展。艾波思坦接著說：「極度的焦慮是因為自我系統整合的能力受到威脅所引發的。」低度自尊者比起高度自尊者，更容易崩潰。艾波思坦進一步闡述說：「自尊的提高可以增進幸福、統整、能量、自由，以及開闊的感覺。自尊的降低則會增加不幸福、失序、焦慮和壓縮的感覺。」[35]

當前研究的第二個重要領域是史匹柏格對「情境型」（state）焦慮與「人格型」（trait）焦慮的區分。此一研究所啓發的其他研究數目，足足有好幾百件之多。他認為「情境型焦慮」與自動神經系統的活動有關，是一種瞬間的情緒狀況。「人格型焦慮」是一種焦慮傾向，或是在一段時間內的焦慮出現頻率。㊱這個模型已被許多研究者拿來區分亢奮焦慮（arousal anxiety）和潛藏焦慮（underlying anxiety）。史匹柏格認爲，最能提升「人格型焦慮」層級的經驗，可以追溯到童年時期，其中並涉及親子關係中孩子受罰的經驗。這指出了我在第九章的研究論述：焦慮傾向的根源在母親的排斥。安德勒（Norman Endler）認爲，不論「情境型」焦慮或「人格型」焦慮都具有多個層面，提出了「人境互動模型」（Person-Situation-Interaction model）來加以說明。他認爲焦慮是人際或自我威脅（情境因素），以及人際的A型特質（人格因素）程度互動的結果。㊲

當前有關焦慮與恐懼關係研究的第三個領域，引發了理論家之間的許多論辯。將焦慮與恐懼劃上等號的制約論者，以學習理論爲基礎發展出不同的行爲治療系統。他們最偉大的成就是對恐慌患者的治療。然而，根據定義，恐慌症是針對某些外在事件的焦慮固化，一般認爲，那是掩飾了焦慮的神經性恐懼（請參見第五章漢斯的案例）。改變恐懼的焦點並不難。但是在嚴格的行爲主義技術中，卻似乎規避了潛藏焦慮的處理。金梅爾（H. D. Kimmel）針對行爲論者把焦慮與恐懼劃上等號這點有所批評，我的觀點與他相近。金梅爾認爲巴甫洛夫的「實驗情境下的神經症」應該被稱作焦慮。㊳他主張，被制約的恐懼不能做爲導致焦慮發生的模型，因爲它立基於確定性的原則，而焦慮則有其不確定性，也很難被控制。

另一項有助於我們對焦慮了解的偉大貢獻，是針對眞實生活情境的個體所進行的研究。塔奇曼（Yona Teichman）研究一九七三年中東戰爭中失蹤士兵家屬的反應，結果證明士兵的父母、妻子和小孩，因應個人失落的風格各自不同。父母多半暗自悲傷，最初會拒絕與他人談論。他們多反應表示需要勇氣，也呈現出痛苦的感覺。儘管他們約有一星期的時間極端退縮，但是資料顯示，這種現象沒有長期發生，也沒有變成病態。妻子雖然與父母一樣想表現得堅強，但是其悲痛的形式卻比較溫和。她們一般會把心思放在現實問題上，同時會依賴支持者的奧援。小孩的反應主要是針對家庭的低氣壓，但卻不是基於特定的失落。小孩不會持續地表現悲傷，所以會因爲他們「麻木不仁」的態度，而遭受母親的責難。㊴從立富頓「普羅修斯人」㊵的觀點來進行這些角色的比較，是一件很有趣的事。福特（Charles Ford）針對韓國**帕布洛**事件當事人所做的焦慮描述證明，對長官、宗教或政府具有信心者，更能有效地因應禁錮的焦慮。過半數的研究對象，對於無法預測自己會遭致怎樣的待遇，表達了嚴重的焦慮。福特的結論是，此時強大的壓抑力量被挑起，成爲緊急狀況下的防衛機制。然而，更重要的發現是：對於嚴重焦慮的長期心理反應，比起緊急狀況下的反應，可能更爲強烈。㊶在林恩（Richard Lynn）對焦慮之國家差異的跨文化研究中，以酒精攝取量的增加、自殺率的成長以及意外事故的頻率，做爲焦慮的指標。㊷

我們觀察生命事件的變化，以及心理健康狀態下的焦慮，便可證明一旦我們熟悉的

生活模式有了變化，不論好壞，都需要當事人做出調適，也因此往往會造成焦慮。㊸

我希望，這些對處於危機生活中人們的認知研究，以及多面向的研究，能夠幫助我們認識焦慮各個層面的多變性質。

焦慮與學習理論

莫勒的研究是這一節強調的重點，因爲他多變的學說內容跨越了不同的心理學派。莫勒最初是一位忠實的行爲論者，他有關焦慮時間理論的精要，對於刺激—反應（stimulus-response）論的心理學有相當的貢獻。（他仍爲艾森克〔Hans J. Eysenck，譯註：德裔英國人，人格心理學家〕所引述，顯然艾森克並不知道莫勒的後期變化。）莫勒後來轉向他被多數心理學家公認最有貢獻的學習理論領域。學習理論是莫勒進入臨床心理學的過渡，當時他研究的問題是，老鼠學習破壞行爲的歷程及原因。這又讓他開始關心時間、象徵與倫理的問題。在莫勒的後期寫作中，這點使他關注內疚、責任的問題，以及兩者在治療上的意涵。這樣激進變遷當眞令人應接不暇。而這也是莫勒的研究特別有啓發性的原因之一。

如果我們以另一種方式表達，莫勒第一階段研究的是行爲主義，第二階段是焦慮和學習理論，第三階段則關心內疚感及其對心理學的意涵。他在研究關懷上的改變，反映出美國進一步擴大焦慮研究進路的幾個重要層次。本節所要回顧的素材主要是莫勒的**第二階段研究**。

我們在此對莫勒的焦慮分析感興趣的，主要是他對學習理論的研究。許多人認為「精神分析與實驗心理學及理論心理學之間的終極橋樑，極可能是學習理論」，因此莫勒研究中的學習理論基底，使得他對焦慮的構思更讓人信服。

莫勒在早期仍是行為論者時所設定的刺激－反應公式中，明確地把焦慮定性為一種「心理問題，而習慣，亦即所謂的『症狀』，則提供了解決方案。」㊹在他的第一篇研究論文中，焦慮被定義為「痛苦反應的制約形式」㊺。換言之，有機體在知覺到危險訊號（刺激），且預期危險即將發生時，所做出的制約反應便是焦慮；而這種反應是令人緊張、身體不適和痛苦的。此時凡能減輕這個焦慮的行為，都值得去做，因此，在實際有效的情況下，這個行為便被「烙印了下來」，也就是學會了。此一分析有兩層重要意涵。首先，**焦慮是人類行為的重要動機之一**。其次，推演出來的看法是，衍生出神經症狀的過程就是從學習理論基礎來加以解釋；也就是說，**症狀是學習來的，因為它們可以減輕焦慮**。

莫勒接下來的焦慮研究是以老鼠和豬為實驗對象，他要驗證上述「降低焦慮是一種獎賞，而且與學習行為成正相關」的假設。㊻現在這個假設在學習心理學中已被廣泛接受。㊼在教育中強調焦慮做為學習動機的重要性與普遍性，不僅具有實務上的優點，它

對以具建設性和健康的方法來處理課堂焦慮的問題，也提供了洞見。㊽

莫勒對焦慮問題的這些早期研究進路，在定義上有兩項共同要素。首先，他沒有明確區別恐懼與焦慮。在他第一份研究報告中，兩者是共通的，第二份報告則把焦慮因素界定爲動物對遭致電擊的預期，而這種狀態被稱作恐懼或焦慮是相差無幾的。㊾其次，造成動物焦慮的威脅被界定爲身體的痛苦與不適。顯然莫勒在寫作這些論文的期間，是試圖以生理學的名詞來定義焦慮的。㊿

但是在進一步研究學習理論之後，莫勒對焦慮的構思卻發生了根本的轉變。特別是在他探究了下列問題之後，這些改變便發生了：人們習得非統整（nonintegrative；「神經性」的連續懲罰）行爲的原因爲何？他以動物實驗證明，老鼠因爲無法預估長期是獎或懲，也無法以獎懲來對治行爲的立即後果，因此會產生「神經性」與「破壞性」的行爲。(51)

在許多研究發現饒具啓發的討論中，莫勒結論說，整合性行爲的重點在於**將未來納入當下心理現實的能力**。人類具有這種截然不同於動物的整合性學習能力，是因爲人類能夠將「時間這項決定因素」帶入學習之中，據此評估未來的效應，以便抗衡立即的結果。這種能力爲人類的行爲帶來彈性與自由度，以及衍生而來的責任。莫勒提到葛斯汀的觀察，大腦皮質受傷的病患最明顯的特徵是，喪失了「超越具體（立即）經驗」、抽象化和處理「可能性」的能力。因此這些病患便受限於僵化和缺乏彈性的行爲。因爲大腦皮質代表了人與動物在神經構造上最明顯的差異，大腦皮質受傷的病患所失去的，可說是人類最獨特的能力。

人類根據未來後果超越現實的能力，得要仰賴幾項使人與動物「截然不同」（莫勒用語）的獨有特質才行。其中一項便是**推理**，亦即運用**象徵**的能力。我們以象徵溝通，當我們思考時，我們是在心中設定「充滿情感」的象徵符號，並與之互動。另一項特質是我們獨特的社會、歷史發展。衡量己身行爲的長期後果是人的一種社會性行爲，因爲其中涉及社群與自我（如果兩者眞能區分的話）的價值問題。

莫勒的發現所隱含的一個新重點是，人類的**歷史性**，亦即人類是「受限於時間」的存有。㊷他說道，

於是，過去被帶入現在，成為生活有機體整個行為（行動與反應）因果關係的一部分，這種能力就是「心智」與「人格」的本質。㊸

個人遺傳基因的重要性——例如，個人會把童年經驗帶入現在——早爲臨床心理學廣泛接受。不過，強調人類是「受限於時間」的存有，在臨床研究上還有一個比較新的意涵：既然人類以象徵來衡量自己的行爲，而象徵又是歷經數百年文化發展的產物，所以只有在特定的歷史脈絡下，人類才能被理解。這些發現使莫勒對歷史以及倫理與宗教產

生興趣；這部歷史正是人類以長遠的宇宙價值，努力超越當下因果的奮鬥史。

莫勒在整合性學習的討論中，對**整合的**（integrative）與**調適的**（adjustive）這兩個概念，做了極爲有用的區別。就某種意義而言，所有習得的行爲都是調適的；神經症是調適的；防衛機制是對困境調適的方式。莫勒「神經過敏的」實驗鼠放棄進食，而「破壞的」實驗鼠則不怕受罰繼續進食，各自針對困境進行「調適」。但是，就像這些老鼠的行爲一樣，神經症與防衛機制，就其未來學習的意義而言，並不是**整合的**。因爲神經症和防衛機制並沒有讓個體獲致建設性的發展。[54]

上述焦慮理論的討論具有相當深刻的意涵。**神經性焦慮的問題必須被置放在文化歷史的網絡中來考量，而且也和人類獨特的社會倫理與責任問題有關。這與莫勒先前把焦慮定義為有機體針對痛苦與不適威脅的反應，形成強烈的對比**。對莫勒而言，當前「社會的困境（例如孩子對雙親愛恨交織的關係）已是焦慮的先決條件。」[55]莫勒主張，如果動物有神經性焦慮的話，那必定是因爲牠們處於人造環境中（例如「實驗情境下的神經症反應」）的緣故，只有在這樣的情境下，牠們才會變得馴服或「社會化」。換言之，就牠們與實驗者的關係而言，動物已經「不只是」動物了。這並不表示莫勒或我自己對動物實驗的價值或人類的實驗室研究，有任何看輕的意思，不過它確實讓我們對這類研究方法，得到清楚的認識。神經性焦慮的研究中，我們發現人類問題的本質，就在於人類異於禽獸的那些特質。如果我們將自己框限在次人的環境中，或在實驗室隔離出來的質素中，或者把純生理的有機衝動和人類需要，當成研究的主軸，那麼人類焦慮的重大意義，將持續讓我們感到困惑。

我們現在轉向莫勒後期對焦慮概念的陳述。他說「社會困境」（social dilemma）肇始於孩子與父母的早期關係。孩子不能（像大自然的動物一樣）逃離由家庭處境所引發的焦慮，因爲孩子既恐懼又依賴父母。莫勒贊成弗洛依德學派的觀點，孩童會壓抑是基於眞實的恐懼——通常是害怕受罰或被剝奪（不再被愛）。莫勒完全接受弗洛依德有關「焦慮發生」機制的描述：**真實的恐懼→對此一恐懼的壓抑→神經性的焦慮→形成症狀以解除焦慮**。但是**機制**與**意義**不同。莫勒認爲，弗洛依德「在掌握焦慮本質這件事上，從來沒有成功」56，因爲他試圖以本能來解釋焦慮，也沒能了解人格的社會脈絡。在個體的成熟過程中，社會責任通常（或**應該**）會成爲一種建設性的正向目標。莫勒主張，這種可能造成焦慮的衝突，大體上是屬於倫理性質的——齊克果看出了這一點，弗洛依德卻沒有。莫勒寫道：「根植於現代人良知中的古人倫理成就，不是愚蠢、惡毒和遠古的夢魘，而是個人追尋自我滿足與協調整合時的挑戰與指引。」57衝突的來源是社會的恐懼和疚責。個人害怕的是社會的懲罰，以及失去重要他者的關愛和認可。被壓抑的正是與它們有關的恐懼和疚責。在壓抑的狀態下，它們就變成神經性焦慮了。

莫勒指出，焦慮「不是缺少自我放縱與滿足……而是不負責任、疚責與不成熟」的產物。焦慮來自「被譴責的道德渴望」58，或依弗洛依德學派的說法，焦慮是因爲

「超我的壓抑」所造成的，而不是像弗洛依德認爲的那樣，是焦慮造成了「超我的壓抑」。這個觀點對於在心理治療中如何處理焦慮的問題，自然具有極爲重要的意涵。莫勒指出，許多精神分析師試圖稀釋，或「用分析的方式去掉」超我（同時也就去掉了個人的責任感與內疚感），往往只是造成「『深沉的自戀式憂鬱』，而無法讓個人在成熟度、社會適應與幸福感方面獲得成長；這些都是當事人有權期待從有效的心理治療中獲得的品質。」(59)

莫勒的這個觀點有一項重要的意涵，焦慮在人類的發展中，被視爲扮演建設性的正向角色。他寫道：

> 當代的專業心理學家和一般人，都有一個共同的傾向，就是把焦慮視為負向的、毀滅的和「不正常的」經驗，我們必須對抗它，最好是把它消滅掉。……我們在此討論的焦慮，並不是個人混亂的因由；反之，它是這種狀態的結果或表現。是因為失聯或壓抑的行為，混亂的質素才得以呈現，焦慮所代表的不僅是受壓抑的事物企圖再度浮現，也是整體人格邁向統整、和諧、同一與「健康」重建的努力。(60)

此外，

徵諸我自己的臨床工作和個人經驗，下列命題再真切不過：對於焦慮本質上的友善和有助益這點，精神治療必須予以接納；經過這樣的心理治療，焦慮最終將再度成為一般的疚責與道德恐懼，而務實的重整與新的學習也才能夠發生。⑹

我的評論

我開始撰寫本章時，心中一直浮現某些想法，我覺得非常值得與大家分享。第一個問題與由實驗所誘發的焦慮有關。

莫勒在一九五〇年的一篇研究報告中說道：「當前並不存在焦慮的實驗心理學，未來是否會有，也令人懷疑。」⑺人類的焦慮問題不僅在嚴格的實驗心理學專業中不存在，而且直到一九五〇年代，它在學術和理論心理學的其他分支中，也完全被略去。我在搜尋一九五〇年之前的心理學書籍（精神分析的主題除外）時，甚至在索引中也找不到「焦慮」的字眼。齊克果一百多年前的看法，「心理學甚至從未處理過焦慮的概念」⑻，到了二十世紀前半葉仍然適用。沒錯，二十世紀的學術和實驗心理學對**恐懼**的研究車載斗糧，因為恐懼既明確又可數。但是心理學的探索從恐懼問題踏入焦慮問題的門檻時，便停滯不前了。

莫勒認爲造成這個情形的實際原因在於，在實驗情境下誘發焦慮反應的效應破壞性太強。莫勒要不是低估了心理學家的聰明才智（和他們個人的防衛機制），就是高估了他們中間某些人的敏感度。不論如何，自一九五〇年開始出現的數千篇有關焦慮的研究報告中，有不少採用了實驗誘發焦慮的形式，通常是以學生爲研究案主。

當我和同事審視過許多這類實驗後，我們發現有些心理學家誘發焦慮的實驗設計，是以電擊威脅學生，其他的則以失敗相威脅。結果以失敗相威脅的方式，在得到預期回應方面絕對是更爲有效的，所以後期研究的大多數便以失敗的威脅來誘發焦慮。一般的安排大致如下：學生以尊重和信任實驗者的態度來參與實驗，認爲實驗者代表的是令人景仰的科學。他聽過無數次科學將解救人類的說法，準備好要貢獻一己之力。參與的學生必須回答一些問題。不論如何回應，學生都會被告知，「你沒有表現好」或「你的回應不得宜」。有時候學生會在僞裝的諮商情境下受騙；他做了「羅氏墨漬測驗」，然後不論他如何回應，得到的答案都是「你的回應和六成情緒受擾者類似」，或者「這個測驗顯示你的能力無法勝任這所大學的要求」。整個實驗的目的在於，打擊學生的自尊，然後記錄下他的焦慮。

這類實驗令人好奇的地方在於，年輕的心理學研究生在主導實驗的教授訓練下，有技巧地說出欺騙他人的話來。學會面不改色地說謊，以便在這套龐大的虛僞系統中，增加自己的份量，顯然是必要的。

如果我們把學生看成是這些騙局的受害者，可以想像幾種可能的反應。首先，這位學生毫不起疑，完全接納文化所教導他的，他相信權威人士說的每一句話。他的自尊便會一如預期地陡降。（抱持事後對學生解釋騙局便能補救信念的人，則是天真到了極點。）或者，學生可能是比較世故的類型，知道沒有人不靠謊言度日的。他這樣可能因疑心而受到保護；他對世界憤世嫉俗的看法，以及他的生活中不信任的氛圍，也一定會得到確認。他會好奇說，研究生和教授怎麼可能會認為，參與實驗的案主竟會相信這些謊言。

基於與後述這位同學類似的犬儒主義心態，有人可能會質疑：如果參與實驗者根本不相信這個騙局，那麼他們的自尊又怎麼會受到傷害呢？這可能會讓整個實驗無效的事實，暫時不予理會，我們可以這麼回答：這個過程需要對人類意識與覺察能力的層次有所了解。在意識的層次，主要效應是要粉碎學生的自尊，而這與他相信被告知內容的程度成正比。但是在更深的意識層次，發生的事卻截然不同：學生覺察到這位受人敬重的科學家在對他說謊。這兩個層次可能同時呈現。不用執業太久，心理治療師便會發現，當治療師因故說謊時，案主在意識層次上會相信它，因為他們共同參與了文化的共謀，亦即對位高權重者所說的任何話堅信不疑。但是在無意識層次——夢中或口誤——他們**知道**權威人士的話是不可靠的，只是他們不敢讓自己**知道他們知道那是謊言**，這一點是非常清楚的。

我和同事繼續讀下去，結果第一次如釋重負地發現，也有批評這種以實驗誘發焦慮的論文。啊哈！或許這些研究者也關心倫理的課題。非也；這些批評完全不是針對實驗中的欺瞞，而是在批評說，向某學生暗示失敗感所誘發的焦慮，並不一定可以等同於其他學生的焦慮。另一個批評說，某學生的不安程度，有多少是慣性產生的，有多少是情境引發的，我們無從確定。這確實是公允的批判。

但是這完全忽略了重大的倫理議題，也就是對案主說謊，以及認為事後「說明」便可澄清這件事。我相信，這類實驗與前腦葉切合術以及電擊治療的位階一樣，任何珍惜名聲的專業領域，都應該對其成員有所控制。

不論我們對上述問題的倫理立場為何，在任何人類焦慮的心理學研究中，有幾項事實是至為清楚的。其一，最具豐盛成果且能闡明這個領域的研究，向來都是那些結合臨床程序與實驗技巧的人士。例如，第三章的胃潰瘍病人研究和湯姆的案例⑭便是。這包括從生活處境已有焦慮的母群中，選取研究對象的作法。堅尼斯（Irving Janis）針對手術前病人的焦慮與壓力的研究，便是這種作法。其他展現「生活處境焦慮」的族群尚有：作戰士兵、未婚媽媽、跳傘員、對考試焦慮的學生等。我們顯然可以利用實驗技巧來評估焦慮的現象，而不用透過自己本人去誘發案主的焦慮。

另一項值得注意的事實是，能妥切深入討論焦慮問題的學院派實驗心理學家，是那些因爲對臨床工作感興趣，而逐步觸碰到此問題的人，以及那些採用臨床技術做爲自己方法的人，如莫勒、堅尼斯和梅森（John Mason）等。

第三項明顯的事實是，有關焦慮的重要資料多半來自弗洛依德、蘭克、阿德勒、蘇利文等心理治療師，他們的臨床方法使他們能密集研究主體的動能，並且把焦點整全地放在生活情境中面對危機的個體身上。

我的其他評論與我在執業時某些奇怪的焦慮現象有關，它們也無法以焦慮治療的古典教條加以解釋。我注意到某些病患不會壓抑他們的性慾、侵略性或「反社會的」衝動（依弗洛依德的觀點）。相反地，他們會對自己具有與他人維持負責、友好和慈愛關係的需要與欲求有所壓抑。當侵略、性慾或其他自我中心的行爲在進行分析時出現，這些病患並沒有顯現焦慮。但是當另一面的需要或欲求浮現時——也就是擁有負責任或建設性的社會關係時，就會有嚴重的焦慮，也就是當病患的重要心理策略受到威脅時，伴隨出現的典型反應。這種對建設性社會衝動的壓抑，特別會發生在叛逆型和侵略型的病患身上，這點是可以理解的。（用希臘的術語來說，這是在壓抑愛格匹〔*agape*〕的愛，而不是里比多〔libido〕的愛。）

西方文化中這類叛逆型與侵略型的人多不勝數，這點是無庸置疑的。但是他們不常現身在精神分析室中，因爲西方的競爭文化（在此文化中，就某種意義而言，凡能侵略地剝奪他人而不會有疚責感的人，就是「成功的」）對這些人支持與「保護」的程度，遠超過對相反類型人的待遇。需要接受精神分析的，通常是那些文化的「弱勢」者；因爲以西方文化的觀點來看，是這些人得了「神經官能症」，而那些具侵略性的成功人士並沒有問題。壓抑自己的「叛逆性」以及其性慾和敵意傾向的，正是這些非侵略型的人。或許這些思考可以協助我們了解，爲什麼多數的精神分析理論會強調，性慾和侵略性的壓抑是造成焦慮的原因。或許，如果我們能多分析一些侵略型的人——那些從不踏入治療室的「成功」人士——便會發現，焦慮是壓抑責任衝動的概念，從寬廣的視野觀之，是正確的。

雖然許多人像弗洛依德指稱的那樣，會因爲害怕表達個人在性慾或其他方面的能力與渴望，而感到疚責和焦慮；但是，也有許多人因爲他們在變得「自主」的同時，沒有因變得「負責」而感到疚責和焦慮。[65]

這是在壓抑阿德勒所謂的「社會關懷」（social interest）。阿德勒的觀點在強調以下這個深刻的洞見上頗具價值——成爲一個負責的社會人的需要，與表達個人自我渴求的需要，同等的重要。自我滿足的渴求，比起社會關懷與慷慨的渴求更爲原始，因爲後者在小孩成長的後期才會發展，這一點是可以辯論的。但是近年來我們才知道，每個人都是由一對染色體發展出來的，也就是說，每個受精卵都在子宮內孕育了九個月。這其中蘊含的深遠意義是，個人主義是社群連結**之後**才有的。事實上，人類自**胎兒期**以降

（如同蘇利文所指出的）便受到社會連結的束縛，不論我們對社會連結及其現實意義是否有所覺察。

這些論點加總起來，便與莫勒所信奉的想法一致了：我們在討論西方文化中的焦慮成因時，一直忽略了疚責與社會責任的功能。我們可以從海倫（第九章）的案例中，清楚地看見這一點的明證，她對未婚懷孕不承認有任何疚責感，因爲一旦她承認了，便和她要成爲「理性」自由人的目標產生衝突。於是她強烈的焦慮就被壓抑著，也無法治癒。疚責感的壓抑，以及伴隨它產生的神經性焦慮，似乎是西方文化中某個族群的流行特徵；就某種意義而言，它遍及整個西方文化。

許多病患背負著沉重的非理性疚責感與焦慮，但卻不是因爲他們沒有責任感，這點當然也沒有錯。在我的經驗中，邊緣性精神病患最貼近此一範疇。任何有效用的心理治療，對於這種非理性的疚責感，當然要加以釐清和緩解。但是也有某些病患，在治療師努力把疚責感減緩下來之際，最終的結果卻是，病患對自己眞正的（當下也許並不清楚）觀照被侵犯而變得模糊了；而且病患最有價值和客觀正確的改變動機，也因此喪失了。我知道某些不成功的精神分析案例，就是因爲分析師與案主共謀，低估疚責感，並加以稀釋。焦慮當然是暫時緩和了下來，但是潛藏在焦慮下的問題並沒有解決，只會被深埋在一套更複雜的壓抑系統底下。

在心理治療中，有可能會高估疚責感的重要性嗎？答案顯然是肯定的。我相信莫勒

130

某些後期的想法便是如此。例如，他在使用「超我」一詞時的讚賞態度，以及他那令人困惑的「超我壓抑」（repression of the superego）概念都是。這種對「超我」一詞的正向用法，可能會予人一種觀感：似乎是在建議我們順服文化的習俗，彷彿焦慮的免除和人格的健康，在遵循「規則」以及從不違逆文化模式的傳統人身上，最能夠得到驗證。

我所指稱的困難可在愛達（Ida）身上看到，她是第九章兩位黑人未婚媽媽之一。我相信從弗洛依德和莫勒的概念來看，她擁有強烈的超我。愛達（我引述自第九章）有一種「想有所成就的強烈需求，**但是她卻沒有她想要成就的自選目標或感受**。」因此，她的自發性和內在的本能刺激，幾乎完全被壓抑了。她與別人的應答總會使她焦慮，因爲她的回應永遠無法符合自己的高標準。當她覺得自己沒有活出內化的期望時，就會身陷方向的迷失中，接著就是神經性焦慮的大量發作。

她所陷入的「束縛」包括慣於臣服權威的這個事實；當使她懷孕的年輕人堅持他的想法時，她也無法向對方的權威說不。她的罪惡感不是因爲婚前性行爲或未婚懷孕，而是因爲她向母親以外的權威臣服。**這是全然依賴外在權威的個人所面對的困境，不論這個權威多有智慧或多麼善良；因為關鍵在於，做為最終判準的竟是權威，而不是個人自己人格的完整性**。那些向父母臣服，或向「超我」這個內在父母臣服，以解脫神經性焦慮的人，也會面對同樣的困境。

註釋

①利戴爾（Howard Liddell），〈警戒在動物神經官能症發展上的角色〉（The role of vigilance in the development of animal neurosis），發表在美國精神病患者協會（American Psychopath Association）的焦慮對談，紐約，一九四九年六月（收錄在霍克等〔Hoch & Zubin〕主編，《焦慮》〔*Anxiety*, New York, 1950〕，pp.183-197）。

②我們在稍後針對焦慮和人格貧乏的討論中會看到，一個人若阻隔了焦慮，也就與創意無緣。這會讓人格貧乏。反之卻未必如此——一個人不是越焦慮，便越有創意（請參見第十一章）。

③讓利戴爾得出這個結論的推理，非常類似於蘇利文，也和弗洛依德以及莫勒對焦慮之社會起源的觀點相同。

④華生（John B. Watson），《行爲主義》（*Behaviorism*, New York, 1924）。

⑤本段與下段的引文出自《兒童心理學》更新版（*Child psychology*, New York, 1940），p.254，傑西爾德（A. T. Jersild）著，版權所有 Prentice-Hall, Inc.（1933, 1940）。

⑥傑西爾德與福爾摩斯（F. B. Holmes），《孩童的恐懼》（*Children's fears*），《兒童發展論文集》（*Child Development Monograph*）第二十期，哥倫比亞大學教師學院出版部（Bureau of Publications, Teachers College, Columbia University, New York, 1935），p.5。版權所有，哥倫比亞大學教師學院（1935）。

⑦傑西爾德，《兒童心理學》，請參見前述引文，p.255。引文來自吉塞爾（A. L. Gesell），〈嬰兒期的個人〉（The individual in infancy），收錄在莫奇森（Carl Murchison）主編，《基礎實驗心理學》（*The foundations of experimental psychology*, Worcester, Mass., 1929）。

⑧傑西爾德，請參見前述引文，p.255。

⑨請參見恩格爾（George Engel），《健康和疾病的心理發展》（*Psychological development in health and disease,*

Philadelphia, 1962），p.50，引述自史必兹（René Spitz），《焦慮》（*Anxiety: its phenomenology in the first year of life*）。

⑩傑西爾德，請參見前述引文。這些傑西爾德描述為「恐懼」的反應——例如：與競爭有關的恐懼——究竟是恐懼還是焦慮，只能在眞實情境的基礎上，才能找到答案。臨床研究指出，內在的心靈衝突可能會投射到環境上，並因此引發焦慮；潛藏在恐慌症底下的焦慮，便是常見的例子。這同樣要以某種成熟度為前提，同時也涉及複雜的制約和經驗過程。

⑪這是以三百九十八位年齡五到十二歲小孩的訪談為基礎，所得出的結論。請參見傑西爾德等（A. T. Jersild, F. V. Markey & S. L. Jersild），《孩童的各種恐懼》（*Children's fears, dreams, wishes, daydreams, pleasant and unpleasant memories*），《兒童發展論文集》第十二期，哥倫比亞大學教師學院（1933）。

⑫傑西爾德與福爾摩斯，《孩童的恐懼》，請參見前述引文，p.328。

⑬同上，p.308。

⑭請參見第五章。

⑮傑西爾德繼續說道：「例如，孩子明顯地害怕自己被拋棄，這可從媽媽短暫離家一下時的反應看出，它或許與家庭新生兒誕生時的其他沮喪症狀有關。此一特殊的恐懼表現，可在父母努力協助孩子克服之後得到紓緩，但是，如果潛藏的不確定性仍舊存在的話，隨即又會有其他的恐懼取而代之，例如害怕自己晚上單獨睡覺等。」《兒童心理學》，請參見前述引文，p.274。

我引述一個眞實案例為證：一個三歲男孩在媽媽生產時，暫時被送到祖父母的農場。當媽媽產後帶著新生兒出現時，小男孩突然對農場的曳引機大為恐懼。父母注意到小男孩是表面上害怕曳引機而向他們尋求庇護，並以此表達自己的「恐懼」。他們假設小男孩「恐懼」的潛藏肇因是與父母隔離所帶來的孤立和被排斥感，以及雙胞胎新生兒的出現，於是他們略過曳引機這個項目，努力協助小男孩克服孤立感。小男孩對曳引機的恐懼隨即消失。如果我們假設小男孩的恐懼是來自曳引機的威脅，不容否認那孩子是因爲害怕曳引機而受到制約。但是就像其父母所假設的，如果恐懼眞的是根源於相當不同的焦慮，那麼「恐懼」會輕易找到新的客體。

⑯傑西爾德，《兒童心理學》，請參見前述引文，p.270。

⑰傑西爾德與福爾摩斯，《孩童的恐懼》，請參見前述引文，p.305。多個研究指出，小學生會有成績不好的共同恐懼。研究也顯示成績不好的恐懼，其實和小學生的眞實經驗或失敗的合理機率，完全不成比例。

⑱請參見下一章對弗洛依德、蘇利文等人的討論。

⑲恐慌症現象是以極端形式呈現上述假設的明證。恐慌症看似特例，卻需要以深度分析、集中在某一點焦慮上，以避免其他地方的焦慮。請參見弗洛依德如何分析五歲小男孩漢斯的馬兒恐慌症，弗洛依德指出，漢斯的恐慌來自與雙親關係的焦慮錯置。

⑳漢斯・沙利（Hans Selye），《生活的壓力》（*The stress of life*, New York, 1956），pp.55-56。請同時參見第九章。

㉑沙利，請參見前述引文，p.vii。

㉒同上，p.66。貝特森（Gregory Bateson）質疑「能量」一詞在生物學與心理學的使用情形。他寫道：「若把能量的**缺乏**視爲是行爲的阻卻，將更有意義，因爲飢餓的人畢竟無法有所行動。但就算是這樣也行不通：沒東西吃的阿米巴蟲，有時反而會變得**更**活躍。它的能量消耗與它的能量投入，呈現反函數的關係。」貝特森，《邁向心智生態學之路》（*Steps to an ecology of mind*, New York, 1972），p. xxii。

㉓史匹柏格（Charles Spielberger），《焦慮：近代理論與研究趨勢》第二冊（*Anxiety: current trends in theory and research*, New York, 1972），p.345。

㉔羅斯等（Peter Bourne, Robert Rose & John Mason），Urinary 17-OHCS levels，《一般精神科文獻》（*Archives of General Psychiatry*），一九六七年七月，p.109。

㉕沙利，《壓力與煩惱》（*Stress and distress*, Toronto, 1974）。

㉖歐普勒（M. K. Opler），《文化、心理治療與人類價值》（*Culture, psychiatry and human values*, Thomas, 1956），p.67。

㉗這裡我特別感謝我的研究夥伴古柏醫生（Dr. Joanne Cooper）。

㉘史匹柏格主編，《焦慮：近代理論與研究趨勢》第一、二冊。史匹柏格等主編，《壓力與焦慮》（*Stress and anxiety*, New York, 1966），第一—四冊。史匹柏格，《焦慮與行為》（*Anxiety and behavior*, New York, 1966）。

㉙拉扎魯斯（Richard Lazarus）與亞維里爾（James Averill）。〈情緒與認知〉（Emotion and cognition: With special reference to anxiety），收錄在史匹柏格主編，《焦慮：近代理論與研究趨勢》第二冊，pp. 241-283。

㉚艾波思坦（Seymour Epstein），〈焦慮的本質〉（The nature of anxiety with emphasis upon its relationship to expectancy），收錄在史匹柏格主編，《焦慮：近代理論與研究趨勢》第二冊，第八章。

㉛請參見我在本章開頭對壓力和焦慮的區分。

㉜芬茲（Walter D. Fenz），〈壓力因應對策〉（Strategies for coping with stress），收錄在史匹柏格等主編，《壓力與焦慮》第二冊，pp.305-335。

㉝艾波思坦（Seymour Epstein），〈焦慮刺激與自我概念〉（Anxiety arousal and the self-concept），收錄在史匹柏格等主編，《壓力與焦慮》第三冊，pp.185-225。

㉞請參見前述引文。

㉟艾波思坦，請參見前述引文，p.223。

㊱史匹柏格，〈近代焦慮研究趨勢與理論〉，收錄在史匹柏格主編，《焦慮：近代理論與研究趨勢》第一冊，p.10。

㊲安德勒（Norman Endler），〈焦慮的人境互動模型〉（A person-situation-interaction model for anxiety），收錄在史匹柏格等主編，《壓力與焦慮》第一冊，pp.145-162。

㊳金梅爾（H. D. Kimmel），〈制約恐懼與焦慮〉（Conditioned fear and anxiety），收錄在史匹柏格等主編，《壓力與焦慮》第一冊，pp.189-210。

㊴塔奇曼（Yona Teichman），〈面對關於家人之未知事物所帶來的壓力〉（The stress of coping with the unknown regarding a significant family member），收錄在史匹柏格等主編，《壓力與焦慮》第二冊，pp.243-254。

㊵請參見第一章中關於立富頓「普羅修斯人」的討論。

㊶福特（Charles Ford），〈**帕布洛**事件〉（The *Pueblo* incident: Psychological response to severe stress），收錄在史匹柏格等主編，《壓力與焦慮》第二冊，pp.229-240。

㊷理察・林恩（Richard Lynn），〈焦慮的國家差異〉（National differences in anxiety），收錄在史匹柏格等主編，《壓力與焦慮》第二冊，pp.257-272。

㊸寇帝斯等（D. B. Coates, S. Moyer, L. Kendall & M. G. Howart），〈生命事件的改變與心理健康〉（Life event changes and mental health），收錄在史匹柏格等主編，《壓力與焦慮》第二冊，pp.225-250。

㊹莫勒（O. H. Mowrer），〈焦慮及其增強因素的刺激反應分析〉（A stimulus-response analysis of anxiety and its role as a reinforcing agent），發表在《心理學刊》（*Psychology Review*），1939, **46**: 6, 553-65。

㊺同上，p.555。

㊻〈焦慮減輕與學習〉（Anxiety-reduction and learning），發表在《實驗心理學刊》（*Journal of experimental Psychology*），1940, **27**: 5, 497-516。

㊼請參見米勒與道勒德（N. E. Miller & John Dollard），《社會學習與模仿》（*Social learning and imitation*, New Haven, Conn., 1941）。

㊽請參見莫勒，《衡量的方法》（*Preparatory set*〔expectancy〕—*some methods of measurement*），《心理學論文集》（*Psychology Monograph*）第二三三期，1949, pp.39, 40。

㊾我把莫勒實驗動物的反應稱爲恐懼，莫勒自己後來也同意此觀點。

㊿請參見莫勒，〈弗洛依德的焦慮理論〉（Freud's theories of anxiety: a reconciliation）。一九三九年耶魯大學人際關係組織的演講內容，尚未發表。

(51)莫勒等（O. H. Mowrer & A. D. Ullman），〈整合學習的時間因素〉（Time as a determinant in integrative learning），發表在《心理學刊》（*Psychology Review*），1945, **52**: 2, 61-90。

(52)我在其他地方（第三章和第六章）討論人類的這兩種特質，內容如下：⑴**人類是依象徵符號生存的哺乳動物**，⑵**人類是具歷史意識的哺乳動物**，因爲我們能夠察覺自己的歷史。因此我們不只是歷史的產物（和其他所有的動物不同），而是根據我們的歷史自覺，可以不同程度地選擇歷史，可以使自己適應某一部分的歷史，而修正其他部分的歷史。我們在一定範圍內可以形塑歷史，並以其他方式將歷史運用在自我選擇的方向上。凱斯勒（Cassirer）也認爲這兩項特質爲人類所獨有；請參見《人論》（*An essay on man*, New Haven, Conn., 1944）。

(53)莫勒，請參見前述引文。

(54)我們按照這個區分，針對焦慮做爲驅力的概念提出問題。就像學習心理學家（米勒、道勒德、西蒙茲〔Symonds〕等人）所強調的，**焦慮**的運作的確**有如驅力**、一種「次級的」驅力，這點是沒有爭議的。焦慮的減緩就像其他驅力的減緩一樣，是具有正向回饋的，而且能增強學習。但嚴格說來，**主要是為了減輕焦慮驅力而產生的行為，是調適的，而非整合的**。對我而言，它和神經症狀的學習落在同一個範疇。這也是葛斯汀的觀點，他主張由個人焦慮產生的一切活動（亦即當動機是要減輕焦慮時），都會有行動緊張、強制與缺乏自由的特徵。「只要這些活動不是自發性的，也非自由人格的產出，而只是焦慮的後遺症，那麼它們對人格而言，就只有虛假的價值。」（請參見第三章）

55. 莫勒，請參見前述引文。

56. 莫勒，請參見前述引文。

57. 同上。

58. 同上。

59. 同上。

60. 同上。

61. 同上。

62. 莫勒，〈焦慮〉（Anxiety），《學習理論與人格動能》（*Learning theory and personality dynamics*, 1950）中的章節。

63. 齊克果，《懼怖的概念》（*The concept of dread*, Princeton, N. J., 1944），路易（Walter Lourie）譯，p.38。

64. 我們在前一章討論到所謂細膩的身心研究，其中採用了生理學、心理學、神經學和個案史的研究進路，並結合了臨床和實驗的過程。湯姆這個案例的大型研究同樣落入此一多層次研究的範疇中。在此我還要再補充的是，這些研究對於焦慮的了解有極大的價值，因爲研究者能夠⑴探討主客兩種因素；⑵把個人當成生命處境的單元來研究；⑶追求對個案的長期研究。

65. 這些字都用引號特別標記，因爲在最後的分析中，我不相信眞正的自主不需要相對的責任。

5

心理治療師的焦慮詮釋

Anxiety Interpreted by the Psychotherapists

生的恐懼是向前發展成為個體的焦慮，
而死的恐懼則是向後退化失去個體性的焦慮。
困在這兩種潛在的恐懼中，
個體終其一生在其間來回擺盪。

——**蘭克**（Otto Rank）

弗洛依德的焦慮進化論

弗洛依德這位巨擘，就像馬克思、愛因斯坦一樣，已成爲新時代的象徵。不論我們是不是「弗洛依德學派」的門徒，像我本人就不是，但我們無疑都是屬於後弗洛依德學派的。他爲西方文化的巨大改變定調：文學上可以見到喬哀思與意識流；藝術創作領域中有克利（Paul Klee, 1879-1940，譯註：瑞士畫家）與畢卡索，他們作畫的形式是一般人所沒有覺察到的；在詩的創作方面則有奧登。當我們在觀賞尤金・歐尼爾（Eugene O'Neill）的《素娥怨》（*Mourning Becomes Electra*）這類二十世紀的百老匯戲劇時，除非以弗洛依德的發現爲背景，否則就不可能理解。他的無意識理論實際上是人類心智的巨大拓展，不僅是精神分析的泉源，也是醫學、心理學和倫理學新觀點的起始。他對社會科學的影響是全面性的。因此，不論我們是否同意弗洛依德的觀點，對其思想的演化能夠略知一二是很重要的。

弗洛依德也是十九世紀的人性探索者之一，其他尚有齊克果、尼采、叔本華等人，他們重新發現人格中動態與非理性的「無意識」質素的重要性。①自文藝復興以來，便因爲多數西方思想堅持理性的偏見，這些人格的面向一直被忽視，甚至在許多方面受到打壓（請參見第二章）。儘管齊克果、尼采和弗洛依德攻擊十九世紀理性主義的理據各自不同，但是他們都認定，傳統的思想模式忽略了了解人格至關重要的質素。人類行爲的非理性泉源，長久以來不是被排拒在合格的科學研究領域之外，就是把它和所謂的本能（instincts）混爲一談。當時的醫學院嘗試以「描述興奮情緒運行的神經路徑」來解釋焦慮，弗洛依德對此表示反對，他同時認爲，當時的學院心理學方法，對他所尋求的人類行爲的動態了解，幾乎沒有任何幫助；弗洛依德的態度，也可以從這個角度加以理解。不過，弗洛依德同時自認是熱情的科學擁護者，他誓言要以他比較寬廣的科學方法概念，來闡明行爲的「非理性」質素。他把十九世紀傳統（生理）科學的某些假設，帶入他的研究中，這一點在他的里比多（libido）理論中清楚可見；我們將會在以下的段落中持續加以評論。

雖然齊克果等人早先就認識到焦慮問題在了解人類行爲方面的關鍵性，但弗洛依德是在科學傳統中首先看出這個重要問題的人。更確切地說，弗洛依德把焦慮看成是了解情緒與心理失序的根本問題。他在後期一篇討論焦慮的文章中表示：焦慮是「神經官能症的根本現象和核心問題。」②

動能心理學（dynamic psychology）的學者都必然會同意，弗洛依德是焦慮心理學卓越的先驅者；他提出了解此一問題的方式，以及許多最有效的技術，因此，他的研究成果具有經典的價值。儘管弗洛依德的許多結論，事實上已被廣泛認定需要重新評定和詮釋，但是卻無損其歷史地位。我們研究弗洛依德對焦慮的論述便會明白，他對這個主題的思考是歷經一生的**演進**過程。他的焦慮理論曾經歷許多小修正，也有過革命性的變化。既然焦慮是極為根本的問題，也就沒有簡單的答案；弗洛依德在他最後幾部作品中意味深長地告白說，他所提出的仍然只是對焦慮問題的假設，而不是對這個問題的「最終解決」。③因此，本書研究所致力的，不只是呈現弗洛依德關於焦慮機轉的重要洞見和細密觀察，同時也要勾勒出他的焦慮概念的演進**方向**。

首先，弗洛依德按照慣例對恐懼與焦慮加以區別，這一點我們在葛斯汀等人的著作中已經提過。弗洛依德主張，恐懼的關注方向在客體，而焦慮所指涉的則是個體的狀況，並且與客體「無關」。④對他而言，在客觀的（我稱為「正常的」）與神經的焦慮之間做出區隔，更為緊要。前者是「真實的」焦慮，是對像死亡等外來危險產生的反應。他認為那是自然、理性而有用的功能。這種客觀的焦慮是「自衛本能」的一種表現。「在何種情況下——也就是面對何種對象與何種境遇下——會感到焦慮，自然會相當程度地因為個人的知識程度，以及他對外在世界的權力觀感而有差異。」⑤這種「隨時處於焦慮的狀態」（anxious readiness），弗洛依德稱為客觀的焦慮，它是一種隨機處置的功能，因為它使個人免於被突發的威脅（驚恐）驚嚇到。客觀的焦慮本身並不構成臨床上的問題。

不過，在因應危險以及做好逃離準備的初步反應之外，任何加深的焦慮，就不是隨機處置的功能了。它會使行動癱瘓。「對我而言，為焦慮做**準備**是隨機處置，但是焦慮的**發生**就不是了。」⑥當然，當焦慮程度與實際危險不成比例，或甚至根本沒有外在危險存在時，所產生的這種焦慮便構成了神經性焦慮的問題。

焦慮與抑制

弗洛依德在他早期的著作中曾經問道，神經性焦慮的現象和客觀的焦慮之間有什麼邏輯關係呢？他引述自己的臨床觀察來回答這個問題。他注意到有多種禁制行爲或症狀的案主，往往沒有外顯的焦慮，我們在第四章中曾提過這個現象。例如，恐慌症案主會對他周遭的某個事物（感到恐慌的客體）感受到強烈的焦慮，但是對其他事物又沒有焦慮。在強迫症行爲中也是如此，只要當事人不受阻礙地進行自己所要做的事，就可以免於焦慮；但是他若不能進行自己的強迫性行爲，便會有強烈的焦慮。因此，弗洛依德合理推論，其中必定有某種替代程序發生——**換言之，症狀必定以某種方式取代了焦慮**。

他同時觀察到，那些有頻繁「性」刺激卻無法滿足的人，也會顯現大量的焦慮，性交中斷便是一例。因此，他的結論是，這個替代程序必定是未表達的里比多以病症的形式出現，以交換焦慮或相當於焦慮的情緒狀態。他寫道，「里比多的刺激消失了，焦慮取而代之，不論是預期的焦慮形式、攻擊或相當於焦慮的情緒狀態。」⑦弗洛依德在回顧自己導出這個理論的觀察過程時寫道：

我發現性交中斷、克制興奮、強迫禁慾等特定「性」實踐，都會引爆並增加焦慮——只要「性」刺激在滿足射精的過程中，有所障礙、挫折或轉向，都會誘發焦慮。既然「性」興奮是里比多本能衝動的表達，我們若假設因為這些干擾之故，里比多轉變成焦慮，應該不致過於魯莽。⑧

因此，弗洛依德的第一個焦慮理論所要表達的是，當里比多被壓抑時，它會轉變成焦慮，並且以形式不定的焦慮，或類似焦慮的病症重新出現。「因此，焦慮是通行無阻的交易工具，不論上面寫了什麼觀念內容，只要被壓抑了，**任何**情感衝動便會被轉換成焦慮。」⑨當感受被壓抑時，其命運便是「被轉化成焦慮，不論它在事件的常態過程中，所展現出來的特質是什麼，除此感受之外，再無其他。」⑩孩子因爲失去母親，或陌生人的出現（和失去母親同樣危險，因爲陌生人的現身代表母親的缺席）而產生焦慮，其根源就在於孩子無法對媽媽消耗自己的里比多，里比多便以「焦慮的形式釋放出來。」⑪

基於客觀焦慮是逃避外在危險的反應，弗洛依德便質疑，神經性焦慮者所害怕的是什麼？他的答案是，當事人是在逃避里比多的要求。神經性焦慮的自我，意圖逃避里比多的要求，並以外在危險看待這個內在危害。

壓抑形同是自我企圖逃避里比多危險的作爲。恐慌則或許可以被比喻成是對抗外來危險的壕溝，只是危險此刻成了懼怖的里比多罷了。⑫弗洛依德的第一個神經性焦慮理論，我們可以摘述如下：**個體經驗到里比多的衝動，並被解讀為危險，里比多衝動因而受到抑制，並自動被轉換成焦慮，以形式不定的焦慮，或與相當於焦慮的病症表現出來。**

弗洛依德對焦慮理論的初次有系統陳述，是以觀察得來的臨床現象爲基礎。在強烈、持續的慾望被制止或抑制時，當事人會有習慣性焦慮不安或其他焦慮形式。這只是一種現象描述，和焦慮的**因果解釋**相當不同，弗洛依德自己後來也承認。進一步來說，「性」抑制所導致的焦慮，絕對不會一致；性放縱者可能是一個非常焦慮的人，而許多頭腦清楚的人可能極度禁欲卻不焦慮。

正面看來，弗洛依德的第一焦慮理論，在強調神經性焦慮的內在性（intrapsychic locus）方面，確實具有價值。他所提出的里比多自動轉換機制，是個非常吸引人卻高度令人懷疑的概念，原因可能就在其化學—生理學類比的便利性，這點弗洛依德自己後來也看出來了。第一焦慮理論的不合宜處，在臨床觀察和推理中看得非常清楚，因此弗洛依德便推翻了這個理論。

弗洛依德在分析恐慌症和其他焦慮症狀的病患時，發現兩者焦慮的過程相當不同。同時因爲他越來越強調自我這個角色（在第一焦慮理論中只具輔助性份量），因此他也必須提出一個新的理論。他寫道：「將精神人格分割成超我、自我與本我這個動作，已迫使我們針對焦慮問題採取新的立場。」⑬

他以五歲小男孩漢斯的分析爲例，來示範自己的新理論；漢斯因爲對馬恐慌（病症），拒絕走出家門（壓抑）。漢斯對父親愛恨交加，這點弗洛依德以古典的伊底帕斯風格來解釋：小男孩強烈渴望媽媽的愛，因此妒嫉爸爸並產生恨意。不過只要媽媽不攪局，他對爸爸仍然是很投入的。因爲父親的力量，漢斯心內的妒嫉、恨意或敵意的衝動便啓動了他的焦慮。敵意夾帶著可怕的潛在仇恨，讓小男孩陷入愛恨交加的深深父戀；因此，他便需要抑制自己的敵意以及相關的焦慮。這些感情因此被錯置到馬兒身上。我們不再往下探究恐慌形成的機制，只說明弗洛依德的觀點如下：**漢斯對馬兒的恐慌代表他的恐父病症**。弗洛依德用典型的閹割名詞來詮釋此一恐懼：害怕馬吻是恐懼自己的生殖器被咬掉。弗洛依德寫道：

> 此一代用公式（恐慌）有兩項特有的優勢：其一，避免因愛恨交加而來的衝突，因爲父親也是他愛的對象；其次，自我得以阻止焦慮進一步發展。⑭

此一分析的關鍵重點在於，**自我察覺到危險**。此一察覺激起焦慮（弗洛依德說是「自我」激發焦慮），爲避免焦慮，自我因此會抑制個人的危險衝動和慾望。弗洛依德如今推翻了自己的第一焦慮理論：「**並不是抑制帶來焦慮，焦慮早就帶著抑制等在那兒了**。」⑮同樣的過程也適用於壓抑和其他病症：自我覺察到危險信號，於是創造出病症與壓抑以避免焦慮。弗洛依德寫著，我們現在可以採取新的觀點：「自我是焦慮眞正之所在，我們要排斥『被抑制的衝動能量會自動轉變成焦慮』的概念。」⑯

弗洛依德也對自己的早期陳述做出條件限制：神經性焦慮下的危險恐懼，單純屬於內在的本能衝動。他提及漢斯並寫著：

> 然而，那是什麼樣的焦慮呢？它可能只是在恐懼**具威脅性的外來危險**；也就是客觀焦慮。沒錯，那孩子是害怕自己里比多的要求，在這裡是對母親的愛；因而這是真實的神經性焦慮事件。沉浸在愛中對小男孩似乎是個內在危險，他必須放棄自己的愛的對象才能避開來，只因為其中還牽涉了外來的危險處境〔仇恨，閹割〕。

雖然弗洛依德在這項研究後期的每個案例中，都發現此一內外因素的交互關係，但是他坦承「當時我們並不認爲內在的本能危險，會變成準備好要面對外來眞實處境的關鍵。」⑰

許多的焦慮研究者認爲，弗洛依德的第二焦慮理論因強調自我的功能，也更能和其他焦慮心理學研究進路相容。⑱例如，霍妮便主張，弗氏的第一焦慮理論本質上是屬於「生理化學的」，第二焦慮理論則「更有心理學的味道」。總之，第二個假設證明了弗洛依德在理解焦慮上某些重要而清晰的發展趨勢；我們接著便要討論。

弗洛依德所了解的焦慮源頭

弗洛依德說，焦慮的能力是有機體與生俱來的，那是自我保存本能的一部分，也是種族的遺傳。用他自己的話來說，「我們在小孩身上看到一種對現實焦慮的強烈傾向，如果此一不安是他們與生俱來的天賦的話，我們應視之爲相當善巧的安排。」⑲然而，特定的焦慮卻是後天習得的。孩子似乎沒有繼承太多眞的「客觀焦慮」——如害怕爬上窗台、怕火等。「當眞實的焦慮終於在他們身上被喚醒時，那完全是教育的結果。」⑳因此他也將成熟度計算進去：

> 嬰兒的特定焦慮傾向是很清楚的。它並不是一種一出胎便全力展現、稍後再漸漸減弱的焦慮，反而是出胎後才隨著肢體的發展，首次登台，並在童年持續出現。

除了上述的一般說法外，弗洛依德並在**出胎創傷**和**去勢恐懼**中發現焦慮的源頭。

這兩種概念在其著作中交織出現，並逐步重新詮釋。弗洛依德在早期演講中指出，伴隨焦慮出現的**情感**，是早先某種非常重要經驗的複製與重複。他相信這就是出胎的經驗——「這個經驗中摻雜了痛苦的感情、釋放與興奮以及軀體的感覺，並成為所有受生命臨危處境的雛型，而且以後也一直以懼怖的『焦慮』狀態在我們身上複製。」他將出胎這個概念擴大後補充說道，「**人類焦慮的初次體驗來自與母親的分離，是極有可能的。**」㉑孩子一看到陌生人出現便感到焦慮，也害怕黑暗與孤獨（他稱此為孩子的第一個恐慌症），其根源都在孩子與媽媽分離所帶來的恐懼。

檢視弗洛依德的後期作品，我們發現一個重要的問題。他認為出胎經驗是焦慮的具體來源，而焦慮再由日後的危險情境所引發；此外，他也把出胎經驗視為象徵性的原型，認為具有與個人和所愛對象分離的象徵意義。他對這兩種看法的輕重拿捏究竟如何？既然他極力強調「去勢」為許多神經官能症的潛藏焦慮來源，他也辛苦解釋「去勢」與出胎經驗的交互關係。我們現在就來探究他在主要的焦慮論述中，如何一頁頁逐步重新詮釋，並交互連結這兩者。㉒

弗洛依德在談到恐慌症的發展、逆轉型歇斯底里和強制性神經官能症的潛藏危險時指出，「其中，去勢焦慮可說是自我掙扎背後的動力。」㉓甚至死亡的恐懼也是一種去勢的類比，因為沒有人確實經歷過死亡，但是每個人在斷奶時都曾有「似『去勢』」的經驗。他接著談到去勢的危險「**是對失落與分離的一種反應**」，**其雛型就是出胎經驗。**

但是他又批評蘭克把焦慮和後續的神經官能症太具體地從出胎創傷的嚴重性中演繹出來。他主張，出胎的危機在「失去所愛（渴求）的人，」而「最根本的焦慮就是來自誕生時與母親分離的『原始焦慮』。」㉔他藉由費倫濟（Sandor Ferenczi，譯註：匈牙利著名精神分析醫生和心理學家）的推論，將「去勢」與失母掛了勾：失去生殖器剝奪了個人長大後與母親（或母親代理人）的團圓。「去勢」的恐懼後來會發展成良心的恐懼，也就是社會焦慮；自我害怕「超我」會生氣，害怕被「超我」懲罰或失去其愛。「超我」恐懼的最後轉化，便是死亡的焦慮。㉕

我們面對的是一種階級制度：**出胎時害怕失去母親，在性器期**（譯註：繼口腔、肛門等階段之後的兒童里比多組織階段，在此階段中的兒童不論男女，只知道雄性生殖器官是唯一的生殖器官，性別的對立則等於陽具／閹割的對立）**害怕失去生殖器官，在潛伏期**（譯註：兒童性衰退期（五、六歲時）直到青春期開始的那段時間）**害怕失去「超我」的認可（社會和道德認可），以及失去生命的最終恐懼，這些都可回溯到與母親分離的這個雛型。所有長大後的焦慮情境「由某種意義上來看，都指涉一種與母親的分離。」**㉖這裡的意思必定是，去勢代表失去一個值得追求的有價客體，正如同出胎代表失去了母親。弗洛依德捨棄以字面意義詮釋去勢的原因，就是根據下面的事實資料而立論的：他說，「肯定更容易罹患神經官能症的」女性，不可能因爲沒有男性生殖器，就不會有事實上的去勢之苦。女性的焦慮來自失去客體（母親、丈夫）的恐懼，而不在失去男性生殖器。

雖然我們無法確定弗洛依德對「出胎」和「去勢」這兩者的字面和象徵意義的拿捏，究竟孰輕孰重，但是我們認爲**弗洛依德上述合理化去勢的思考方向，已越來越傾向象徵性的詮釋**。我也認爲這個趨勢是正向的。關於「去勢」是否眞的是焦慮的來源，有許多合理的質疑。我認爲，**「去勢」是文化決定的象徵，它環繞著神經性焦慮的現象產生**。㉗

我認爲弗洛依德逐漸從象徵的角度來詮釋出胎創傷，是正向的發展。嚴酷的出胎經驗是否就是長大後的焦慮來源，這一點在實驗與臨床心理學上都還是有待討論的問題。㉘就算出胎經驗不能眞的在字面上被詮釋爲焦慮的來源，但是直接制約了嬰兒生理與心理發展的早期母子關係，對嬰兒成年後的焦慮模式深具重要性，這一點仍是廣爲接受的。因此我要在此強調弗洛依德思想中的主張：**焦慮有其來源，至少在成年後的神經性焦慮重新啟動童年初始來源時，確實是如此；當時害怕的是過早失去母親或被迫與母親（母愛）分離，並因此失去相關的價值**。焦慮的最初來源是母親的排斥，這在弗洛依德的理論發展與臨床應用上是最常見的形式，也得到廣泛的接受。㉙

弗洛依德焦慮理論的趨勢

既然弗洛依德對焦慮理解的演進是我們關心的焦點，我們接下來便摘述一下他在不同時期著作中焦慮思考的轉變。

我們的研究進路在勾勒出弗洛依德的焦慮思想趨勢，這也和弗洛依德的焦慮思想尚屬萌芽期這點若合符節；焦慮思想在他一生中不斷變化發展。這也使得以獨斷觀點評論其立論站不住腳的原因；但是弗洛依德觀點的不斷變化，更讓他的寫作內容曖昧不清。例如，有時候他好像完全推翻自己的第一個理論，有時候又好像他相信第一個理論與第二個理論相容。

第一個理論是如此演進的：**它將原來位居焦慮首要位置的里比多理論，移到次要的位置**。他早期的焦慮理論幾乎完全以里比多的變化爲主題（弗洛依德強調里比多「完全囿限於供需角度的詮釋」），後期著作中他卻說自己對里比多的命運不再感興趣。第二個理論則比較能適當說明里比多的概念：焦慮的里比多能量是由被抑制的里比多所挹注。在第二個理論中，自我的抑制功能展現在里比多的「去勢」上；而焦慮反應的危險是「刺激增加導致的供需調節失衡，並要求進一步的處理。」㉚儘管弗洛依德在著作中一直談到里比多的概念，他先**描述焦慮為里比多的自動轉換，後來則說是個體覺察到危險，並運用里比多（能量）來因應此一危險**。弗洛依德的第二個焦慮理論，比較能適當說明焦慮的機制，其理論的轉變也部分說明了這個事實。弗洛依德強調個人爲本能與里比多需求的載體，但其晚年的焦慮理論中，卻把里比多擺在次要地位；這樣是否就不會混淆問題，我感到質疑。㉛我在本書的觀點（請參見第七章）是進一步延續上述弗氏思想的發展趨勢，我主張里比多或能量因素，不應被視爲必須表達出來的既有調節量的問題，而是**個人與周遭世界連結時，所尋求達成的價值或目標函數**。

第二個趨勢反應在弗洛依德概念下的焦慮病症形成方式。他的早期觀點認爲抑制造成焦慮，後來又認爲焦慮帶來抑制，而弗洛依德觀點的變化趨勢，就在此一逆轉中呈現出來。此一轉變暗指焦慮及其病症不是純然的內在心靈過程，而是爲了避免人際關係中的危險處境。

第三個趨勢的意涵與上述類似，可以從弗洛依德爲克服焦慮情境**「內」**、**「外」因素的二分**所做的努力中看出。他的早期理論認爲神經性焦慮來自對里比多衝動的恐懼，後來弗洛依德卻看出里比多衝動所以危險，是因爲這種衝動的表達會有外來危險。在第一個焦慮理論中，外來危險是次要的，因爲焦慮是里比多的自動內在心靈轉化。但是外來危險問題在弗洛依德後期的案例分析中越來越重要，尤其當他看到個人內在衝動所以危險，是因爲個人對抗的是一種「外來的眞實危險處境」。

這種看待焦慮的個人在周遭環境（過去或現在）中掙扎的觀點趨勢，在弗洛依德後期的著作中越來越顯著，這可以從他頻頻使用「危險情境」而非「危險」一詞看出。在早期著作中，病症是爲了保護個人免於里比多的需索。但是，弗洛依德在第二個焦慮理論寫道：

> 有人可能會說，病症被創造出來以避免焦慮的發展，但是這個看法不夠深入。

更精確地說，病症被創造出來以避免焦慮像警鐘般響起的**危險處境**。㉜

他又說：

> 我們深信，本能的需求經常會成為一種（內在的）危險，只因為它們的滿足會有外來危險——因為此一內在危險也代表了外來的危險。㉝

因此，病症不只在對抗內在衝動：「焦慮與病症的關係證實不如原先預期的那樣密切；結果就是我們把危險處境這個因素插入在兩者之間。」㉞

乍看之下，我們費勁強調從「危險」到「危險情境」的觀點，是殺雞用牛刀。但是我相信那絕非不重要的議題，或只是個專有名詞的問題而已。**前者多少把焦慮看成是個獨一無二的內在心靈過程，後者則把焦慮看成是因個人努力與世界產生關聯而引起的，兩者截然不同**。在這裡，內在心靈過程是很重要的，因爲那是個人對人際世界困境的反應，也是與之相處之道。弗氏的理論趨勢逐漸接近一種**有機組織體的**觀點——**有機組織體的**意思在此與人際關係中的個人同義。但是衆所周知，弗洛依德並未能從文化有機組織體的觀點一以貫之，將第三個焦慮理論發展出合理的結論。我相信他是因爲里比多理論以及人格地誌學的概念，所以未能做到的。

弗洛依德將人格分割成超我、自我與本我，這也是其**心靈地誌學**的思想趨勢來源。這個思想也讓他更能夠關注在焦慮的功能上：個人透過自我**覺知並詮釋危險處境**的方式。他說自己在早期理論中所引用的「本我的焦慮」一詞是拙劣的，因爲本我與超我都無法覺知到焦慮。

雖然這個趨勢就像上述的情況一樣，使得弗洛依德後期的焦慮概念更爲貼切，且更容易由心理學的層面來了解，但是我卻質疑，若依據心靈地誌學的嚴格定義執行，難道不會更加混淆焦慮的問題嗎？例如，弗洛依德在後期著作中提到，自我覺知到危險處境，便會「創造」抑制。難道抑制不牽涉到無意識（地誌學中的「本我」）的功能嗎？事實上，任何病症要能有效形成，必然涉及被排除在覺知之外的質素，弗洛依德儘管提出了心靈地誌學，卻也不得不承認這一點。

我認爲我們最好把抑制與病症的關係看成是有機體適應危險處境的方式。我們在給定的案例中，觀察案主覺察到哪些因素，沒有覺察到哪些因素，這是必要而有幫助的，但如果以窄化的地誌學觀點看待，不僅會造成理論的不一致，也將偏離問題的眞正核心，亦即有機體及其面臨的危險處境。㉟

在弗洛依德把地誌學觀點應用到對焦慮的無助感討論時，便可以看出這個問題。他主張神經性焦慮下的自我，因爲與本我和超我的衝突而顯得無助。所有神經性焦慮者都要經歷內在心靈的衝突。但是，衝突與其說是來自自我、超我與本我之間的不和諧，難道它不是因爲個人在應世過程中的價值與目標矛盾，才引起的衝突嗎？沒錯，有些衝突的極端會被察覺，有些則會被抑制；而且個人的過去衝突，在神經性焦慮中則會被重新啓動。但是我認爲，**不論是當前或過去的衝突，我們都不要認為是人格不同「部分」間的衝突，而是個人為適應危險處境在互斥目標間的必要衝突**。

我們不必費力說明弗洛依德對焦慮的了解貢獻如何豐碩。就我們的目的而言，他的主要貢獻如下：病症形成的多種原因，孩子與母親分離產生原始焦慮的諸多洞見，以及神經性焦慮的主觀與內在心靈面向。

弗洛依德一直都會是當代心理學的偉大歷史人物，他在變遷與動亂的時代，以心理治療的形式正確的感知到心理學的意義。我再度強調我們是否同意他並不重要。他對焦慮這個「關鍵問題」（nodal problem）的理論貢獻，仍舊是其他理論匯聚的中心。

蘭克：焦慮與個體化

蘭克焦慮觀點的根源，理當來自他視**個體化**爲人類發展核心問題的信念。他認爲人的一生是一連串無止盡的**分離**經驗，每一次都是個人擁有更大自主性的機會。出胎是人生的頭一次也是最戲劇化的分離，但是同樣的心理經驗也會發生在小孩斷奶、上學、告別單身結婚以及人格發展的所有階段，死亡則是最終的分離。蘭克認爲，**焦慮是這些**

分離所帶來的不安。當與個人環境結合或有依賴關係的先前處境被打破時，便會有焦慮：這是要活出自主性的個人所必須面對的焦慮。如果個人拒絕與眼前的安全處境分離，他也會經驗到焦慮：這就是焦慮，除非個體的自主性已經失去。㊱

蘭克對焦慮的了解深受他對出胎創傷之著名研究的影響。㊲出胎的象徵在蘭克對個人生命心理事件的詮釋中深具重要性，儘管他相信嬰兒在分娩時會感到焦慮的看法，仍有爭議的空間。蘭克主張「小孩在誕生行爲中，首次體驗到恐懼感」，並稱此不安爲「面對生命的恐懼」。㊳此一原初焦慮是個人被迫與母子合一的先前處境分離，並被拋擲進入一個截然不同的在世存有狀態。

我同意，成人的心智可以把出胎經驗想像成充滿恐怖危險的可能，這當然足以令人深感焦慮。但是，剛出胎嬰兒的經驗爲何，以及嬰兒是否經驗到任何可被之爲「情感」的事物，是截然不同的問題，而且我認爲這是個有待討論的問題。如果把出生時的焦慮說成是「潛在」的而不是眞實的，並把出胎視爲一種象徵，似乎是更正確的看法。事實上，蘭克在後期著作（除了上述所引的話）中的確很明顯是以象徵的方式在說明出胎經驗。例如，蘭克便主張案主在心理治療結束與分析師分離時，會有出胎經驗。㊴

蘭克肯定地表示，在擁有任何具體的內容**之前**，嬰兒的焦慮便已經存在了。他批評：「個人帶著恐懼誕生，此一內在恐懼獨立於外來的『性』或其他性質的威脅之外。」在成長過程中，孩子的「內在恐懼」開始附著在外來威脅之上，這個過程造成

「一般性內在恐懼的偏頗和客體化。」他把原初焦慮以恐懼形式附著於具體經驗的情形，稱爲「治療性的」，意思是說個人可以因此更有效地處理具體的威脅。㊵蘭克在此是區分原初、未分化的不安（「焦慮」），以及具體、客觀化的不安（「恐懼」）。

蘭克用**恐懼**一詞來代表恐懼和焦慮，這點很令人困惑。但是，在其文章脈絡和用詞本身，又可清楚看出他所指的「生命恐懼」、「內在恐懼」以及新生嬰兒的「原初恐懼」，和弗洛依德、霍妮、葛斯汀等人所稱的焦慮是同一回事。例如，他描述原初恐懼爲「未分化的不安全感」，這肯定是早期焦慮的確切定義。「生命恐懼」和「死亡恐懼」這些泛泛之詞對我並沒有意義，除非它們意指焦慮。個人可能害怕鄰居會槍殺自己，但持續的「死亡恐懼」是另一回事。讀者如果將蘭克的「恐懼」換成「焦慮」，就比較能了解蘭克的討論。

蘭克說，嬰兒的原初焦慮在個體一生中會以**生的恐懼**和**死的恐懼**兩種形式出現。這兩個詞彙初窺下可能沒什麼特別的，但是它們所指涉的兩種個體化面向，會以變化萬千的形貌出現在個別經驗中。生的恐懼是伴隨所有新生自立行動而來的焦慮。它是「個人必須過著孤寂生活的恐懼」㊶。蘭克主張，個人感知到自己內在的創造力時，便會有這種焦慮。實現這些能力就是在開創新的關係組合，它不只表現在藝術家的藝術作品上，更表現在新的人際關係以及個人自我的重新整合上。因此，這種創造性潛能帶來了與舊有人際關係分離的威脅。這種創造性活動隱含焦慮的概念對於蘭克這樣的心理學家而言，絕對不是偶然的，他完成了深度心理學中最具穿透性的藝術家心理研究。這個概念我們已在齊克果身上看到，也出現在古希臘的普羅米修斯神話中。[42]

死的恐懼在蘭克思想中恰與以上論述相反。生的恐懼來自「進步」、成爲個體的焦慮，死的恐懼來自「退步」、失去個體性的焦慮。那是被整體完全吞噬的焦慮，以比較帶有心理意味的用語來說，**除非人陷溺在依賴性的寄生關係中，否則便一定會有焦慮**。

蘭克相信每個人都會經驗到這兩種極端的焦慮形式：

> 個人在這兩種潛在的恐懼之間，在恐懼的兩極之間，終其一生都在兩者之間擺盪，這說明我們尚無法追溯出恐懼的單一根源，或靠治療克服它。[43]

神經病患無能保持這兩種焦慮形式的平衡。他在面對個人自主性時產生的焦慮，使他無法肯定自己的能力，他在面對依靠他人時產生的焦慮，則使他無能獻身於友誼與愛。因此，許多神經病患都是**表面獨立**，實際上卻過度**依賴**。因爲焦慮過大，神經病患都會普遍地壓縮自己的衝動和自發活動；蘭克認爲，這樣壓縮的後果就會造成神經病患的過度疚責。但是健康和具創造力的個人，卻能有效地克服焦慮，肯定個體的能力，並與成長必然帶來的心理分離危機達成和解，並以進步的新方式整合自己與他人。

雖然蘭克主要的興趣在個體化，但是他也知道，個人只有在與文化互動或參與他所謂的「集體價值」下，才能實現他自己。蘭克把西方文化中，無所不在的各種神經官能症特色描寫成，「高度的自我意識、自卑感、不適感、恐懼責任與疚責感」；事實上，西方文化中普遍的神經官能症特質，可以被看成是「宗教等集體價值已被推翻，而個人被迫要面對現實」的文化產物。[44]在西方社會價值混亂的文化狀態中，集體價值的喪失已不只是神經性焦慮的原因，它更使得個人在克服神經性焦慮時備感艱難。

讀者會發現蘭克的詞彙與他的二元式思想並不相容，但其作品仍不失閱讀的價值。在攻擊焦慮問題的兩個基本面向——亦即焦慮與個體化以及焦慮與分離的關係方面，沒有人能比他更具洞見。

阿德勒：焦慮和自卑感

阿德勒並沒有針對焦慮提出一套有系統的分析，部分原因在其思想的非系統性本質，部分原因在焦慮問題已包含在其既重要又豐富的**自卑感**概念當中。阿德勒直指「自卑感」爲神經官能症的基本動機，並像其他心理學家使用「焦慮」一樣來運用「自卑感」這個字。因此，要發掘他對焦慮的了解，便必須檢驗自卑感這個重要卻令人困惑的概念。

根據阿德勒所言，每個人生來就有一種生理的自卑與不安全感。事實上，人類在

「以牙還牙，以眼還眼」的動物世界中，本來就是自卑的。對阿德勒而言，人類發展工具、藝術、象徵等文明，是爲了補償自己的自卑感所做的努力。㊺嬰兒的存在始於一種無助的狀態，少了雙親的社會行爲根本無法存活下來。在正常的情況下，小孩藉由不斷肯定自己的社會關係，來克服無助並獲致安全——也就是肯定「束縛人與人的多重束縛」㊻。但是正常的成長會受制於主客觀因素的危害。客觀的因素有：嬰兒可能因爲**體型的弱勢**而擴大自卑（這點就算長大成人可能也不會察覺）；**社會歧視**（生爲弱勢族群，或生在崇尚陽剛文化的女性——阿德勒在婦女解放蔚爲風潮前便是婦女解放者）或身處**家族中的不利地位**（獨生孩子便是一例），都會造成自卑。儘管自卑是個人成長過程中必須克服的障礙，客觀的自卑卻是可以務實調整的。

神經性格的發展關鍵在於**對自己弱點的主觀認知態度**——這帶出阿德勒的自卑事實和自卑「情感」的不同。阿德勒主張嬰兒在能有任何作爲之前，便已爲自己的劣勢憂心忡忡。嬰兒的自覺就在與比自己強而有力的兄長和大人較量下，發展出來的。這可能會讓他的**自我**評價爲劣勢的（他對自我的陳述從「我**是**弱勢的」變成「我**有**弱點」）。這種以上述客觀自卑爲焦點的自卑感，已經爲孩子日後以優越感獲取安全的神經性補償行爲預先鋪路。

自卑事實與自卑「情感」不同這個問題，以另一種方式來表達，正是爲什麼有人能接受自己的弱點而不會焦慮，但對另一些人而言，弱點卻總是他們神經性焦慮的支撐點。阿德勒並沒有說清楚如此不同看待弱點的方式究竟原因爲何，不過他確實說過那有賴於個人是否將**自我評價為弱勢**。他當然不會否認這一類自我評估的決定因素在親子關係，特別是雙親對孩子的態度。我要據此推論說，這又和雙親對孩子的「愛」屬於哪一類有關；亦即要看父母親的「愛」是否爲剝削的（認爲孩子可以補償雙親的弱點或延伸自我），若是如此，孩子的自我評估便會認同權力或其相反的脆弱。或者雙親的愛是以孩子本身的人格爲依歸，而不是以他們的強弱爲準，如此孩子的自我評價就不會以強弱的認同爲標準。如果是這樣的話，孩子的自我評估將不會認同權力或與其相反。

神經性的自卑感（或焦慮）是形成神經性人格的背後驅力。阿德勒認爲神經性人格：

> 是拘謹心靈的產物及其運用的工具，它會為了卸除自卑感，而強化它的主導的原則〔神經性的目標〕，這種嘗試經過內在衝突之後，不論是在文明障礙或他人權利方面，都必將遭到摧毀的命運。㊼

他所謂的「內在矛盾」指的是：人類基本上是社會性的動物，無論在生理和心理上都與他人相依共存；因此自卑感只能透過不斷地肯定和增進社會的連結，才能建設性地克服。克服自卑感的神經性行爲本質，就是獲取**超越**他人的優越感與權力，以及用威望與特權抑他揚己的驅力。因此，神經官能性的嘗試實際上會削弱一個人僅有的持久安全基礎。就像霍妮等人指出的，爭取權力以凌駕他人之上，會增加社會內在的敵意，並使得個人長期的社會地位更形孤立。

在針對焦慮問題的討論時，阿德勒特別關注焦慮的目的。像他這麼焦慮的人，焦慮的目的是阻斷進一步的活動；它代表退回先前安全狀態的訊號。因此，焦慮會協助我們逃避決定與負責。阿德勒更常強調，焦慮是侵略的武器，是控制他人的手段。他主張，「重要的是，孩子會利用焦慮達到優勝的目標或**控制**母親。」[48]阿德勒的著作中充滿案主運用焦慮強迫家人接受操控的例證，也有焦慮的太太藉由不安來攻擊和控制丈夫。

焦慮往往被用來「獲取衍生的利得」，這個觀點爭議不大。但如果認爲這些是焦慮的主要動機，就過於簡化問題了。曾經領教過焦慮折磨的人，很難認同自己製造恐慌是爲了影響他人以獲得好處。有人可能會認爲阿德勒在這些脈絡中所講的，是**虛假**而非眞實的焦慮。阿德勒確實常把焦慮視爲「性格特徵」[49]而非情緒。這一切都在在指出，他將純正的基本焦慮籠統地放在所謂的「自卑感」之下——不過他當然不會認爲用來控制他人的自卑感，是焦慮的起源。

從與「假」焦慮對比的「眞」焦慮看來，控制他人是焦慮次要而非主要的質素；是因爲案主孤立無能的絕望所致。**真假**焦慮的區分是一個很重要但尙待釐清的問題。要區分這兩者很難，因爲它們可能混雜在同一人的動機和行爲之中。許多焦慮型的神經症患者是因爲在家族關係中感到焦慮、無能及無助，才發展出神經症模式，但是他們遲早會學到以（外表）軟弱來掌權。軟弱確實成爲得到力量的方法。哈洛・布朗以及第九章的案主說明了這一點。㊿

阿德勒除了描述自卑感的起源外，對焦慮的成因沒有太多闡釋。他強調，焦慮會引發神經官能症，通常是因爲當事人從小便被「寵壞」了。這種「嬌寵」小孩的概念也是阿德勒過度簡化的另一例證，不過，弗洛依德的早期焦慮理論主張性交中斷帶來神經性焦慮，則是更爲簡化的說法。焦慮型神經官能症患者通常從小便過度依賴別人，但是除非病患的能力進入根本衝突的狀態，否則他不會如此堅持固守或持續其依賴的行爲。㉛

阿德勒克服焦慮的方法陳述得很淸楚，卻仍失之廣泛。焦慮

> 只有靠把個人與人性繫縛在一起的連結，才能夠消融。只有心懷仁道的合群者，才能無焦慮地度過一生。㉜

透過人類的愛和對社會的貢獻這個「連結」得以肯定。阿德勒這樣的觀點來自他對人類的社會性通盤而正面的評估，這點和弗洛依德極爲不同，所涉及的焦慮克服方式也大異其趣。儘管阿德勒的理論過度簡化與一般化，但是他對人際權力掙扎及其引申的社會意涵，貢獻卓著。他的見解別具價值，因爲那通常是弗洛依德的「盲點」。

阿德勒的洞見後來被大幅整合得更系統化、更深刻，並成爲心理分析師如霍妮、佛洛姆和蘇利文的部分理論重點。阿德勒對後來分析師的影響有直接間接之分，他們的主張有些是直接受到影響，有些是間接獨立完成。他對蘇利文的影響是間接透過懷特（William Alanson White）而促成，懷特對阿德勒感興趣，並爲阿德勒的一本著作寫了導讀。

榮格：焦慮與非理性的威脅

本書中只有一處註記與榮格（Carl G. Jung）有關，主要原因是榮格從未系統化其焦慮觀點。就我判斷，榮格從未在著作中直接探討焦慮的問題，但其思想是否曾探討焦慮的理論，需要進一步詳細研究他的所有著作。

我在這裡引述榮格的一個顯著貢獻：他相信**焦慮是集體無意識的非理性力量與意象入侵到意識的心靈時，個體所做出的反應**。焦慮是在害怕「集體無意識的掌控」，害怕人類動物祖先的殘餘功能，也害怕殘存在人格次級理性層次的古老人類功能。(53)這種非理性素材的可能湧現，會威脅到個體井然有序的穩定實存。如果個體對來自集體無意識的不理性傾向與意象，只有薄弱的阻擋能力的話，他便可能會有精神病和伴隨的焦慮。如果非理性傾向被完全阻斷的話，其結果便是經驗的貧瘠和創造力的缺乏。正如齊克果說的，**個人必須勇於面對和克服焦慮，以避免內在的貧瘠**。

榮格認爲，來自無意識非理性素材的威脅，可以解釋「爲什麼人們會害怕對自己覺知。帷幕後可能藏了什麼，我們永遠不知道，因此人們寧可將意識外的因素『列入考慮、小心觀察』。」多數人

> 對未知的「心靈陷阱」有著神秘的恐懼。當然沒有人會承認如此可笑的恐懼。但這種恐懼絕對不是沒有道理的；恰好相反，它太有根據了。[54]

榮格主張，原始人對這種「非預期的無意識危險傾向」，比文明人更有心理準備，並發明儀式和禁忌來保護自己。文明人同樣會發明防禦裝置來對抗非理性力量的入侵，這一類防禦機制漸漸系統化，且運用得如此習慣，使得「集體無意識的掌控」只有在集體瘋狂這類特定現象中，才會直接控制全局，或是透過精神病、神經官能症間接掌控。

榮格的重要論點是，當代西方人過度強調「理性」、知性的功能，這種理性的強調不會帶來理性的整合，卻「爲某種自我中心的權力目的，誤用理性和知性。」[55]他引述一位癌症恐慌案主爲例。該案主「把一切都強置在無情的理性法則之下，但是『自然』偏偏脫逃了，並以『恐癌念頭』這個完美、無懈可擊的無跡形式回來報復。」[56]

我認爲，榮格的強調對當代西方文化具正面價值，透露出神經官能症的一個共同面向——誤用理性以對抗焦慮，而不是用理性來了解、釐清焦慮。但是問題似乎在強調

理性，反而導致榮格對「理性」與「非理性」的二分（他的「無意識心靈的**自律性**」[57]概念便是一例），也使得他的許多思想難以與其他焦慮概念一致。

霍妮：焦慮與敵意

以弗洛依德的成就爲基礎，卻呈現新質素的重要精神分析發展，就是從社會心理學的背景來看待焦慮問題。認爲焦慮基本上來自受干擾的人際關係，這是霍妮（Karen Horney）、佛洛姆（Erich Fromm）和蘇利文（Harry Stack Sullivan）等人共同強調的觀點，雖然他們陳述的方式各自不同。這些治療師經常被稱爲新弗洛依德學派（neo-Freudian），或是有點貶抑意味的修正主義者。因爲這些心理分析發展與弗洛依德的相似處很多，所以我們關心的是他們與大師的差異處，以及對了解焦慮的具體貢獻。

我們的研究進路涉及焦慮文化面的重新強調，包括廣義的把文化模式看成是流行於特定時期的焦慮決定因素，以及從狹義的角度來看孩子與身邊重要關係人的互動。神經性焦慮的源頭就在後面這項人際關係中。此一進路並沒有否認小孩或大人的生理需求，它主張重要的心理問題是這些需求在人際關係中所扮演的角色。例如佛洛姆便指出，這些「**在了解人格及其困境時相關**的特殊需要，不是來自性格本能，而是來自我們的生活整體處境。」[58]

因此，焦慮不一定是反應對本能或里比多需求的期望挫折。正常人可能會有本能需求的挫折，卻不會焦慮。本能傾向的挫折之所以會帶來焦慮，**是因為挫折威脅到人際關係中的某些價值或表現方式，並且對個人的安全至關重大**。弗洛依德認爲，環境爲模造本能驅力的一個因素；本節所討論的精神分析發展，則把人際脈絡的重要性（由心理學的角度來看待環境因素）視爲首要，本能因素的重要性則端視它們在此一人際脈絡中所代表的重要價值而定。[59]

我們首先來討論霍妮，她認爲焦慮**比本能驅力優先**，這個觀點非常重要。她主張弗洛依德所謂的本能驅力本身便是焦慮的產物。「驅力」概念暗指來自有機體內的某種衝動，某種迫切和需索的特質。（弗洛依德認爲神經病患的本能驅力是強制的；但他卻假定這些「驅力」的決定因素是生理性的，而且其力量來自神經病患本身，因爲這些人無法像「正常」人一樣忍受本能的挫折，不論是因爲體質之故，或像嬰兒一樣有過多的本能喜悅。）但是霍妮認爲，衝動和慾望被焦慮啓動之前不會成爲「驅力」。

> 強制性驅力是專屬於神經症的；它們誕生於孤立、無助、恐懼、敵意的情感之中，也代表在這些情感影響下的處世之道；它們的主要目標不在滿足而為安全；它們的強制性格來自潛伏其後的焦慮。[60]

她把弗洛依德的「本能驅力」和自己的「神經性導向」等同，卻更加強調了焦慮是人格干擾之本：「弗洛依德除了認同焦慮爲『神經官能症患者的重要問題』外，從不認爲無所不在的焦慮問題是趨向特定目標的動能因子。」[61]

霍妮認同一般對恐懼與焦慮的習慣性區分。恐懼是對特定危險的反應，個人可對症下藥。焦慮的特色則在混亂與不確定感，個人對威脅是無助的。焦慮是針對威脅「核心或本質」事物的反應。霍妮此一概念與葛斯汀一致，也就是說，焦慮是「災難狀態」（catastrophic condition）中本俱的，是在某種個人存在的基本價值受到威脅時所做出的反應。焦慮的根本問題在於：刺激焦慮的威脅會危害到什麼？如果我們先勾勒出她的焦慮起源概念，便能了解她對這個問題的答案。

霍妮針對人類面對死亡與大自然力量等偶合處境時，隱藏其下的正常焦慮進行思考。這就是德國思想中稱之爲**原始焦慮**（*Urangst; Angst der Kreatur*）的焦慮[62]。它和神經性焦慮不同，因爲原始焦慮並沒有隱含來自大自然的敵意，或刻意造成人類有限性的意思；它不會刺激內在衝突或導致神經性的防衛手段。神經性焦慮與無助不是因爲正視權力的不當所造成的，反而是因依賴性與敵意之間的內在衝突所致。當事人會感受到危險，主要是期待會有來自他人的敵意。

根本焦慮（basic anxiety）是霍妮的焦慮用語，它會帶來神經性的防禦。這種焦慮本身便是神經官能症的顯現，它所以「根本」有兩個層次的意義：首先，它是神經官能症的基礎。其次，它來自受干擾的生命早期人際關係之中，特別是親子關係。「對父母親的依賴是兒童焦慮的典型衝突，並會因爲孤立和受威脅而被強化，此外對雙親的敵意衝動也是來源之一。」

因爲孩子對雙親的依賴，這種對雙親的衝突敵意，必定要抑制。因爲抑制的敵意剝奪了個人認識和對抗眞正危險的能力，而且抑制的行爲也會產生內在的無意識衝突，所以這種抑制會讓孩子產生無力感與無助感。「根本焦慮」便「不可分割地與根本敵意糾纏在一起。」[63]

這裡就有個焦慮與敵意交互作用的例子，兩者互相影響，換言之這是焦慮與敵意的「惡性循環」。無助是「根本焦慮」的本俱之物。霍妮淸楚地知道，每個「正常」人都必須對抗文化中許多具敵意的反對勢力，但是這種反對勢力並不會刺激神經性焦慮。其中的不同處爲：成堆的不幸經驗發生在正常成年人具有整合能力的時期；反之，在敵意的親子依賴關係中，孩子**事實上**是無助的，他除了發展出神經性防衛外，什麼也不能做。「根本焦慮」是面對潛在敵意世界的焦慮。不論個人多麼軟弱無助，他都會發展出多重的人格干擾形式，做爲因應潛在敵意世界的神經性防衛機制。霍妮認爲，**神經性傾向基本上是由「根本焦慮」所產生的安全手段**。

刺激焦慮的威脅會危害到什麼？焦慮是**對特定威脅的反應，這個威脅又針對了任何個人安全模式**。因人格干擾而苦的人備受神經官能傾向的威脅，這卻是他與童年「根本焦慮」共處的唯一方法，他只得更新自己的無助或不設防。霍妮與弗洛依德不同，她主張本能驅力的表達並不具威脅，以安全機制方式來運作的神經官能傾向才具威脅性。

帶來神經性焦慮的外在威脅會因人而異；重要的是，不同人會有不同的具體神經官能傾向。被夥伴拋棄的威脅會引發受虐式依賴者的焦慮，這種人會不分青紅皀白地攀附他人，以紓緩自己的「根本焦慮」。當自戀的人被丟到不得認可與稱讚的處境時，焦慮便油然而起，其「根本焦慮」只有雙親的無條件崇拜才能紓緩。如果一個人的安全是靠著謹愼謙虛，當他突然受到注目時，焦慮便油然而起。

因此在焦慮的問題中，我們必須追問備受威脅的重要價值是什麼？特別是在神經性焦慮中，神經性傾向對於保持人格完整，對抗早年無助經驗的重大貢獻，受到了怎樣的威脅？霍妮寫道：「任何事都可能刺激焦慮，而焦慮則可能危及個人特定的防衛需求，也就是神經官能傾向的追求。」[64]當然，除了雙親遺棄的外來威脅，有時候內在心靈衝動或欲求的表達，也會產生威脅。特定的「性」或敵意傾向會激起焦慮，不是因爲預期的挫折，而是因爲此一傾向的表達會威脅到與個人人格存在至關重要的人際關係模式。

矛盾的任何一方不論是持續或多次遭受抑制，都只是將問題轉移到更深的層次而已。[65]

我們已經闡明，霍妮極爲強調**敵意和焦慮的互惠關係**。這是她的長處。她相信敵意是刺激焦慮最普遍的內在心靈因素。事實上，「神經性焦慮就是從多種不同敵意衝動所形成的主要源頭湧出。」⑥⑥焦慮帶來敵意，而焦慮者的敵意衝動，又會刺激新的焦慮。個人理所當然會對具威脅性，又帶來無助與焦慮痛苦的人事產生敵意。既然神經性焦慮是因爲人的軟弱以及對權勢者的依賴所致，對這些人的敵意衝動，也會威脅到這種不計代價去維繫的依賴關係。同理，攻擊這些人的內在心靈衝動也會引發對報復與還擊的恐懼，這樣的可能性又進一步使焦慮增加。

認知到敵意與焦慮間互惠性互動的霍妮總結說，焦慮的「具體原因」就在「被抑制的敵意衝動中」⑥⑦。這個陳述是否可被普遍化，而不只限定在西方文化中，是個尚待討論的問題。但是西方文化中敵意與焦慮的相互關聯，卻是有臨床事實爲證的。

霍妮對焦慮理論的貢獻在於，**闡明人格衝突傾向是神經性焦慮的來源，不同於弗洛依德準生理化學的思維形式傾向，霍妮讓焦慮問題回歸心理的層次，並且含括了不可或缺的社會面向。**⑥⑧

蘇利文：焦慮即是被否定的不安

蘇利文認爲焦慮來自人際關係的概念，是他最有說服力的主張。他定義精神醫學爲「人際關係的生物學研究」。雖然他的焦慮理論從未眞正成形，但是他突出的觀點對於焦慮的全面性了解相當重要。

蘇利文的**焦慮**理論基礎在人格概念，他認為那**是人際現象的精髓，出自嬰兒與生活中重要他者的關係**。甚至在子宮中的受精卵這個生命的開端，細胞與環境也同屬一個單位，永遠不變地捆綁在一起。出胎後，嬰兒與母親（或母親代理人）的關係也很親密，更是嬰兒與重要他者的關係雛型和眞正開端，其人格也依此母體而成形。

蘇利文將人類的活動分成兩種等級。首先是以**滿足**為目標的活動如吃、喝、睡等。這些滿足與人類的身體組織相當調和。第二等級為追求**安全**的活動，這些活動「適合人類文化裝置的程度更甚於身體組織。」⑲

當然，這種追求安全感的重要因素在於有機體的權能感。蘇利文所謂的「權力動機」就某種程度而言是與生俱來的，定義是有機體拓展能力與成就的需要和傾向。⑳那是人類這個有機體之所以為有機體的與生俱來之物。這個追求安全感導向的第二級活動，「對人類的重要性，通常會超過飢渴的衝動」，以及後來才出現在成熟有機體身上的「性」衝動。㉑這些狹隘定義的有機體生理需求，「顯示有機體不只努力維持著自己與環境的穩定平衡，更擴大、『延展』到整個大自然，並與之互動。」㉒人格的成長與特質有賴於此一權力動機和安全感的追求，如何透過人際關係得到滿足。

嬰兒一出胎便處於這種相對無能的狀態。他先是運用哭聲做為人際溝通的工具，後來則開始運用語言與象徵，這兩者都是人類追求人際關係安全感的強有力文化手段。但是早在嬰兒能夠運用語言或具體情緒來表達或理解之前，社會化早就因**同理心**而急速進行，所謂同理心便是嬰兒與重要關係人（主要是母親）之間的「情緒傳染和共享」。在這個有機體的安全與自我表達需要掌控的人際母體中，焦慮誕生了。

蘇利文認爲**焦慮是因為嬰兒得不到重要關係人認可，而產生出來的不安**。母親的不認可會帶來焦慮，嬰兒在有知覺意識之前便能感受到。母親的不認可對嬰兒是非常可怕的，這點不用說也知道。不認可的意義在此指的是對嬰兒人際關係的威脅。這個關係是嬰兒的全部，不只其生理需求的滿足必須依賴於此，他的一切安全感也是一樣。⑬因此焦慮是一種全面性的宇宙經驗。

得到母親認可便得報酬，不認同便受罰。更重要的是，因焦慮而來的特別不舒服感。這個認可／報酬 v.s. 不認可／不舒服（焦慮）的系統，便成爲個人的生命教育與社會化賴以發展的最有力支點。蘇利文總結母親在此系統中的重要性如下：「……與重要關係對象母親在嬰兒期和童年期充分的互動，是小孩滿足感的來源、正常社會化的機制，也是建立自我系統與發展社會習慣過程當中的焦慮和不安來源。」⑭

焦慮也會將嬰兒限制在重要他者所認可的活動上。**成長中的嬰兒其自我是誕生於必須處理焦慮處境的經驗**，這是蘇利文極爲重要的概念。自我的成形便在區分會被認可的活動，以及不得認可的活動。「『自我動力機制』（self-dynamism）建立在這種肯定與否定、報酬與懲罰的經驗之上。」⑮自我「於是以保持安全感的動能機制出現」⑯。這眞是個嚇人的概念——**自我的形成是為了讓我們免於焦慮**。自我是個有機體，它整合認可與報酬經驗的動態程序，並從中學會去除不認可與焦慮的活動。因此，這種因童年經驗而來的侷限，往後便年復一年地藉由「人們想要逾越界線便產生焦慮的經驗」⑦維繫著。

我們現在需要對以上的論述加以釐淸，亦即焦慮的經驗不只侷限了行動，更是對**覺醒的限制**；所有刺激焦慮的傾向都被排除在自覺之外，或被**消解**了。蘇利文摘述如下：

> 自我會控制覺察，會限制個人對其處境的意識，多半是因為焦慮的運作所致；結果個人對這些人格傾向的覺察便裂解開來，而未能含括或整合到已被認可的自我結構之中。⑧

這些概念對某些焦慮現象，投注了新的曙光。個人在焦慮中會侷限自己的自覺，這個日常事件在個人經驗以及平日臨床工作中，都可觀察得到，也是蘇利文對焦慮帶來抑制這個古典精神分析概念的重新詮釋。個人對自覺的這種限制爲什麼會發生？又是如何發生的？蘇利文透過對人際關係動能的闡明，爲後來的研究投注新曙光，特別是在嬰兒與母親的人際互動，以及有機體維護自己安全感的核心需求方面。就像神經官能症的情況一樣，在焦慮和病症的形成中可輕易看出，當有機體難以切斷產生焦慮的情境或衝動時，替代性或強迫性病症便隨之而起。這是一種切割自覺的嚴苛手段。接下來，只要當事人感受到焦慮大得無法承受時，破碎的傾向與經驗便一直維持不連結的狀態。

蘇利文對情緒健康與焦慮間關係型態具啟發性的看法，也是蘇利文的貢獻之一。他在這方面的看法可以說明如下：**焦慮限制了成長與自覺，縮小了有效生活的範圍。情緒的健康相當於個人自覺的程度。因此，澄清焦慮才可能擴展自覺與自我，也就達成情緒健康。**

170

註釋

①請參見湯瑪斯・曼（Thomas Mann），《弗洛依德、歌德、華格納》（*Freud, Goethe, Wagner*, New York, 1937）。

②《焦慮的問題》（*The problem of anxiety*, New York, 1936），邦克（H. A. Bunker）譯，p.111。

③《精神分析導論補篇》（*New introductory lectures in psychoanalysis*, New York, 1965），p.81。

④《精神分析導論》（*Introductory Lecture on Psychoanalysis*），p.395。除了這個簡略的區分之外，弗洛依德並未對這類恐懼問題多所著墨，不管是在《精神分析導論》論焦慮一章，或是後來的《焦慮的問題》一書中，都是如此。他把霍爾（Granville Stanley Hall, 1846-1924，譯註：美國心理學家及教育家）所謂的天生恐懼——怕黑、怕水、怕雷等——當成是恐慌症，它們按定義就是神經性焦慮的表現。在布朗諾等（W. Healy, A. F. Bronner & A. M. Bowers）所著的《精神分析的結構與意義》（*The structure and meaning of psychoanalysis*, New York, 1930, p.366）一書中，整理了弗洛依德的觀點，把眞實的恐懼與神經性恐懼加以區分，就像弗洛依德把眞實焦

處與神經性焦慮加以區分一樣。根據該書的說法，眞實的恐懼是針對客觀危險的反應，而神經性恐懼則是「對某種要求被認可衝動的恐懼」。該書解釋說，弗洛依德主張，「三個普遍的童年恐懼」——怕孤獨、怕黑、怕陌生人——幾乎都是因爲「無意識的『自我』害怕失去保護自己的客體，也就是母親」所造成的（出處同上）。他也同樣如此界定類似處境的焦慮來源。顯然，「恐懼」與「焦慮」在此是交替互用的，而恐懼則是以特定形式浮現的焦慮。

⑤《精神分析導論》，p.394。

⑥《精神分析導論》，p.395。

⑦《精神分析導論》，pp.401-2。

⑧《焦慮的問題》，pp.51-52。

⑨《精神分析導論》，pp.403-4。

⑩《精神分析導論》，p.409。

⑪《精神分析導論》，p.407。請參見第四章史必茲（René Spitz）所言。

⑫《精神分析導論》，p.410。

⑬《精神分析導論補篇》，p.85。

⑭《焦慮的問題》，p.80。

⑮《精神分析導論補篇》，p.86。

⑯《焦慮的問題》，p.22。

⑰《精神分析導論補篇》，p.86。如果漢斯只是害怕父親的懲罰（外來危險），弗洛依德便不會稱呼其焦慮爲神經性的。本書稍後會看到露薏絲、貝西等人，她們是能夠評斷雙親行動眞正意涵的人。依弗洛依德的說法，這種處境將導致客觀的焦慮，而不是神經性焦慮。神經性質素會出現，是因爲自我覺察到內在本能刺激（漢斯對

父親的敵意）中與生俱來的危險。衆所周知，個人經驗裡的內在刺激，可輕易做爲外來、客觀危險的代表。如果小孩對雙親的敵意遭到報復，一旦敵意刺激自內心生起，他很快便會感到焦慮。

⑱西蒙茲（Percival M. Symonds），《人類的調適動能》（*The dynamics of human adjustment*, New York, 1946）。

⑲《精神分析導論》，p.406。

⑳《焦慮的問題》，p.98。

㉑《精神分析導論》，p.408。

㉒《焦慮的問題》。

㉓《焦慮的問題》，p.75。

㉔《焦慮的問題》，pp.99-100。

㉕《焦慮的問題》，p.105。

㉖《焦慮的問題》，p.123。

㉗既然去勢與戀母情境的其他面向，在弗氏的焦慮討論中如此重要，這裡便出現了另一個問題：神經性焦慮不是只在已有紛擾的親子關係上，才會因「去勢」問題或戀母情境而引起嗎？以漢斯的案例來說明的話，難道漢斯對父親的妒嫉與恨意不就是焦慮的產物嗎？顯然漢斯希望獨佔母親，而這種需要會受到母親對父親的愛所威脅。這種過度的需要本身，難道不是焦慮的自然發展嗎？或許弗洛依德分析導致特定恐慌建構的衝突與焦慮，確實是針對父親的敵意與愛恨交加，但是我會認爲，除非漢斯與雙親的關係已有焦慮，且導致獨佔母親的需求，否則這種敵意與愛恨交加將不致發展出來。每個小孩在發展個體性與自主性的過程中，都會與雙親有衝突（請參見齊克果、葛斯汀等人的見解），但是對正常的（不會帶給孩子明顯焦慮的親子關係）孩子，這樣的衝突不會產生神經性防衛和病症。我認爲，戀母情境和去勢的恐懼不會是**問題**——並不會成爲神經性焦慮的焦點——除非在家庭關係的組合中早已存在了焦慮。

㉘針對出生與焦慮間可能關聯的討論，請參見西蒙茲的《人類的調適動能》。

㉙請參見李維（D. M. Levy）：「對個人社會行爲最具影響力的，莫過於衍生自與母親的原初社會經驗。」〈母親的過度保護〉（Maternal overprotection），《精神病學期刊》（*Psychiatry*），**1**, 561 ff。葛蘭珂（Grinker）與史匹格爾（Spiegel）兩人的觀點代表了弗洛依德學派的發展，他們對戰鬥飛行員的焦慮研究指出，在戰鬥中受到威脅的價值或對象，除非是個人「深愛、高度評價與視爲至親的東西」，否則不會有恐懼或焦慮，這可能是一個人（自己或自己深愛的人），或是抽象概念的價值。《壓力人》（*Men under stress*, Philadelphia, 1946），p.120。我的看法與弗洛依德的上述討論一致，並認爲個人所珍重的第一個人就是母親，而個人珍重其他人和價值的能力，也是自第一個雛型發展出來的。

㉚《焦慮的問題》，p.100。

㉛我同意那些弗氏里比多理論的批評者，他們認爲該理論過渡了十九世紀思想的生理化學形式。

㉜《焦慮的問題》，p.86。這是我針對病症功能所提出的觀點（請參見第三章與第八章）。

㉝《焦慮的問題》，p.152。

㉞《焦慮的問題》，p.112。某些弗氏理論的詮釋仍以弗洛依德的第一個焦慮理論爲主：「病症的形成……現在被視爲是抵抗或逃離焦慮」（海利等〔Healey, Bronner & Browers〕，《精神分析的結構和意義》〔*The structure and meaning of psychoanalysis*〕，p.411）。我在第三章中提出這樣的觀點：病症不是在保護當事人免於焦慮，而是免於**產生焦慮**的處境。

㉟弗洛依德的地誌學令人困惑之處在下面的傾向：他偏向以實際意義的人格地理區域，來思考自我與本我。在他後期著作《精神分析綱要》（*Outline of psychoanalysis*, New York, 1969）中，弗洛依德以「場所」的觀點談到自我「從本我的皮質層發展出來」（p.55），並使用了「精神區域」（mental regions, p.2）和「自我的最外圍皮層」（the outermost cortex of the ego, p.18）這些字眼。這種以地理觀來擺置「自我功能」的傾向，讓我想起

笛卡兒（Descartes）和其他十七世紀學者嘗試將人類的「靈魂」放置在腦底層的腺體上！再也沒有比引述弗洛依德自己反對自己的話更合適了：重要的是要以心理學的方式來掌握心理的事實。

㊱「將個體從整體分離」的概念在人類思想上的歷史非常悠久，可一路回溯到古希臘前古典時期的安那西曼德（Anaximander, 611-545, B.C.，譯註：古希臘哲學家、數學家）。這個概念不論在心理學或哲學上，都是很豐富的，而蘭克的心理學也有許多實驗和經驗上的數據爲其根基。

㊲《出胎創傷》（*The trauma of birth* New York, 1929）英譯本；德文本出版於一九二四年。

㊳蘭克（Otto Rank），《意志治療》（*Will therapy: an analysis of the therapeutic process in terms of relationship*, New York, 1936），自德文授權翻譯，p.168。

㊴《意志治療》，p.xii。

㊵《意志治療》，pp.172-73。

㊶《意志治療》，p.175。

㊷請參見第二章齊克果的部分。

㊸《意志治療》，p.175。顯然蘭克的意思是，要靠治療來克服**所有**焦慮是不可能的；他清楚指出神經性焦慮或許可以克服。至於正常的焦慮，他主張如果健康的個人可以在有焦慮的情形下依然向前的話，那麼它便可以被**超越**。藉由創造力，個人便可以超越正常焦慮並克服神經性焦慮。

㊹巴利（Pearce Bailey），《理論與治療》（*Theory and therapy: an introduction to the psychology of Dr. Otto Rank*, Paris, 1935）。不用說，蘭克使用「集體價值」這個詞彙，必然是法西斯主義式的集權主義——一種集體主義的神經官能症形式——出現在歐洲之前。

㊺阿德勒在這裡暗指一種負面文化觀（文明因爲彌補了缺憾而得以發展），這與他平常的正向社會經驗價值觀並不一致。上述觀點比較類似弗洛依德學派的概念：文明是人類焦慮的產物（或更確且地說，焦慮驅使人類將自

己的天生衝動昇華爲文明的追求）。這個一般性的觀點只對了一半，它暗指所有的創造性活動都是在防衛焦慮。它缺乏對事實的全面了解，亦即人類是可能在正向、自發的力量與好奇心基礎上行動的，或就像葛斯汀所說的，在「實現自己能力的享樂」基礎上行動。

㊻阿德勒（Alfred Adler），《生命模式》（*The pattern of life*, New York, 1930），伍爾夫（W. Beran Wolfe）的導論。

㊼阿德勒，《神經官能的建構》（*The neurotic constitution*, New York, 1926），p.xvi。

㊽阿德勒，《神經官能的問題》（*Problems of neurosis*, New York, 1930），p.73。

㊾阿德勒，《了解人性》（*Understanding human nature*, New York, 1927）。

㊿請參見第八章有關這個問題的討論。

51請參見第八章有關哈洛・布朗的案例討論。

52《了解人性》，p.238。

53榮格，《分析心理學全集》（*Collected papers on analytical psychology*, London, 1920）。

54榮格，《宗教心理學》（*Psychology and religion*, New Haven, Conn., 1938），pp.14-15。

55《宗教心理學》，p.18。

56《宗教心理學》，p.18。

57《心理學與宗教》，第一章。

58佛洛姆的觀點，霍妮轉述，《新精神分析》（*New ways in psychoanalysis*, New York, 1939），p.78。

59根據霍妮的主張，弗洛依德的本能理論以及衍生出來的里比多理論，是以下列假設爲基礎：「心理力量的起源是生理化學的。」（同上，p.47）她主張，弗洛依德似乎認爲心理學是個人運用或誤用里比多力量的科學。霍妮沒有否認食物等純生理需求的明顯挫折，會威脅生命並造成焦慮。但是除此之外，生理需求在不同文化中，會因爲該文化的模式而非常分歧，這一點必須加以承認：**在多數案例中，生理需求受威脅而產生焦慮的引爆點，也會因特定文化的心理模式而異**。這一點在針對「性」挫折引發焦慮的文化研究中，被明確指出。霍妮認爲弗洛依德的十九世紀觀點令人無法看出這個問題的心理脈絡（她所指的「生理」是一種生理化學的機制，而不是葛斯汀所謂有機體整全回應環境的「生理」意義。

(60) 霍妮，《人的內在衝突》（*Our inner conflicts*, New York, 1945），pp.12-13。

(61) 霍妮，《新精神分析》，（New York, 1939），p.76。

(62) 請參見葛斯汀、齊克果等。

(63) 《當代神經性人格》（*The neurotic personality of our time*, New York, 1937），p.89。

(64) 《當代神經性人格》，p.199。

(65) 這讓人想起史德喀爾（W. Stekel）的重要概念：**所有的焦慮都是一種心理衝突**。參見《神經性焦慮的狀況及其治療法》。然而，史德喀爾在他犀利的警句式陳述中，並沒有像霍妮一樣地將心理衝突的本質系統化。

(66) 《當代神經性人格》，p.62。霍妮認爲在維多利亞文化背景下，弗洛依德會認爲中上階層女性表達自己的不同性傾向，會在社會排斥的情況下招來眞正的危險。但是她警告大家不要將弗洛依德受到文化制約的數據，當作人格通則的基礎。除了一些特殊案例之外，她的經驗是，表面上看來是因爲性衝動而起的焦慮，結果其來源通常是對性伴侶的敵意或反敵意。基於「性」是依賴和寄生傾向最顯而易見的對象，而這樣的傾向通常又會以誇張的形式出現在焦慮者身上，因此霍妮的說法頗爲合理。

(67) 我們切莫由此推論說，敵意必然導向焦慮。有意識的敵意不但不一定會導致焦慮，反而具建設性的功能，並且會減輕威脅。霍妮特別提到抑制的敵意。姑且不論所抑制的敵意內容爲何。我們可以說，**任何**抑制都爲焦慮登場搭建好了內在心靈舞台，因爲抑制的本質等於放棄某些自主性（在弗洛依德地誌學中就是削弱「自我」）。當然，抑制並不會導致有意識的焦慮，事實正好相反，它代表的是個人自主性的退縮，因此便更強化了自己的弱勢處境。

㊳對霍妮最常見的批評是她只在當前人際關係中研究當事人的衝突，她所以如此強調，部分原因是弗洛依德過於強調童年因素，但她和門徒卻忽視了童年心理衝突的原因。我認爲這些批評並沒有錯。

㊴出自蘇利文的《當代心理醫療學的概念化》（*Conceptions of modern psychiatry*, New York, 1953），版權爲懷特學院所有（William Alanson White Psychiatric Foundation）。

㊵「權力動機」與「權力驅力」完全不同，後者是一種神經症現象，可能是因爲正常成就需求累積的挫折所造成的。蘇利文從能力與成就的角度所提出的起源論擴張概念，相當於葛斯汀自我實現的概念。葛斯汀所關心的偏向生物層面，蘇利文則幾乎整個強調人際關係面。

㊶蘇利文，p.14。

㊷穆雷（Patrick Mullahy，譯註：美國精神分析家、哲學家），〈人際關係與人格演化理論〉（A theory of interpersonal relations and the evolution of personality），收錄在蘇利文，《當代心理醫療學的概念化》，p.121（蘇利文理論的回顧）。

㊸「不被認可」這個詞的含意可能不足以表示其中的威脅程度，或表示因爲威脅帶動焦慮的不舒服的程度。當然「不被認可」並沒有斥責之意，衆所周知，如果母子關係的基礎穩固，嬰兒便可以同化大多數的斥責。

㊹蘇利文，《當代心理醫療學的概念化》，p.34。

㊺蘇利文，《當代心理醫療學的概念化》，p.20。

㊻蘇利文，《當代心理醫療學的概念化》，p.46。

㊼蘇利文，《當代心理醫療學的概念化》，p.22。

㊽蘇利文，《當代心理醫療學的概念化》，p.46。

6

焦慮的文化詮釋

Anxiety Interpreted Culturally

歷史真的十分重要，因為它此時就與我們同在，
特別是那些如今依然存活卻被遮蔽的過去，
它們對我們日常生活造成的衝擊，我們渾然不覺。
那些在生活常軌上遭遇危機的人，
必須完整地面對他昔日的一切，
就如同神經官能症患者必須全面挖掘他個人的生活一樣：
久被遺忘的過往創傷，
對於那些毫無所覺的人，極可能會造成嚴重的後果。

——**孟福**（Lewis Mumford，1895-1990），**《人類的處境》**（*The Condition of Man*）

我們已在前面章節中觀察到，文化因素幾乎出現在所有關於焦慮的討論中。不論我 171
們是在探究孩童的恐懼、身心失序的焦慮或個別神經官能症的不同形式焦慮，文化環境
顯然是焦慮經驗的主要因素之一。第五章中，我們也已指出不同研究者所呈現之重要文
化因素的理論根據。例如，蘇利文描述個人在成長過程的每一階段，都和世界連結成密
不可分的關係，不論是**子宮內**的細胞，或是長大成人後與其他社會成員在愛和工作上的 172
連結，都是如此。由於焦慮的文化因素已普遍被認爲是重要的，因此我們可以輕易地就
指陳出來。

這一章的目的也很具體。我要證明個人的焦慮**情境**，**會**受制於他的文化標準與價值。我所謂「情境」是指會啓動焦慮的不同威脅：這些威脅多由個人的成長文化所界定。我同時想證明，焦慮**量**也受制於文化的調和與穩定（或者缺乏它們）。

侯樂威（A. I. Hallowell）證明，原始社會的不同威脅情境，會隨不同文化而變化，這是我們都知道的。侯樂威繼續論證並結論說：**焦慮是文化共同接受和附加在實際危險處境上的一種信仰功能**。①西方文化對個人競爭野心這個目標的重責巨擔，便清楚說明此概念的價值。我們已在胃潰瘍（「西方文明下求取成功之野心者的共同疾病」）病患的心身焦慮調查中看到，焦慮是男人必備的功能，因爲西方社會要求他們要強壯、獨立、在競爭中求勝並壓抑自己依靠別人的需要。我們也在兒童恐懼的研究中看到，當孩子長大並吸納更多文化中的既定態度時，因競爭而來的焦慮和恐懼也隨之增加。沒錯，

學校孩童的憂慮研究完全顯示，孩童最明顯的焦慮就在競逐學校或工作上的成功。②顯然加諸在競逐成功這個目標的負荷，會隨著個人的成長而增加：我們注意到，童年有所恐懼的成年人，對競逐成敗的恐懼比孩童來得大，我們詮釋這種現象爲，將成年後益形重要的恐懼與焦慮「歸結到」童年去。本書稍後會談到的未婚媽媽焦慮研究中，許多人可能會合理預期那些年輕未婚媽媽的主要焦慮情境，是疚責或不得社會贊同。但其實不是這樣；那些未婚媽媽所報告的顯著焦慮情境，是來自競爭野心——那就是，她們能否符合文化中的「成功」標準。西方文化如此看重競逐成功的價值，而可能無法達成這個目標所引起的焦慮又是這麼盛行，以至於我們有理由假定，**個人競逐成功既是西方文化的主導目標，又是最普遍的焦慮情境**。

爲什麼會如此？個人競逐成功如何成爲西方文化的主要焦慮來源？爲什麼無法達成這類成就的威脅會如此盛行？這些問題顯然無法用「常態」這個定義便找到答案。我們可以這麼猜測，每個人都有獲得安全感和被接納的正常需要，但是卻無法解釋爲什麼西方文化對這種安全感，會以**競爭性**的詞彙來表示。儘管我們也可以假定，每個人都有擴大成就與提高權能的正常需要，但爲什麼這種「正常」野心在西方社會，會採行一種個人主義的形式？爲什麼個人成就的主要界定會與社群成相反關係？也就是別人的失敗便是**我的成功**。卡迪納（Abram Kardiner）在討論卡曼奇印地安人（Comanche Indians）的文化時指出，卡曼奇文化的競爭激烈，「可是那並不妨礙社會的安全或共同目標。」③不難看出當代西方的競爭性必定對社群的每一層面都具有毀滅性。爲什麼西方文化所強調的競爭，帶有這麼嚴厲的懲罰與報酬？以至於（我們很快便會指出）個人的**人類價值**感完全仰賴著競爭得勝？

這些問題指出，個人的競爭成就不單單只是一種人性的「不可改變屬性」，更是文化的產物。它是一種文化模式的表達，這個模式裡頭有一種個人主義與競爭野心的特殊匯流。這種模式自文藝復興時代以來便存在於西方文化中，但是整個中世紀卻幾乎都看不到。做爲盛行之焦慮情境的個人競爭成就價值，自有其特殊的歷史起源與發展，現在我們就來進行這個主題的探討。

歷史面向的重要性

「文化支配著焦慮」這句已廣被接受的陳述，應該被擴大解讀爲：**個人的焦慮受制於他所生長的既定文化，而該文化又立處於特定的歷史發展時點**。這點帶出當代焦慮情境模式在起源上的長期發展背景。狄爾泰（Wilhelm Dilthey, 1833-1911，譯註：精神科學教育學者與詮釋科學家）討論到「人類是受時間限制的受造物」，並強調歷史面向的重要性；他主張，「人類同哺乳動物一樣，都是個歷史的存有，」必須去做的是，「讓自己的整體人格與受歷史支配的不同人格顯現，能夠產生關聯。」④當代心理學與精神分析雖已廣泛接受文化因素在當代場域的重要性，但是歷史面向直到今天卻仍被忽略。

然而，焦慮研究者也持續體悟到，焦慮的探究正如探究文化背景中的其他人格面向一樣，其中的疑問只能從個人的歷史位置的角度來了解，才會有答案。法蘭克（Lawrence K. Frank）在寫下「越來越多深思慎慮者，逐漸覺察到西方文化生了病」時指出，「文藝復興時期所崛起的個體掙扎，現在也會將我們帶入錯誤之中。」⑤卡爾・曼海姆（Karl Mannheim, 1893-1947，譯註：哲學家，知識社會學創始人）從心理學的歷史與社會性需要的角度出發，描述這個問題為一種「能夠解釋特殊歷史類型如何自人類全體衍生出來」的心理類型。譬如說，他提問：「為什麼中世紀的人與文藝復興時期的人分屬完全不同的類型？」⑥一般說來，社會人是歷史的產物，自然人是生物基因的產物。換句話說，了解當代的焦慮便先要了解當代人性格結構的發展過程，正如同要了解某個人的焦慮，便要先分析其童年的要素一樣。

本章的討論主軸，也是我要推薦的歷史研究進路，並不只是歷史事實的蓄積而已。它牽涉了一個更艱鉅的**歷史意識過程**——一種深植人類的態度與心理模式，更深入文化整體模式的歷史意識。既然社會的每一份子多少是文化歷史發展模式與態度的產物，就某種程度而言，對過去文化的覺察便是一種自覺。齊克果、凱斯勒（Ernst Cassirer, 1874-1945，譯註：德國新康德主義哲學家）等學者，已將這種在自性中體現出來的歷史覺察能力，描述為人類不同於其他低等存有的獨特能力。我們前面已討論過莫勒結論得出，這種將過去帶進現在成爲整個因果鏈一環的能力，同爲「心智」與「人格」的共同本質。榮格生動地表達出上述眞實，他比喻個體爲一個人站在金字塔頂端，並得到下面所有住戶之合併意識的支撐。自以爲歷史始自一己的研究或集體的討論，是很荒謬的！

歷史意識的能力是一種自我意識的能力——同時以主、客體看待自己的能力——的發展。這個方向的發展牽涉到我們能夠把自己的預設（以及自己文化的預設）視爲是歷史的相對產物，不論這些預設的屬性是宗教的或科學的，也不論它們所指涉的是否是像西方文化對競爭式個人主義高度評價的普遍心理態度。某些文化分析者從當代科學汲取特定的預設，做爲他研究其他歷史階段的專斷基礎（卡迪納便是如此）。但是要了解像古希臘或中世紀等時代，卻不明白我們的預設一如那些時代，都只具有歷史的相對性（亦即它們只是我們的觀點），也都是歷史的產物，顯然是行不通的。

這種研究爲**動能**心理學的研究進路打開了一條道路，而得以正確的態度來研究文化的模式。這麼一來，我們便可避免成爲歷史決定論的客體。如果個人一無所覺，則文化背景就會具有強硬的拘束力。當然，在任何精神分析的治療中都可以找到下列類比：案主爲過去經驗與先前發展模式所嚴格決定，使得他根本對這些經驗與模式毫不覺察。透過歷史意識的能力，人類得以脫離自己的過去而達到一定程度的自由，修正歷史對自己的影響，並在被歷史形塑的同時也改造歷史。佛洛姆指出，「不只歷史造就人類，」

人類也造就歷史。為了解決這種看似矛盾的情況，便造就了社會心理學的領域。社會心理學的任務不僅是從社會過程的結果，來呈現熱情、慾望和焦慮的變遷與發展，同時也要呈現已成特定形式的人類能量，又是怎樣地倒轉回來以生產的勢力來形塑社會的過程。⑦

因爲現代人個性結構的完整歷史發展這個主題，處理起來過於廣泛，我將只討論該個性結構中最能夠引起我們興趣的一個重要面向——競爭性個人野心。因爲要貫穿西方歷史的不同年代來處理這個問題，顯然也是不可能的，所以我將由文藝復興這個當代的**構成**期開始。⑧我們的目標在呈現文藝復興時期個人主義的出現和擴大，個人主義如何在本質上成爲競爭性的，以及這種競爭性個人主義，爲人際的孤立與焦慮帶來什麼樣的後果。

文藝復興時期的個人主義

我們可以視西方人個性結構中的個人主義本性，爲中世紀集體主義的反應或對照。用布克哈特（Jacob Burckhardt, 1818-1897）的話來說，中世紀的公民「對自己的認知只是族群、人種、黨派、家族或企業的一份子——他們只能從某些籠統範疇來認識自己。」

⑨理論上，每個人都知道自己在公會經濟結構中的地位，在家庭和封建階級心理結構中的地位，以及在教會道德與精神結構中的地位。情緒的表達透過共有的管道，例如節慶中大家的情緒可以互相連結，在十字軍這類運動中也會出現侵略性情緒。赫伊津哈（Johan Huizinga, 1983-1945，譯註：荷蘭史學家）指出，「所有的情緒宣洩都需要一套系統嚴謹的約定形式，因爲沒有這些形式，熱情與暴力便會恣意破壞生活。」⑩

赫伊津哈指出，到了十四、十五世紀時，原先做爲疏通情緒與經驗管道的教堂與社區階級形式，反而成了**壓迫**個人生命力的手段。象徵符號的使用在中世紀尾聲原本很有活力，但是現在卻逐漸消失了。它們成了無關緊要的空泛形式，與現實也貌合神離。中世紀的最後一百年四處瀰漫著壓抑、憂鬱、懷疑與大量的焦慮。這種焦慮採行了對死亡過度懼怖的形式，並對魔鬼與巫師充滿恐懼。⑪曼海姆表示，「我們只要去看看包士（Bosch）和格里奈瓦德（Grunwald）的畫，便可以看到表現出恐懼與焦慮的中世紀失序現象，而恐懼和焦慮的象徵性表達形式便在對魔鬼無所不在的恐懼。」⑫文藝復興式的個人主義，可說是在反抗中世紀末這種逐漸衰敗的集體主義。

對個體的新評價以及人與自然關係的新概念，都成了文藝復興的重要主題，也生動地呈現在喬托（Giotto, 1276?-1337）的作品中。許多權威人士主張新世紀就在喬托和他的老師契馬布耶（Giovanni Cimabue, 1240-1302）身上展開。喬托確實生活在文藝復興全盛期之前的「首次義大利文藝復興」。⑬相對於中世紀畫作中的肢體僵硬、正面向前的象徵型人物，喬托筆下的人物臉部爲四分之三的側面，並有**獨立的動作**。相對於先前畫作中的籠統、出世、僵硬表情的典型人物，喬托開始描畫**個別的情緒**。他畫出個別的悲傷、歡樂、熱情以及小人物的日常生活驚喜——父女親情、悲逝友人等等。自然感傷的歡愉延續到他的動物畫作；他筆下的樹石妙趣預示了自然形式的喜樂。喬托一方面保留了某些中世紀藝術的象徵特性，同時呈現即將成爲文藝復興特色的新興態度，也就是**新人文主義與新自然主義**。

中世紀的概念認爲人只是社會有機體的一個單元，相較於此，文藝復興時期則認爲人是獨特的實體，社會只是烘托個人功成名就的背景。喬托時期與文藝復興全盛期的主要差別是，前者肯定小人物的價值（聖法蘭西斯〔St. Francis〕對喬托的影響就在這種小人物的評價上）；但是在文藝復興全盛時，**有權能**的個人開始受到重視。這種現象是當代焦慮模式的根本，我們也要開始追溯其發展。

文化的革命性變化與擴張，使得經濟、智識、地理、政治各個領域都富含文藝復興的特質，這種現象值得好好來描述。這些文化上的變化與自由且自主的個人新權力信心有因果關係。一方面，這個時期的革命性變化以個人的新觀點爲基礎，另一方面，社會的變化則成爲個人演練權力、創新、勇氣、知識和蠻力的誘因。社會運動將個人從中世紀的家族階級中釋放出來；個人靠著英勇行爲掙脫出生的階層，達到崇高的成就。因爲貿易的擴張和資本主義的成長所獲得的財富，提供新機會給進取冒險的企業，犒賞了那些肯大膽冒險的人。教育和學習重新得到看重，得以表達知性的自由和奔放的好奇心；以世界爲校園而四處遊歷的大學生，象徵著新學習方式與自由行動的關係。當此同時，知識因爲是獲得權力的手段，而受到重視。吉伯第（Lorenzo Ghiberti, 1378-1455）這位爲時代發聲的文藝復興藝術家說：「只有無所不學者，才能無懼地鄙視財富的增減。」⑭

當城邦統治權迅速更迭易手之際，文藝復興時期的政治動盪不安，也成了權力放任運用的誘因。人人爲己是常態，勇敢和能幹的人才能掌握維持崇高的地位。

> 基於個人野心蠢動的肆虐，這類情事便無所不在。才幹能力可以讓最卑賤的神父攀升到聖彼得的寶座，讓官階最低的士兵直升至米蘭公爵的領地。厚顏無恥、積極進取、狂妄犯罪都是當時的成功要件。⑮

布克哈特談到與當時的個體性表現息息相關的暴力時說：「人格的根本之惡也是它的偉大之處，亦即過度的個人主義。……施加於他人身上的自我中心主義的勝利景致，驅使他〔個體〕螳臂擋車以防衛自己的權利。」⑯

文藝復興對個體的高評價，不等於對人的高評價。反之就像上面提到的，它所指涉的是**強勢的**個人。前提是弱者可以被強者毫不自責或遺憾地剝奪操控。緊要的是，儘管從許多面向來看，文藝復興時期立下了爲後世主要社會所無意識同化的原則，文藝復興並不是一個群衆運動，而是一群強勢、具創意的個人的運動。

文藝復興時期所謂的**美德**（*virtu*），以勇氣和造就成功的其他特質爲主。「成功是評斷行爲的標準；幫助朋友、脅迫敵人以及生財有道者，都被視爲英雄。馬基維里（Machiavelli）對『美德』這個字的運用……只停留在所謂的羅馬『美德』，它可被運用在勇氣、知性能力以及達成一己之私的勇敢行爲，不論所指爲何。」⑰**我們注意到個人主義與競爭性匯整在一起了**。以社群爲自己名利競技場的強勢者，若被神化並視爲理所當然，成功便註定會是競爭性的。整個文化系統都在獎勵自我覺察，方法是要比他人優越或勝過他人。

這種對於自由個人權力的信任，在文藝復興時期的堅強男女身上，可說是昭然若揭。阿爾貝堤（Leon Alberti, 1404-1472）這位十項全能的文藝復興巨擘，將強者的座右銘公式化如下：「有志者，事竟成。」⑱但是，對於文藝復興時期的人的態度，再也沒有比米朗多納（Pico della Mirandola, 1463-1494）表達得更清楚了，他甚至寫了十二本書來證明人是自己命運的主宰。在其名著《人性尊嚴演說》（*Oration on the dignity of man*）中，他想像造物者這麼對亞當說：

> 我們所賦予你的……既無固定的居所，也無和你類似的生命形體。……你不受任何拘束，可依自己的自由意志行事，我已將力量傾注在你的身上，因此是

> 你為自己確立身分。我已將你置放在世界的中心，因此你可以更利便地探索世界百態。我們在造你時，既沒有把你變成天使，也沒有把你變成俗物，既非必朽，也非永恆。目的是為了要讓你能成為你自身的形塑者，讓你自由地決定哪種形式才最適合你。你有能力可以讓自己墮落成為低劣殘暴的動物。也有能力依據自己的智慧抉擇，轉生成為高尚神聖的生命。

認爲人類具有廣泛自由的能力，可以進入任何他所選擇的地帶，是一種伴隨智識力量而來的極端想法，它被西蒙茲描述爲「當代魂靈的聖顯」[19]。用米開朗基羅的話來說，只要「相信自己」，人類的創造力便無遠弗屆，此處的人格理想範型，便是充分而多元發展的全人（*l'uomo universale*）。

但是，這個「美麗新世界」的陰暗面又在哪裡？我們的臨床經驗告訴我們，這麼強烈的信心必然會受到某種反向態度的制衡。我們發現在文藝復興這種充滿信心的樂觀底下，在較沒有覺察到的層次，出現**一股醞釀中的初期焦慮感的絕望情緒暗流**。這股直到文藝復興末期才浮上檯面的暗流，清楚地在米開朗基羅身上看到。米開朗基羅有意識地歌頌個人主義的掙扎，大膽接受個人主義的孤寂。他寫道：「我沒有任何一種朋友，我也不需要任何朋友。」「任何追隨他人者將不會成長，任何不知道如何靠自己能力創造的人，也無法從他人的成果中獲利。」[20]這裡頭完全不見奧登的洞見，

……因為自我是個夢
鄰人有所需才會有夢。

我們在米開朗基羅畫作中看到的緊張與衝突，是那個時代過度個人主義的潛在心理對等物。他畫在西斯汀大教堂（Sistine Chapel）天花板的人物，好像總是在怨懟不安一樣。西蒙茲指出，米開朗基羅畫筆下的人形「因爲一股奇異可怕的內在躁動而感到紊亂。」文藝復興人覺得自己恢復了古希臘精神，但是西蒙茲指出，其中的根本差異可以對照米開朗基羅的躁動與斐迪雅斯（Phidias, 490-430 B.C.，譯註：希臘雕刻家）的「沉著平靜」。㉑

乍看之下，幾乎所有米開朗基羅的人物強有力且雄心勃勃，細看之下卻發現各個都張大了**一雙難掩焦慮的膨脹雙眼**。觀畫者在〈人類的墮落〉（The Damned Frightened by Their Fall）的人物臉上看到強烈不安的表情，是可以預期的，但值得注意的是，西斯汀大教堂壁畫的其他形貌較不緊張的人物，也出現同樣的驚怖表情。米開朗基羅就好像要證明自己表達的不只是文藝復興的內在緊張，也包括自己身爲其中一份子的不安一樣，其自畫像的雙眼也明顯張得大大的，正如同典型的不安反應。總的來說，在大量文藝復興藝術家作品中，都可以看到被意識典範所覆蓋的初期焦慮（**見**拉斐爾〔Raphael〕筆下的和睦人類）。但是，米開朗基羅的長壽讓他超越了文藝復興高峰期的不成熟信心。他的天份與深度讓他比文藝復興的早期代表人物，更能實踐時代的目標。因此，他將時代暗流進一步帶到陽光下。米開朗基羅畫筆下的人物既象徵著文藝復興的意識典範，也象徵其心理暗流——得意洋洋、強勢、發展成熟的人類，卻又緊張、騷動而焦慮。

要緊的是，米開朗基羅這類**成功**克服個人主義的人身上，卻出現了緊張絕望的暗流。因此，初期焦慮並不是個人追求成功的目標受挫所致。我認爲那是因爲**心理孤立和缺乏正面的社群價值所造成的，這兩者都會造成過度的個人主義**。

佛洛姆也曾描述這兩項文藝復興時期強勢個人的特質：「看來新獲得的自由，爲這些人帶來了兩件事：力量感增加了，同時，孤寂、疑心、懷疑，而這些感覺所帶來的焦慮，也增加了。」[22]以布克哈特的話來說，這種心理暗流的明顯病症就是「對名利的病態追求」。有時候，想出名的慾望會大得讓人甘犯暗殺罪或其他窮兇惡極的反社會行爲，期使自己能夠因此名流萬世。[23]這個現象頗能顯示人際關係的孤立與沮喪，個人有獲得同儕認同的巨大需求，甚至不惜用侵略性的手段。至於結果是遺臭萬年或留芳萬世，似乎根本不重要。這說明了**當代競爭型經濟的某個個人主義面向——**換言之，**攻擊同儕是社會公認贏得同儕認同的方式**。這讓我們想到，**被孤立的孩子之所以會成為不良少年，是因為至少可獲得反向的關心與認同形式**。

這種個人主義式的競爭野心，對個人與自己的關係深具心理影響。個人對他人的態度經過可理解的心理過程，會成爲他對自己的態度。與他人隔離遲早會導致自我隔離。

為了累積自己的權勢財富而操控他人（可在貴族和強盜身上看到），結果「成功者與自己的關係以及安全感和信心，也受到毒化。他的自我成了他所操控的客體，如他所操控的其他人一樣。」[24]尤有甚者，個人的**自我評價**也會以能否達成競爭成就來評量。當成功被無條件地看重時——「無條件」的意思是，個人的社會尊嚴與自尊完全仰賴於它——我們便看見，**那刻劃當代個人特性的競爭求勝的緊繃驅力**，於焉誕生。卡迪納描述這個現代人的典型問題如下：

> 西方人的主要焦慮來源在以成功做為一種自覺形式，正如救贖在中世紀也是一種自覺形式一樣。但是相較於只想追求救贖者，當代人的心理追尋任務更為艱辛。那是一種責任，失敗所帶來的社會責難和滿足遠低於自我的滿足，一種低人一等的無望感。成功是個無止盡的目標，追求成功的慾望會隨著成就而增加而不會減緩。成功的手段則多半來自壓倒別人的權能。[25]

為解釋對個人成功的新關注，卡迪納強調「出世」這項中世紀的死後報酬與懲罰，到了文藝復興時期轉而關懷當下的報酬與懲罰。我同意文藝復興的特色在強調現世價值的新評估和可能的滿足。這可追溯到薄伽丘（Giovani Boccaccio, 1313-1375，譯註：義大利文藝復興時期的作家）以及出現在喬托畫中的人文主義與自然主義。但是讓我難忘的是，中世紀的個人獎賞是透過家庭、封建族群或教會組織，而文藝復興時期的個人獎賞則是獨立個體與團體的競爭所得。這股文藝復興追求名利的風潮，是透過現世追求死後的獎賞。重要的是，這種獎賞中的高度**個人主義色彩**：我們透過卓越超眾、出類拔萃而獲得名聲，或爲後世子孫所傳誦。

卡迪納的觀點如下：中世紀教會至上主義下的死後獎懲，讓個人的侵略性得到控制，並確認了自我。但是隨著死後獎懲威力的減弱，對現世報酬的強調以及社會福祉（特權、成功）的關懷，也持續發展了出來。自我的價值不再來自死後的報酬，反而透過現世的成功得到肯定。我認爲卡迪納的觀點有部分是正確的，特別是文藝復興以降，新發展出來的現世報酬之關懷。但是，如果我們只是關注在**何時**得到獎懲——是中世紀的死後，或現代的當下——那便過度簡化了，並且只能涵蓋這幅複雜圖像的其中一個面向。譬如說，薄伽丘讚頌追求眼前滿足的文藝復興精神；但是他也主張會有一種「超人」的勢力（*fortuna*），試圖阻斷人對現世歡愉的追求。重要的是，薄伽丘主張膽大妄爲者擁有智取這種「超人」勢力的權力。**就是這種做為文藝復興精髓的「個人權能終獲報酬」的信心，讓我留下深刻印象**。我們可以從不同角度來探討這個問題：認爲來世報或現世報的不同，在詮釋當代對於成功的過度關懷上至關重大的傾向，若從大部分當代的不同時期，本來便預設死後宗教獎賞這一點看來，是過度化約了。直到十九世紀爲止，「不朽」這個主題都沒有被廣泛質疑（田立克）。但是還是那句老話，當代的重要面向不在獎賞的**時機**，而在**獎賞與個體掙扎的關聯**。個人被報之以不朽的善行，同樣造就了個人的經濟成就，也就是辛勤工作並服從中產階級的道德。

文藝復興時期新興個人主義的光明面——特別是個人自覺的新可能性——並不特別需要費力，因爲它們已經整合成爲當代文化意識與無意識的部分假說。但是未被廣泛認可的個人主義陰暗面，卻更合於本書的研究。它們包括⑴個人主義的競爭性本質，⑵個人權力相對於共同價值的強化，⑶無條件地獨尊個人競爭成就的當代目標，⑷上述發展的心理現象首先出現在文藝復興時期，卻在十九與二十世紀以更嚴重的形式重新浮現。這些心理現象有**人際孤立與焦慮**。

我用的一直是文藝復興的「初期」焦慮這個詞，因爲顯明與有意識焦慮的個人主義模式造成的後續效應，在當時多被迴避了。焦慮在文藝復興時期主要是以症狀的形式出現。我們已經在米開朗基羅身上看到，雖然他大膽地認可孤立這件事，但是他卻無法有意識地認可焦慮。就這點來看，十五、十六世紀的孤立個人與十九、二十世紀的孤立個人如齊克果，有著尖銳的差異，後者能夠有意識地覺察個體孤立所帶來的焦慮。文藝復興時期的全面性擴張，使得隱含的個體孤立完全被忽略了，因此也迴避全面性焦慮衝擊的覺察。如果個人在任何地方受到挫折的話，他總是可以努力重新灌注到新領域上。這是一種強調自己爲歷史的**開端**而非結束的方法。

當代西方文化的焦慮問題，在文藝復興時期便已定調：**人際社群（心理、經濟、**

倫理等等）是如何發展起來？又是如何與個人的自覺價值整合在一起？又如何因此讓社會一份子得以避免孤立感，以及因過度的個人主義而來的焦慮？

工作與財富中的競爭性個人主義

西方社會的個人競爭傾向自文藝復興時期以來，便大大受到經濟發展的慫恿與強化。中世紀公會（公會中是不可能存在競爭的）的分裂，爲個人的激烈經濟競爭開啓了一扇大門。這是當代資本主義和個人主義的重要特質。因此，要緊的是去探究當代人性格結構中的個人競爭野心，是如何與經濟發展交織在一起的。我們將遵循唐尼（Richard Tawney, 1880-1962，譯註：英國社會學家和經濟史學家）對文藝復興以降數百年來之經濟發展的討論，也會特別參照工業主義與資本主義的心理隱喻。在這一節中，我們的重點是前述文藝復興時期新興原則的應用與運作。

當代工業主義與資本主義受到許多因素牽制，但是在心理層面，毫無拘束的個人新權力觀至關重大。一般在合理化當代的工業主義與資本主義時，總是強調個人積聚財富並化財爲權的「權利」。唐尼指出，個人的自身利益和擴張的「本能」，已被神化爲社會所能接受的經濟動機。十八、十九世紀工業主義的基礎，更「**否認任何比個人理性更優越的權威（社會價值、功能）**。」[26]這「使得個人自由遵循自己的利益、野心或嗜

好，不會因爲臣服於任何共同的忠誠核心而受到拘束。」㉗就這點而言，當代「**工業主義是個人主義的誤用**。」㉘

唐尼口中的「經濟自我中心主義」立基於下列假說：個人自我利益的自由追求，會自動帶來社會全體的經濟和諧。這種假說的功效，在減緩社會內在孤立所帶來的焦慮，以及因經濟競爭而來的敵意。競逐成功的個人便可相信自己的努力擴張能夠讓社群更爲強大。這種假說在當代多數時候都是個具實用性的眞理。從這點來看，個人主義的成長確實大大增加所有人的物質需求的滿足管道，這點戲劇性地得到證實。但是從其他角度看來，特別在獨佔性資本主義的後期發展階段中，個人主義式的經濟發展，會對個人內在以及人際間的關係，具破壞和分解的反效果。

然而，個人主義經濟的全面性心理隱喻與結果，直到十九世紀中葉才浮現了出來。特別在最近的發展上，個人主義的心理成果之一，便是**工作**（work）**對多數人而言已失去實際意義**。**工作已經成為一項「苦工」**（job），其價值標準不在生產活動本身，而是相較下的偶爾勞力所得——工資或薪水。這麼一來，**社會尊嚴與自我尊嚴的基礎，也由創造性的活動本身（真正能增加個人自己的力量，並因此務實地降低焦慮的滿足感），轉變成財富的攫取**。

工業系統所被賦予的最高價值，便是財富的擴張。因此，工業體制的另一個心理結果便是，**財富成了公認的特權和成功標準**，也就是唐尼口中的「公共尊嚴的基礎」。

財富的擴張本具競爭性；成功便是比鄰人更有錢；別人財富的縮水等於我們自己財富的增長。唐尼從經濟觀點看到的，我們稍後會從心理學的觀點來指出——換言之，以財富的攫取來定義成功是一種惡性循環。我們的鄰人或競爭者永遠可能更有錢；我們永遠無法確定自己的地位是否無懈可擊，**因此便會受到不斷增加財富的需要所驅策**。琳德夫婦在對美國小鎮第一次研究的「爲什麼他們這麼認眞工作？」（Why do they work so hard?）這一章中特別指出，「商人和工人似乎拚了命要讓賺錢的速度，跟上自己主觀金錢需要的成長速度。」[29]我們公平地推論這些「主觀需求」多屬競爭性的動機，如「跟上鄰人的腳步」。

重要的是，財富的取得如同成功的既定標準一樣，並不是爲了要維持生計或增加享樂而擴張物質財產。財富反而是個人權力的徵兆，成就和自我價值的證明。

儘管當代個人主義經濟的基礎，是因爲相信自由個人有無上的權力，它卻導致越來越多人必須爲少數擁有大筆財產（資本）者工作的現象。這種情境會導致無所不在的不安全感，一點都不令人意外，因爲個人不只面對了自己無法完全掌控的成功標準，他的工作機會更相當程度地在他的掌控之外。唐尼寫道：「安全感是最根本的需要，西方文明最大的罪便是大眾並不擁有安全感。」[30]**因此，實際的經濟發展，特別在資本主義的寡佔層面，是直接違背工業主義與資本主義所立基的個人努力之自由這項假設。**

但是正如唐尼所指出的，這些個人主義假設根深柢固於西方文化，讓爲數眾多的人不顧它們與眞實處境的矛盾，而牢牢攀附其上。當中產與中下階級都經驗到焦慮時，他們便會在個人（財產）權利——儲蓄、不動產投資、退休年金等——的相同文化基礎上，加倍努力以得到安全感。**這些社會階級成員的焦慮，經常成為他們努力維護個人主義假說的附加動機，卻不知道這種假說正是他們沒有安全感的部分肇因。**㉛「安全感的渴求是如此急迫，以至於那些因財產濫用（以及做爲財產權基礎的個人權利假說）而苦的人……會忍受甚至保衛它們，以免修剪死東西的利刃反過來給生者一刀。」㉜

唐尼也指出下列重要觀點：爲改善中低階級生活的革命（如十九世紀的各種革命）基礎，與統治階級的主張並無二致，那就是由個人權利的統治權以及財產權衍生出來的假說。這些革命的價值在確實擴展了個人的權利。但是對唐尼而言，它們立基於同樣的謬誤假設：個人的擴張自由凌駕社會功能之上。這一點對於下列問題至關重大：當代初始數百年間所發生的革命和社會變革，與當前衝擊西方文化的革命與騷動，有什麼差異嗎？

唐尼認爲，自文藝復興以降一直是經濟發展特徵的個人主義，缺少**工作與財產的社會功能觀**。個人主義式的假設「無法讓人們合作，只有共同達成目標的羈絆，才能促使人們合作，個人主義就是要否定這種羈絆，因爲重權利而輕勞役正是個人主義的精髓。」㉝這一點和本書的前提一致：**競爭性個人主義不利於社群經驗，社群的缺乏更是當代焦慮極為重要的因素。**

唐尼針對下列事實提供多種解釋：多數當代工業發展的矛盾，一直被牽制到十九、二十世紀才得到釋放。原因之一在工業主義似乎具有無限擴張的能力。另一個理由是工人的飢餓與恐懼動機，使得制度得以有效運作。但是當資本主義的寡佔面，以及它所立基的個體自由假設，這兩者之間的矛盾顯現出來時，個人主義經濟中的固有矛盾，也成了公開的秘密；同樣情形也發生在十九、二十世紀因爲工會的成長，而讓恐懼與飢餓的威脅稍微緩和。

佛洛姆：當代文化中的個體孤立

我們現在來看看詮釋這些發展之心理與文化意義的二位作者：佛洛姆與卡迪納。佛洛姆的重要關懷在當代人的心理孤立，這是隨著文藝復興時期所浮現的個人自由而來的。㉞他的討論針對此孤寂與經濟發展的相互關係，也特別令人信服。他揭露「當代一般工業制度的特定因素，又特別在它的寡佔層面，造就了無能、孤獨、焦慮、沒有安全感的人格發展。」㉟孤寂經驗不辯自明地正是焦慮的近親。更確切地說，心理孤寂超越臨界點後就成爲焦慮。佛洛姆所面對的問題爲：既然人類是在社會母體中發展成個體，擁有自由的個體如何與人際世界產生關聯。這就像十九世紀時齊克果從個體性、自由與孤寂的觀點來看焦慮問題一樣。

首先要注意的是佛洛姆對自由本質的**辯證**概念。自由常常會有兩個面向：在消極面上，那是**免於**壓抑與權威的自由，但是在積極面上，自由必須能夠被運用**到**新關係上。個人孤立只會得出消極的自由。

這種自由的辯證本質見諸於孩童的出胎，也可以從文藝復興以來西方文化的性格結構系統發生學中看出。孩童自生命初始，便因為「初始聯結」（primary ties）而受到雙親的羈絆。他的成長便在脫離對雙親的依賴而增加自由——這個過程便是個體化。但是個體化會帶來潛在或實際的威脅；個體化也會逐漸打破與初始聯結的原始結盟；孩子逐漸覺察到自己是個分離的實體，自己獨自一人。

> 對照個別的實存，這種強而有力的與世分離如排山倒海般，往往危險又具威脅性，會產生無能感和焦慮。我們只要是外在世界不可或缺的一部分，不去覺察個別行動的可能性與責任，我們便不需要害怕。㊱

一般人無法無限期地忍受這種孤立感以及所伴隨的焦慮。理想上，我們會期望孩子在個體發展的力量基礎上，發展出新的正面人際關係，也就是藉由愛和有生產力的工作，逐漸長大成人。但是事實上，這個問題的解決永遠不單純，也沒有理想的方法；個體自由涉及每一成長階段的持續辯證。這個議題該如何面對？是要透過正向的新人際關係，或放棄自由以避免孤立和焦慮；是要重新建立依賴關係，或形成無數可紓緩焦慮的妥協方案（「神經症模式」）？這個問題的答案是人格發展的決定性因素。

同樣的自由辯證也可以在文化層次上觀察到。文藝復興時期初次浮現的個體性，帶來**脫離**中世紀權威與規範的自由——脫離教會、經濟、社會與政治箝制的自由。同時自由也意謂割離提供安全與歸屬感的聯結。用佛洛姆的話來說，這種割離「註定帶出深深的不安全感、無能、懷疑、孤獨與焦慮。」㊲

這種脫離中世紀箝制的經濟自由——市場自公會的規範中解脫了，高利貸的剝奪被拔除了，財富得以累積了——既是個人主義的新表現，也是它的強有力誘因。人們可以在能力（和運氣）範圍內，全心擴大自己的財富。但是這種經濟自由不可避免的個體孤立，以及歸順於新權力的傾向，會一直增加。個人現在

> 備受強大的「超人」力量、資本和市場威脅。因為每個人都是潛在的競爭者，人際關係既交惡又有敵意；他自由了——孤獨、孤立，備受各方威脅。㊳

觀察這些發展對中產階級的影響更為緊要，不只是因為中產階級已漸漸成為當代的主流，更因為我們有充足理由去假定，當代文化中的神經性焦慮是中產階級的專屬問題。財富的累積最開始只是少數文藝復興時期的權勢資本家所關心的，後來卻漸漸成為

都市中產階級的主要關懷。到了十六世紀，中產階級困在奢華權勢的極有錢人和極貧窮者之間，成了夾心餅乾。在新興資本家的威脅下，中產階級關心的還是律法的維護。他們可說是全盤接受了新資本主義下的潛藏假說。因此，中產階級在威脅處境下體驗到敵意，卻沒有像中歐農民那樣公開表達出叛逆來。中產階級的敵意多被壓抑，並成爲憤慨和怨恨的形式。被壓抑的敵意會產生更多焦慮，這是廣爲人知的現象，㊴也因此產生增加中產階級焦慮的內在心靈動能。

減緩焦慮的手段之一便是從事瘋狂的活動。㊵個人一方面要面對「超人」的經濟勢力，而產生無能感，另一方面卻仍對個人努力的效應抱持理論的信仰，焦慮便在這個兩難的困境中油然而生，並在過度的行動主義下成爲病症。眞的是這樣，**十六世紀以來對工作的大力強調，已經成為緩和焦慮的一種心靈動能。工作本身便是一種美德，這點已經相當背離工作所帶來的創意與社會價值。**（喀爾文主義〔Calvinism〕認爲工作成就雖然不是得到救贖的手段，但卻是使我們成爲神之選民的明確標誌。）這種工作無限上綱論，也讓時間與規則的重要性得到高度評價。佛洛姆認爲「永不歇息的工作驅力是十六世紀的基礎生產力，其重要性不下於蒸汽與電力之於當代工業體制的發展。」㊶

焦慮與市場價值

這些發展的後續效應，當然對西方人的性格結構有很深刻的影響。既然市場價值是最高的標準，身在其中的人也成爲可以被買賣的有價大宗物資。人的價值便成爲可議的市價，不論提供販售的是技術或「人格」。西方文化中這種人的商業價值（或更精確地說，貶值）及其後續效果，奧登在《焦慮的年代》中生動又尖刻地描繪了出來。當詩中年輕人懷疑自己能否找到有用的職業時，另一個角色回答說：

……那好，你將
不再困擾，認知自己是
一個商場所生產，價值浮動的
物品，一個必須服從
買主的小販。……㊷

因此，市場價值成了個人對自己的評價，他的自信和「自我感受」（我們的自我認同經驗）也多半是他人看法的反映而已，這裡的「他人」則是市場價值的代表人士。當代的經濟演進不只會造成人際的疏離，也助長了「自我的疏離」——一種個體與自己的疏離。孤立與焦慮感會因此油然而生，不只是因爲個體必定會與同儕競爭，也因爲他陷入了自己內在評價的衝突當中。

> 既然當代人的自身體驗既是賣方也是市場的貨物，他的自尊便來自自己掌控以外的狀況。如果他「成功了」，他便有價值；如果他不成功，他便一文不值。這種人生方向所帶來的不安全感，是不可能過度高估的。如果我們覺得自己的主要價值內容並非既有的人類特質，反而是變化莫測之競爭商場上的成功，這種自尊便註定不會穩固，且不斷需要他人的確認。㊸

我們當此處境便會沒完沒了地被迫奮力求「成」；這是我們確立自我並降低焦慮的主要方法。競爭奮鬥下的任何失敗，在在再威脅著自我的表面尊嚴——這儘管是表面的，卻是當此情境之人的全部。這也明顯會帶來強大的無能與低人一等的感覺。

佛洛姆指出，**寡佔性資本主義的新近發展傾向，已加速對人之價值的貶抑**。不只是工人，中小企業主、白領勞工甚至消費者，他們的角色越來越**與人無關。每個人都只是機器的小螺絲，而這部機器快得讓人無從了解，更遑論去影響它。因此，社會上便出現自由換工作或自由購物這種空泛的自由，這是種負面的自由，因為我們只是從一顆小螺絲，換成另一顆小螺絲**。這個「市場價值」繼續在「超人」的勢力基礎上運作，人爲的控制是微不足道的。可以確定的是，勞工聯盟和消費者合作社這類社會運動，雖然直接面對過這些發展，但是其影響到目前爲止，僅能減緩非關人的經濟生活，卻無法克服它。

逃避機制

從孤立與焦慮的處境發展出某種「逃避機制」是可以預期的。佛洛姆相信，西方文化最常運用的機制便是**自動從俗**（automation conformity）。個人「全盤接受文化模式所提供的人格類別；他絲毫不差地成爲所有其他人的樣子，以及他們期待他的樣子。」㊹這種從俗能持續進行的假說在於，「個人放棄獨立的自我，並成爲與周遭數百萬機器人完全一致的另一個機器人，他便不會感到孤獨，也不會有任何焦慮。」㊺這種從俗心態可以再次從佛洛姆的自由辯證性概念來理解。西方文化在自由的消極面已有長足進步，如免除外在權威對個別信念、信仰與意見的壓迫，但這麼一來，也大大造成了心理與精神上的眞空。**既然我們無法長期處在免於權威之自由所帶來的孤立中，便從內在發展出的新的權威取而代之，這就是佛洛姆所謂的「匿名權威」，如公共意見和常識。**

當代自由的面向之一，一直是以個人的自由選擇權爲尊。但是佛洛姆又說，「我們沒能充分認知到，**我們雖然戰勝了不讓人們有信仰自由的政教權力，但是當代人卻嚴重喪失了信仰任何自然科學無法查證事物的能力。**」㊻這種「內在的壓縮、衝動與恐懼」

填補了消極自由所留下的眞空，並提供人們自動從俗的強烈動機。儘管這種從俗是個人用來避免孤立與焦慮的手段，但是它卻會反向運作：**個人從俗的代價即是放棄自主性，他也因此更無助、無能和不安**。

佛洛姆筆下避免個人孤立的其他機制，有施虐—受虐狂和破壞性。儘管施虐狂與受虐狂就像其字意一樣，是強加痛苦或允許痛苦強加於己的慾望，但是它們更是一種根本的共生形式，個人因爲能全神貫注於另一人或多人的存在，而終能克服孤立。「受虐狂採取不同的掙扎形式只爲一個目的：**擺脫自我，丟掉自我；換言之，就是擺脫自由的負擔**。」㊼我們也會在受虐狂身上發現，個人藉由成爲「較大」力量的一部分，來努力撫平無助感。「破壞性」這個近代社會政治發展中的明顯現象如法西斯主義，同樣是爲了逃避難以忍受的無能與孤立感。破壞性的理性基礎可以從焦慮（在此文脈中是來自孤立的焦慮）與敵意的關係中看出來。正如我們早先指出的，焦慮創造出敵意；破壞性則正是這個敵意的顯明形式之一。

法西斯主義是個複雜的社經現象，少了焦慮便無法從心理面向來了解它。特別是那些不同層次的焦慮——個人的孤立感、無意義感以及失能感。衆所周知，法西斯主義來自一種中下階級的現象。佛洛姆在分析德國法西斯主義的起源時，便描述第一次世界大戰和一九二九年經濟蕭條後，德國中產階級所經歷的無能感。「絕大多數人爲無意義感與無能感的烏雲所籠罩，這是我們所謂寡佔性資本主義的代表。」㊽這個階級不只在經濟上沒有安全感，心理上亦如此；先前的權威、君主政治和家庭中心皆已失去。具備施虐—受虐狂和破壞性這兩項特徵的法西斯主義，功能相當於心理學上的一種神經官能病症——以法西斯主義來補償個人的無能與孤立，並免於焦慮的處境。㊾如果我們將法西斯主義比擬爲一種神經官能病症，那麼法西斯主義便是社群的神經性形式。

我對佛洛姆的批判主要在於他低估了人類發展的生理面，不然就只是口惠而已。例證之一在下面這段陳述：「人的本性、熱情與焦慮都是屬於文化的產物。……」我的回應是：「不，人的本性、熱情與焦慮並不只是文化的產物，它**既是**生理配備**也是**文化產物；前者是人類的侵略性、敵意與焦慮能力，後者則是指導和紓緩這些既有能力的表達。」在這層意義上，佛洛姆的批判者（以馬庫色〔Herbert Marcuse, 1898-1979〕爲主），將他貼上「修正主義者」的標籤，這一點很是正確。但是這些觀點不應該與下列事實混淆：佛洛姆的早期著作是具有將來性的重要貢獻，並對美國思想具有同樣重要的影響。我上面所談的以《逃避自由》（*Escape from Freedom*）這本書爲主要參考依據。他的《人人爲己》（*Man for Himself*）雖然是從海德格的學說衍生出來，對我同樣有眞正的幫助，我在前面已引用了部分。

卡迪納：西方人的成長模式

卡迪納對平原鎮（Plainville）這個美國中西部郊區小鎮的精神動力學分析，以及他所勾勒出來的西方人心理成長模式，對於當代焦慮文化來源的研究提供了一個不同於佛洛姆的進路。卡迪納的研究焦點集中在西方人的**基本人格結構**，他認爲這在過去二千年來變化極少，反之，佛洛姆關心的則是當代西方人的**特殊性格結構**。卡迪納以平原鎮爲基礎，勾勒出焦慮源起的**人格成長模式**，他並簡要地建議了這種成長模式與焦慮顯現於西方歷史發展中的方式。㊿

卡迪納發現平原鎮民非常焦慮，社會內也有許多敵意。擁有社會威望的目標支配著鎮民。個人在競逐這些目標時，一方面得到了自我肯確立，另一方面卻失去了自尊，感到挫敗和低人一等。社會威望如何成爲支配鎮民的目標呢？爲什麼這些目標的追求具有強制性競爭的特性呢？焦慮和敵意又是如何隨之出現的呢？這些都是卡迪納所提出的問題。要回答這些問題則要解釋平原鎮民的心理成長模式。

卡迪納補充說，平原鎮民和西方人的成長模式特性，都是以熱情洋溢的母子關係爲首。相較於原始文化，平原鎮新生嬰兒所得到的襁褓照顧、親情滿足和保護都非常完善。這奠定了孩童能夠看重自己的基礎。這種極佳的童年感情發展，造就了強烈的自我與超我，這兩者都免不了會將雙親理想化。儘管這種母子親密關係，可能讓孩子在成年後面對危機時，對母親會過於順從和依賴，但是在正常情形下，它的影響是建設性的，因爲它奠定了人格發展的堅實基礎。

不過，這種成長模式的第二項特性，卻是透過親子關係的紀律**把禁忌引進**。卡迪納看出這些禁忌主要和「性」及上廁所的訓練有關。這一點對此時剛起步且頗具建設性的心理成長是相當大的扭曲。孩子心中對父母親的關愛能否持續，以及由這份關愛培育出來的親情需要是否能夠滿足，開始感到懷疑。此時卡迪納稱爲「放鬆功能」（relaxor function）的孩童享樂模式被阻斷了。隨之而來的衝突，會造成好幾種結果。**敵意**是享樂模式被阻斷的結果之一。這種敵意可能是針對雙親而來——在這種情況下，敵意越嚴重孩子便越壓抑。敵意也可能是針對兄弟姊妹而來，孩子學會努力爭取的親情，如今受到威脅，而自己的兄弟姊妹便是競爭對手。既然情感的滿足本來便與雙親（特別是媽媽）有關，因享樂模式受阻而產生的焦慮，便會讓孩子更加依賴母親。也可能更加依賴父親，只是機率較低。雙親因此以焦慮解放者的姿態高高在上。最後，基於在成長模式中的重大意義，**順服**的概念便被大肆地膨脹。**順服**會形成某種**使焦慮減輕**的力量，反之，反抗則會釋放出某種疚責感以及伴隨產生的焦慮。

用卡迪納的話來說，在此模式下成長的人格，具有相當多「情緒潛能」的特性，但是卻會因爲行動模式受阻而無法直接表達出來。這類人格的正面特質可見諸於西方人所擅長的高度生產力。其負面結果則使得西方人無法抵抗大量的焦慮。

平原鎮民和西方人的特定焦慮情境如成功的焦慮、競逐社會威望等，是怎麼從這種成長模式中產生的呢？卡迪納同唐尼、佛洛姆一樣，甚爲關切對**成功**所賦予的重要性。

社會所認同的成功目標，是補償享樂與放鬆功能不足的工具。只要個人能夠覬覦某種成功的目標或安全感，他便可以宣稱擁有自尊。㉛

這種文化人格發展出來的強大自我表達能力，被導向了社會威望的達成，或威望象徵的財富。「爲成功奮鬥成爲強大的力量，因爲成功便等於自保和自尊。」㉜在上述成長模式中產生出來的人格，對於自尊的確立有強烈的需要，但是同時也會有許多自尊受挫的經驗。因此，當成長於這種文化中的人產生焦慮時，他便會試圖以新的成就紓緩焦慮和重建自尊。

社會的內在敵意也是競爭奮鬥的附加動機。卡迪納認爲這種社會內在的敵意，主要來自受阻的享樂驅力。**社會敵意通常會自我繁衍，因為當我們無法讓自己快樂時，便會加入小圈圈（例如傳播八卦）來阻止別人享樂**。社會內在的敵意因此便以社會所認可的侵略性競爭形式表現出來，通常會出現在工作競爭之中。這種敵意與侵略性使得人與人之間無法建立友善關係，因而更助長人的孤立感。平原鎮和西方社會中的人格通常因爲良善的童年親子關係，擁有建立社區的堅實基礎與強烈需求。成年人會加入扶輪社、獅子會或「樂觀人」俱樂部（the Optimists）。但是社會系統中的其他因素也會阻礙社群的發展，我們在前面看到、因社會內在敵意而導致的侵略性與競爭便是例證。

卡迪納對心理成長模式分析的貢獻，是不證自明的。但是我要在此提出一個與本書前述觀點一樣的問題：**是因為禁忌阻隔享樂模式，才使得成長模式中出現衝突、焦慮與敵意？或者禁忌反而是雙親掌控支配孩子，以及孩子人格後續正常擴張需求受限的所在？本書所強調的重點是後者。**

我認爲，控制與壓抑孩子成長的事實，以及雙親紀律的任意運用，都是孩子成長模式中的重要質素；而「性」與馬桶的禁忌，更是一種親子鬥爭的形式之一（在西方文化的某些地方如平原鎮，更是最顯著的形式）。誠如卡迪納所說的，我認爲孩子成年後焦慮的心理來源，最重要的便是卡迪納所謂西方文化中對孩童教養的**言行不一**。這一點透過卡迪納對阿洛人（Alorese）社區的研究得到支持，該社區的親子關係具有不規則、欺瞞和不可靠等特性，那裡的孩子長大後通常是孤立、不信任和焦慮的。

競逐社會威望又是如何從西方的歷史軌道中，浮現成爲支配性目標的呢？我們前面提過，卡迪納主張從約伯和蘇格拉底的時代，到當代的紐約，西方人的基本人格結構差異極小。根據卡迪納的說法，完善的童年雙親關愛、隨後的多方禁忌與衝動控制系統，以及因這些禁忌控制而來的敵意與侵略性，在西方歷史中彌久不衰。西方社會中一直存在著一個強大的服從雙親系統，並且以獎懲制度來控制禁忌，以及隨之而來的侵略性。卡迪納認爲，這種控制在中世紀時，靠著一成不變的家族系統來維護，並受到封建郡主權力的保護，更得到死後獎懲的宗教系統支援。因爲有家庭、封建郡主與教會，才得以有服從，焦慮也得以減輕。

當這些控制力量在文藝復興時期急遽消退時，社會福祉（成功、威望等）的關懷便取而代之。科學與資本主義的發展，大力促成了這種社會成就的關懷。自我因爲社會威望而得以確立；緊張與焦慮更因爲社會成就而得以減輕。教會、家庭與封建的控制，再也無法牽制社會的內在敵意與侵略性，敵意與侵略性現在**透過**競爭奮鬥，成了自我肯定的動機。

我將在此針對卡迪納所說，約伯與當代無名氏的人格無甚差異這一點，提出一個問題。古希臘公民和當代紐約公民若同時與愛斯基摩人比較，在基本人格結構上，會展示極大的相似性，這點可能沒有錯。但是歷史性的關鍵問題在於：不同時期的西方文化差異是如何發生的？用我們前面提過的曼海姆的話來說：「爲什麼中世紀的人與文藝復興時期的人分屬完全不同的類型？」原因可能是「基本人格結構」只是一個概念，它本身無法說明在不同時期產生不同類型的性格結構的變化。重要的是，卡迪納沒有看出所有前提都具有歷史相對性這點，包括當代心理科學的前提基礎在內。我在前面已經指出，這種歷史相對性對眞正的歷史意識是必要的。

註釋

①侯樂威（A. I. Hallowell），〈焦慮在原始社會中的社會功能〉（The social function of anxiety in a primitive society），《美國社會學評論》（*American Sociology Review*），1941, **6**: 6, 869-81。

②沙朗生等（Seymour Sarason, Kenneth Davidson, Frederick Lighthall, Richard Waite & Britton Ruebush），《國小學童的焦慮》（*Anxiety in elementary school children*, New York, 1960）。

③《社會的心理疆域》（*The psychological frontiers of society*, New York, 1945），p.99。

④這句話引述自墨菲（Gardner Murphy）的《從歷史看當代心理學》（*Historical introduction to modern psychology*, New York, 1932），p.446。

⑤〈生病的社會〉（Society as the patient）收錄在《美國社會學期刊》（*American Journal of Sociology*），1936, **42,** 335。

⑥卡爾・曼海姆，《人與社會》（*Man and society in an age of reconstruction*, New York, 1941）。

⑦佛洛姆，引文，p.14。

⑧我們對文藝復興時期的關注，大致相當於個人心理治療對童年早期階段的強調。文藝復興是當代開端，也是影響許多當代焦慮潛在文化模式之構成的時代，而童年早期則是成人焦慮潛在模式形成的時期。

⑨布克哈特（Jakob Burckhardt），《義大利文藝復興文明》（*Civilization of the Renaissance in Italy*, New York，1935），密朶模爾（S. G. C. Middlemore）譯。

⑩赫伊津哈（Johan Huizinga），《中世紀的衰落》（*The waning of the Middle Ages*, New York, 1924），p.40。

⑪赫伊津哈，《中世紀的衰落》，p.40。

⑫曼海姆，《人與社會》，p.117。

⑬我們在本章中對藝術品的預設在於，藝術家表達出文化中的潛在假設與意義，藝術象徵也往往比文字符號的表達，更不會受到扭曲，也更能直接溝通文化的意涵。

⑭引述自布克哈特，如上引文，p.146。

⑮西蒙茲（John Addington Symonds），《義大利文藝復興》（*The Italian Renaissance*, New York, 1935），p.60。

⑯布克哈特，如上引文。

⑰西蒙茲，如上引文，p.87。

⑱布克哈特，如上引文，p.150。

⑲西蒙茲，如上引文，p.352。

⑳羅曼・羅蘭（Romain Rolland），《米開朗基羅》（*Michelangelo*, New York, 1915），史崔（F. Street）譯，p.161。

㉑西蒙茲，如上引文，p.775。

㉒佛洛姆，如上引文，p.48。

㉓佛洛姆指出，「如果我們的人際關係以及與個人自我的關係，並沒有提供足夠安全感的話，那麼名聲便是讓疑慮噤聲的一個手段。」

㉔同上，p. 48。。

㉕卡迪納，如上引文，p.445。

㉖唐尼（R. H. Tawney），《貪得無厭的社會》（*The acquisitive society*, New York, 1920），p.47。

㉗同上，p.47。

㉘同上，p.49。從歷史的觀點來看，弗洛依德明顯接受了文藝復興以來西方文化的共通偏見，認為能夠不顧社會

而達到自我滿足的成功個人，便是健康的人格。這是唐尼由經濟的觀點出發，所謂個人自我利益的神化，以及自我膨脹之「自然本能」的心理形式，後者也是過去幾百年來工業主義的特色。這是當代西方文化理想在實踐的過程中，與長遠的倫理傳統違背的例證之一。

㉙琳德夫婦（R. S. Lynd and H. M. Lynd），《美國小鎮》（*Middletown*, New York, 1929），p.87。

㉚如上引述，p.72。

㉛這點在了解當代獨裁的發展上很重要。

㉜同上，pp.72 ff。

㉝同上，pp.81-82。

㉞佛洛姆，如上引述。

㉟同上，p.240。

㊱同上，p.29。

㊲同上，p.63。

㊳同上，p.62。

㊴請參見第四章霍妮所言。

㊵我在第十一章中描述了越戰士兵對類似瘋狂活動的需求。

㊶佛洛姆，如前所引，p.94。

㊷奧登，《焦慮的年代》，p.42。

㊸佛洛姆，《人人爲己》（*Man for himself: an inquiry into the psychology of ethics*, New York, 1947），p.72。

㊹佛洛姆，《逃避自由》（*Escape from freedom*），p.185。

㊺同上，p.186。

㊻同上，p.105。

㊼同上，p.152。

㊽《逃避自由》，p.217。

㊾請參見第三章葛斯汀的部分，以及瑞茲樂（Kurt Riezler）的〈恐懼社會心理學〉（The social psychology of fear），《美國社會學期刊》（*American Journal of Sociology*），1944, **49,** 489。

㊿卡迪納，《社會的心理疆界》（*The psychological frontiers of society*, New York, 1945）。

51同上，pp.411-412。

52同上，p.376。

7

焦慮理論的摘要綜合

Summary and Synthesis of Theories of Anxiety

我是有意提及「假說」的。
這〔擬定焦慮的假說〕是我們歷來最困難的任務，
但困難不在於我們觀察得不完整，
因為焦慮確實是我們最常見且熟悉的謎樣般現象；
困難也不在於對這些現象的臆測過於玄虛，
因為對個中干係的臆測成分幾乎不存在。
不，它真的就是假說的問題；
換言之，真正的問題在於如何引介正確的理論概念，
以及如何將它們應用到觀察的素材中，
以便使我們能看清楚焦慮的理則。

——**弗洛依德，〈焦慮〉，《精神分析導論補篇》**（*New Introductory Lectures*）

本章的目的在將前幾章的焦慮理論與資料加以整理綜合。用弗洛依德的話來說，我們的目的是企圖透過「正確理論概念的介紹」，爲這個領域帶來某種「理則與光明」。我們的目標是儘可能地建構出完整的焦慮理論來，至於不可能整合的地方，則指出各種理論之間的重大差異所在。我個人在本章中的觀點，不論隱顯，都是可以辨識釐清的。

焦慮的本質

焦慮研究者——以弗洛依德、葛斯汀、霍妮三人爲例——都同意，焦慮是一種**處於擴散狀態的**不安，恐懼與焦慮的最大不同在於，恐懼是針對特定危險的反應，而焦慮則是非特定的、「模糊的」和「無對象的」。焦慮的特性是面對危險時的**不確定感**與**無助感**。我們若是問說：在產生焦慮的經驗中，是**什麼**受到了威脅？我們便能了解焦慮的本質。

假如我是一位要去牙醫診所拔牙的大學生。我在路上碰到一位教授迎面而來，這個學期我選了他的課，也曾到辦公室找他。但他既沒有和我說話，也沒有點個頭或打招呼。和他擦身過後，我會感到「胸口」充塞著一股被咬的痛楚。**我不值得注意嗎？我是無名小卒——什麼都不是嗎？**當牙醫師拿起鉗子拔牙時，我感到一股比方才的焦慮更強烈的恐懼。可是一旦我離開牙醫手術椅，也就忘了方才的恐懼。但是先前焦慮的被咬之痛卻揮之不去，甚至晚上做夢時都還會出現。

因此，焦慮中的威脅未必比恐懼來得強大，但是它卻會在某個更深刻的層次攻擊我們。這威脅必定是針對人格「核心」或「本質」內的某個部分而來。我的自尊、我個人的經驗、我的價值感，這些都是關於威脅指向何物的描述，但是並不能窮盡其內涵。

我對焦慮的定義如下：**焦慮是因為某種價值受到威脅時所引發的不安，而這個價值則被個人視為是他存在的根本**。威脅可能是針對肉體的生命（死亡的威脅）或心理的存在（失去自由、無意義感）而來，也可能是針對個人認定的其他存在價值（愛國主義、對他人的愛，以及「成功」等）而來。我們稍後（第九章）會討論到南西（Nancy）的案例，以說明個人如何將自己的存在與他人的愛等同；當她提到未婚夫時說：「如果他對我的愛變質，我會完全崩潰。」她的自我安全完全仰賴這位他者是否愛她和接受她。

將某種價值與自己人格的存在等同，在湯姆①這個案主身上被戲劇性地表現出來，他感到焦慮的是，究竟他可以保住工作，還是將再度接受政府的失業救濟，他說：「如果我無法養活家人，我不如跳河算了。」他的意思是，如果他無法做一位負責任和有尊嚴的自食其力者，他的整個生命都將沒有意義，他不如死去算了。他會以了此殘生的方式——自殺——來證明這一點。焦慮的情境因人而異，人們所依賴的價值亦然。但是焦慮不變的是，威脅必定是針對某人認定的重要存在價值，及其衍生的人格安全感而來。

我們雖然經常用「擴散的」和「模糊的」來形容焦慮，但這並不表示焦慮比其他的感情痛苦少些。在其他條件不變的情形下，焦慮的確可能比恐懼更痛苦。此外，這些詞彙不只是泛稱焦慮的「整體」身心特質而已。其他的情緒如恐懼、憤怒和敵意，也同樣會滲透到有機體的全身。處於擴散和未分化狀態的焦慮性質所指涉的，反倒是經驗到了威脅的人格**層次**。個人體驗到的不同恐懼，是根據他發展出來的安全模式而定的；**但是在焦慮的經驗中，是這個安全模式本身受到了威脅**。不論恐懼多會令人不舒服，但是當它被經驗成一種威脅時，便可以在空間上確認它的位置，並做出調適，至少理論上是如此。有機體與給定對象之間的關係才是重點，如果對象可以被除去，不論是以重新確認或逃離的方式完成，不安就會消失。但是因爲焦慮攻擊的是人格的根基（核心、本質），所以個人無法「置身於威脅之外」，也無法將它客體化。因此，個人便無法採取具體的步驟去面對它。我們無法和自己所不知道的事物抗爭。用俗話說，就是我們覺得被絆住了，或者如果焦慮很嚴重，甚至令人窒息的話，那麼我們會感到害怕，卻不確定我們害怕的是什麼。基於焦慮所威脅的，乃是個人核心而非周邊的安全感，因此弗洛依德和蘇利文等人，把焦慮描述成一種「宇宙」經驗。焦慮**是**「宇宙的」，因爲它將我們完全攻陷，穿透我們整個主觀世界。我們無法站在外面將它客觀化。我們不可能將它與自己分別對待，因爲我們看待事物的知覺作用本身，也被焦慮入侵了。

這些思考協助我們了解，爲什麼焦慮會以主體和無特定對象的經驗呈現。齊克果強調焦慮是指一種內在狀態，弗洛依德主張焦慮中的對象是「被忽略的」，這並不表示（也**不應該**被認爲是）引起焦慮的危險情境不重要。在神經性焦慮的案例中，「無特定對象」一詞所指涉的，也不僅是導致焦慮的危險已被壓抑至無意識的事實。**焦慮所以沒有特定對象，是因為它敲擊的是我們知覺經驗的心理結構基礎，而這正是我們的自我得以與客觀世界區隔的基礎**。

蘇利文說過，自我動力的發展是爲了保護個人，使其免於焦慮。反之亦然，不斷增加的焦慮會降低自我的覺察。隨著焦慮的比例漸增，對於自我是與外在世界客體相連的主體這個事實的覺察，會日益曖昧。因爲此時對自我的覺察已淪爲對外客體世界覺察的附屬品。隨著個人經驗的焦慮嚴重程度而停擺的，正是這種主體性與客體性之間的分殊。因此才會有焦慮「由後方攻擊」，或由各個方向同時圍攻這種說法。越焦慮的人越無法看清自己與刺激的關係，也因此無法適當地評估刺激。我們會說「某人**有**恐懼」，但卻說「某人**是**焦慮的」，這兩句話是許多語言中的慣用講法，十分準確地說出了兩個概念間的差異。因此，在嚴重的臨床案例中，焦慮會是一種「自我消解」（dissolution of the self）的經驗。

當布朗（Harold Brown，第八章）說他「害怕發瘋」時便是明證；病患經常用這句話來描述即將發生的恐怖「消解」。布朗也說道，他沒有「特別的感覺，甚至對『性』也一樣」，而那種情緒眞空著實令人「極度不舒服」（我們不免好奇，**美國和今日西方世界對「性」如此戀著，是否就在以最容易的方式掌握特別的感覺，以此支撐自我，來對抗社會解離的焦慮**）。重度焦慮者的經驗，是局外人難以體會的。布朗批評他的朋友說：「他們要求一位即將滅頂的人（我）游泳，卻不知道他在水下的手腳都被綁死了。」這句話確實是一語中的。

針對以上內容，我們總結如下：焦慮沒有特定對象的本質，是因爲**個人安全的基礎受到威脅，而因為有此安全基礎，個人才得以在與客體的關係中經驗到自我，於是主客體的區分也因此崩解**。

因爲焦慮會威脅自我的基礎，所以在哲學層次上的理解，可以被說成是自我將不復存在。田立克稱此爲「非存有」（nonbeing）的威脅。我們是存有、是自我；但是也隨時可能「不再存有」（not being）。死亡、倦怠、生病、破壞性的侵略等，都是非存有的例證。多數人心中會與死亡聯想在一起的正常焦慮，肯定是這類焦慮的最普遍形式。但是**自我的消解不只包括肉體的死亡。它也可能包括自我存在所認同的心理或精神意義的失落，也就是無意義感的威脅**。因此，齊克果所謂焦慮是「對虛無（nothingness）恐懼」的陳述，在此脈絡下的意義便是，害怕自己變得一無所有。我們後面會談到，勇敢而正向地面對這個因自我消解威脅而來的焦慮，實際上反而會強化我們有別於客體和非存有的感受。這是自我存有經驗的強化。

正常的焦慮和神經性焦慮

上述對焦慮的現象學描述不只適用於神經性焦慮，也適用於不同類別的焦慮，例如葛斯汀的腦部受損病患，在重大災難情境下的反應便是。在允許反應強度有所差異的情況下，它也可以應用到在各種不同情境下的人，所經驗到的正常焦慮。

說到正常焦慮的例子，且讓我們思考以下這個集結極權政府統治下人民親身經歷所拼湊出來的見聞。在希特勒開始掌權時，某位著名的社會主義者正住在德國。只是幾個月的光景，它就獲知他的同事不是被關入集中營，就是下落不明。雖然在這段期間內，他對自己身處險境的情況了然於心，但是他卻無法確定自己**是否**會被逮捕；其次，如果他會被逮捕的話，蓋世太保會在**什麼時候**出現；最後，一旦被捕了，他的命運又將**如何**。在這段期間內，他的不確定感和無助感，不斷持續擴大，並讓他痛苦至極，而這些正好都是前面描述的焦慮特質。他所面對的不只是可能死亡或集中營痛苦羞辱的威脅，更是對他個人存在意義的威脅，因爲他相信爲自己信念奮鬥的自由，才是他所認同的存在價值。這位人士對威脅的反應具備了所有焦慮的基本特徵，但是它與實際的威脅呈現正比例變化的相關關係，故不能被稱爲神經性的焦慮。

正常焦慮的反應具備以下特質：⑴與客觀的威脅不會不成比例，⑵不涉及壓抑或其他內在心靈衝突的機制，⑶不需要啓動神經性防衛機制來管理焦慮（這是由第二點推導出來的），⑷能夠在意識覺察層次上建設性地對待，**或者**當客觀的處境改變時，會變得較爲紓緩。剛出生的嬰兒對於跌落或沒有被餵食的威脅，所產生的原初和擴散反應，是在正常焦慮的範疇內。這些威脅都是在嬰兒尚未成熟到足以進行心理內在壓抑與衝突的過程之前就發生了，因此不可能是神經性焦慮。而且就我們所知，在此相對無助的狀態下，嬰兒會把這些事件視爲是對其存在客觀眞實的危害。

正常焦慮會以弗洛依德所謂「客觀焦慮」（objective anxiety）的形式，在一生中不斷出現。這種正常焦慮出現的徵兆，可能是在沒有任何確切威脅的情況下，就顯得擾攘不安、小心謹愼，或是警戒地四下顧盼。利戴爾曾說過（第三、四章），焦慮之於智識，如隨行之影。庫比（Lawrence Kubie）也認爲，焦慮是人類童年受驚模式與成年理性之間的橋樑。阿德勒相信，文明本身乃是人類覺察到自己不完美下的產物，這也是焦慮的另一種表現。以上引述的這些想法，足以證明正常焦慮在日常生活中的重要性。

成人身上的正常焦慮經常被忽視，因爲這種經驗的強度通常比神經性焦慮要來得低。此外，因爲正常焦慮的特徵之一是，它可以被建設性地管理，因此不會以「驚慌」或其他戲劇性的形式表現出來。但是反應的**量**不應該與**質**混爲一談。只有在考量反應是否與客觀的威脅成正比時，反應強度才是區分神經性與正常焦慮的關鍵。在每個人成長的過程中，都曾有過自己的存在和所認同價值遭遇威脅的經驗。但是人類通常都能以建設性的態度面對這些經驗，把它們當成是「學習經驗」（這裡指涉其深廣的意義），繼續自己下一步的發展。

正常焦慮的共同形式之一，就是人類與生俱來的有限性，也就是人類面對自然力量、病痛、脆弱以及終極死亡的脆弱。這在德國哲學思想中被稱作「原始焦慮」（*Urangst* ②或 *Aangst der Kreatur*），並爲霍妮和莫勒等當代焦慮研究者所參照。這種焦慮和神經性焦慮不同的地方在於，「原始焦慮」並未隱含自然的敵意。再者，「原始焦慮」並不會引出防衛機轉，除非人類的有限性成爲個人內在**其他衝突和問題的象徵或焦點**。

實際上，要在死亡或其他人類有限性情境的焦慮中，區分出正常的與神經性的質素，並不容易。這二種焦慮在多數人身上是混雜的。當然，死亡焦慮多半落在神經性焦慮的範圍，例如青少年憂鬱期對死亡的過度關注便是。在西方文化中，不論個人在青少年、老年或其他發展階段，所產生的是怎樣的神經性衝突，它們多半環繞在人類面對死亡時的無助與無能這個象徵上。③因此，我不希望以人類有限性所產生的正常焦慮爲掩飾，大開合理化神經性焦慮的方便之門。在臨床工作的實際處置上，只要擔心死亡的情況一出現，我們最好先假設神經性焦慮的存在，並努力把它們驅趕出來。但是科學上關心這類焦慮中的神經性質素，不應該遮掩了死亡也能夠和應該被當成客觀事實來看待的眞相。

就這個觀點而言，索弗克列斯（Sophocles, 496-406 B.C.，譯註：希臘三大悲劇作家之一）

曾說，致力「觀照生命全貌」的詩人與作家，它們的作品對過度關注神經症行爲的狹隘科學傾向，或許是一種有益的矯正。死亡是所有詩文關心的主題，但我們並不能把詩人全部歸於神經官能症者的品類下。例如，具有詩文想像力的人可能會在某處石岬冥想大海，「從永恆看瞬間，從滄海見一粟，或更照見自身淹沒於無垠陌生空間的景象」；而且他可能「會因爲看見自己在此不在彼……，在今不在昔，而大感驚奇敬畏」（巴斯卡）。這是害怕自己可能會淹死的感覺，於是從視覺經驗與冥想中退卻出來。這兩者都是焦慮，但是前者屬於正常焦慮，後者則是神經性焦慮。反過來說，基於浩瀚時空以及個人渺小存在而興起的詩意感懷（當然，這還包括人是有能力超越這種渺小的哺乳動物，他**知道**自己的有限，其他動物卻不知道；此外，人是具有對事物**驚異好奇能力**的哺乳動物），則能夠彰顯個人當下經驗的價值，以及他在美學、科學或其他領域之創造潛能的意義。

與死亡有關的正常焦慮根本不會帶來沮喪或憂鬱。正如任何正常焦慮一樣，因死亡引起的焦慮是具有建設性意義的。明白自己終將與同伴分離，會讓我們想要在此刻與他人更加親近。因了解人類活動與創造能力終有斷絕之日所引發的正常焦慮，可以像死亡本身一樣，會成爲個人想在當下生活中，活得更負責、更熱情，以及更珍惜時間的動機。

正常焦慮的另一項共同形式，與以下的事實有關；亦即，個人只有在由其他個體共同組成的社會母體中，才能發展出他的個體性。這點在孩子的發展上看得最清楚，這種在社會關係脈絡中的成長，是逐步打破對雙親依賴的過程，因此不免會造成親子關係間的危機與衝撞。齊克果和蘭克等人都討論過這類焦慮的來源。蘭克認爲正常焦慮寓居於整個人生歷程的各種「分離」經驗中，從臍帶被剪時與母親分離的經驗開始，直到死亡時與人類存在分離的經驗爲止。如果這些潛在可能製造焦慮的經驗能夠成功地調解，不只孩子或青少年將更形獨立，同時也能夠在更新、更成熟的層次，重新建立與雙親和他人的關係。因此在這類案例中的焦慮，應該是「正常」焦慮，而非「神經性」焦慮。

在上述正常焦慮的案例中，我們可以看出每個案例的焦慮都和客觀的威脅成正比。它不會有壓抑或心靈衝突，只要當事人多一點勇氣與力量，以建設性的方式發展，就可以被克服，不需要退縮到神經性的防衛機制中。有些人會稱這些正常焦慮的情境爲「**潛在**製造焦慮的處境」。他們覺得，當事人若沒有被焦慮所淹沒，也沒有展現出任何形式的顯著焦慮，用「潛在」一詞會更爲確當。就某種意義而言，這樣的區分在教學實務上有其價值。但是嚴格說來，我不相信這除了是個有用的同義詞之外，還有其他任何價值；因爲**潛在的焦慮仍然是焦慮**。如果一個人注意到自己所面對的某個處境**可能**會產生焦慮，那麼他已經體驗到焦慮了；他必然將採取面對這種處境的步驟，以便使自己不被吞沒或打敗。

我們或許要花更多的篇幅來說明，主體層面對於了解神經性焦慮的必要性。如果我們只是客觀地界定焦慮問題，也就是以個人適切因應威脅情境的能力來看待，那麼我們當然可以合理地辯稱，將神經性與正常焦慮加以區分，並沒有邏輯上的需要。在這種情況下，我們只能說焦慮的人比較無法因應威脅罷了。例如智障者或是葛斯汀的腦受損患者，我們就不能將他們面對威脅時經常產生的脆弱稱爲「神經性的」。對於一位有整潔強迫症的腦受損患者而言，在雜亂無章的衣櫃中找到他要的東西，**或許**就已對他構成了客觀的威脅，以及隨之而來的深重焦慮，因爲他的能力削弱了，所以無法引導自己找到東西。就我們所知，對於葛斯汀的病患而言，使他們頻頻產生嚴重焦慮的，乃是客觀眞實的威脅。就像我們前面所指出的，這種情況也同樣適用於小嬰兒身上，而且對許多孩童或事實上相對弱勢無能的人而言，也是如此。

但是，任何觀察者都可明顯看出，許多人深陷的焦慮處境，不論在種類或程度上，都不能算是客觀的威脅。當事人可能經常會說，自己所焦慮的事件微不足道，或是自己的憂慮很「愚蠢」，他或許也會因爲被這麼小的事情困擾而對自己生氣；但是他仍舊感覺焦慮。對於那些小題大作去回應威脅的人，我們有時會把他們描述成是內在「攜帶」的焦慮「過量」了。不過這是錯誤的說法。事實上，這些人對威脅是極度脆弱無力的。問題是他們爲什麼會這麼脆弱。

另一方面，**神經性焦慮**的定義正好是我們對正常焦慮定義的顚倒。它所反應的威脅(1)與客觀危險不成比例，(2)會有壓抑（分裂〔dissociation〕）和其他心靈衝突的形式，於是便會(3)產生許多形式的退縮行動與警覺，例如禁制、外顯症狀以及各種神經性的防衛機制。④一般而言，當「焦慮」一詞在科學文獻上使用時，即意指「神經性焦慮」的意思。⑤要說明的是，這些特徵彼此相互關聯；**而反應與客觀危險所以會不成比例的原因，是因為某些內在的心靈衝突造成的**。因此，反應與主觀威脅之間從來不會不成比例。我們同樣要說明的是，以上這些特徵又各有其主觀的指涉。因此，只有當焦慮問題的主觀研究進路——也就是以個人內在心靈問題爲基礎——被含括進來時，我們才能界定神經性焦慮。

將科學關注的焦點放在，使個人連微小客觀威脅都無法因應的內在心理模式和衝突上，基本上得歸功於弗洛依德的天才。布朗得知母親的手臂受了點小傷；這件事引發他一連串的聯想，他不但夢到自己被謀殺，還導致嚴重的衝突。因此，要了解神經性焦慮的問題，便是要了解個人對威脅過度脆弱背後所潛藏的主觀內在心理模式。弗洛依德的早期著作曾對此做出區分——此一觀點貫穿其作品，只有些微修正——他認爲客觀焦慮指的是「眞實的」外在威脅，而神經性焦慮則是對本能的「衝動主張」（impulse claims）感到恐懼。這個區分的優點在於，它鎖定了神經性焦慮的主觀位置。但是這個定義不夠準確的地方在於，爲什麼個人的內在衝動，只有在表達後會產生「眞實」危害——例如他人的懲罰或否定——時，才算構成威脅。雖然弗洛依德朝這個方向略微修正了自己的早期觀點（第四章上半部），但是他並沒有追根究柢地追問：**在個人的人**

際關係中，使得衝動的表達會構成威脅的因素為何？⑥

因此，神經性焦慮就是在個人無法適切因應主觀而非客觀威脅時，所發生的情況；也就是說，阻礙個人運用自己力量的，並不是客觀上的脆弱，而是他內在的心理模式與衝突。⑦這些衝突通常源自童年早期的處境（下一節會通盤討論），孩子在那時尚無法客觀面對威脅到人際關係的處境。同時，孩子也無法有意識地承認威脅的來源（例如，發覺「爸爸媽媽不愛我或不要我」時）。因此，壓抑所焦慮的對象，便是孩童神經性焦慮的主要特徵。

雖然壓抑通常始於早年的親子關係，但是終其一生，它會以壓抑威脅的形式持續出現。這點幾乎可以在每個臨床案例中得到證明，尤其是南西、法蘭西絲與布朗等個案更是明顯。⑧由於壓抑自己對威脅的恐懼，是導致個人無法覺察自己不安的來源；因此，除了前述焦慮無特定對象的本質時，所提到的一般來源之外，神經性焦慮下的情感作用所以會「沒有特定的對象」，是另有特殊原因的。神經性焦慮時產生的壓抑（分裂，覺察的阻斷）本身，便會使個人在面對威脅時更加脆弱，於是這又加重了神經性焦慮。首先，壓抑造成人格的內在矛盾，使得心理處在極度不平衡的狀態，並且註定會在日常生活中飽受威脅。其次，因為壓抑，所以當眞實的危險發生時，個人便比較無法加以分辨和抗衡。例如，大幅壓抑自己攻擊性與敵意的人，可能會對他人採取順服和被動的態度，這反而使他更容易被人剝削，於是又讓他更需要壓抑自己的攻擊性與敵意。最後，

壓抑會助長個人的無助感，因為它會造成個人自主性的減損，也就是個人力量的內縮與框限。

以上我們針對神經性焦慮的簡短討論，是爲了協助讀者了解我們對這個名詞所下的定義。接下來的章節將針對這種焦慮的動能與來源，提供更完整的討論。

焦慮的起源

正常焦慮是有機體針對外來威脅做出反應的一種能力表現；這種能力是先天的，也有它與生俱來的神經生理系統。弗洛依德指出，小孩天生便有「朝向客觀焦慮發展的傾向」；他相信那是自我保護本能的表達，而且也具有明顯的生物效用。這種個人對威脅反應能力所採取的特殊形式，會受到威脅本質（環境），以及個人學習因應威脅的方式（過去與現在經驗）的制約。

焦慮起源問題引發了以下的疑問：**在何種程度內，我們可以說焦慮與恐懼是學習得來的？**過去數十年來，這個問題的探究主要是透過有關恐懼是先天或習得的辯論來進行的。我相信這些辯論對此一問題的陳述，是令人困惑的，因此辯論大多無法切中要害。例如霍爾（Stanley Hall, 1846-1924，譯註：美國心理學家及教育家）認定的「先天」恐懼清單，無論在理論上和實務上都很薄弱。它在實務上的弱點是，如果我們假設某些恐懼和焦慮是與生俱來的，那麼便意味著矯正或去除焦慮幾乎是不可能的事。它的理論弱點則在於，這些所謂的本能恐懼是可以被輕易否證的，就如同華生（John B. Watson, 1878-1958，譯註：美國人，行爲主義創始人）所描述的「先天恐懼」那樣。

既然新生兒少有防衛性反應是個事實，所以成年後的反應不見得都是經過學習得來的。⑨關於焦慮或恐懼的「先天性」問題，我認爲唯一必要的假設就是，**人類有機體與其先祖一樣，具有反應外來威脅的能力**。

但是關於哪一個特定事件會對個人產生威脅，則與學習有關。這些事件就是所謂的「制約刺激」（conditioned stimuli）。這點在恐懼事件上特別明顯：恐懼是針對特定事件的制約反應，而個人則是在學習過程中得知這些事件對他會造成威脅。這點也同樣適用於特定的焦慮上。莫勒在寫給我的私人信函中，針對這個問題提出下列的說法：

> 我會這麼說：我們認為是創傷（痛苦）經驗造成了坎農（Cannon）的緊急反應。與創傷有關的對象和事件變成了威脅，也就是說，變得有能力做出緊急反應。當這個反應真的以制約反應出現時，它就是恐懼。有能力對外來威脅做出反應的意思是(a)有能力學會這麼做，或是(b)學習的實際結果。⑩

我們或許可以再加上一項評論。關於「焦慮是否是習得」的問題，當前各種研究進路的差異，不僅涉及定義的問題——也就是作者所謂的焦慮或恐懼，究竟是正常的或神經性的——同時也與當事人的分歧意見有關。基於每種恐懼或焦慮投注的焦點都與個體經驗密切相關的觀察，學習心理學家便宣稱焦慮是習得的。但是，像坎農等關注有機體天賦能力的神經生理學家，則傾向認定焦慮不是習得的。我相信這二種觀點之間不必然是衝突的。

我認為，面對焦慮的能力不是習得的，但是某人的焦慮量與焦慮形式，則是學習得來的。意思是說，正常焦慮是人類有機體所以為有機體的一種功能；每個人在關鍵價值受到威脅的處境下，都會經驗到焦慮。（動物在這種處境下則會產生警戒。）但是，威脅到個人關鍵價值的處境是**什麼**，**則**多半靠學習得來。特定的恐懼與焦慮，是個人對威脅的反應能力與環境制約之間，互動發展出模式來的表達。這些模式發展的母體最主要的就是家庭處境。而這又是個人所居廣義生活文化的一部分。

至於神經性焦慮的具體來源，弗洛依德主要關注的是**出胎創傷**和**去勢**恐懼。他在早期著作中視出胎創傷爲焦慮的眞正來源，成年焦慮不過是在「重複」出胎創傷時的原始情感。後人（莫勒）指出，「情感的重複」是個令人質疑的概念；因爲威脅必須持續出現，否則情感就不可能現身。弗洛依德後來試圖以比較象徵性的方式來說明出胎經驗；它代表的是「與母親的分離」。這就比較容易了解了，因爲我們雖然無從由現有的資料得知，出胎的困難是否預示了成年後的焦慮，但是把童年焦慮的象徵視爲與母親分離的恐懼，確實是有意義的。蘭克學派（Rankians）和某些弗洛依德學派的學者認為，出胎是打破拘束進入一個嶄新而陌生的處境，這個象徵類似於齊克果的焦慮概念，亦即焦慮會在我們經驗的每個新的可能中產生。總之，如果與母親分離是焦慮的起源，要了解成年焦慮背後的發展模式，就要找出此一分離的意義；換言之，母子關係中有哪些特殊價值因分離而受到威脅？本書的未婚媽媽研究中，嬰兒期與童年的母子分離，對中產階級女性與勞動階級女性的意義並不相同。對前者而言，它代表價值混亂、雙重束縛，以及無能找到自我的方向；對後者而言，則單純意味著到外頭交新朋友。

弗洛依德對去勢的立場仍舊是曖昧的。有時候他認為去勢確實是焦慮的來源（漢斯害怕馬會咬掉他的生殖器）。有時他又只是象徵性地運用這個字詞：去勢代表失去獎賞或價值。去勢在西方文化中經常象徵小孩的個人權力，被強勢的大人所剝奪，這個觀點的爭議不大，權力在這裡不單指性活動，也包括工作或各種個人的創意活動。如果失去性器官的恐懼被視為焦慮的起源，那麼關鍵問題仍舊在這個失落的**意義**——讓孩子感到威脅的親子關係本質是什麼？是哪些對孩子具意義的**價值**受到威脅？⑪

既然焦慮是人格存在的基本價值在受到威脅時會有的回應，而且人類有機體的存在又有賴嬰兒期的某種重要關係，所以這些基本價值就是最初存在於嬰兒與重要關係人之間的安全模式。親子關係對焦慮起源的了解至關重要，這一點學者的看法相當一致（蘇利文、霍妮等）。在蘇利文的焦慮概念中，母親佔了重要的位置。母親不僅是嬰孩生理需求滿足的來源；她也是嬰孩整體情緒安全的來源。對這個人際關係的危害，也將威脅嬰孩在人際世界的地位。因此蘇利文主張，焦慮的源頭在母親排斥所造成的嬰兒不安。這種不安早在嬰兒有意識覺察到母親的認可或否認之前，便透過母子心電感應而發生。霍妮認爲，孩子的根本焦慮在於，他對雙親既依賴又敵對的衝突。另有數位學者主張，焦慮是因爲孩子個性和群性發展有所衝突造成的（佛洛姆、齊克果）。

要說明的是，「衝突」是從上面兩項陳述產生。要進一步了解神經性焦慮的起源，必須要探究潛藏其下的衝突本質與源頭。這點我們將在「焦慮與衝突」這一節討論。

焦慮能力的成熟

我們在前面幾章中已詳細檢視三種回應危險的類型，它們會在人類有機體的發展過程中展現出來。首先是**驚嚇模式**，這是一種情緒產生前的本能反射性反應；其次是**焦慮**，一種尚未分化的情緒反應；第三是**恐懼**，一種分化過的情緒反應。我們注意到，嬰兒在很早的時候會展現出驚嚇的模式——早在生命的第一個月便出現了。我們還記得，所謂的焦慮情緒則在稍後出現：吉塞爾（Arnold Lucas Gesell）研究的嬰兒在五個月大時，便會顯露出些微的不安，徵兆之一就是不停地轉頭。我先前提過，這種「不停轉頭」的動作，對我而言，就是一幅極具意義的焦慮圖像；亦即嬰兒感受到某種立即的威脅，但是卻不知道它會來自何方，也無法和它建立空間上的連屬關係。我們也看到，僅僅幾個月後，同一個嬰兒在面對同樣的刺激時，所展現的主要反應便是哭，吉塞爾稱此爲「恐懼」。這個進展便是一種**成熟的過程**，也就是從分化程度較低的反應方式，發展成分化程度較高的反應方式。

我在前面提過史必茲所說的「八月焦慮」（eight month anxiety）。此時孩童已發展到能夠認出自己的母親，以及有母親陪伴的環境。因此，當陌生人出現在母親應該出現的地方時，孩童便陷入焦慮之中。

神經的成熟如何影響焦慮與恐懼？嬰兒初生之時的知覺與分辨能力，尚未發展到足以讓他認出危險的地步。舉例而言，神經發展的成熟不僅意味著在視覺上確認威脅的能力漸增，同時代表大腦皮質對刺激的詮釋能力也增加了。伴隨著這個成熟過程所產生的結果是，單純反射性的行爲減少了，情緒性的行爲則增加了。這點反倒使得區辨刺激的程度，以及控制回應的自主性，大爲提升。換言之，在嬰孩能夠以尚未分化的情緒（亦即體驗到焦慮）回應具有威脅的刺激之前，神經已達某種成熟度是必要的前提。嬰孩要能夠分辨不同的刺激，將危險客體化，並把它當成恐懼來回應，則必須具備更高的成熟度。從葛蘭珂和史匹格爾的士兵行爲研究中，可看到這個順序的有趣倒轉。在極端的壓力下，戰場士兵的行爲會變得渙散（diffuse）和渾噩（undifferentiated），以便因應威脅。葛蘭珂和史匹柏格強調，這種行爲的大腦皮質分化和控制的程度較低——亦即更接近嬰兒的層次。

在了解孩童的防衛反應時，必須把成熟度的因素列入考量，這點是無庸置疑的。弗洛依德也注意到這一點，他表示嬰兒出生時的焦慮能力尚未臻於極致，其成熟巔峰期約在童年早期。葛斯汀主張，雖然新生兒在某些情境下會有焦慮，但是要能夠回應具體的恐懼，則有待爾後的發展。因此，在同意成熟度必須列入考量的前提下，我們將進一步探討更具爭議性的問題，它對焦慮理論具有重要意義，**也就是焦慮與恐懼究竟孰先出現的問題**。

嬰兒在剛出生的最初幾天就會有焦慮反應，已是廣爲人知的事實。班德（Lauretta Bender）表示，出生滿八、九天的嬰兒就會有淸晰的焦慮反應。雖然被稱爲恐懼的反應可在數個月大的嬰兒身上見到，但是我卻從未聽說過，數星期大的新生兒有可被稱爲恐懼的行爲。此外，即使嬰兒極早期的反應被稱爲恐懼——例如華生在他「兩種原始恐懼」理論中的描述——我們可以很明顯地看到，它所描繪的乃是處於擴散狀態、尙未分化的不安，應該以焦慮稱之才恰當。我認爲這是個奇怪的現象：許多焦慮與恐懼的研究者會論及嬰兒的「早期恐懼」，但卻沒有人確認這些所謂的早期恐懼，這一點我們在前面已經指出。西蒙茲（Symonds）認爲焦慮是從「原始的恐懼狀態」成長出來的，他據此推論把恐懼視爲是範圍比較廣泛的統稱名詞，而焦慮則被視爲是衍生的情緒。⑫但是西蒙茲筆下嬰兒的不安行爲，應該就是焦慮，他事實上也是這麼稱呼的。他確實說過嬰兒的早期經驗中並沒有他所謂的恐懼反應。在我看來，許多心理學的文獻似乎普遍抱持一種未經批判的假設，認爲恐懼必然會先浮現，而焦慮則是後來才發展出來的。會有這個假設或許部分是因爲焦慮研究主要處理的是**神經性**焦慮，而這種焦慮的確是一種複雜的情感，它不會在孩童發展出自覺能力，以及其他複雜心理過程之前出現。此外，未經批判就把恐懼當成統稱用語的傾向，也或許部分是因爲我們的文化傾向使然（見第二章與第四章的討論），一旦特定行爲項目在傳統上符應了當代主流思潮的數學理性方法，我們就會特別予以重視。

基於我對焦慮與恐懼的知識和經驗，我將以下列方式總結它們的起源。在初始的反射性防衛反應之後，接著會**對威脅浮現出一種處於擴散狀態和尚未分化的情緒性反應——也就是焦慮；最後在成熟期則會出現，針對具體明確危險做出已經分化過的情緒性反應——也就是恐懼**。這個序列也可以從成年人對某種危險刺激的反應中看出來；例如，突如其來的槍響。最初的反應是驚嚇。其次，當他覺察到威脅但卻無法確認槍擊來源，或無法確定自己是否爲槍擊目標時，他便是處在焦慮的狀態。最後，當他能夠確定槍擊來源，並且採取步驟逃離現場時，他便是處在恐懼的狀態。

直到晚近幾年，恐懼與焦慮的區別，在心理學的研究中還是被忽略的，或者基於這兩種情感具有相同的神經生理基礎，就把它們混為一談。但是由於這個區辨的工作沒有做好，以致我們對恐懼與焦慮的了解，也被混淆了。有機體在恐懼與焦慮下的反應極為不同，因為這些反應是發生在不同的人格心理層次上。

我們從對恐懼和焦慮下胃腸活動的研究，可以清楚看出這種差異。當湯姆這位裝了胃瘻管的案主（第三章），在面對某個具體的危險時（被惹火的醫生將發現湯姆犯錯），他的胃便不再活動了，而他的心理與生理狀態，就像被動員起來要逃跑一樣。這顯然是恐懼。但是當湯姆晚上躺在床上睡不著，為了不知道自己還能在醫院工作多久而煩惱時，他的神經生理反應就正好相反：胃部活動加速，交感神經活動（「逃亡」）降到最低。這是焦慮。兩種反應的差別如下：恐懼中的湯姆知道自己害怕什麼，因此可以從某個方向做具體的調整——也就是逃跑。儘管焦慮下的緊張，顯然是由某種具體的危險引起的，但是威脅卻引發了湯姆的內在衝突：他要自食其力？或是仰賴政府的失業救濟？恐懼被醫生發現而事跡敗露，這件事會讓人不舒服，但不至於變成災難。但是出現在**第二種情況的威脅，卻指向湯姆的人格存在中所認定的自尊價值**。我們在此強調的重點，不僅在於恐懼與焦慮的反應大不相同，更重要的是，恐懼與焦慮對人格造成的威脅層次也不一樣。

在孩童恐懼的研究中發現，恐懼有極大比例是「非理性的」質素，也就是和孩子實際的不幸遭遇沒有直接的關聯，這點具有高度意義。此外，這些研究另有重要的資料顯示，孩童的恐懼是「游移不定」和「不可測的」。這兩項研究資料都指出，在所謂的恐懼之下潛藏著某種情感的成分。事實上，「非理性恐懼」一詞嚴格來說，本身便是矛盾的；如果恐懼不是逃離經驗中習得的痛苦或危險，那麼當事人對威脅所做的反應，必然牽涉到其他層次的問題。

我們或許可以反駁說，「非理性恐懼」一語本身並不矛盾，因為弗洛依德等人就論及「神經性恐懼」的概念，亦即恐懼與眞實的處境大幅脫節。但是弗洛依德引述了多種恐慌症做爲神經性恐懼的例證，而恐慌症的定義就是侷限於某個對象上的焦慮形式。我認爲，**是神經性恐懼下的焦慮，使得恐懼具有不切實際和「非理性」的特質**。針對恐懼的研究指出，在具體的恐懼之下，存在著更爲基礎的反應過程。

現在我們可以來解決焦慮與恐懼間之關係的問題了。當有機體的存在與價值受到威脅時，他所具備的一般和原初反應形式，就是焦慮。隨後當有機體逐步成熟，能夠在神經與心理層次分辨出具體的危險對象時，防衛的反應也才能相對變得具體；這種針對特定危險分化出來的反應，便是恐懼。**因此，焦慮是基礎的、潛藏的反應——它是個概**

稱；而恐懼則是同樣一種能力的表達，只是以具體客觀的形式呈現出來罷了。此一焦慮與恐懼的關係，不僅適用於這些情感的正常形式，也適用於它們的神經性形式。神經性恐懼是潛在神經性焦慮分化後在具體和客觀層面的表現。換言之，神經性恐懼與神經性焦慮之間的關係，就如同正常恐懼與正常焦慮之間的關係。我相信焦慮是「基礎的」，而不是「衍生的」。如果說兩者中有一項情緒是衍生的，那就是恐懼，而不是焦慮。不論如何，我認爲，把焦慮研究置放在恐懼研究範疇下的習慣作法，或是試圖透過恐懼研究來解讀焦慮，都是不合邏輯的。要了解恐懼，就必須優先了解焦慮的問題。

我們說焦慮是「基礎的」問題，不只因爲它是回應威脅的一般和原初形式，也因爲它是在人格的基礎層次上回應威脅。它是針對人格「核心」或「本質」威脅的回應，而不是對周邊危險威脅的回應。因此，恐懼是在威脅尚未抵達這個基礎層次前，就做出的回應。個人對許多威脅他的具體危險適切地回應（也就是在恐懼的層次上做出適切的反應），以避免他的基礎價值和安全系統的「內部堡壘」遭受威脅。葛斯汀把恐懼界定爲「害怕焦慮現身」，正是此意。

然而，如果我們無法因應具體形式的危險，那麼個人較爲深層的人格「核心」或「本質」，便會受到威脅。用軍事術語來類比的話，前線各個陣地的戰事代表的是具體的威脅；只要戰事侷限於外圍地區，只要危險能夠被阻卻於外部防禦工事之外，那麼核心地區便不致受到威脅。但是當敵人突破防線進入首都，當內圈防線的連繫被打散，而且戰事烽火連天地四處蔓延時；換言之，當敵人由四面八方圍攻過來時，防守士兵不知道該往哪個方向前進，或該守住哪個陣地時，我們便要面對全軍覆沒的威脅，同時也必然會連帶出現驚慌失措的行爲。後者可以被類比爲基礎價值或人格「內部堡壘」的威脅；**以個體心理學的術語來說，那是被當作焦慮來回應的威脅**。

因此，我們可以把恐懼比喻成對抗焦慮的盔甲。小羅斯福總統以及多位歷史先賢所說的「恐懼的恐懼」（fear of fear），指的就是我們因爲無法克服危險所產生的不安，我們並因而被拋入災難的處境。因此，所謂「恐懼的恐懼」，其眞正的意思就是焦慮。

焦慮與衝突

神經性焦慮多半會涉及內在衝突。存在於兩者之間的，往往是一種相互往復的關係：這種持續得不到解決的衝突，終將使當事人壓抑衝突的某一部分，於是導致神經性的焦慮。而焦慮反過來會引發一連串的無助和無能感受，以及造成或增強心理衝突的行動癱瘓。從史德喀爾（Stekel）所謂「焦慮**是**心靈的衝突」，一直到弗洛依德、齊克果、霍妮等人，爲發掘這種衝突本質所做的系統性努力，都是在描述這種衝突狀態。

潛藏於焦慮之下的衝突，是個人本能需求與社會禁制夾縫下的產物，這個觀點源自弗洛依德。他對此現象的地誌學描述（topological description）如下：「自我」（ego）困在

「本我」（id，基本上是帶有里比多性特質的本能欲求）與「超我」（superego，文化要求）之間。儘管弗洛依德將「焦慮就是被壓抑里比多的轉換」這個初階理論，修正成為「是自我察覺到危險處境而壓抑里比多」的理論，但是這個被廣泛質疑的衝突內容以及伴隨產生的焦慮，都是里比多無法得到滿足而引發的。在弗洛依德看來，解消焦慮的威脅正是里比多受挫的威脅，或者是里比多一旦滿足便會受懲的威脅。

受挫的里比多是否就造成了衝突，以及隨之而來的焦慮呢？自弗洛依德以降的無數焦慮研究者（霍妮、蘇利文、莫勒等）都曾提出這個問題。這些研究者的共識在於，挫折本身並不會造成衝突。眞正的問題反而是：挫折會對哪些核心價值產生威脅？這點可以從「性」這件事加以說明。有些人有許多性慾的表現（沒有挫折之苦），卻仍舊有許多焦慮。有些人的性需求相當缺乏，卻沒有過度焦慮之苦。更有意思的是，另外有些人**會因為性慾受到某位性對象的拒絕，而陷入衝突和焦慮之苦，但是被另一位性對象拒絕時，卻不會如此**。因此，在性慾滿足之外，另有其他的需求存在。

問題不在於挫折本身，而在於挫折是否威脅到某種人際關係的模式，這個模式對個人的安全與自尊，具有重大的意義。在西方文化中，「性」的活動通常被人們認為是個人權力、尊嚴與威望的表徵；因此對於這些個人而言，性事的挫折威脅便極有可能造成衝突與焦慮。弗洛依德對維多利亞文化中性壓抑與焦慮之間的常態關係，所做的現象學描述，我們並無異議。因為性的禁制往往是西方文化中，威權的家長及社會用來框限孩子的手法。這些限制導致孩子在發展與擴張上的壓抑。於是性衝動與這些權威（通常是家長）起了衝突，個人因激起可能受懲的想法而與權威疏離。這種衝突在許多案例中確實造成了焦慮。但這並不表示說，是里比多受挫這件事導致衝突與焦慮。生理慾念受挫的威脅不會產生衝突與焦慮，除非這個慾念被認定是個體存在的基本價值。當蘇利文說，人類追求安全的活動通常比滿足飢餓和性等生理需求更重要時，他並無低估生理行爲之意。他只是要指出，生理需求必須被放在有機體的整全需求之下來考量，因爲個體具有維繫和伸展其整體安全與權力的需求。

卡迪納（Abram Kardiner）認爲潛藏於西方人焦慮之下的衝突，是因爲在兒童發展早期引進禁忌所致，於是孩子的放鬆享樂模式（relaxor pleasure patterns）便受到阻礙。雖然卡迪納和弗洛依德一樣，強調這個衝突的生理內容，但是卻認爲孩子的這項衝突之所以嚴重，是因爲在西方文化的心理成長模式中，禁忌是在孩子已對父母孕育了強烈的情感需求與期望之後，才被引介進來的。因此，焦慮不只是因爲享樂模式的受挫所致，一旦父母親讓孩子有所期望，但卻不能滿足他們，此時父母的不可靠與言行不一，也會造成孩子的焦慮。

在這些衝突之間是否有公約數存在呢？我相信這個公約數可以在**個人與社群的辯證關係中找到**。[13]一方面人是個體的發展；個體性乃是既存的事實，原因在於每個人都是獨特的，而且有別於其他的個體。行動不論如何受制於社會因素，仍舊是個人的行動。在成長過程中，當自覺開始浮現的時候，每個個體的行動，也會有一定程度的自由與責任浮現。但是另一方面，發展中的個人仍舊是社會網絡的成員，他對社會的依賴不僅表現在早年的生理需求上，他的情緒安全需求也是如此。只有在社會網絡的人際互動中，「自我」（self）與人格的發展才能得到理解。

嬰兒與孩童的存在任務，就是要漸進地把自己和雙親區分開來。若從這個辯證關係中的個人層面來看，他的成長在於減少對雙親的依賴，增加對自己權力的依賴與運用。若由社會層面來看的話，孩童的成長則需要逐步與雙親在新的層次上建立關係。**這個辯證發展的過程中，任何一端產生障礙，都會造成心理衝突，其最終的結果便是焦慮**。只要有免除對應關係的「自由」，就有孤獨叛逆者的焦慮。只要有缺少自由的依賴，就有執著於共生關係者的焦慮。當我們無法獨立行動時，每一個需要自主行動的新情勢，都會威脅到我們。

只要發展在任何一端受阻，增加衝突與焦慮的個人內在機制便會開始運作。那些獨立卻沒有良好關係的人，會對造成自己孤立的人產生敵意。那些活在共生依賴關係下的人，則會對壓迫自己能力與自由的人產生敵意。不論是哪一種情況，敵意都會增加衝突和帶來焦慮。

另一個機制——壓抑——也將現身。沒有發揮的能力或無法滿足的需求，並不會消失掉，而是被壓抑了。這種現象在臨床上經常可以觀察得到：叛逆、獨立、孤僻的人，對固定人際關係的需求和慾望，是相當壓抑的，而活在共生依賴關係下的人，也會壓抑獨立行動的需求和慾望。壓抑的機制會降低自主性，並增加無助感與衝突，這點是爲人熟知的，我們前面也早已指出。

不論「社會」一詞屬於弗洛依德的負向意義，或阿德勒的正向意義，上述的討論並未隱含衝突存在於個人與社會**之間**的意思。我們強調的重點是，「群我」（individual-in-community）這個辯證關係的任何一端發展，若是失敗了，將會導致影響兩端的衝突。例如，個人若逃避自主的決定，便會退縮到一種「封閉」的狀態（齊克果），而他與別人溝通的可能性，也就隨著其個體的自主性一起被埋葬。雖然這種封閉狀態是爲了避免衝突的結果，但後來卻會導致更大的衝突，也就是神經性的衝突和焦慮。

這種以「群我」的角度來描述潛藏在焦慮之下的根本衝突，會有所言空泛的問題，但其優點在於強調成長的任何一端，都是克服衝突與焦慮所不可或缺的一部分。它的另一項優點在爲焦慮文獻中衆說紛紜的衝突理論，提供一個參考架構。許多理論會強調衝突起源於童年早期（弗洛依德、霍妮等），是可以理解的，因爲童年是「群我」第一個產生衝突的競技場。「性」可以表達出「群我」，也可能被扭曲爲自我中心（虛假的個體性或剝削的唐璜）或是共生的依存（假社群，小鳥依人的模式）。

主張個人衝動一直被拘束的結果，遲早會導致衝突與焦慮（弗洛依德）的衝突理論，有其道理，卻不是完整的眞相。那些強調辯證關係中社會彼端的理論（蘇利文、阿德勒），則呈現了這幅圖像的另一個層面，也對那些過度強調個人衝動表達的理論，提出了矯正。莫勒等人論證說，焦慮與衝突往往來自疚責感，這又是因爲個人無法擁有成熟負責的社群關係所致。因此，我們在多方分析焦慮之下的衝突後，似乎可以得出以下的結論：衝突的建設性解決方案在於，**個體能夠在社群的擴張過程中，逐步實踐自己的能力**。

焦慮與敵意

焦慮與敵意相互關聯；其中一項的出現，往往便會帶動另一項的出現。**首先，焦慮會帶來敵意**。這點很容易理解，因爲焦慮會伴隨無助、孤立與衝突等感受，令人極端痛苦。當事人自然會對那些置他於痛苦處境的事物生氣和憤怒。與以下類似的事例，在臨床上不勝枚舉：一位依賴型的男案主，發現自己無法因應他目前的責任，因而對置他於這種處境的人，以及使他無法克服這種處境的人（通常是父母親），產生了敵意。他對於理當幫助自己脫離苦境的心理治療師，也會有敵意，就像布朗對我產生敵意一樣（第八章）。

其次，敵意會帶給焦慮者會帶來更強烈的焦慮。弗洛依德的小男孩案主漢斯對父親產生敵意，是因爲父親阻礙漢斯對母親過度的欲求。但是如果漢斯表達了敵意，便會惹來強勢父親的報復，這將更增添漢斯的焦慮。另一個例子是卡迪納對平原鎮的研究：鎮上的社會內部敵意，是因爲鎮民互相阻斷彼此的享樂模式（講閒話），因而增加了個人的孤立感，焦慮也隨之提高。

在敵意與焦慮相互作用的前提下，哪一種情感才是更根本的呢？我們有理由相信，儘管敵意是呈現在許多處境中的具體情感，但是焦慮卻往往潛伏在敵意之下。這點在敵意被壓抑的案例中，特別能夠看出來。我們還記得湯姆「恐懼母親就像恐懼神一樣」，既然他這麼怕神，便不會對神回嘴，因此我們可以肯定，不論他有任何敵意，都會被壓抑下來。我們從高血壓（這種身體症狀通常和被壓抑的敵意有關）病人的身心研究中得知，病人最初所以會壓抑敵意，就是因爲他們既焦慮又依賴。這個模式的合理性可以擴及到其他的壓抑敵意與焦慮相互關聯之處境：**除非個人感到焦慮，以及害怕反轉的敵意或孤立，否則他就不需要壓抑自己的敵意**。我並不是要把敵意完全歸屬在焦慮的問題下；人只要自己的活動受限，當然就會有敵意，這是十分正常的。我們在此所講述的，是特指**被壓抑**的敵意而言。

在所有神經症的模式中，包括所謂身心疾病這個特殊族群在內，焦慮都是主要的病源。就這層意義而言，焦慮是所有疾病和行爲干擾在**心靈上**的公約數。

文化與社群

我在第六章中討論過某種模式的先天背景，這個模式是造成當代文化焦慮的**情境**——亦即個人競爭的野心。不過，我們仍然得綜論西方社會在這個模式影響下的人格狀態，並特別考量當代**大量**的焦慮，與現代文化的歷史發展階段有何關聯。

我們簡要的重點回顧如下。西方文化的主要目標在於追求社會名望，社會名望的定義是成功，而成功又是依據經濟財富來界定。財富的獲取被認爲是個人權力的證明與象徵。既然成功是從與他人的社會地位比較得來，追求成功的本質便是競爭性的：個人如果超越戰勝他人，便成功了。由競爭取得的成功，其目標不僅是因爲文藝復興時期強調以個人權力對抗社群而設定，且隨著這個目標的歷久不衰，它更促進了個人與社群的對峙。做爲主流文化的價值，競爭得來的成功，同樣也是自我評價的主要判準；競爭得來的成功於是成爲自己和他人眼中自我肯定的手段。**因此，西方文化中的個人，凡是遇上威脅到這個目標的事物，便將引發他們深刻的焦慮，因為它威脅到我們人格存在所抱持的重大價值，也就是威脅到我們的根本價值和個人名望。**

由競爭獲取成功這個主流目標，雖然主要是以經濟財富的多寡論斷，但是卻也成爲個人關係中的奮鬥目標。霍妮對西方文化中的這種現象，有極爲精采的描述：

我必須強調，競爭以及伴隨而來的潛在敵意，充斥在所有的人際關係中。競爭是社會人際關係的主控因素之一。它充斥在男人的關係中，也滲入女人的關係中，不論競爭的項目是名氣、才幹、吸引力或其他的社會價值，競爭都會使值得信賴的友誼受到極大的損傷。就像前面指出的，競爭對男女關係的干擾，不僅表現在伴侶的選擇上，同時也表現在男女互爭優勢的奮鬥過程中。校園生活也是充滿競爭。而最重要的，也許是競爭擴散到家庭情境中的狀況，於是，孩子剛出生就無可避免地被接種了這個病菌。[14]

例如，「愛」不是被當成克服個人孤立的建設性方法，而往往被當成是自我擴張的手段。我們爲了競爭的目的而利用愛，在競爭中拔得頭籌，贏得令人稱羨的伴侶；那是個人社會才幹的證明；伴侶就像是股市投資獲利所得的戰利品。另一個常見的例子是，我們會因爲孩子在大學得獎，或以其他形式爲家族增光，就對小孩另眼相待。**在西方文化中，愛往往被當作是減輕焦慮的手段來追逐，但當它是在泯滅個性的競爭架構下進行時，這樣的追逐反而會增加孤立感和敵意，也因此會使人更加焦慮。**

基於我們此處所謂個人主義競爭模式而產生的焦慮，不僅在個人發覺成功的可能性受到威脅時會出現，還有其他許多更爲細膩的方式會導致焦慮。焦慮因**人際的孤立與**

疏離而生，此處則是因為自我肯定的模式，是以打敗他人來評價。早在許多文藝復興時期功成名就者（如米開朗基羅）的身上，就可以看到這樣的焦慮。競爭性個人主義所造成的**社會內部敵意**，也同樣會產生焦慮。最後，如果我們**把自我看成是商業市場的貨品**，或把自我能力感的來源建立於外在的財富上，而不是內在的能力與生產力上，便會造成自我疏離，焦慮也因此產生。用奧登的話來說，我們是一個「必須聽命於買主……的社群。」這些態度不僅扭曲了我們與自我的連結，同時因爲自我價值的標準是繫於隨時可被他人挑戰的成功上，以致我們更爲脆弱、無助和無能。

此外，在個人主義競爭模式中運作的「惡性循環」機制，也使得焦慮的情況更爲加劇。**西方文化所允許的焦慮減壓法，是要我們加倍努力地去獲取成功**。既然社會內部的敵意和侵略性，可以透過社會認可的競爭方式表現出來，焦慮的個人便會更加努力地競爭。**但是更多的競爭與侵略，只會帶來更深的孤立、敵意與焦慮。這個惡性循環可以圖解如下：相互競爭的個人努力→社會內部的敵意→孤立→焦慮→更多的競爭努力**。因此，在這個架構下最常被用來驅散焦慮的方法，就長期而言，實際上反而會增加焦慮。

現在讓我們來檢視一下西方文化現況與當代個人焦慮程度之間的關係。二十世紀的西方文明充斥著大量焦慮（或類焦慮狀態）的信念，唐尼、田立克、孟福、佛洛姆、霍妮、曼海姆、凱斯勒、瑞茲樂（Kurt Riezler, 1882-1955）等人，都曾經以不同方式表達過。

他們各自從自己探究的特殊觀點，提出這個處境的證據與解釋。他們都同意的一點是，潛藏在這個焦慮之下的乃是深刻的文化變遷，至於描述這個變遷的語彙則各自不同，如「人們看待自己的危機」、傳統文化形式的「崩解」等都是。

到了十九世紀後半葉及二十世紀初期，人們對世界原本就抱持的和諧關係信仰，也已經崩解了；昔日這個信仰至少以某種方式，使人們儘管彼此競爭，但仍能維持某種社群關係。深具洞察力的思想家如馬克思（Karl Marx）等，明白個人競爭的野心並不能自動增進社會的福祉。它反而會因此產生無力與孤獨的感覺，增進「非人化」（馬克思），造成人際間的疏離（田立克）以及自我疏離的強化。昔日驅散焦慮的理想與社會「信仰」，已失去作用；只有那些依然願意攀附在這些幻想（過去的舊「信仰」）上的人，它們才具有減輕焦慮的作用。⑮

因此，文化解離的現象便成爲所有探索現代世界者共同描述的對象。曼海姆由社會學的角度談論西方社會刻正經歷的「崩解階段」（phase of disintegration）。凱斯勒從哲學的觀點出發，自「概念統合的喪失」（loss of conceptual unity）推論出文化的解離。而瑞茲樂則透過社會心理學的觀點，從西方文化的「欠缺論述世界」（lack of a universe of discourse），推導出文化的解離。

從心理學這個角度來看，任何人只要認眞審視當代文化，便可以看出這種解離或矛盾。霍妮認爲矛盾存在於個人宣稱的自由以及事實上的限制之間。社會告訴個人，他是自由的、獨立的，能夠根據自己的自由意志決定自己的生活；「偉大的生命遊戲」為他敞開，而且只要他有效能，他就能得到他想要的東西。但事實上，對於大多數的人而言，所有這些可能性都是有限的……對個人而言，結果便是在可以決定自己命運的無限權力感，以及全然無助的感受之間擺盪。⑯

理論與實際之間存在著矛盾；首先，理論上，我們相信每個人都可以靠自己的努力與長處，自由地獲取經濟上的成功；其次，實際上，個人仍舊相當程度需要仰賴自己無法掌控的超個人技術力量（如市場）。卡迪納指出，平原鎮民「大體信奉社會垂直流動的美利堅信條，並且相信人可以心想事成。但是事實上，他們的機會非常有限……就算他們離開小鎮也一樣。」⑰

另一個矛盾存在於個人理性主義的信念，以及實際的情況之間；首先，個人理性主義相信，每個人都可以根據事實做決定；其次，個人多數的決定動機，實際上並非奠基於對情境的有意識理性評估。基於這個矛盾產生的心理無助感，往往使個人牢牢抓住以「公共意見的匿名權威」和「科學」等為名的理性力量幻影。瑞茲樂這麼寫道：

對於工業時代的理性人而言，每件事都有其「自然因」；沒有魔鬼的干擾。然而人在危機的時候，也會受到無邊恐懼的支配。……理性人是長期相對安全下的產物，他積累了許多被視為理所當然的事物。這本身就值得懷疑的訓練養成過程，要為他的脆弱承擔起部分的責任。他這套秩序基模的理性基礎，事實上並不存在。⑱

理性的幻想所以能夠暫時減輕焦慮，是因爲將矛盾壓抑下去。這點對焦慮問題別具意義，因爲焦慮的「非理性」特質，所以我們往往會避免去面對它。我們將在海倫這個案例身上（第九章）看到，她想辦法壓抑自己懷孕的事實，並用各式各樣的「科學」資料，爲自己的幻想服務。整個西方文化的傾向是將焦慮「合理化」成具體的恐懼，如此個人便相信自己是以理性的方式在面對。但是這實際上是壓抑了焦慮的眞正來源。對多數人而言，這個幻想遲早要崩潰。

文化的矛盾與不一致當然會讓社會成員在面對焦慮時更形脆弱，因爲這將爲個人增添更多難以決定行動方案的處境。我們還記得琳德夫婦筆下的美國小鎮，鎮民經常「陷入衝突模式的混亂中，這些模式並非全然不對，但是也沒有哪一個模式徹底地得到認同或免於困惑。」當個人的價值與目標受到威脅時，他便無法透過文化價值系統的參照，爲自己指出方向來。因此，個人經驗中的威脅，不只在挑戰他能否達成目標，而是任何出現的威脅都在質疑他的目標是否值得追求——**換言之，威脅成了針對目標本身的威脅。讀者應該還記得我曾指出，當威脅不再針對細微末節，反而直指價值標準本身時，恐懼便轉變成更深刻而普遍的焦慮。這就是使人感覺到「自我消解」的原因**。我相信這是西方社會正在經歷的現況。於是，對個人實際上只是小威脅的事，在西方的文化中，卻可能把個人拋入慌亂和劇烈的失序中。

同理，曼海姆主張，「我們須得明白，西方社會所面臨的不是短暫的不安，**而是激烈的結構變化**。」⑲例如，失業者在失業期的焦慮，不只是因爲生計暫時受到威脅而已：

> 對人而言，〔失業〕的災難不只是外在工作機會的消失而已，此外，他原本與社會機構的平順運作得以密切相連的細膩情緒系統，如今也失去了可以固著的對象。他的一切努力得以傾注的渺小目標，也驟然劇逝，而且他失去的不只是工作的地方、日常的任務，以及讓長期形塑的勞務素養得以發揮的機會，更重要的是，他習以為常的慾望和衝動也無法得到滿足。就算因為失業救濟而使眼前的生活需求無虞，但是他整體生命的形構，以及家庭的希望和期待，都因此破滅了。⑳

曼海姆接著討論到的觀點，我認為意義重大：

> 當個人了解到，自己的不安全感不只是他自己的問題，而是所有人類同儕共命的遭遇時，他慌亂到了極點；他於是明白，再也沒有任何的社會權威，能夠設定無可置疑的標準，來決定他的行為。**我們在此可以看出，在個人失業與普遍不安之間存在的差異**。如果個人在承平時期丟掉工作，他或許會很失望，但是他的反應多少是可以預見的，而他的沮喪也大致遵循著一般的模式。㉑

換言之，個人在失業後仍舊可以相信文化的價值與目標是有效的，儘管他自己當時未能達成這些目標。但是在集體失業與不安時代的個人，甚至連文化的根本價值與目標也無法信任。

我的意見是，**當前焦慮普遍存在的原因，就在於潛藏現代文化之下的價值與標準本身受到了威脅**。㉒這其中的差別與曼海姆所說的相似，一種是周邊的威脅，也就是每個社會成員依據文化假設的基礎可以承受的威脅；另一種是深層的威脅，也就是對文化潛藏的假設，或所謂文化「憲章」（charter）㉓本身的威脅。我們還記得唐尼的論述，他說之前的當代革命，都是在個人權利行使統治權這個公認的文化假設上產生的；因此，革命的目的在尋求和擴大個人的權利基礎。不過，這個潛藏的文化假設本身，並沒有受到質疑或威脅。我相信現今的處境已非昔比。**當前社會變遷所涉及的威脅，已經無法在既有的文化假設基礎上獲得解決，因為真正受到威脅的乃是這些潛藏假設的本身。**

唯其如此，我們才能解讀何以期待些微的經濟景氣變化，竟會對許多西方人造成如此深重的焦慮，那焦慮是與實際的威脅完全不成比例的。個人經驗到的這個威脅，並不是對生存的威脅，甚至也不會威脅到個人主要關心的名望，**它所威脅的是我們認定的文化生存基本假設，也是身為文化參與者的個人所認定的存在價值。**

當前西方文化受到威脅的基本假設，含括了自文藝復興以來，佔據西方社會核心的那些與個人競爭野心有關的價值。就這點而言，受到威脅的乃是個人的「信仰」，也就是我們所謂「個人競爭野心會帶來效益」的信心。個人主義的假設受到威脅，因爲在當前的社會發展階段中，這些假設摧毀了個人的社群經驗。極權主義則是對社群需求，所展現出來的文化神經官能症狀；這個症狀發生在崇尚競爭的個人主義社會中，孤立疏離的個人爲了減輕因無力感與無助感帶來的焦慮，於是以此爲因應的手段。田立克指出說，極權主義是社群集體主義的替代品。我則認爲，西方社會若要有效地克服焦慮，就必須要發展出妥當的社群形式來。

「社群」（community）一詞在此指的是，個人與社會環境中的其他人之間，具有正向連結的質素。就這個意義而言，它和「社會」（society）這個中性名詞有所區隔。每個人都屬於某個社會，不論他是否願意、是否出於自己的選擇，也不論他是否對社會發展做出建設性的貢獻，或大肆破壞。社群則不然，它指的是自我與他人之間肯定與負責的連結。一個經濟的社群會強調工作的社會價值與功能。一個具有心理學意義的社群，則會涉及個人與他人之間愛與創意的連結。

註釋

①請參見第三章。

②*Urangst* 字面上的意思譯成英文爲「原始焦慮」。

③我認爲，西方文化討論到死亡時，之所以會把它當成神經性焦慮的象徵，原因在於死亡是客觀事實的日常看法，受到了廣泛的壓抑。在西方文化中，個人似乎應該要漠視他將在某個時刻死去的事實，好像少說爲妙，又好像如果能夠遺忘死亡的事實，生活的經驗便可以因此提升。事實上，結果正好相反：**如果死亡的事實被忽視，生活的經驗便容易變得空虛，失去活力與風味**。幸運的是，這種對死亡事實的壓抑，目前有朝向更開放方向發展的跡象。

④它有癱瘓當事人的傾向，因此無法產生建設性和創造性的活動。

⑤此一曖昧不清正是爲何清楚區分這二種焦慮如此重要的原因之一。

⑥請參見下一節。

⑦當我們面對那些年齡和客觀能力都足以適切因應焦慮的人時，有一個區分正常與神經性焦慮的簡便方法，就是去檢視焦慮是如何在事後被運用的（*ex post facto*），正常焦慮會被建設性地用來解決造成焦慮的問題，而神

經性焦慮則會導致對問題的防衛和逃避。

⑧請參見第八、九、十章的討論。

⑨請參見第四章註⑥。

⑩作者授權引述。

⑪「去勢」一詞經常被當前的弗洛依德學派心理分析師當作處罰的同義語。雖然把詞義普遍化具有強調親子關係的優點，但是被處罰威脅的價值究竟爲何，這個問題仍然無解。

⑫《人類的調適動能》（*Dynamics of human adjustment*, New York,1946）。

⑬我用「辯證的」一詞，意指一個關係的兩端，各自互相影響與制約。A影響B，而且B也反過來影響A；各自因爲知道對方的存在，而成爲不同的實體。「社群」（community）這個詞被用來取代「社會」（society），因爲社群隱含一種正向的關聯品質，是靠著個人的自覺而達成的。

⑭霍妮（Karen Horney），《當代的神經性人格》（*The neurotic personality of our time*, New York, 1937），p. 284。

⑮「驅散」（dispelled）這個詞在此是與務實降低焦慮的態度有關，而「紓緩」這個詞則是指避免焦慮，但卻沒有解決焦慮問題的態度。同樣的態度在一段時間內，或許可以驅散焦慮，但在另一段期間內，卻變成是紓緩（避免）焦慮的手段。譬如說，個體的經濟努力可以促進社群福祉的假設，實際上是沒有錯，而且在資本主義擴張時期也的確驅散了焦慮。但是在近來的經濟發展，上述假設便與事實相距甚遠，不過仍不失爲紓緩焦慮的手段。

⑯《當代的神經性人格》，p.289。

⑰卡迪納，如上引述，p.264。

⑱瑞茲樂，〈恐懼的社會心理學〉（Social psychology of fear），收錄在《美國社會學刊》（*American Journal of*

Sociology），1944, **44**,496。

⑲曼海姆（Karl Mannheim），《人與社會的復興》（*Man and society in an age of reconstruction*, New York, 1941），p.6。曼海姆把西方社會刻正經歷的「崩解階段」（phase of disintegration），視爲是「放任主義」（laissez-faire）與「管制主義」（planless regulation，也就是極權主義）這兩種傳統原則之間的衝突所造成的。做爲經濟與社會原則的放任主義，在當代多數時候是有用的。當工業時代晚期的多元發展，使得放任主義失效時，某種形式的規則管制便註定會出現。實際出現的「病態」管制形式，曼海姆認爲有「獨裁主義、從俗主義與野蠻暴力」。曼海姆深信試圖回到放任主義原則的解決方案，既不可能，也不具建設性，顯然更不會爲管制主義所認同。他的建議是採行以計劃經濟爲基礎的民主政體。從許多方面來看，我的研究分析與曼海姆的分析是平行的，他的「放任主義」與我在此所用的「競爭性個人主義」相當。

⑳同上，p.128。

㉑同上，p.130。

㉒請參見羅洛•梅，〈當代焦慮理論的歷史根源〉（Historical roots of modern anxiety theories），論文發表於「焦慮」的對話，美國精神病患者協會（American Psychopath Association），一九四九年六月三日，收錄在《焦慮》（*Anxiety*, New York, 1964）。

㉓這是馬凌諾斯基（B. Malinowski）在某次演講中的用語。

PART

II

臨床分析與焦慮

Clinical Analysis of Anxiety

對孩子而言，不被愛比虛假的愛來得好。

8

焦慮個案研究

Case Studies Demonstrating Anxiety

焦慮是神經官能症的動力中心，
因此我們隨時都要處理它。

——霍妮，《當代的神經性人格》（*The Neurotic Personality of Our Time*）

該如何研究人類的焦慮？我們在前面已討論過「人爲誘發焦慮」這個重大問題。同時指出，人類不論在其幻想或想像中，都必須知道該如何從**象徵的角度詮釋**焦慮處境。在能夠分辨當事人的反應**是否**爲焦慮之前，我們便需要從主客觀角度好好了解自己的研究對象，至於對焦慮的了解自然更不在話下。

人類的焦慮經驗會如此複雜的主要原因，在於決定焦慮的因素通常是無意識的。如同布朗和海倫二位案主所呈現的，重度焦慮者確實會被迫否認不安的存在——不是因爲案主隨心所欲或拒絕合作，只因爲這是重度焦慮的功能之一。主體只能以「自己不害怕」來說服自己，才能不受排山倒海而來的焦慮影響。這種現象不僅發生在心理諮詢室內，也是一種人類共通的經驗。只要**觀察**「在黑暗中吹口哨」的策略和許多士兵的戰時經驗，便可略知一二。因此，案主的「焦慮」意識數據報告書無甚價值，也就不稀奇了（稍後會提到我在這方面的研究發現）。某些焦慮研究者主張，我們在了解**幻想**的過程中，才觸及「焦慮問題的核心」。也就是說，我們的研究方法除了要能夠掌握意識顯現的動機之外，照見主觀和無意識形成的動機，也同樣重要。就像齊克果和弗洛依德所說的，焦慮有個「內在住所」，我們若無法掌握，便會繼續爲人類的焦慮本質問題所惑。

這個問題有兩個層面。首先是「生活情境中的人」可否做爲研究對象。我的答案是斷然肯定的。至今已有許多社會學家和社會心理學家，針對「攸關生死的事件」如戰爭、意外、死亡提出研究報告。①第二個層面更爲具體，就是要決定在這個生動的場域上運用哪些方法。在精神分析出現之前，除了具洞察力的自我觀察，或巴斯卡、齊克果等天賦異稟者的直觀理解外，並沒有技術可確定焦慮這類經驗的主觀意義。但是，如果「臨床」也是一種方法的話，它必定可廣泛詮釋所有說明無意識動機的方法。②「羅氏墨漬測驗」（Rorschach，譯註：由當事人對墨水點繪圖形的解釋，以判斷其性格）的投射技巧，道出案主不願說或無法說的事，對後來的研究價值匪淺，因爲它開啓了解答個人行爲動能與潛藏模式的關鍵之鑰，這點後來並得到衆多數據的進一步證明。

我們想找的答案是什麼

下列的案例研究是用來說明第七章的焦慮綜合理論。顯然沒有臨床案例可以削足適履地回答某些特定問題，而不去回答其他問題。每個案例都有它本身的價值，我們應該以開放的心態來進行研究，我們應該問的典型問題是：此一特殊對象可以教導我哪些有關焦慮的事情？我們在了解每個案例時，若能心懷更多具體的問題，將使研究更清晰、更具體。因此，我將列出某些焦慮理論的關鍵問題，我在以下的案例研究中將不斷追問這些問題。

關於焦慮的本質以及它和恐懼的關係，我會問：**我們是否能夠確定具體的恐懼就是潛藏焦慮的主題呢？**如果神經性恐懼是神經性焦慮特殊形式的表達，而且神經性焦慮如我所言來自個人內在基本衝突的話，那麼神經性恐懼所聚焦的對象便會不斷改變，但是潛藏的焦慮模式則大體維持一致，這應該沒問題。如此，**我們便能夠確定神經性恐懼，會隨著個人面對的議題與問題而不斷改變？但是潛藏的神經性焦慮則相對維持不變嗎？**

我們在前一章主張說，神經性焦慮的源頭總有某種來自早年親子關係的**心理衝突**。這個焦慮理論的層面衍生出二個問題：(a)**在下面的案例中，我們能否指出主觀內在的衝突，往往就是神經性焦慮的動能來源嗎？**(b)**曾經被雙親（特別是母親）排斥的人，是否更容易造成神經性焦慮？**這裡陳述的是弗洛依德、霍妮、蘇利文等人已多方表達過的古典假說，臨床心理學與精神分析也廣泛接受；造成神經性焦慮的心理模式源頭，就在早期的親子（特別是母親）關係中。

主體的焦慮與其身處文化的相互關係，在本章的案例中處處可以得到明證。在這個複雜的領域中，我們只問一個問題：**個人的社經地位（如中產階級、無產階級等）是否對他們焦慮的種類和多寡影響重大？**

關於焦慮與敵意，我們的問題是：**焦慮和敵意有關嗎？個人越焦慮，他的敵意傾向就越強嗎？焦慮降低時，敵意的感覺也同樣減少嗎？**

每個人多年下來總會學到幾種處理焦慮的方法。**我們在案例中是否會發現，個人在面對某種焦慮的處境時，就會以獨特的行為策略（防衛機制、症狀等）來應對？而**

這些策略就能夠讓個人免於當時的焦慮處境嗎？

我將從下列三個問題中的前兩個問題的出現，以相反的方式探討焦慮問題與自我發展的方式，來確定是否焦慮會阻礙自我的發展。**嚴重神經性焦慮的出現會使人格變得貧乏嗎？個人接受人格貧乏的事實，是否是用來對抗焦慮的處境呢？是否越具創造力與生產力的人，便越容易碰到焦慮的處境？**

哈洛．布朗：潛藏在重度焦慮下的衝突

第一位案主是個三十二歲的年輕人，他被診斷出深受「焦慮型神經症」（anxiety neurosis）之苦。③不論我們用什麼診斷術語來描述他的問題，可以確定的是，當事人歷經了大量的焦慮，並持續對他產生嚴重的威脅。

哈洛．布朗（Harold Brown）是我在精神分析訓練過程中的第一位案主。他會被提出來討論的假設是，焦慮問題的某些面向如無意識的衝突，可以透過這個方法導出的完整主觀數據，得到最好的說明。雖然研究獲得資料的主要部分因保密之故必須刪除，但是我希望本章所呈現的內容，足以讓讀者了解案主的焦慮。我在佛洛姆（Erich Fromm）的指導下，與布朗會面超過三百小時，我希望在此對佛洛姆的協助表示感謝。

直到本章寫完後，我才明白布朗真是齊克果主要觀點的最佳說明：亦即所有焦慮底

下都潛藏著主觀的衝突。對我而言，布朗更對齊克果以下的陳述賦予了嶄新的意義：「焦慮害怕它的對象，但是卻又與它的對象保持一種若即若離的關係，視線無法離開它，事實上也不會離開它……。」焦慮是個人對懼怖對象的慾望，一種同情的冷漠。**焦慮掌控個人的陌生力量，但是我們不能撕毀自己，也沒有意願這樣做；因為我們會害怕，但是我們所害怕的，正是我們渴望的。焦慮於是使人動彈不得。**④

這位年輕人九年下來，不斷深受著嚴重的焦慮之苦。他以優異的成績自大學畢業，隨即進入醫學院。二個月之後，他對課業已逐漸感到無法勝任和無助。首次的焦慮狀態隨即顯現出來，症狀是無法睡覺或工作，也無法做出最簡單的決定，並害怕自己會「瘋掉」。這種焦慮狀態在他辦理醫學院休學手續後得以紓緩。

接下來幾年間，他嘗試多種不同職業，最後都因爲焦慮不斷出現而中止。他的焦慮狀態通常持續好幾個月（或直到他放棄當時正在做的事情爲止），伴隨而來的是深深的抑鬱和自殺念頭。在較嚴重的兩次焦慮魔咒侵擾下，他自己決定住進了精神病院，分別待了一個月和十一個月。最後他又進入研究所念書，那是一所神學院，但是在研究所第三年，也是最後一年時，焦慮狀態再次復發，使得他無法工作，只得申請進行精神分析治療。

在早期治療階段中，布朗的心情在遲鈍和無生氣以及強烈的焦慮之間擺盪著，兩者互爲序曲。他了無生趣地說自己「好像躺在陽光下的小狗，希望有人餵食。」在這個階段中，他對童年得到的照顧有許多「快樂的」記憶。在緊接著的焦慮狀態中，他顯得壓力極大，講話非常快，好像被驅動著吐出字串，滔滔不絕而停不下來。他描述自己的焦慮感受，具有一種普遍的情緒性曖昧和「含糊不清」的特質。他在焦慮時**很難（或不可能）有任何清晰分明的感受**，不論是在「性」或其他方面。此一情緒的「眞空」對他眞是磨人的痛楚。他常去看電影或試著專注在小說上，因爲就像他自己說的，如果他能夠與他人「感同身受」，如果他能夠感受到其他人所感受的，那麼他便多少可以從焦慮中得到釋放。他顯然是在描述一種**自我覺察能力降低的狀態**，而這正是嚴重焦慮的特質。我認爲他很重要的洞見是，如果他能夠在情感層次覺察到他人的存在，那麼他便多少知道自己是與其他客體不同的主體。

布朗的首次「羅氏墨漬測驗」，是在他接受分析初期，相對仍處於嚴重焦慮狀態時所做的，其中主要的特色是，模糊與粗糙的整體反應基調，反應力與生產力低，籠統陳腐，以及完全沒有任何原創性。⑤首次「羅氏墨漬測驗」顯示，他與現實間「含糊不清」的關係是主要的特質，正好應驗了布朗自己的表白；亦即他在重度焦慮下無法有「清晰的感受」。這就好像焦慮主觀與內在的模糊，讓他對外在客觀刺激的評估，也變得含糊不清。這說明了重度焦慮會使人無法在與客體的關係中體驗自我，那是一種自我「消解」的經驗。布朗以覺察他人的情感來克服自己的焦慮，這點頗具慧見，因爲這樣他就可以在與他人的關係中體驗自我，並且一定程度地克服我們所謂的自我「消解」狀態。

他出生於印度，是美國傳教士之子。家裡僅有的二個小孩在母親懷他時死於瘟疫。他的童年是母親和印度女傭的「掌上珍珠」，一直到七歲大都還是女傭貼身照顧著。後來母親又生了三個妹妹，其中一個妹妹與他展開一場激烈又粗暴的爭寵比賽。他說，「我要當小寶寶」；若雙親在兄妹爭吵時偏袒妹妹，他就大為憤怒並深感威脅。父親在他青少年時因躁鬱型精神病（manic-depressive psychosis）崩潰了，於是全家回到美國，好讓父親住院就醫。幾年後父親就自殺了。⑥

影響布朗最大的是他對母親極度依賴的共生關係。有兩個重要回憶說明了他們的早期關係。首先，當他五歲時，媽媽一邊餵小妹妹吃奶，一邊向他露出胸部問說，「你要不要也喝一口？」他覺得媽媽認為自己還是小寶寶，有強烈受辱的感覺，這個經驗在治療期間，不斷重複出現在他與母親的不同關係脈絡中。其次，八歲時，媽媽懲罰他惡作劇的方法，竟然是要他鞭打她。這個被迫懲罰自己母親的創傷經驗，成了他長大後的情感焦點：亦即他永遠不能違背母親擁有自己的意見，或獨立的判斷，否則她便會擺出殉道者的姿態說，「我的雙手被綁住了。」母親掌控他的方式就是，「如果你反抗我的權威，你就不愛我。」

他在心理治療期間都靠母親資助，就像他無力養活自己時那樣。他和母親都擔心一旦母親死後，他將如何過日子。母親寫信給他時仍舊叫他「我的小親親」，在收到這種信之後，他經常會焦慮地夢見「有人想要殺我」，或更有意思地夢見「蘇俄想要收縮變成一個小國家」。治療期間他收到母親的信說，如果**她**對神的信仰夠虔誠的話，他便能因為**她的**信仰而得到痊癒。他當然排斥母親的暗示：不論在宗教或心理上，他都無法脫離母親。布朗的焦慮源頭可以從母親掌控的脈絡來理解：他自一出胎便在對付一位有強烈控制慾的施虐－受虐狂母親；母親有時以權力來掌控，有時以虛假的脆弱來掩飾，後者更為有效，但卻使布朗更感困惑。

潛藏在這個衝突下的焦慮，出現在他治療第一個月的兩個夢：

> 我在床上愉快地和一個女人親密擁抱。顯然那就是我媽媽。我的生殖器有了反應，我感到很尷尬。當我想要走開時，她說，「你必須讓我有所滿足才行。」因此我就愛撫她的胸部。接著精液就從她胸部射出，好像男性射精一樣。

這個夢中的母親**命令**他獻身以滿足她，而他也貢獻了自己的男「性」功能。幾個星期後，他接到消息說母親手臂受傷了；這個消息擾得他心煩意亂，並立刻打長途電話關心。那個晚上他做了下面這個夢：

一塊岩石上的一個洞伸出一隻枯萎、腐爛的手，並抓住我的生殖器往外拉。我很生氣，伸手去抓洞口的那隻手，並拉出來，強迫它放開我的生殖器。我感到有人用一把刀或手槍什麼的，從背後打我，強迫我放手。那似乎是另一個人，是那隻手的共犯，如果我不放手的話，那人便會殺我。我驚醒了過來。

他對男性生殖器的聯想有「力量」、「權力」以及「我的生殖器小小的」，這也顯示出這個字對他而言，就像許多西方人一樣，代表個人的權力。因為那隻手臂顯然屬於他母親，這個夢似乎以最簡潔的方式在說，母親已經奪走了他個人的力量，如果他試著奪回，就會送命。他在這兩個夢中，都認為母親擁有偉大的權力，包括男性的力量在內，自己則是滿足母親需求的受害者。

他的衝突可以敘述如下：**如果他嘗試用自己的力量讓自己脫離母親，他將會送命。但如果他採取繼續依賴她的相反策略，那麼代價就是無止盡的無力感與無助感**。後面這種突破衝突的方式必須要放棄個人的自主性與力量，但是用象徵的語言來說，去勢總比去死來得好。

這些夢用伊底帕斯的古典釋夢風格來詮釋，就是亂倫與去勢。但是我認為，夢的象徵意義比「性」的內容重要。因此第一個夢的精要不在主體與母親的亂倫，而在母親的命令。第二個夢中，將布朗去勢的是母親而不是父親。

當然，這類案例中必然會有許多亂倫的指涉。重點在下面這個夢境中一覽無遺：「我偷偷與一位年長的女人結婚。**我不想這樣，所以自己住進了療養院**。」這是他努力擺脫母親的動人告白——寧可自己委身精神病院（暗示其心理疾病有保護自己對抗母親的功能）。有人可能會認為他不想與老女人結婚，而把自己幽禁起來，是亂倫帶來的疚責感所致；但是這樣的詮釋似乎沒有必要。這個夢不妨簡單明瞭地詮釋如下：他知道與媽媽結婚的眞正意思是成爲暴君的奴隸，而被幽禁則是避免這種關係的唯一方法。我認爲本研究中的亂倫現象是個人過度依賴父（母）親的指標，當事人一直無法脫離這種關係「成長」。

上述三個夢指出，**隱藏在焦慮型神經官能症底下的衝突有多麼嚴重**。這種衝突會使得哈洛・布朗完全癱瘓，什麼事都不能做，並不令人感到驚訝。這個案例中的許多表層素材可以用阿德勒的風格來加以詮釋，例如，焦慮是個人得到母親（母親代理人）持續照顧的策略。但是就算我們採取這種詮釋，也不可忽視隱藏在焦慮下讓人跛足的衝突。我們可以了解，爲什麼他在描述焦慮時會說，像是「在黑暗中對抗某種未知的事物」。當他收到朋友一本正經的忠告信時，他以充滿洞觀的比喻回應說：「他們（朋友們）就像是叫快淹死的人游泳一樣，但是卻不知道這個人在水底下的手腳是被綁住的。」

我們現在要來討論哈洛・布朗的焦慮**情境**。當錐心刺痛的焦慮發作時，通常會延續三天到一個禮拜，當時根本沒有辦法在他的經驗中，找出引發此一恐慌的情境來。當我鼓勵他去探尋眼前的焦慮，或自己害怕「什麼」時，他都堅稱自己的處境與焦慮無關，並堅持「我什麼都怕，我恐懼生命。」他能覺察到的只是使人癱瘓的強烈衝突。儘管觸動特定焦慮魔咒的事件或經驗，往往可以在恐慌過後回憶起來，此外，他必定可以感覺到情境是次要的。我在此指的不是重度焦慮讓他無法客觀地評估眞實處境。我指的是**情境**並不是他焦慮的**原因**。不論衝突起因爲何，不過確實是衝突造成了他的焦慮——亦即造成了他的癱瘓與無助。如果我們要解說他的「理由」，那就是啓動衝突的特殊事件或經驗，在客觀上是無足輕重的，但是主觀上卻具有引發衝突的意義，而且當衝突越嚴重時，事件在客觀上的重要性也越低。⑦

在較不嚴重的焦慮發作時，就比較能準確地找出焦慮的情境來。這些輕度焦慮的情境，以及重度恐慌後回想起來的情境，可以分成三個主要範疇。首先，焦慮明顯來自**責任的承擔**。例如他的治療因爲暑假而必須暫停時，他突然非常焦慮，滔滔不絕地說自己恐怕得了癌症。他這種癌症恐懼與兒時擔心自己得痲瘋，必須與家人分開的焦慮恐慌密不可分。無力感如此強烈的人自然非常害怕與自己依賴的人分離而致孤立。一旦不用與治療師分開，他的癌症恐懼也消失了。另一個因承擔責任而帶來的焦慮，發生在治療工作進行一年後，當時他正想重新完成研究所最後一年的課業。重度焦慮卻多次發作，因爲寫報告和考試而起的無助與無力感，幾乎把他淹沒了。他有「無法趕上別人」、將

「在競賽中輸掉」、會「丟臉」等感覺。因爲他後來眞的成功完成學業，焦慮也隨之減輕，因此，其焦慮來源顯然不是對任務（情境）感到無力，而是面對任務的神經性衝突。

他的第二類焦慮情境是**競爭的處境**。這些情境不只是學校考試這類重大事件，打橋牌、與同事討論等小事也會造成他的焦慮。競爭的焦慮讓他聯想到童年與妹妹的激烈競賽。這個焦慮原型對於過度需要母親認可與偏愛的他，似乎是個威脅。在學校考試這類事件上，他只要表現得好便可以得到認可。但是他在個人無力感的某個層次，卻被迫要面對下列困境：如果眞能成功地運用一己之力，他便被迫要面對掌握在母親手中的死亡。因此，連最微不足道的競爭處境，也會啓動他重大的主觀衝突，這是可以理解的。

最重要的是第三類的焦慮情境——**功成名就的焦慮**。他在研究所最後一年受邀到某個重要專業團體擔任會議主席，這件事頗能代表他的成就。他在事件前經驗到的某些緊張暗流獲得釐清，他成功完成責任，並得到他敬重人士的稱讚。但是第二天他卻遭受有生以來最嚴重的焦慮和抑鬱打擊。這種情形從上述的衝突脈絡中是可以理解的，因爲他若展現自己的力量，便會有死亡的威脅。他的對策便是拒絕承認任何成就，所以他就不會佩戴兄弟會的榮譽鑰匙；因爲就像他自己說的，「我害怕成功會造成自己與他人之間的障礙。」如果他一早醒來覺得精神飽滿、元氣十足，就會因爲害怕自己「與他人隔離」，而有不安感。他覺得在治療中大哭、「顯露自己的弱點」，可以克服焦慮的魔咒。運用這種弱點至少可以在二個面向上緩和衝突：首先，弱者被接納、「得到愛」，反之，強者被孤立並且與母親隔離；其次，不成功的弱者可避免死亡的威脅。

我們把神經性衝突視爲焦慮的**成因**，而啓動該衝突的經驗或事件則是焦慮發生的**情境**。值得一提的是，布朗的焦慮越嚴重，衝突便越擴散，情境的重要性便越低。從這個角度看來，情境的重要性在於引發衝突的主觀功能。我們也注意到，情境與衝突的特殊性質之間存在著必然而一致的關係——例如責任、競爭與成就等情境會引發我們這位案主的衝突，絕不是偶然的事。情境總是會涉及某些預期的威脅（競賽輸了、「沒面子」等）。我想強調的是，一旦衝突被啓動後，布朗不論怎麼迴避，都會受到威脅。**因此，焦慮的來源不只是因為情境中本來就預期會有的威脅**（例如，可能會考不好），**它其實是因為布朗兩面受敵的困境而來**。如果他有所成就，便會受到來自母親的死亡威脅；如果他無法成功，一直依賴著母親，便會有無盡的無助與無力感。

他的焦慮魔咒所顯現的發展模式，非常發人深省。在第一階段，他會說自己怕是罹患了癌症，或最近常感到頭暈，「就好像有人從背後攻擊我的頸部一樣。」他多次提到「腦後猛擊」（rabbit punch）這種猛打後頸的殺兔方法。他暗指自己就是兔子。他將頭暈症狀聯想到他幾年前接受的電擊治療經驗，並認定自己的腦部受到了傷害。⑧布朗認爲他對癌症的恐懼和頭暈完全合理，並找出報紙上的癌症高死亡率報導來佐證。⑨當我建議他探索自己這種恐懼的心理意義時，他便露出敵意來，並堅持自己完全沒有感到任何焦慮。

第二階段大約在一天後出現：此時雖然恐懼連同癌症和頭暈都已忘到九霄雲外，**但是焦慮的夢卻會出現，通常和他母親有關**。此時他在意識層次仍然不承認自己有焦慮。到了第三階段，他會對我更加依賴，堅持我給他權威的指引，若所求未得滿足，他的敵意便會漸增，不論是顯性或隱性的。

第四階段，也是最後一個階段，出現在一、二天後，那是**一種有意識焦慮**的浮現，伴隨著嚴重的緊張、沮喪，最後是憂鬱。

在我看來，我們在這個過程中看到焦慮逐步進展成爲有意識的覺察，而這焦慮正是在他說自己頭暈或恐懼癌症不久之前，由某個經驗或事件引發出來的。

從布朗的夢和已掌握的相關資料看來，顯然他對母親有許多壓抑的敵意。就任何心理形式看來，處理類似困境下的人，是不可能沒有強烈敵意的。他的敵意在治療當中轉化成二種完全對立的形式。首先，他只要一感到自己不應該再依賴分析師，就會表現出敵意。這是針對**焦慮反應的敵意，當他必須承擔他認為無法承擔的獨立責任時，就會出現**。當他覺得自己在精神分析中，需要付出太多力氣與責任時，他也會命令分析師爲他的行爲提供具體的建議與權威的指導；就像他覺得牧師要提供「具體的道德與宗教指引」一樣，醫生則要正確地告訴他哪裡不對勁、該怎麼做，他自己則不需要承擔任何自我定向的責任。伴隨對自己獨立負責的敵意而出現的身心症狀，便是瀉肚子。他說，

「我覺得一切都塞住了；如果我可以好好通個大便——我乾脆瘋了算了！」

當他不得不依賴他人或表現出無助時，敵意便如影隨形地出現。他對母親的抑制敵意，多半屬於這個範疇。此一敵意早在他五歲時便出現，因爲母親暗指他是小寶寶，要讓他吸奶，而讓他感到受辱。

他幾乎在所有的人際關係中，都無法公開承認敵意，焦慮時更是如此。一般來說，他的敵意形式包括埋怨一切、偶爾有敵意的夢、轉移到其他人身上等。他在焦慮期間更認爲每個人對他都有敵意。

我們將會說明，這些敵意情境是互相矛盾的，也與布朗主要衝突的兩個面向相吻合。換言之，敵意會因某個衝突面向的惡化而起。衝突的起因與敵意直接相關，因爲他越焦慮便越有敵意（顯性或隱性）。當焦慮緩和下來時，敵意也就趨緩。他不可能公開承認對母親有敵意，儘管夢中會出現他的敵意，而且這顯然是他暗自怨恨母親以及她所寫的信的證據。他必須盡力抑制自己的敵意，否則就會危及自己對母親的高度依賴。夢中的聯想也顯現了布朗不斷重複出現的另一個心病：既然媽媽必須金援自己，他不妨就一直依賴媽媽。

布朗的第二次「羅氏墨漬測驗」完全改觀，那是在精神分析十個月後做的，當時他相對已不再那樣焦慮。⑩相較於第一次的十八個反應，他這次共有五十個反應，其中三個是原始反應（第一次一個都沒有）；這一次測驗也顯示他更能與具體的眞實連結。第一次測驗中的陳腐平凡不見了，代之出現的是一幅充滿生產力與效能的人格圖像。不論外人會將這個變化歸功於一年來的精神分析或情境的轉移，重要的是他原先的焦慮，在第二次測驗時已經不見了。我們似乎可以結論說，兩次的「羅氏墨漬測驗」顯示了同一行為與人格的對照圖像，也比較出個人在重度焦慮下與免除焦慮後的不同狀態。第一次「羅氏墨漬測驗」中的焦慮，阻斷了他與具體眞實的連結，眞實變得「含糊不清」，並逐漸侵蝕他的情感與思考能力。此時個人不讓自己覺察和回應他人，是個「封閉」、不自由和貧乏的人格圖像。在第二次「羅氏墨漬測驗」中，我們看到一位極為自由的人，能看到周遭世界並與它連結，對他人有所覺察，也相對能覺察到自己，從前那個貧乏的人格不見了，代之以某種眞實的原創性。

結論

在哈洛．布朗案例的研究中，展現了若干焦慮動能的重要面向，我在此做一綜述。在下列的摘要中，問題似乎比它們實際的狀況單純。結論中焦慮異常的狀況，影響的只是不幸的個人。我要再度強調，焦慮是一輩子的挑戰。布朗的悲劇在於，他的焦慮主要是毀滅性和癱瘓性的，而不是具有生氣和挑戰性的，在當時嚴重到幾乎會去除他存在的一切可能性。我希望讀者將焦慮的**人性本質**謹記在心。

(1)恐懼與焦慮的關係

焦慮究竟如何與恐懼關聯，這在他的癌症恐懼現象中，可以得到說明。恐癌現象以一種具體和「眞實」的恐懼姿態出現，布朗用種種理由牢牢抓住它不放。後來卻證明這其實是他潛藏的神經性焦慮的外顯。⑪

(2)潛藏在衝突下的神經性焦慮

我前面提過，他的焦慮來自與母親的共生關係。這種共生關係的特質在於衝突，一方面他需要完成自主性，運用自己的權力，另一方面他又深信，一旦他**真的**獲得了自己的力量，就會有被媽媽殺死的可怕威脅。因此，他的行爲特徵便是被動、服從他人（媽媽是最基本的原型），需要受人照顧。他同時會經驗到強烈的不舒服感和無助感。一旦衝突被啓動，嚴重的焦慮便尾隨而至。

理論上我們或許可以假定，他只要完全臣服於媽媽的權力，忘記他的自主性，就不會有衝突了。這樣的願景只會增加他的無意義感和不舒服的感覺。人類能否以永遠讓渡自主性給他人的方式，來避免衝突，是非常值得懷疑的。

另外要補充的一點是，布朗努力克服神經性焦慮的進步表現在三方面：(a)逐步澄清先前與母親的無意識關係；(b)放棄自己過度的野心（他曾努力求取學術上的完美表現）；(c)體驗到自己越來越能夠運用自己的力量，卻不會覺得因此受到威脅。雖然這些有關他成長的記錄過於簡略，但至少說明了他這兩個衝突面向多少都得到了釋放。

(3) 敵意與焦慮的關係

從以上的衝突（以及伴隨的焦慮）被他對母親壓抑的敵意大幅撩撥起來這點，便可以說明這層關係。更確切地說，我們會注意到敵意與焦慮的關係，是因爲布朗焦慮越大敵意（顯性或隱性）也越多的事實；當焦慮被平撫時，他的敵意也同樣緩和下來。

(4) 症狀與焦慮

頭暈症狀（一種身心症狀）和癌症恐懼（一種心理症狀）的出現，是邁向無意識焦慮覺醒之路的第一步。當他意識到焦慮時，這些症狀也消失了。這也與我們早先陳述過的立場一致，亦即症狀的出現與有意識的焦慮成反比關係。症狀的功能在**保護個人不受焦慮處境**的影響，也就是不受任何會引發衝突處境的影響。倘若布朗真的**得了**癌症或身體受傷，他的衝突將在以下幾方面獲得釋放：(a)他可以繼續依賴他人（例如住院）而沒有疚責感；(b)他可以避免承擔會帶來不舒服感覺的挑戰；(c)他可以報復媽媽以討回公道，方法是要求她在自己生病期間提供經濟援助。以上可看出身體症狀與焦慮之間的關係。

⑸ 重度焦慮和人格貧乏

這層關係可從兩次「羅氏墨漬測驗」的比較中看出。哈洛・布朗在焦慮下的「羅氏墨漬測驗」特質爲：毫無生產力、含糊不清、沒有原創性、「內在」活動和反應外在情緒刺激的能力被阻隔了。當布朗相對不是那樣焦慮時所做的「羅氏墨漬測驗」，明顯透露出生產力大增、處理具體現實情境的能力大幅成長、相當程度的原創性、「內在」活動的大幅增長，以及他對周遭人事的情緒反應能力的提升。⑫

註釋

①霍洛維茲（Mardi Horowitz），《壓力反應症候群》（*Stress response syndromes*, New York: Jason Aronson, 1976）。

②我擴大地使用這個詞彙。此處提到的人士包括榮格、阿德勒、蘭克、蘇利文等等許多人。這項假設有其歷史上的合理性；幾乎所有了解無意識動機的方法，都來自弗洛依德及其門徒的推動，「羅氏墨漬測驗」便是其中一例。

③如果我們用診療術語來說，此一案例屬於重度焦慮型神經官能症或精神分裂。精神分裂不是指現實的扭曲，而是指當事人因爲焦慮而完全無能、也無法在現實世界中照顧自己。在這種情況下，重度焦慮型神經官能症與精神分裂便可以互通。總之，我們關心的是心理動能，而不在診斷標籤。

④《懼怖的概念》（*The concept of dread*），p.xii。

⑤我們爲熟悉羅氏墨漬投射測驗的人，附上技術上的細節：整體反應爲 18: 1 *M*, 2 *FM*, 1 *k*, 6 *F*, 3 *Fc*, 3*FC*；其中 2 是 *F/C*, 2 *CF*；13 個反應（76%）爲 *W*；5 個反應（28%）是 *D*。

⑥如果我很少提到布朗與父親的關係的話，那是因爲我必須有所選擇，對我而言，似乎母子關係在此案例中較具關鍵性。然而，我無意暗指父親的問題——也就是精神病發，最終自殺——對年輕案主不是非常重要的影響。布朗與父親的關係自幼年起便具備下列特性：⑴認同父親，⑵相信父親極度堅強，⑶受父親壓迫而產生的感受，最後⑷父親的自殺讓他深信，「我認爲堅強的父親，結果竟如此脆弱——因此，我還有什麼希望呢？」所以，他和父親的關係加重了他自己嚴重的脆弱困境。

⑦焦慮似乎可以用自發的力量來運作。我強調「似乎」是因爲焦慮情境當中必定有些質素屬於衝突，而這些衝突正是焦慮的原因；只是我們當下看不到此關聯而已。焦慮的本質本來便會隱藏這種關聯。在心理治療當中，除非案主已準備要放棄焦慮中的神經性質素，他自己是看不到此一關聯的；當他允許自己看到焦慮和自己根本衝突的關聯時，緊張便會戲劇化地得到緩和。

⑧布朗的身體檢查一直呈現陰性反應。我們曾針對他的頭暈特別開過神經醫學會議，結論是頭暈多半是心理所引起的焦慮症狀。他的頭暈幾乎都發生在焦慮處境中，例如承擔自己所害怕的責任。「有人從背後攻擊我的頸部」，和被殺害的焦慮夢境（夢中他的助理同樣從背後攻擊他的頸部）之間的相似性極爲明顯。神經科醫生附帶告訴我，只要布朗能不進精神醫院，心理治療便算成功。

⑨他對癌症的恐懼與夢中住進醫院被護士照顧聯想在一起。這說明了症狀的某種功能或目的。

⑩第二次「羅氏墨漬測驗」的計分如下：共有五十個反應；*W* 百分比降低至 44（幾乎是正常值）；*D* 反應比是 40%，而 *d*、*Dd* 與 *S* 三項反應加起來共有 16%。反應爲 *M* 的數目已增加到 6，而 *FC* 增加到 4，這表示使用較多內部張力的生產性以及較有效的外部張力生產性。第二次記錄上有三個原始反應，相較之下第一次的反應完全沒有原創性，也平凡得多。

⑪癌症的意義是象徵性的，以及象徵普遍具有揭露無意識素材的重要性，在此浮現出來。畢竟，布朗和他媽媽的關係的確是一種「心靈癌症」的形式。

⑫布朗這個案例有個不幸的後記。有許多年他都過得不錯。後來，我接到他從美國某處打來的電話，說自己陷入極爲嚴重的焦慮魔咒，簡直無法承受；他問我可不可以與他在火車站碰面，並協助他住進精神病院？我幫了他的忙。他被轉到另一家醫院，然後卻在我不知情的情況下，動了前腦葉切合手術。我在手術後曾與他一起吃飯，他成了可口可樂業務員，似乎相當滿意自己的生活。

務實地來說，如果藥物在他住院時已經問世，便可能協助他度過難關。碰到這種情形該怎麼處理，可以無止盡地辯論下去，但是它們多半是無意義的，因爲它們「不公平」——換言之，論者根據現代的知識與配備來評斷三十年前這類診療方法還不存在時的處理方式。我個人原則上反對前腦葉的切合手術；然而，人要是少掉一半潛能卻活得滿意，是否較好，我不打算在此回答這個問題。

我只想在此釐清，後來所發生的事，沒有一樣可以否認我們前面說過的。葛斯汀的腦損士兵、精神分裂症患者、神經病患或各式各樣的人，對焦慮都有類似的反應型態。其中有一些我們在哈洛•布朗的經驗中已說明過了。

9

未婚媽媽的研究

The Study of Unmarried Mothers

原始的焦慮狀態
極可能是在我們離開母體出胎的那一刻發生。

——弗洛依德

我的焦慮研究對象有十三個案例，她們都是住在紐約市未婚媽媽之家「核桃屋」① 263 的年輕未婚媽媽。我選擇這個特定團體是因爲想研究處於**危機處境**中的對象。我的預設是，個人的行動機制在危機處境中比在「正常」處境下，更容易取得。 264 因爲我相信在實驗室情境下誘發的焦慮，具有破壞性的效果，因此便採用所謂的「自然實驗法」。而非婚懷孕在當時的西方社會，本來就是會產生焦慮的情境。我相信若研究對象屬於焦慮處境下的同質者，則對研究會更有效果。我也曾經考慮以自己的心理治療案主如布朗等爲研究對象，但最終卻仍舊選擇探究這群處於相同危機處境的未婚媽媽。

在這個研究中，我關心的**不**是非婚懷孕與焦慮的關係。②理論上，其他的焦慮處境也同樣可以滿足我的目的。俄國心理學家盧力亞（A. R. Luria）便曾以獄囚和經歷重要考試的學生爲心理衝突的研究對象。重點在於，所選擇的危機處境必須是暴露當事人所掩藏的行爲模式才行。我的前提是：個人在某個焦慮處境下的焦慮反應，不但與該特殊處境有關，所暴露出的行爲模式更具個人特色，並且也會在其他產生焦慮的處境下曝光。我們將在實際案例中看出，這些未婚媽媽的焦慮與未婚懷孕本身關係不大，反而暴露出**焦慮和競爭野心、恐慌式焦慮、具敵意和侵略性的焦慮、與內在衝突有關的焦慮**，以及其他形式的焦慮等的關聯。這些焦慮模式也多半可以運用在生意人、大學教授、學 265 生、家庭主婦和其他族群身上。

我假設研究的對象越集中，就越容易發掘研究對象的特定行爲模式，與社會其他族群的共通之處。也就是說，研究的對象越集中，便越能得出個別差異下的共通資料，也因此可以應用到所有人類身上。③

研究方法

本書中的未婚媽媽研究採用了多種蒐集資料的方法。直接從當事人身上蒐集而來的資料有：個人訪談、「羅氏墨漬測驗」（每位女孩在分娩前都會做一次「羅氏墨漬測驗」，有五位女孩在分娩後又做了第二次「羅氏墨漬測驗」）和焦慮檢驗清單。我和每位年輕女性分別進行四到八次個人訪談，每次一小時。社工則對每位女孩進行一到二次個人訪談。這些訪談雖然都不是針對此次研究所特別設計的，卻能得出豐富、中肯的資料，皆和當事人的態度、行爲和背景相關。④由當事人自己填寫的三份焦慮檢驗清單，也運用在這次的研究上。第一份清單在誘發女孩們自童年以來的焦慮主軸，第二份在誘發填寫者於懷孕狀態下的焦慮主軸，第三份（在分娩後分發）則要誘發她在孩子出生後，面對現實問題時的焦慮主軸。⑤觀察這些年輕女性在「核桃屋」行爲的工作，則借助那裡的護士以及工作人員和社工。此外，本研究也採用了大量的間接資料，諸如當事人的醫療檢查報告、視需要而做的心理測驗、當事人高中或大學時的檢查報告、從其他社會機構調來的家庭背景資料等相關資料。「核桃屋」的社工人員也訪談半數以上當事人的雙親和親戚。

每一份「羅氏墨漬測驗」都由我完成第一次的計分，並由一位「羅氏墨漬測驗」專家獨立核對。我對每一份「羅氏墨漬測驗」的**詮釋**（和計分不同）都會由克洛福醫生（Bruno Klopfer）核對，他也會根據焦慮的**深度**與**廣度**，以及主體**處理**焦慮的效果，爲每一份「羅氏墨漬測驗」評等。⑥焦慮檢驗清單與當事人的焦慮量（勾選的項目）有關。純以量化的角度來看，勾選「經常如此」（often）這一欄，比勾選「有時候會」（sometimes）這一欄加重二倍計分。焦慮檢驗清單的第二項目（結果反而較有用），在了解當事人的焦慮**種類**（或**範圍**）。因此，焦慮檢驗清單上的項目也歸納成五類：⑴恐慌性不安；⑵因家人看法而來的焦慮；⑶因同儕看法而來的焦慮；⑷對企圖心——工作或學校課業的成敗——的焦慮；⑸雜項。⑦

這類的每個研究案例幾乎都有無限的資料可供參考，它們在量或質上都是不對稱的。我根據與案例相關的全部資料，從三個面向觀察每位未婚媽媽：**結構面**，主要藉助「羅氏墨漬測驗」；**行為面**，觀察當事人瞬間的行爲；**遺傳面**，從當事人的成長背景來看，尤其是童年期。我運用這三個面向試圖將案例概念化，或找出人格的**集合圖像**。不管是焦慮的質或量，都是當事人人格分佈與組合不可或缺的一部分。因此當事人的焦慮也和人格分佈與組合的其他質素有關，例如遭雙親排斥的經驗等。爲探索此一相互關係，每位主體都由我按照其焦慮程度，以及遭排斥的程度分配到下列四個範疇：高、稍高、稍低、低。這個分等的基礎除了可以蒐羅到的全部資料外，尚有分別來自調查人員和社工的判斷。⑧

案例能否概念化的核心要件就是**內在的一致性**，這也是焦慮是否被正當評估和了解的要件。⑨譬如說，不同方法（訪談、「羅氏墨漬測驗」、焦慮檢驗清單）所獲得的資料，是否**在案例概念化的架構下，呈現出內在的一致性**？從案例的結構、行爲與遺傳各面向得出的概念化結果，是否呈現了當事人的內在一致性？如果當事人得到了正確的評估，其焦慮應該與人格分佈與組合的其他質素，呈現出內在的一致性。

依據我的評斷，不同來源所獲得的資料大體上是一致的，唯一的例外是焦慮檢驗清單上的焦慮量。這個項目爲什麼有時候會與其他資料不一致？原因我會在案例的討論中特別提出。

某些案例因爲只想說明或證明其中一、二個重點，所以只做簡短的陳述。有時候在實際的考量下，敘述時會直接採用第一人稱。在每個案例都採集了大量資料的情形，呈現時也必須有所取捨。我希望每個案例都能呈現足以讓它概念化的資料，也能澄清我們要說明的重點。雖然我們提供了「羅氏墨漬測驗」的計分，我們當然也了解「羅氏墨漬測驗」的圖形構造對測驗的詮釋，比計分更具關鍵性。除非有特別說明，案主的雙親都是白種美國基督徒。

海倫：運用理智抵抗焦慮

海倫出現在「核桃屋」時，邊叼根煙邊走進辦公室，看起來冷靜又事不關己。她的外表頗具吸引力，在極力放鬆之餘，刻意展露出她的活潑大方。她在首次訪談中給人的印象，後來證明是深具重要性的行爲縮影。

一見面她便主動說自己對未婚懷孕沒有任何罪惡感。她主動提到自己來到紐約後曾經和兩個男人同居，她用同樣的口氣聲明「只有老古板才會在意這種事」。但是在她表面上的友善和放蕩不羈的談話之下，隱藏著焦慮與緊張——她的雙眼在快活笑聲中仍舊張得大大的，甚至笑聲都帶著驚恐的表情。我和社工人員對她的立即印象是，她採用迴避、嘲弄的技巧來掩蓋某種焦慮，但是這種焦慮的本質在當時尙不明顯。

她時年二十二歲，出生於中產階級的天主教家庭，父親爲義大利裔。童年因爲父親不規律的工作習慣，家裡的財務狀況時而寬裕時而貧困。海倫上過教會附屬學校和兩年天主教大學，但是她覺得自己已經從原來的宗教背景解放出來。海倫有一位長一歲的哥哥和一位小兩歲的妹妹，兄妹之間關係親密且感情很好。她告訴我他們三個小孩從小便學會要團結，因爲父母親吵得太厲害了。爸爸媽媽在她七歲時便離婚，並且都再婚了。她斷斷續續地交互著與他們同住，有一次因爲繼母「妒嫉我比較有魅力」，而離開父親家，卻又因為繼父和母親後來的男朋友都對她獻殷勤，而搬出母親的家。

她靠獎學金上了兩年大學，成績優異卻不穩定。離開大學後她從事技術性不高的例行工作如操作油印機等。因為工作內容太無聊了，她每隔二到三個月便換一次工作，「那就是我陷入困境的時候」——意思是和男人同居。她希望以寫作電台劇本為生。她的劇本看來寫作技巧不錯，但是內容太虛假了，也缺少眞正的情感。

兩年前她與一位大二歲的未婚阿姨來到紐約，二人感情很好。阿姨現在也懷孕了，並搬到其他城市。海倫批評說，「她把自己的生活搞得一團糟。」海倫小孩的父親是她來到紐約後的同居男人，在商船上工作。儘管海倫說對方是自己喜歡的聰明男人，但是自從發現自己懷孕並切斷與男人的一切接觸後，她便極端厭惡前同居男友。海倫的身體檢查為陰性；醫生說她「緊張而神經質」，精神醫生固定讓她服鎮定劑。

海倫眼前的焦慮主軸似乎是懷胎快生產一事。這個焦慮加上她的理性抵抗、嘲笑和迴避，不只在訪談中可明顯看出，也出現在她與「核桃屋」其他年輕女性的互動中。她慣常拒絕與社工人員討論自己懷孕的事，並堅持說，「對我而言，我就好像沒有懷孕一樣，嬰兒出生前我拒絕想這件事。」但是她卻花費許多時間，以一種知性化的準科學態度和其他未婚媽媽討論懷孕這件事。她對她們描述不同階段的胚胎發展，就好像科學手冊一樣有根有據。有一天，她收到那位阿姨已經去醫院待產的訊息；海倫的反應是歇斯底里的大哭一陣。她明顯地將自己的生產焦慮，移轉到那位阿姨身上，但是當社工人員這麼指出時，海倫仍舊拒絕討論自己懷孕的事。

當我以她的「羅氏墨漬測驗」點明她的生產焦慮時，海倫回應說：

> 不，我一點都不害怕。對死亡或照顧嬰兒的準備工作，我就是覺得「太誇張了！」那些女孩老是談論一些生小孩的噁心故事。她們還說醫生會站在我們身上等。她們又講些女人尖叫的可怕故事。她們談到剖腹生產，談到用鉗子助產，她們還會說，「妳就是會這樣。」她們說了一大堆助產婦的故事，還說每一次心悸都會讓嬰兒留下一個記號。她們走來走去互相摸對方的大肚子；她們也想摸我的肚子，但是我不讓她們摸。我自己也不去摸。（她的手本來一直交叉放在腹部上，這時粗暴地把手抽走。）我猜自己不害怕的證據，就在我等不急要去醫院生產了。我甘心受此罪惡之罰，並希望趕快結束它。

我想讀者應該會同意這番強調災難結局和緊急事故的告白，洩露了說話者的驚恐。那是典型的「在黑暗中吹口哨」，也就是以誇張的虛張聲勢掩飾自己最害怕的未來發展。葛蘭珂（R. R Grinker）與史匹格爾（S. P. Spiegel）在《壓力人》（*Men under Stress*）一書中便觀察到：焦慮的飛行員會領先一飛衝天，因爲**比起等待危險上身的煎熬，危險本身便較不痛苦**。

海倫用來減緩焦慮的嘲笑和虛張聲勢的技巧，非常精巧地一路執行到分娩時分：她出發前往醫院時，留了一張紙條給我：「我要去爲自己弄一副新的身材。」產科醫生說她在痲醉前的最後一句話是，「這非得行得通才行。」

海倫特別突出的童年記憶包括：父母親的劇烈爭吵、家族動亂頻仍（雙親離婚、與繼父母衝突等）以及寂寞的童年。父親排斥自己孩子的例證太多了。她還記得父親會將他們整天丟在電影院，自己跑去打高爾夫球。他會喝到酩酊大醉才回家，接下來便是父母親大吵。

她一方面同情母親，一方面又怨恨母親「背棄」她。海倫十五歲開始和母親劇烈爭吵，也從那時候開始有這種「道義」感。她認爲母親不義的理由有：(a)考慮不周的戀情；(b)受妹妹影響的程度遠超過海倫的影響；(c)曾因小事而短暫坐牢。這是海倫在疚責感與道德標準的矛盾下，所展現的另一面向：她指責媽媽該爲違法犯紀負起責任這一點，顯然就帶有道德的色彩，雖然她認爲自己和媽媽已全然擺脫道德標準的束縛。

要清楚確定海倫小時候對母親的態度，並不容易。她說自己小時候對母親「過度沉溺」，但是在我印象中，她的「獻身」是建設性的，因爲當時她是媽媽最寵愛的小孩！海倫對雙親（特別是媽媽）敵意與怨恨的指標，就在她的「羅氏墨漬測驗」和訪談中，譬如說，她的「羅氏墨漬測驗」反應之一便是「小孩對父母怕到死」，另一個反應是「大肚子的女童軍與高采烈開了一個大玩笑，因爲她們弄髒了主婦的地板。」後面這個反應的意思是，懷孕和她對媽媽的攻擊行為有關。這兩次反應中的敵意和侵略性，在分娩後所做的「羅氏墨漬測驗」中不見了，女童軍的反應成了「**一廂情願而非惡意的**」。她對雙親（特別是母親）的侵略性與敵意，在分娩後也都不見了。下面幾項假設可說明一切：她在分娩前比較焦慮，敵意與侵略性也比較強；懷孕是她對抗雙親的武器，生產後武器便可拋棄了。最後，她可能也覺得雙親多少要為自己懷孕這個艱難的處境負責。

這個「背棄」的主題其實隱含了她對母親的強烈失望與怨恨。因為客觀資料在在指出她媽媽非常不穩定、不一致且情緒不成熟，我們假設海倫小時候和成年後都相當程度受到了母親的排斥，是有正當性的。遭到母親排斥不但讓海倫格外痛苦，對其心理格外重要，因為她也是媽媽「最疼愛」的小孩。因為雙親的排斥，海倫被歸類為**稍高焦慮群**。

海倫的「羅氏墨漬測驗」顯示她具高智力卻表現不平衡，原創性高而興趣多變，情緒性的反應很多卻多屬於衝動型，也沒有和她的智能整合。⑩她通常會覺得自己的情緒是對理性控制的干擾和破壞。她對多張色卡的反應同為「泥濘混濁的水」，這也適切表達了她對自己無法理性控制情緒的看法。她的焦慮症狀為輕微的驚恐（和性方面的問題有部分關係），分散注意力的反應很多，並有間歇的含混和迴避。在這份記錄中整體強制反應的高比例（66%），不僅指出她的含糊其辭即是一種焦慮症狀，更指出她在知性方面的野心。這份記錄的當事人是一位凡事都游刃有餘的「聰明」人。

我從海倫的記錄中找到三個主要焦慮中心。一、得不到社會的認可與疚責感；二、競爭的野心；三、懷孕和到醫院分娩這個必經之旅。一般說來，她的焦慮是無系統、間歇性的。焦慮對她帶來的干擾極大，但是她都能很快恢復過來。她與這種懼怖打交道的主要方法是嘲諷、否認與迴避，並將其知性化。⑪我們將她透過「羅氏墨漬測驗」反應出來的焦慮評等爲：深度4，廣度2，處理能力2。這個評等與其他女孩比較，屬於**稍高焦慮族**。以焦慮量來看，她的童年焦慮檢驗清單屬於「高」領域，她的主要焦慮範圍依序爲**野心**、**朋友**的想法以及**親人**會怎麼想。

我們首先討論**懷孕和到醫院分娩這個必經之旅**所產生的焦慮。她在「羅氏墨漬測驗」上對「X光」和「醫學圖解」的六個反應，都顯示了相當的焦慮。我們可以說，這是隨著她對分娩的期待而來的焦慮，因爲她在分娩後所做的第二次「羅氏墨漬測驗」中，這些反應幾乎都不見了，而且也是她自己將這些反應與懷胎聯想在一起的。她對連續三個這類反應感到抱歉，並說：「抱歉，那一定是因爲我身體狀況的緣故。」她的反應之一爲火山爆發（這本來就象徵了誕生），這個象徵深深困擾著她，並使得下一個反應明顯被扭曲。特別要注意的是，這些焦慮反應都被她知性化了，並提出「科學」的解釋。她的反應通常伴隨著強迫性的緊張笑聲，以及迴避、否認的看法（「我不該知道這些的，我從來不讀醫學方面的書。」）

海倫的分娩「恐懼」是屬於「眞正的」恐懼或正常的焦慮尙可再議，因爲她預期陣痛是痛苦的。但也有幾件事是這個輕率結論的反證。其一，比較起和她處境類似的女孩，海倫的不安大得不成比例。基於現代分娩處理技術之高度專業性，從醫院分娩回來的女孩子的說法，顯然不可能支持她這種高度不安，以及她上述表示所強調的分娩痛苦。另一個反證是，她是在有意識地否認這種恐懼。⑫我們還記得她的開場白：「不，我一點都不害怕。對死亡或照顧嬰兒的準備工作，我就是覺得『太誇張了！』」此一有意識的否認不是眞正的恐懼。我稱它爲**神經性恐懼**。這種恐懼便是神經性焦慮的聚焦處，我們下面將提出足以證明的證據。神經性恐懼的意義何在？爲什麼她的焦慮會以這個焦點爲主軸，而不是其他項目？這些問題都要在進一步了解海倫焦慮模式的其他面向後，才能回答。

造成海倫焦慮的另一個顯著領域，便是得不到**社會的認可和疚責感**。她對疚責感的矛盾說法馬上震撼了我們：她的訪談內容不但充滿強烈的疚責感，也充滿對此疚責感的口頭否認。她覺得路人好像盯著她說，「回家去，不要懷著孩子到處跑。」她很想「爬進洞裡直到生下嬰兒才出來。」她的一位新聞界朋友想到「核桃屋」探望她，但是她「無法承受讓他看到蒙羞的我」。同時，她又極力掩飾此一疚責感。這點在第一次訪談中便可以明顯看出，當時甚至問題尚未提出，海倫便冷漠地說自己沒有任何疚責感，這也顯示了她的心理機轉，用莎士比亞的話來說就是，「這位女士顯然反應過激了。」

在她「羅氏墨漬測驗」出現的疚責感，有一部分與「性」有關：在通常會有「性」

反應的「VI卡」上，她的緊張笑聲比往常多，並且她在每一次反應後都會暫停很長一段時間，並說：「那好像是我無法了解的內容。」她對「VI卡」的最終反應爲：一間異教廟宇內有個女人，這表示海倫並不如其所想的已經脫離了自己的宗教背景。她的疚責感和伴隨而至的焦慮，大部分還是和人們對她的看法有關：「兩個老女人對那位漂亮寡婦指指點點議論紛紛，」這個反應顯示她的典型焦慮反應和自己懷孕一事有關。在她的童年焦慮檢驗清單上，焦慮與同儕排擠的關係排第二位，因不得家人認同而焦慮排第三位。她緩和焦慮的機制也用來緩和疚責感：那是一種玩厭了、嘲弄的態度，並努力將疚責議題知性化和去個人化（例如，「媽媽和我都與道德**無**涉，不是不道德」）。

海倫因爲疚責和得不到社會認同所引發的焦慮，轉而融入了她的競爭情緒。她的評語經常與下列三者有關：得不到認同、感到疚責、喪失在親友間的競爭地位與權力。她堅決不讓家人知道她懷孕了，因爲家人對她期望非常高，他們知道後一定會受到傷害並感到羞辱。她說完之後立刻解釋說，她不願意「滿足他們，讓他們知道她的不幸」；她希望他們仍舊以爲她在紐約非常成功，她想要「盛裝」返鄉嚇他們一跳（這也是一種競爭）。在她對朋友的態度上，也同樣出現這種疚責以及失去權力和特權的關係。嬰兒的父親不可以知道她懷孕的事，因爲他會殘酷地告訴所有她的朋友並羞辱她，而從中得到樂趣。在她的童年焦慮檢驗清單上，她因爲害怕人們嘲笑她或以她爲笑柄，而出現強烈的焦慮。她在不同脈絡中表現出對自己成爲笑柄的潛藏恐懼，可公式化如下：「如果他人因故不認同我，他們便會羞辱〔貶抑〕我，我將失去我的權力與特權。」

她的自我貶抑中也明顯混雜了疚責感與競爭感。要做「羅氏墨漬測驗」時，她先是靦腆地警告說自己很不會做測驗，接下來就努力「做出」優異的成績。整體而言，海倫的許多自我貶抑式評語，一方面在表達其疚責，另一方面則在去除他人的戒心並掩飾自己的競爭野心，好讓自己的最終成就能夠更引人注目。

海倫的**競爭野心**是她最後一項，也是最顯著的焦慮領域。她否認在分娩和情感上有所不安，卻有意識地承認競爭野心是她的焦慮來源。她在童年焦慮檢驗清單上分數最高的項目，是對學校成績與工作成敗的焦慮。在「學校成績落後」或「不是個成功的人」這兩個項目上，她不但勾選「經常如此」，又在旁邊多打上好幾個驚嘆號，以示強調。其競爭野心的知性形式顯示在「羅氏墨漬測驗」上的，除了全面性的強迫行爲（whole compulsion）外，也表現在她的過度自我要求上，她更錯誤地詮釋我的指導（「你告訴我要盡力的」）來合理化這樣的行爲。海倫更企圖強調自己住在紐約的知識份子社區，以吸引社工人員的注意，這也是其競爭野心的例證。

海倫也知道高競爭焦慮阻礙了自己的生產力：她說，「我總是在擔心成功與否，……這就是爲什麼我搞砸了昨晚的報社打字測驗。」她的競爭性雖然以知性的表現爲主，卻延伸到肢體的吸引力。海倫在「核桃屋」唯一處不來的人便是公認比她漂亮的愛格妮絲，這是因爲敵對所致。這種敵對也以一貫的海倫模式出現：將敵對掩藏在漫不經心的姿態之下（這種姿態本身就是高人一等的細緻堅持）。

我們不難看出爲什麼海倫以知性做爲其競爭野心的主要演練場。她從小早熟；家人爲獎勵她在學校的優異成績表現，給予她相當的特權。在父母親劇烈爭吵的家庭情緒動盪期，海倫雖小，領導能力卻很強，並能掌控父母親，因爲他們認同她是家中的「聰明小孩」。顯然她的知性能力自小便管用，除了讓她獲得了特權，更是她控制、改善產生焦慮處境的手段。

在像海倫這麼重視競爭的人身上，我們也可看出她強烈需要獨立並和他人保持距離；一個人必須保持超然才能**勝過**別人；浸淫到親密關係中將威脅安全機制。證據顯示海倫需要與他人保持距離。她視婚姻爲「束縛的腳鐐」，並誇張地問，「一有男人向我求婚，我便厭惡到死，我是怎麼了？」她認爲男朋友若知道她懷孕了，便會將之詮釋爲他已經「捕獲」她的訊號，並用來說服她結婚。此外她一方面昭告大家自己缺錢，另一方面卻拒絕「核桃屋」給她的零用錢，這也是另一個她表現獨立、不受束縛的指標。

海倫焦慮程度的整體評等爲**稍高**。她受父母排斥的程度也屬於**稍高**。

海倫所示範的**避免焦慮方式**，值得進一步探討。我們已看過的方式有嘲弄行爲、躲避、公開否認（焦慮的鴕鳥心態），此外還有將焦慮知性化。如果這些是海倫避免焦慮的主要方法，那便證明兩種狀況。首先，她的焦慮越高，迴避行爲也越明顯，這點是可以確定的；第二，當焦慮平息下來時，她的行爲迴避機制也跟著減少。換言之，主體越焦慮，迴避機制也就越活躍，反之亦然。

這兩種狀況在海倫身上都可得到證明。海倫在第一次「羅氏墨漬測驗」中出現焦慮的地方，她的強迫性笑聲也越多，躲避和知性化的現象也越明顯。分娩後所做的第二次「羅氏墨漬測驗」便較少有焦慮，原因在與分娩有關的焦慮反應都不見了。⑬避免焦慮的行爲機制也隨之減少。知性化與強迫性笑聲在第二個記錄中也少了許多。「整體強制」的比例由66％降低至47％，對具體細節的反應也相對提高，顯示出她的迴避減少了。這種「整體強制」的放鬆也顯示她較不需要被迫運用知性野心。這點暗指其知性野心是一種強制形式，用意在減緩焦慮（「如果我能夠在知性上成功，我將不會焦慮」），因此焦慮一減緩，強制行爲也緩和了下來。

海倫否認自己會焦慮，同時又將焦慮知性化的技巧，在邏輯上是矛盾的，這一點很有意思。海倫的模式——她英勇迴避來自懷孕和分娩的焦慮——已公式化如下：「如果我否認焦慮，就不會有焦慮，」「如果我揮一揮『科學』知識的魔棒，焦慮便會消失。」前者是在公開抑制焦慮。正如蘇利文所說的，人有不同的覺察層次，有意識的覺察只是其中之一，卻是最完整的一種。「海倫現象」在研究焦慮病患時，常常可以觀察得到；當事人雖然不會在意識層次上承認焦慮，但是種種行徑都表現得好像很清楚焦慮的存在一樣，這必定意味著當事人在意識狀態以外的某種層次上，其實對焦慮是了然於心的。海倫在這個意識外的「較深」層次其實是對焦慮有所覺察的，她也是以這個層次爲基礎，用知性化方式擋住焦慮（「羅氏墨漬測驗」的「科學」反應、與其他年輕未婚媽媽進行「準科學」的討論）。「公開否認焦慮」與「將焦慮知性化」的共通點，就在迴避情緒的眞實。

海倫避免焦慮的方法**代表了西方文化的潮流**。對我而言，海倫的行爲模式便是第二章討論內容的例證，也就是說，知性化不論就焦慮來源或避免焦慮的方法上，都是當代西方文化的支配模式。我們注意到海倫身上有情緒與知性兩種功能的二分，她並努力在知性上控制自己的情緒；當這種控制失效時（在「羅氏墨漬測驗」的反應中流露出情緒），她便會心煩意亂。這是一種西方文化的怪異訓練公式——有情緒便心煩意亂。西方社會傾向於否認焦慮，因爲焦慮似乎是「非理性的」。海倫斷然否認「焦慮」與「疚責感」這兩種自己最重要的情緒面向，這一點很重要。否認與知性化同爲「海倫模式」的一部分，就像我們說過的，它們也同時存在於西方文化之中；若無法否認焦慮與疚責，便將之合理化吧！[14]海倫若承認分娩焦慮，便不但承認了自己的挫敗（因爲科學的「魔棒」應該能夠驅散焦慮的），也嚴重威脅到她的安全機制。同樣地，承認對未婚懷孕感到疚責，對海倫而言等於無法在理智上「得到解放」。本研究前面的討論重點在壓抑和焦慮否認，因爲它們看似非理性的特性。我認爲，我們壓抑疚責感的理由也一樣，都是西方文化的傾向。

海倫是西方文化的代表，因爲她唯一可以自由而有意識承認的焦慮，便是對成敗的焦慮。顯然她已經從學校等場域學習到，全力競爭並承認對競爭的結果感到焦慮，不但可被接受且能得到尊重。

有趣的是，爲什麼海倫害怕分娩？我認爲**此一神經性恐懼是其焦慮的聚焦處，而這又是因為她對懷孕感到疚責，卻壓抑它所致**。她的用語如因生產而「受此天殺的懲罰之苦」，以及將分娩與「臨終」聯想在一起，都顯示她的疚責感（「天殺的」）並期待會得到懲罰。就好像「我做錯了事，所以會被懲罰」這個公式正在運作著一樣。眾所周知，壓抑疚責感會帶來焦慮。我們也可以合理結論說，海倫對分娩的誇大恐懼帶來了這類焦慮。

但是，爲什麼她的焦慮聚集在分娩這件事，而不是其他事件呢？我認爲那是因爲她的習慣性焦慮防衛機制在那上頭行不通所致。儘管她認爲自己根本沒有懷孕（「對我而言，在嬰兒出生之前我沒有懷孕」），我們除非有比海倫更嚴重的心理問題，否則無法全盤否定自己腫大的腹部——這又回到她的「女童軍」反應上。我們就算像海倫一樣，極力否認自己懷孕，心裡也很清楚不論自己要不要去感受，腹部都變大了。生產是註定會有情感與情緒的經驗；因此在分娩上頭，海倫的理智與壓抑的情感便起不了作用，她的防衛機制也戲劇化地崩解了。

南西：期望與真實之戰

南西十九歲，媽媽在南西二歲時與她的私家車司機爸爸離婚，並在兩年後與一位音樂家結婚，南西形容繼父「很聰明，就像我媽媽」。南西十二歲以前一直和媽媽、繼父住在郊區中上階層社區的家中，南西對社區的文化水準以及「我們住的好房子，和那段期間我所受到的好教養」念念不忘。媽媽在南西十六歲時與繼父分居，南西形容媽媽這種變來變去的行爲「讓我受不了」。於是她讀完高一便輟學離家就業，先是當店員，後來又做過出納，也賣過帽子。南西的朋友、工作以及她自己所認同的出身背景，都屬於中產階級。

她解釋說自己獨居紐約頗寂寞，使得她與肚子裡寶寶的年輕爸爸發生關係，而不是因爲有「愛情」或發生「性趣」。她因爲這位男朋友而認識另一位年輕男人，並產生愛情、訂了婚。未婚夫大學畢業並有良好的家庭地位，未來的公公更在大學任教，這些對南西都很重要。未婚夫知道她懷孕了，顯然可以諒解、接受這件事，並表示婚後將對南西的寶寶視如己出。然而南西仍決定放棄嬰兒，讓別人收養。

南西給「核桃屋」的人印象是，適應力強、負責任、謹慎、體貼，很能避免與人衝突。一位社工人員形容她是「有史以來住進『核桃屋』最好的女孩」。她不論在外形或社交上都很有吸引力，舉止間很有教養，頭一次的訪談表現得平衡而坦然，一點都沒有我們後來會發現的明顯焦慮跡象。

我從南西的行爲和訪談中，漸漸看出她的安全感以及與焦慮保持距離的能力，幾乎完全維繫在「別人可接受自己」的自我說服之上。她極度擔心未來公婆是否會一直喜歡自己，並且不斷以「至少他們現在喜歡我」這項事實向自己保證。就像她提到自己敬仰的人一樣，她不斷說：「他們人非常好，他們喜歡我。」她在未婚夫來信的字裡行間搜尋他的眞愛保證。她強調，只有靠未婚夫的安全感，她才能度過目前的困境：「如果他對我的愛變了質，我會完全崩潰。」未婚夫或任何她可以依靠的人是否愛她的條件，便是對方是否**靠得住**，她媽媽和第一位男朋友便靠不住，而她相信未婚夫是靠得住的。

儘管南西和大家的關係都非常友好，她說自己選擇知心女性朋友時非常謹慎，因爲「妳無法靠女孩子來幫助妳」。她卻從來不談自己對這些生命重要他人的外在情感反應。我們完全看不到發自她內心的情緒性反應，甚至對她的未婚夫也沒有，她只會平淡地陳述自己對未婚夫的愛。對她而言，重點並不在於她對別人的感受，而是其他人是否「愛」**她**——意思是不會拒絕她。**因此，「愛」對南西而言是她與焦慮保持距離的安全機制**。

她的行爲顯示，她具有一套安撫他人和讓他人善待她的精緻手段。她遲到時會滔滔不絕地道歉，有人提供協助時她也會過度致謝。在一次社工訪談中，南西爲了避免觸及自己的童年，以侵略性的態度表明立場，但是相當微不足道：可是第二天她專程到社工辦公室，相當焦慮地問該位社工是否感到被侮辱了。她從不對別人發脾氣，即使在讓她有合理而正當的理由來宣洩情緒的繼父面前，她也不曾發過脾氣。南西的公式是：「你必須與別人共同生活，所以最好與他們和平相處。」

她不斷重複寂寞是她做愛的動機，與第一位男朋友會發生性關係也是如此。如今這些也都有了意義，因爲「性」是撫慰、綁住他的方式。她對自己需要騙人這點感到心煩意亂。她多次提到，希望有一天能夠告訴未來婆婆未婚懷孕這件事——雖然這在當時並不是個問題——因爲她痛恨自己必須欺騙他們。在她少女時期，繼父經常給她零用錢花；儘管媽媽知道後會拿她的零用錢去買酒喝，她卻不能不讓媽媽知道這件事。所有這些現象都向我們指出：任何形式的拒絕對南西都是種深刻的威脅，因此她必須不計代價撫慰別人。她的人際安全感這麼脆弱，以至於最輕微的惡意、侵略性、不和或欺瞞，不論是多麼地正當，都足以毀掉她的安全感，也會讓她隨之燃起無法控制的焦慮。

她工作時的謹慎態度，也是換取他人接受的方法。我們即將從「羅氏墨漬測驗」上看出，儘管南西在工作上從不曾有問題，她對自己的工作一直有很大焦慮，覺得如果自己不一直保持警覺的話，就會被退職。「如果妳不夠機警的話，就會有人取代妳的工作。」這句反覆出現的「保持警覺」贅語，是這類型焦慮的適切表達，當事人會認爲只有持續停留在一種緊張平衡的狀態，才可以避免災難。

我們現在要來探索南西焦慮模式的童年源頭。從下列記憶拼湊出來的童年圖像中的小孩，被母親牢牢套住的同時，又被嚴重地排斥。南西說（從一位女性長輩那兒聽來的）兩歲時父母親離婚之前，媽媽便經常把她獨自留在家裡，父母親分居後，媽媽也經常這麼做。南西回想三歲時的最早記憶之一，便是爸爸趁她單獨被留在母親家中時，來把她擄走。在坐計程車到爸爸家的路上，南西大聲哭著要找媽媽。後來，媽媽帶著警察來把她帶回去。南西所講的早期回憶，統統具有下列質素：(a)媽媽單獨留下南西一人；(b)南西因爲沒有得到適當看顧而可能受傷（跌下地窖的台階）；(c)媽媽會回家卻「一點都不關心」，南西的解釋爲，「我媽媽對於去酒吧，比生小孩更熱中。」她母親再婚後，雖然程度減輕了，但是仍舊會排斥自己的小孩。這是「我們的郊區美滿家庭」時期，也是南西特別強調的快樂童年「伊甸園」時光。在對成長背景的詮釋中，她認爲自己眞正的不幸迄始於十二歲失去郊區的家。

媽媽開始變得不穩定，她和繼父開始留戀酒吧不歸。他們有時候會帶我一起去，但是我並不喜歡。有時候他們整晚都不回家。當然他們找了個大女孩陪我，但是我早上醒來時常常找不到他們。那是不對的。……我會擔心他們發生意外。在我十六歲的時候，媽媽真的出事了。

南西不是從道德的角度責備媽媽，只是覺得媽媽不可靠。南西也不願意說「出事了」究竟是怎麼回事。在訪談中她眷戀地回憶，「可她在郊區期間是這麼個好母親。」

南西極度討厭談論自己的童年，她的不舒服可以從毫無節制地抽煙，並且說這種對話讓她「緊張」中看出，自己這種表現也讓她覺得很丟臉。她說自己記得童年發生的事卻不記得自己的情感，又說：「奇怪——從我小時候對媽媽的需求方式，你會以為我對她還有情感。」她不僅對童年受排斥事件表現出冷漠無情的態度，在說到這些事件時也顯得冷漠無情。她在訴說童年受排斥事件時的情緒投入和「緊張」，讓她非常生氣。在接下來的兩次訪談中，她小心地保持著謹慎的態度，並無言地表現出不再顯露任何情緒的決心。

讀者可明顯看出，南西的童年描述中有種獨特的矛盾。此一矛盾的內容來自她對母親態度上的衝突，也深具重要性。一方面，南西童年受排斥的感受有事實的根據，也讓她相當痛苦。另一方面，她又會將母親以及自己的部分成長背景理想化。在她依次敘述這些回憶時，會一再浮現「一條小黃土路引到郊區甜蜜的家」這樣的贅言，接下來則會出現：「媽媽當時是這麼個好母親。」我認為「郊區甜蜜的家」這個浪漫指涉，是她將母女關係理想化的象徵。南西在提到童年某些不愉快的面向時，便會添加上一個模糊卻強烈的希望，「可是我媽媽能夠成為好母親。」這句話就像原始人的護身符一樣，是個具魔法的咒語，擋開邪惡的護身符。

到目前爲止可以確定的是，她媽媽甚至連住在郊區那段時間，也經常將南西單獨留在家中，雖然不像之前或稍後的次數那麼頻繁。總之，她對媽媽時「好」時「壞」（依「穩定」度來看）的推測，並不具客觀性：她的陳述本身便指出媽媽行爲的極度不一致性。我們的結論似乎便可以驗證「好」媽媽和「快樂」童年的主題，都是南西自己帶入的，因爲她無法面對被媽媽排斥，而自己對媽媽卻仍有感情的眞相。在訪談中，南西一發覺自己痛苦得無法繼續討論童年受排斥經驗時，便會反覆地說「可是我媽媽**能夠**成爲好母親」，她這種表現支持了如下結論：她將母親理想化以掩飾母女關係的眞相。

南西做「羅氏墨漬測驗」的態度也同樣地過度謹愼，她這種態度似乎也是一種爭取認同的努力。她的測驗記錄顯示她聰明而具有原創性，並具有這類型人物的鮮明焦慮型神經官能症狀，因爲她對生命不僅具備了「焦慮的態度」，這種態度更徹底固著在她身上，讓她在對外人際關係上，展現出一種「成功」的表象。⑮她的「羅氏墨漬測驗」的突出之處在於，運用微小細節㊱得出高反應比例。她反應時會例行繞過墨跡的四周，邊進行邊反應著每一個小細節，同時又很小心地靠著邊緣，並藉著進入較大塊的墨跡以避免任何有失舉止之處。比喻性地說，這位做測驗的人認爲自己始終游走險境邊緣，必須提心吊膽地踏著每一塊石頭，防止自己跌落斷崖。南西在「羅氏墨漬測驗」的行爲頗符合葛斯汀的研究對象，這些人的病態程度更甚於南西，他們會將自己的名字寫在紙張的角落，任何遠離淸楚界線的冒險，對他們都是過於沉重的威脅。南西的反應內容都是些面孔，說明了南西的焦慮和別人如何看待她，以及別人對她的想法有極大關係。

她的記錄指出其孤立的人格，幾乎看不到任何對其他人的外顯情感回應。雖然她的「內在」活動很多，但是內在刺激的本能面向卻是次要的。她的「羅氏墨漬測驗」重複了她的說法，也就是讓她懷孕的性關係，無關「愛情」或「性趣」的動機。在少數幾個情緒性反應中，她那種「攀住微小細節『以防止跌落斷崖』」的模式被打破了，也隨之有相當程度的焦慮。因此，她壓抑情緒的功能之一，在保護自己免於因爲對他人投入情感，而帶來焦慮的情境。在出現色彩鮮艷的「II卡」時，她受到衝擊而做出少有的整體反應之一，但那是個嚴重受到干擾的反應，她也立刻跳過這張卡片到下一張。雖然不太顯著，但是類似的反應也出現在全彩的「VIII卡」上。

她的野心在記錄中顯露無遺，那是以強迫自己大量生產、巨細靡遺（好像她必須包含每一小細節才能夠觀照到所有經驗）、表現完美、展露原創性的形式呈現出來。執行完美主義的部分原因在獲得安全感，方法是事事講求細節，她在那上頭的確過分精確，但這也是贏取測試者肯定與接受的嘗試。她的野心不在擁有駕馭他人的力量（像海倫一樣），而在得到他人的接受——例如，「如果我做得不錯，如果我『很有趣』，我就不會被拒絕。」她的「羅氏墨漬測驗」焦慮評等爲：深度3，廣度5，焦慮處理能力1，這也讓她的焦慮程度排名獨佔鰲頭。

南西在填寫焦慮檢驗清單時，同樣地過度小心翼翼以求精確，她會長思每個項目

（「除非我有把握，我不喜歡勾選它們」），勾選後又回過頭去重新考慮並修改選項。她的童年受排斥程度的排名爲「高」，當前排名「稍高」，未來的排名則爲「低」。這三張清單所顯示的主要焦慮領域爲「工作成敗」和同儕的看法。

我觀察到她勾選清單的行爲明顯出現一個怪異的現象，並解釋了爲什麼她的「未來」焦慮量比過去和當前來得少。三份清單上的每個焦慮選項，都讓南西陷入兩難，用她自己的話來說，每一個焦慮項目都讓她陷入長考。**她無法與自己的焦慮拉開距離，好分辨自己是否對特定項目感到焦慮**。她的標準似乎是：對於她能夠處理的焦慮，她會勾選爲「非」焦慮來源，儘管她的對付方法顯然會有焦慮。而「未來」的焦慮因爲尚未證明是「無法對付的」，所以比較不會被勾選到。

南西的整體評等屬於**高度**焦慮。她展現了焦慮型神經官能症的一種，其特色是在生活中全面運用「焦慮的態度」，使得她所做、所想的每一件事都是焦慮所刺激的。其行爲目標不在**避免**焦慮，而在**與焦慮保持距離**。她的其他行爲特徵還有：保持預警，盲目地保持人際關係的平衡，以防止悲劇（就南西看來便是自己被排斥）發生。**我們可以說這不是個當事人會焦慮的案例，而是「焦慮掌控了當事人」的案例**。

如何區分**避免**焦慮以及**與焦慮保持距離**，似乎很令人困惑。但是眞正的區別指的是，在這類焦慮型神經官能症中，當事人的焦慮態度就是他評估刺激，或爲自己在每一次經驗中導航的親密成分，以至於當事人無法與焦慮保持距離，並無從理解避免焦慮或免於焦慮的目的何在。南西希望能小心踏著一塊塊的石頭而不要跌落；她根本沒有想到可以不要踏上斷崖。

她與焦慮保持距離的完美系統化方法，在客觀上可以撫慰他人、避免所有不和並從事良心事業。這些方法的目標在被接受與被「愛」，在暫時於這種狀態下得到安全感。這些方法顯然成功地讓她人見人愛；但是她的安全感非常短暫，也堅決認為自己隨時會遭到排斥。

在主觀上，南西與焦慮保持距離的方法，讓她避免了情緒上的糾結、隱藏起與童年受排斥經驗和焦慮相關的情感、理想化所面對的產生焦慮情境。⑯然而，避免情緒糾結這個方法對南西卻行不通，因為她整個安全感幾乎依靠在別人對她的想法之上。這是個矛盾：你無法在避免情緒糾結的同時卻完全仰賴別人對你的想法。⑰

結果是，南西顯然**沒有免於焦慮的有效良方**。她對抗焦慮的唯一防護就是焦慮——繼續「小心翼翼」地生活，並經常有心理準備。

我們還發現**媽媽的高度排斥**與高度焦慮同時出現在南西身上。她並不客觀地接受來自母親的排斥。反之，它一直和南西對媽媽的理想化期待，共陳並列地存在，證據就是南西只要面對產生焦慮的情境，便會不斷重複同一道護身符。因此，媽媽的排斥便會帶來主觀的衝突。被排斥感以及對母親的理想化看似對立，其實互相強化。她因為感到被排斥，因此更強烈地渴望被媽媽接受；她更因爲心懷「媽媽『能夠』……」的理想圖像，她的被排斥經驗便加倍痛苦。因自己被排斥而生的情感便被壓抑了下來，也被加深。

南西的案例說明了排斥做爲神經性焦慮源頭的重要性，就在孩子對排斥的詮釋。在對小孩的衝擊上，排斥被視爲**客觀**經驗（並不一定會造成小孩的主觀衝突）或主觀體驗，其間的差異極大。重要的心理層次問題在於，孩子是否覺得自己被排斥了。南西覺得自己完全被排斥，這點很清楚，儘管在客觀事實上，其程度比不上其他一些女孩（露薏絲、貝西）的被排斥程度，後者的主觀感受程度不像南西這麼強烈。我認爲南西**對媽媽的理想化，是了解她為什麼對自己被排斥的主觀感受，這麼強烈的重要質素**。

我們在南西神經性焦慮底下發現的潛藏衝突，可是來自**期望與真實之間的落差**。這種衝突的形式永遠是，一方面以無止盡依賴他人（特別是別人的接納與喜愛）做爲自己的安全裝置；另一方面又暗自堅信其他人都靠不住，會排斥她。我們從南西對母親的態度上，觀察到這種衝突的原初形式，也在她對未婚夫和同輩人的態度上，觀察到這個衝突的現況。

要更具體了解南西衝突的內在原因，就必須掌握她無意識模式的精神分析知識——但這是上述方法無法得到的資料。然而，當一個人這麼依賴別人，卻又認爲這些人都不可依靠時，說他的這個模式中會有大量的敵意，絕對是一項合理的假設；像南西這麼焦慮的人必然會強行壓抑這樣的敵意，這是完全可以理解的。

愛格妮絲：敵意與侵略性所帶來的焦慮

十八歲的愛格妮絲在十四歲離開父親出走後，一直在夜總會以跳舞維生。她顯然爲首次訪談花了許多時間裝扮自己，我也大吃了一驚。她有一頭烏黑的長鬈髮和一雙湛藍的眼睛，頗具異國風味。但是她的臉部表情辜負了她的外表：她似乎處於一種控制得很好卻很明顯的恐懼之中。她的雙眼擴張，姿態尖銳而緊張，儘管她不時冷酷地笑一下，卻從不微笑。

在開頭的幾次訪談中，愛格妮絲有意識或無意識地期望有某種攻擊。這種對攻擊的期待，也以恐慌性焦慮的形式出現在她的行爲中；護士給她阿斯匹靈片時，她每次都以會被毒害的眼光小心地盯著瞧。她後來在向我提到自己的恐慌感受時，才覺察到自己的不理性。她說她在「核桃屋」自己的房間內以及地鐵上，經常都會有「幽閉恐懼症」，她並將它聯想到童年的創傷經驗：繼母「厭倦甩我耳光後，會把我鎖在衣櫃裡。」

愛格妮絲的生母在她一歲時便死了。她從此便與同爲天主教背景的父親和繼母，一起生活到繼母在她十三歲時死去爲止。在照料了父親一年後，她因爲父親酗酒，並「完全不關心我」（用她的話說），而離家出走。她心中一直懷疑自己是不是父母的親生小孩；「核桃屋」的社工人員也有同樣的疑慮，其根據是愛格妮絲並沒有合法的出生資料。她也沒有兄弟姊妹。父親與繼母在愛格妮絲八歲時，領養了一個男孩子，但是後來在愛格妮絲的強烈反對，還是將小男孩送回孤兒院。她住進「核桃屋」時的梅毒檢驗是+4，醫生因而認為她感染了梅毒。

愛格妮絲的社經階級很難確實區分；她的爸爸工作不穩定，當時是餐廳的廚子。她在「核桃屋」時的職業目標是離開演藝事業去上藝術學校，並成為商業藝術家。基於她的目標，再加上其友人的社經地位，我們將她歸於中產階級。

她當時懷著一位大她很多的已婚男子的小孩，那男人是她演藝事業的同伴。她說自己「愛」他，這段約半年之久的關係也完全出於自願。

她對「核桃屋」的其他未婚媽媽公然帶著敵意與輕視的態度，毫無任何善意。如此一來，其他女孩也對她有敵意，並且經常嘲弄她，因為這樣，她更加藐視她們。她平日在「核桃屋」的心情不是沉思就是發脾氣。

種種證據顯示，愛格妮絲一直拼命地想握有佔別人上風的掌控權。她說自己非常崇拜男人身上的陽剛力量。她因為父親酗酒的弱點而瞧不起他，也看不起來上夜總會的男人，因為他們總是說著「那一套『我的太太不了解我』的台詞」。她對讓自己懷孕的男人鮑伯非常有侵略性：如果鮑伯對她置之不理的話，她會「找個律師來摧毀他」。然而，當她與男人直接聯絡上時，會用「女人是弱者」的策略來掩飾自己的侵略性；她帶著全然有意識的預謀在電話中哭訴，意圖用自己的「無助」來說服男人，並玩弄著她所謂的「殉道者角色」（「看看我爲你吃了多少苦」）。但是，當男人偶爾寄來了張支票時，她也會暫時對男人充滿愛意，並說自己冤枉了他。她同樣運用自己具異國風味的女性魅力在侵略性目的上：當她要和鮑伯一起用餐（或要與我進行訪談）時，她會花上好幾個鐘頭的時間把自己打扮得花枝招展。這個過程詭異地像是在備戰。分娩後，她也因此志得意滿神采飛揚。因爲她艷麗的形容，讓她在店裡造成一陣騷動。她這些積極取得掌控他人權力的證據，頗符合施虐—受虐狂（sado-masochistic）的行爲模式，我們也同樣會在她的「羅氏墨漬測驗」中看出。

一開始，愛格妮絲拒絕接受自己懷孕的眞相。顯然地，懷孕讓她感到自己是弱者和受害者，也讓她無法再將自己的吸引力當成侵略性的武器。但是她很快地把即將出生的嬰兒納入自己的施虐—受虐模式之中：她開始不斷談論自己做爲母親的責任（在這方面，其他未婚媽媽則稱她爲「聖母」）。她視出生後的寶寶爲「玩具」，是自己的延伸，並強調自己總算有所歸屬了。伴隨這種態度而來的，是她對孩子的未來毫無任何務實規劃。嬰兒也成爲她對付鮑伯的侵略性武器；她說寶寶是可「奮戰爭取」之物。

愛格妮絲清楚地感受到來自雙親的高度排斥。她除了懷疑他們是否爲自己的親生父母（這除了具象徵性的意義外，也極可能是眞相），事實更指出她和繼母的關係冷漠又互有敵意。父親對她或她的能力，一直擺出漠不關心的態度。甚至在當時，愛格妮絲仍舊努力想要打破他的漠不關心。生了孩子後她到父親住的鄰近城市探望他，假裝要去拿自己的出生證明資料，事實上是希望他能夠表示關心。她希望父親的關心會象徵性地用給她一些錢來表達。我會說金錢只是個「象徵」，是因爲愛格妮絲那時候並不特別需要錢，而且她希望從父親那裡得到的數目（五塊錢）並不會有太大幫助。她在出發前說自己深信父親不會「具體實現」自己的期望，換言之，給她能證明父愛的金錢物質。她回來後報告說，父親很高興地向同事炫耀自己有這麼個漂亮女兒，除此之外，他仍舊一如往常地冷漠。在訪談中，愛格妮絲不斷提到自己很孤獨——「我從不屬於任何人。」容或她所陳述的孤獨有誇大之嫌，我們仍有充分理由相信，她一直是一位非常孤立的人。我們將她歸類於被雙親高度排斥者。

她的「羅氏墨漬測驗」主要特色在其中有許多攻擊與敵意。⑱幾乎所有與人有關的反應都是人類的爭鬥或半人的怪物。怪物是出現在「性」的脈絡下；她理所當然地將「性」與對自己的殘酷攻擊聯想在一起。雖然她的某種想像性內在刺激，得以大量表達出來，但是她的本能刺激卻被壓抑了，而「性」的刺激也被壓抑了下來，免於成爲攻擊的受害者。「羅氏墨漬測驗」指出，她覺得自己受到了全面性潛在和事實的敵意好讓侵略傾向所驅策，若不是其中的一部分被壓抑了下來，她將無法控制它們。其中也有許多以自戀形式爲主的情緒性興奮。

整體而言，她的「羅氏墨漬測驗」顯示出一種施虐—受虐的模式。她以退避到幻想、出神和說教的方式，來避免侵略性與敵意——例如侵略性就可被視為「善惡」間的掙扎。她的善意理性能力被誤用到控制別人的侵略野心上。她的敵意與侵略性中有極大的焦慮，大多因為她預期別人會對自己攻擊並有敵意，這其實在某個程度上是她對別人的攻擊與敵意所投射出來的。她管理自己焦慮的方法，竟然是報復性的攻擊與敵意。

她在「羅氏墨漬測驗」中的焦慮評等為：深度2.5，廣度4.5，焦慮處理能力4.5，與其他女孩比較起來屬於**高**焦慮群。在童年焦慮檢驗清單上，愛格妮絲的焦慮稍低，未來焦慮則屬於稍高。她的主要焦慮範圍為**野心**和**恐慌性**不安。

我們從愛格妮絲身上看到焦慮與敵意／侵略性的互動關係。首先，她將自己碰到的情境都詮釋為別人公開攻擊，對情境的反應又只有焦慮。這似乎是她在首次訪談時的主要恐懼來源。她對這種威脅的焦慮反應會伴隨著反向的敵意與攻擊，是完全可以理解的——她的反應並沒有針對我或社工人員，卻錯置在其他的年輕未婚媽媽身上。其次，她的焦慮是針對被排斥、被迫獨自一個人等威脅的反應。她這種帶著敵意攻擊的焦慮反應，和我們對造成自己孤獨焦慮的人，會以生氣的模式表達是一樣的。

第三，愛格妮絲的焦慮還有較不常見的一面——**她把敵意攻擊當作避免產生焦慮處境的方法**。這並不是常見的行為：其他未婚媽媽避免焦慮的方法有退縮、撫慰或抱怨。在多數案例中，當事人在焦慮時的侵略性也**最弱**，因為這樣才不會與自己的依賴對象疏離。愛格妮絲運作的公式卻是藉著攻擊自己依靠的人，強迫他們不要排斥她或造成她焦慮。

這一點在她對嬰兒父親的行爲中看得一清二楚。她對他慣常的態度是：「他排斥我；因此他像所有男人一樣，都是騙子。」他眞的排斥她的時候（例如，沒有寄支票給她），她反而既焦慮又大怒：「他怎麼能這樣對待我。」但是當他打長途電話給她並寄來支票時，她感到焦慮得到釋放並且很滿足，儘管所寄來的錢少得可憐，也起不了什麼作用。因此，**問題不在錢本身**（愛格妮絲從「核桃屋」就可以得到這些錢），**而是他必須表達關心**。關心的象徵就是金錢，這件事本身便很有趣，而關心就是愛格妮絲向鮑伯或自己父親所爭取的。在她心中，「愛」就是放棄某些事物，而她迫使別人「關心」自己的權力展現方式，就是從他們那兒拿走一些東西。

愛格妮絲這個案例可以讓我們看清施虐—受虐者的焦慮現象——**換言之，要免於焦慮不只在建立當事人自我與他人的共生關係，更在掌控、勝過或讓別人屈服在自己意志之下**。如果我們只有讓別人屈服於我們的目標才能免於焦慮，那麼我們緩和焦慮的方法就一定是侵略性的。

在愛格妮絲身上，我們看到**高度焦慮**以及**被雙親高度排斥**，兩者是同時出現的。她當前焦慮模式與童年親子關係之間的連動，有下列幾種風貌，其一，她的恐慌性焦慮以及與繼母的相互敵意攻擊，兩者關係密切。其二，她與嬰兒父親的關係所帶來的產生焦慮模式，很像她和父親的關係模式。我們特別要強調的是，愛格妮絲、南西、海倫同樣都無法以事實眞相來接受父親的排斥。她不顧一切地執著於父女的矛盾關係——她對父女關係主觀期望與現實情境之間的矛盾。我們後面會討論這種期望與現實間的落差。這點在她長途跋涉去找父親，強迫他對自己表示關心這個事實上，最能夠清楚看出，儘管她心裡很清楚父親是不會有任何改變的。

愛格妮絲也示範了**焦慮與敵意／攻擊情感的互動關係**。愛格妮絲因爲預期別人會對她有敵意與侵略性（例如固化的恐懼即是）而感到焦慮，但這種焦慮反過來會透過機制，將她的敵意與侵略性投射到別人身上。這種模式也會有無止盡的微妙變化。這種敵意和侵略性是愛格妮絲的施虐—受虐性格結構的表現，其中也牽涉她將自己被他人加害一事詮釋爲一種焦慮的處境。她也必然會將敵意和侵略性當作逃避的管道，也就是一種避免成爲受害者的方法。但是在她有生以來和生活的世界中，這種逃避手段從未管用。

因此，愛格妮絲對抗產生焦慮處境的主要防衛機制便只有敵意與攻擊——努力勝過他人，成爲勝利者而不是受害者。從這個角度來看，她當然會將別人的拒絕，詮釋爲**他們**勝過她，也會將與他人維持共生關係的能力，詮釋爲她勝過別人、讓別人臣服於**她**的意志之下。這種模式無庸置疑的會帶來大量焦慮，因爲她老是以爲別人也一樣會對自己施加敵意與攻擊。她這種大量焦慮的情形表現在首次訪談的恐懼之中，也表現在她的恐慌之中。

接下來的問題是：在愛格妮絲案例中，讓她決定以侵略性和敵意來避免焦慮的**具體因果質素是哪些**？爲什麼一個人會無意識地選擇這些武器？我認爲愛格妮絲會使用這些方法，表示**她在童年曾被過度保護**。她的高度自戀與我們的假設吻合。這個假設同樣得到她父親行爲的支持：以女兒的漂亮外表爲傲，卻在其他面向排斥她。當然，父母過度保護卻又排斥小孩，過度溺愛小孩又排斥他們的行爲並不少見。過度保護與排斥有時候是在互相反應——例如，如果父母眞會排斥孩子，他們也可能會在不同地方「溺愛」孩子，以補償自己的排斥。

事實證明，她從小在家便能大顯權威：她的反對迫使父母送回領養來的小男孩。如果上述的假說爲眞，那麼就解釋了爲何她強迫他人不要排斥她，或臣服於其意志的積極方式是成功的，這個方法也因此在親子關係中被進一步的強化。這個假說也同樣解釋了，爲什麼愛格妮絲將排斥詮釋爲攻擊，好像如果別人對她的愛不夠熱烈，他們便在「逃避責任」。她早已把「吸引別人注意」當作「權利」來期待，因此別人若對她關注不夠，便是在剝削她。

「核桃屋」對愛格妮絲的正式評價爲：她的人格模式已積習難改，再做任何心理治療也難有結果。她生孩子後三星期所做的第二次「羅氏墨漬測驗」，已不再覺得自己是侵略的受害者，她原先因爲無法運用女性魅力來掌權的無助感已得到釋放。第二次「羅氏墨漬測驗」也顯示出她的僵固模式有些放鬆了。但是它基本上還是一種施虐—受虐式的性格結構，具有強烈的侵略性與敵意。

愛格妮絲離開「核桃屋」一個月後寄來一封信，信中透露自己靠著一位老男人過日子，以巴哈和貝多芬教養小孩。

露薏絲：受排斥卻不焦慮

二十四歲的露薏絲是勞動階級家庭出身，她在十二歲時接替已死去母親的職位成爲家庭僱傭。她的父親是鐵工廠工人，在露薏絲十三歲時便死了。露薏絲唯一的姊姊在露薏絲懂事前也死了。讓露薏絲懷孕的男人大她十一歲，那是露薏絲唯一愛過的人，也是唯一的性關係對象。當醫生告訴她已有三個月身孕時，她一度有輕生的念頭，但隨即做了調整並打電話問總機，「像我這樣進退不得」的女孩，該上哪兒去？

露薏絲小時候極端受到排斥，媽媽經常對她暴力相向。她自己說：

> 我媽媽動不動就打我。甚至爸爸都問她為什麼要這麼下死勁地打小孩？她因而打得更凶。……她隨手抓到什麼就用來打我。她打斷我的手肘，打壞我的背

部、打斷我的鼻子。她打得鄰居都想報警，卻因為不想干涉別人的家務事而作罷。媽媽習慣說，「到這裡來，否則我殺了妳。」有時候我被打得瘋了，覺得如果有人殺了我也好。……我阿姨與姨父想領養我，但是媽媽不願意。我不知道她為什麼這樣，她恨我卻不願意讓我走。

露薏絲在講這些童年受罰事件時，口氣中並沒有太多感情，表情也沒有變化。我的印象是她可能重複同樣故事太多次了（可能講給自己的女主人聽），其中不乏誇大的成分（打斷手肘和背部的一些細節，並不太有說服力）。即使故事有誇大的可能，但是種種證據顯示，她的確是在童年遭受身體虐待和嚴重排斥的受害者。雖然這些童年經驗中明顯有重大客觀的創傷，但重要的是，露薏絲不論小時候或成年後，都能夠避免主觀的創傷。她與父親的關係儘管友善，但僅在表面保持輕鬆的關係，並不深刻（例如，她在「羅氏墨漬測驗」中就看不到男人）。

說露薏絲壓抑了她與母親關係的一切情感，似乎是個站得住腳的假說；在訪談時她確實有表達相當的情感，哭泣以外還訴說著對母親的怨恨。不過這份恨意的表達只是事實的陳述，並沒有伴隨心理衝突的跡象，也沒有證據顯示背後有她對母親普遍的忿恨。

童年的露薏絲除了想當然會想逃離被打罰之苦外，她最擔心的還是別人可能會像媽媽一樣恨自己，以及母親爲什麼對她這麼有敵意。她小時候自然認爲自己可能不是媽媽親生的。露薏絲既不掩飾也不試圖遮蓋母女關係的醜陋事實。她媽媽會在外人面前要求露薏絲表現出愛媽媽的樣子，但是爲露薏絲堅持拒絕，就算她知道自己等一下便會因此受罰，也不願意這麼做。露薏絲對自己童年的不幸遭遇，簡單用一句「惡運」（hard luck）來總結。總之，露薏絲似乎很務實地接受母親的排斥，並認爲是客觀事實，而與她個人無關。

她的「羅氏墨漬測驗」顯示人格沒有什麼特色，資質平平而只有些微原創性。⑲記錄中沒有動作的反應，同時指出其內在活動力的貧乏以及對本能刺激的壓抑。她對外在刺激表現出自在、準備要接受的態度，但這是一種**虛假**的反應，在人際關係的調適上也只是表面的。她從卡片上看不出人形（這通常發生在與父母關係不佳的案例身上），這點很重要。露薏絲最接近人類的聯想是「一個女人的後腦勺」，她是在暗指「棄我不顧的女人」。在這個反應中，她將女人的頭放置在空白的地方而不在墨跡本身，這也指出了她與女人的對立傾向。這個有力推論同時指出了這兩種女性關係的雛型，都在她與母親的關係。

在她的「羅氏墨漬測驗」中完全看不到外顯的焦慮。某些潛藏焦慮則可能從動作反應的缺乏而推論出來：這種內在刺激的欠缺是其無特色人格的部分標記，也有部分原因是爲了不讓自己過於脆弱而阻斷本能的渴望，特別是在與異性的性接觸上。我們將她的焦慮評等如下：深度3，廣度2，焦慮處理能力1。她的焦慮與其他未婚媽媽比起來屬於**稍低**程度。露薏絲有能力避免可能引發焦慮的個人人際關係，而這個迴避系統似乎並不會進一步造成她的內在衝突。

在塡寫童年焦慮檢驗清單時，露薏絲特別強調：「小時候不憂慮。事情來了便承擔，你不用受苦。」雖然她的勾選屬於童年**高**焦慮群，她的**當前**焦慮是所有年輕媽媽中**最低者**。[20]她說塡第二張清單時，「我根本什麼都不擔心。」清單上最主要的焦慮種類是「不得同儕認可」和「恐慌性不安」。因競爭野心而來的焦慮這個項目上，她也是所有年輕媽媽中最低的一位。

露薏絲對心理師、社工人員和我的行爲與態度，總是非常謙恭，她對佔據大家的時間感到抱歉，也似乎覺得這些人會對自己感興趣，是很不可思議的。她在訪談時非常健談，但總是好像隨時準備要挨罵的樣子（特別是她低垂的雙眼）。她表現出很想討好「上司」的樣子，而且她在「核桃屋」時也表現得也特別誠懇盡責。但是與這種服從行爲相反的一面，會表現在她對其他未婚媽媽的找碴上：她對「核桃屋」的管家媽媽多所抱怨，因此她們也不喜歡她。這一點似乎不會困擾她：她說當自己與他人處不來時，「不要和他們接觸就好了。」她唯一的娛樂是每天獨自長途散步，這麼做除了自我娛樂外，還讓她可以不用和其他女孩接觸，更讓她晚上可以睡得好，免得「躺下來卻一點睡意都沒有。」

露薏絲也不會爲生產後的事困擾，她打算務實地將寶寶放在寄養家庭，直到自己賺夠錢可以擁有一個家庭或結了婚時，才將小孩領回來。至於孩子對她的意義有多大？這點從她在分娩前，就非常喜歡照顧其他未婚媽媽的寶寶，便可以看出。

當小孩胎死腹中時，她也非常傷心。她在醫院時哭得非常傷心，回到「核桃屋」休養時便不大願意談起此事。離開「核桃屋」後，她到鄉下療傷止痛。露薏絲的近況則來自她寫給「核桃屋」護士的長信，她與護士建立起親密友誼，並且一直都在通信。

我們對露薏絲的整體評等是低度焦慮，對媽媽則屬於高度排斥。立即出現的相關問題是：一個人被嚴重排斥卻不會有神經性焦慮。這點也直接駁斥了我原來的假設：母親的排斥是神經性焦慮的來源。

難道她的缺少焦慮是因為缺乏人格特色，或抑制了感情的關係？這個問題必須從兩個層面來回答。從「正常人」的意義來說，露薏絲相當單純，毫無人格特色（她缺少人格特色不是因爲眼前的主觀衝突）。內在刺激的抑制在「羅氏墨漬測驗」中指的是異性的刺激，並沒有解釋因爲母親排斥而來的神經性焦慮。她與外人關係反應的貧乏，究竟是不是母親冷淡關係的結果，我們唯一可以確定的就是這兩項因素有重要關聯，就再無其他可確定的事了。但是她沒有神經性焦慮，並不是因爲壓抑或缺乏感情的緣故，這點可以從下列事實看出：(a)她談到對媽媽的恨意時哭了，(b)她對即將出世的寶寶有強烈的情感，(c)她能與「核桃屋」的護士建立起熱烈的友誼。

露薏絲以真實的現況來接受母親的排斥，而不認為是主觀衝突的來源。這似乎是她能夠不會有神經性焦慮的關鍵點。她視媽媽對她的恨和懲罰爲客觀和與個人無關的「惡運」。她自己的說法是，爲人子女逆來順受沒有痛苦（神經性焦慮的經驗而言），這似乎是相當了解自己的精準描述。很清楚地，排斥與懲罰會造成客觀創傷與巨大痛苦，但是在她身上並看不到因母女關係而來的主觀創傷與衝突。她對母親的恨意也報之以恨意，只要處理過了便不需要一直怨恨母親。

更重要的是，露薏絲並沒有假裝自己喜歡媽媽：和南西對照，露薏絲並不期望媽媽會變成「好」母親。同樣地，露薏絲對媽媽的行爲沒有任何裝假的成分，證據是她在外人面前甘冒事後被痛打的風險，也不願意假意說自己愛母親。與其他女性（南西、海倫、愛格妮絲等）相反的是，**露薏絲自己的期望以及母女真實處境之間，並沒有落差**。她的案例證明如果當事人在親子態度上，不受主觀矛盾的困擾，就不會有神經性焦慮。

這個案例中如果有某些我們沒有在露薏絲身上觀察出來的質素的話，那就是精神錯亂的可能性。精神錯亂人格是因爲孩子在家裡完全被排斥，並喪失未來人際連結的基礎，所以也不會有神經性焦慮（請參見班德〔Lauretta Bender〕的觀點）。但是，我認爲露薏絲顯然不屬於精神錯亂。

我們前面說過，露薏絲對各種創傷處境的調適，其特徵不在神經性衝突，而在客觀看待問題並「躲到一邊去」。這點可以從她想逃離母親，以及她與「核桃屋」年輕未婚媽媽相處困境的調適上看出。如果所面對的是無法忍受的創傷，這種「躲到一邊去」對策可能會在露薏絲身上以病態的形式出現；在得知自己懷孕的消息時，雖然露薏絲後來便客觀地做了簡單的調適，但是她的第一個念頭卻是自殺。同樣地，小時候難以忍受母親的痛毆時，她也曾想過要以自殺來解脫。雖然我無法詳細證明，但是我的印象是，露薏絲無法忍受的創傷，較可能發展成精神錯亂，而不是深度神經性衝突。然而，這一點並不是她免於神經性焦慮的要素。

貝西：被父母排斥卻無焦慮

貝西是研究中唯一亂倫而懷孕的案例，她是勞工家庭的十五歲女兒。她父親在一艘游走於哈德遜河的貨船上工作。家裡有八個兄弟姊妹，貝西排行老五；她家的生活環境窮困而狹窄。貝西懷孕時正在上職業學校，學習操作紡織機。

貝西在住進「核桃屋」的前一年夏天，懷上自己父親的小孩。貝西的媽媽堅持讓家裡小孩到貨船上度暑假，以減輕自己的家務負擔。因爲貝西知道姊姊曾被迫與父親性交（這次換成她自己被亂倫受孕），因此強烈抗拒去貨船過暑假，甚至以喝碘酒來抗議。但她最後還是順從媽媽的意思。在船上，貝西與爸爸和哥哥同睡一張床上。整個夏天她被爸爸強暴了三次，爸爸並威脅說如果她拒絕或告訴別人的話，便要殺了她。

當她媽媽聽說貝西懷了自己丈夫的小孩時，認爲全是貝西的錯，還痛毆貝西，並威脅說如果她留在家裡便要殺了她。貝西先是由「虐兒防治協會」（Society for the Prevention of Cruelty to Children）暫時收養，後來才轉到「核桃屋」。貝西住在「核桃屋」的期間，她爸爸因爲強暴姊姊而被起訴，並送去感化。

雖然要貝西談論導致自己懷孕的那件事並不容易，但是她除了有點靦腆不安外，卻相當開放並有問有答。在訪談當中，我和社工人員都覺得她是一位外向、合作且負責的年輕女性。

她媽媽不只極力排斥貝西，也處處刁難，讓貝西的懷孕處境更加艱難。一開始，她媽媽不願爲貝西負任何責任，但是當貝西決定讓別人收養嬰兒時，她又堅持貝西留下嬰兒，並帶回家去。既然懷孕是「貝西的錯」，她便應該自己撫養小孩；貝西的媽媽更爲了合理化自己想控制貝西和嬰兒的慾望，竟然說因爲自己的丈夫是嬰兒的父親，嬰兒也就是她的親生骨肉。但是正如貝西的姊姊向社工人員指出的，她們母親的眞正動機顯然是懲罰；她希望將貝西和寶寶永遠留在家裡，好方便自己隨時以懷孕的事來譴責貝西。只要是貝西自己做的決定，她媽媽一定會用對立的計畫攻擊她。她強烈反對貝西分娩後與某位姊姊住在一起的決定，後來又反對貝西去住在寄養家庭。這些指標統統指出了一位妖魔化的母親。

要貝西起而反抗母親並不容易，要她對母親惡言相向同樣有困難。但重點是，貝西在每件事上都能不顧媽媽的要求和壓力，自己獨立務實地做成決定。用她自己的話來說，貝西的態度是「我媽媽就是那樣——我只要不去在意她說的話。」當貝西回家探親，而媽媽又開始譴責她時，貝西只淡淡地說：「我回家來聚聚，不是要談事情。」並走出屋外。

貝西的「羅氏墨漬測驗」顯示她相當聰明、有活力、自我堅持（具有「獨立」的建設性意義），但是其人格特質又有點貧乏而蒼白。㉑「蒼白」的意思是指，她的測驗記錄顯示，其人格的貧乏並不完全是沒有特色的結果；也是因爲她有點想讓自己停留在相對單純之情緒發展層次，以避免人際關係上的困難（人際複雜度）。她反應出來的人類常常是骷髏或圖像，而且記錄顯示她能夠直接而輕鬆地與他人互動，這一切都證明她避免在人際關係中顯露其生命動力。記錄中唯一有顯性焦慮的是三項「願景」反應（*FK*）；而這些出現在記錄中的比例相當對稱，顯示出她能相當得體且直接地處理衝突。

她應用上述方式直接處理羅氏墨漬測驗中出現的特殊衝突是與「性」有關的，而且似乎直指她與父親的問題，也間接指向她與母親的衝突。這些「願景」反應中有兩幅公園的景致，貝西說自己在面對父母虐待時，會逃到住家附近的公園去，這顯然就是其中的意義。她的記錄中也呈現某種潛伏的精神分裂可能性（從淡薄色澤的使用中看出）。這一點不顯著卻很重要，因爲它指出貝西在面對無法忍受的壓力時，可能的發展形式爲何。雖然出現在「羅氏墨漬測驗」中的焦慮似乎並不嚴重時，但是卻有指標顯示有某種深度埋藏的焦慮，在貝西遇到嚴重危機時就會顯現出來。她的「羅氏墨漬測驗」評等如下：深度3，廣度2，焦慮處理能力1，和其他未婚媽媽比較起來，她屬於稍低的焦慮群。

貝西的**童年**與**當前**焦慮清單都顯示她沒有什麼焦慮。她的童年焦慮是所有女孩中焦慮量最低的，而她的當前焦慮則是第三低。㉒她的焦慮領域在「工作成敗」、「家人的看法」以及「同儕的看法」（這種類別的決定因素不需要過於看重，因爲每一領域被勾選的項目都很少）。

貝西與兄弟姊妹的關係溫馨又動人。顯然貝西之所以無法反抗媽媽，部分原因與媽媽是家長的地位有關，而因爲兄弟姊妹的情誼之故，這個家庭對貝西的意義也特別重大。我希望表明的是，貝西無法反抗母親是因爲現實考慮，而不是神經性的衝突。不論是在「核桃屋」期間或在寄養家庭所發生的事，貝西在主客觀上都沒有屈從於媽媽的要求。

她們家裡的兄弟姊妹不論是過去或現在，都能建立彼此間的感情，而不受父母的影響。他們不會向父母爭寵，因爲他們知道這種事根本不可能。在他們眼中自己的父母掌控慾強又虐待成性。貝西在受到父母排斥時，兄弟姊妹的感情支持無疑是她免於神經性焦慮的基礎。

貝西被父親排斥的明證除了亂倫強暴外，她的童年故事中更有一段頗具啓示性的序曲。小時候貝西在父親與其他孩子玩在一塊兒時，若想要加入，父親便會立刻停止。貝西早就從這些事件上懷疑父親排斥自己，並認爲這是因爲自己並非父親一直想要的男孩之故。然而，重要的是，貝西碰到這種情況時並不會繃著臉退到一旁去。她說，「我就是走向前去」與大家玩在一起，無視於父親的退出。顯然貝西能以客觀的事實坦然接受父親的排斥，既不會讓它變成主觀的衝突與怨恨，也不會因此改變她的行爲。

貝西在「核桃屋」時所展現的焦慮，多半和現實處境有關。她害怕會因父親的審判而出庭，以及決定她能否住到寄養家庭的法院聽審。她害怕出庭時碰到爸爸，也害怕在法官面前做證。㉓她面對放棄自己寶寶的現實衝突，卻能夠安慰自己說可以用照顧已婚姊姊的嬰兒來補償。社工人員與心理師判斷，貝西對這些事件的焦慮屬於情境式的，而非神經性的，換言之，那並不是主觀衝突的結果，而她也可以客觀、負責任地把它們處理好。

她與其他未婚媽媽以及「核桃屋」工作人員的關係，也都很好。她笑說自己是「『核桃屋』的笑柄」，但是她的戲謔是善意的，大家也如實接受。她很喜歡照顧其他年輕媽媽的嬰兒，並從中得到樂趣，她眞誠地說：「我照顧過的小孩都喜歡我，我也喜歡他們。」離開「核桃屋」住到寄養家庭後，她說自己非常快樂，寄養媽媽也說她是一位性情很好的可靠女孩。

貝西的焦慮程度爲**稍低**。她的衝突主要是情境式的，而她處理焦慮的態度相當務實且負責。人類在無法管理壓力時，會有從中退縮的傾向是可以理解的。這種退縮通常會採取務實（「正常」）的形式——例如貝西逃到公園以逃避父母的虐待。如果壓力大得無法忍受時，當事人便有可能會有潛在的精神分裂行爲。但是，貝西面對自己亂倫懷孕的嚴重危機時，她的行爲中並沒有這種極端的傾向，這個事實指出她的神經性焦慮相當輕微，而且她確實以相當健康的方式在處理自己的焦慮。

貝西被父母**高度排斥**。這個事實就像露薏絲一樣，爲我們提出了一個特別的問題。爲什麼雙親的嚴重排斥不會導致當事人的神經性焦慮？從貝西的情況看來，顯然是因爲雙親的排斥並沒有引起主觀的內在衝突。其父母的問題不會向內投射成爲自我譴責或持續抗拒的來源。她以一種客觀的現實眞相來看待父母的排斥並接納之，接納的基礎是她對父親的務實評估（雖然她媽媽仍舊會找碴），她對母親的評估也同樣是務實的。因此，她是在意識覺察的層次上處理父母的排斥它，並沒有與她對父母的期待混淆不清。父母的排斥並沒有從根本上扭曲她的行爲：在她的童年小插曲中，儘管她一接近父親便窮兇惡極地排斥她，她仍然按照自己的意願與其他小朋友玩。她也能夠與兄弟姊妹、同儕以及各年齡層的人發展出親暱的人際關係。

我在此整理出來的原則是：**貝西她能夠面對排斥調適卻不會有內在衝突——也就是主觀期望與客觀現實之間沒有落差——是貝西相對能夠免於神經性焦慮的重要質素**。

桃樂絲：嚴重威脅下的焦慮型恐慌

桃樂絲十四歲，波多黎各籍的白種天主教女孩，進行訪談時已來美國三年。她屬於勞動階級，父親是波多黎各一家工廠的工人。桃樂絲因爲童年得了腳骨結核菌而有點跛腳。她有四個兄弟姊妹，包括二個哥哥、一個姊姊和一個弟弟，他們都在波多黎各。桃樂絲五歲時媽媽病倒了，所以桃樂絲必須休學六年留在家裡照顧媽媽。

她媽媽一死，桃樂絲便被一位膝下無子的阿姨帶到美國。「核桃屋」的社工人員認爲阿姨是以桃樂絲來彌補自己的情緒需求。在對桃樂絲的熱度過了之後，阿姨的態度大變，對桃樂絲既冷淡又經常打罵外，並誇張地排斥她而偏愛一位住在附近的親戚小孩。

根據桃樂絲自己的說法，有個不知從哪裡來的男人將她推到地窖裡強暴。長達六個星期的時間，桃樂絲都頑固地堅持上述的懷孕說法。除了她這個含糊又不具說服力的故事外，我們也無從得知其他線索。在這段期間，桃樂絲非常順服而認命，就像在義務回答官方的提問一樣，但是在其他各方面又明顯地退縮。我們觀察到，當她覺得沒有人在注意自己時會非常警覺，但是一旦覺得有人注意時，她的身體便佝僂起來，態度也「包」了起來。這個案例的重要性在揭示個人於強烈、持續威脅下的焦慮型恐慌和心理固著。

她的首次「羅氏墨漬測驗」只出現三個反應，並拒絕對七張卡片反應。她的測驗記錄清楚顯示出非常嚴重的干擾。她會在預定要做「羅氏墨漬測驗」時忽然頭痛，雖然最後還是做完了。頭痛通常是一種衝突的身心症狀，而對照她當時的處境，會頭痛也是滿合理的。她做測驗時沉默卻全力以赴；她會緊握卡片研究長達三、五分鐘，然後沉默地注視著給測驗的人或天花板。很明顯地，這時她有著強烈的主觀衝突。她罹患精神病的可能性預先被排除了，因爲她僅有的三個反應都是測驗的最顯著答案。㉔

她做測驗時的行爲顯示，她總是歸咎權威當局擁有極大的權力（例證之一是她懷疑給測驗的人有註記下她的反應）。但是她同時又服從於權威。我們只能假設，桃樂絲處於極度嚴重的情緒衝突，使得她做測驗時的心理完全癱瘓了。衝突內容我們當時無法決定，只知道和上述她歸咎的當局大權有關。她在「羅氏墨漬測驗」中的焦慮評等如下：深度5，廣度5，焦慮處理能力3。

同一個月內，她也被帶去婦產科做了三次產前例行檢查。前二次上診所時，她毫無預警地拒絕任何檢查。在向她解釋了不合作的後果後，她終於同意接受檢查，但是再度回到診所躺上診療床後，她突然歇斯底里、全身肌肉僵硬，醫生也完全無法進行檢查。我們因此假設她的衝突必定和她懷孕有關。在接下來的兩次社工人員訪談中，桃樂絲終於在確保其人身安全之下，說出自己被強暴的過程。

她是被自己的姨丈強暴的。他在桃樂絲睡覺時跑到她床上，整個過程在她能夠反抗前便結束了。桃樂絲告訴了阿姨，後者於是對桃樂絲的行爲加以威脅，其一便是如果桃樂絲敢告訴別人自己懷孕的眞相，她會被送到一個地方每天被鞭打。

現在眞相大白了，桃樂絲對產前檢查的極端反應，是因爲極端恐懼懷孕的眞相被發現所致——顯然她把「羅氏墨漬測驗」看成跟產前檢查一樣。這樣她便會受制於阿姨的威脅——被殺害或受懲罰。她的衝突是來自兩方面的權威：一方面是社工人員、「羅氏墨漬測驗」和醫生的權威，另一方面則是阿姨的權威——只是她阿姨的權威帶有懲罰的威脅，所以更具份量罷了。我們後來也觀察到，她會欣然順服心理師、社工人員與醫生的「權威」——例如前來進行「羅氏墨漬測驗」，也不反抗前去診所——除非她對這些「權威」的臣服與阿姨的權力發生立即的衝突。

衝突解除之後，桃樂絲的態度和行爲大大改變了。她與其他年輕未婚媽媽以及「核桃屋」工作人員的關係變得主動而友善，對照先前的嚴重順服行爲，她現在會主動發起「核桃屋」內部活動，並發展自己的嗜好，顯得相當獨立。她留在「核桃屋」的後半段時間，對其他未婚媽媽展現出叛逆甚至侵略的態度，當時出現了一個小問題。我認爲這個行爲是她先前對權威順服與屈從的反動，因爲她早先對我和社工的態度幾乎是服從到底的。我們或許可以假定，順從／反叛模式是桃樂絲的主要性格結構，特別是與她對權威的信念有關。

澄清衝突後所做的第二次「羅氏墨漬測驗」同樣出現劇烈變化。㉕她的病態障礙已經消失了。㉖第二次「羅氏墨漬測驗」不再有全面性的衝突，呈現出一位智慧中庸、人格沒什麼特色卻非常健康的人。當然，我們在測驗中還是看到不讓自己對他人有感情的指標，以及「性」方面的問題——也就是說，她從卡片上看不出男性人物；例如「IV卡」的前端通常會被看成「男性的陰莖」，她卻看到一隻「猩猩」。鑑於被強暴的創傷，她會迴避男性或將「性」聯想成攻擊，都是可以理解的。不可思議的是，她先是不反應「IV卡」（該張卡通常會引發「性」的反應），但是我們再次問她時，她覺得那是「一隻會講話的鸚鵡」。這讓我們立即想到，事實上她已經談過自己在性方面的問題和會懷孕的原因。她的第二次「羅氏墨漬測驗」顯示的焦慮等級如下：深度2.5，廣度2.5，焦慮處理能力2。比起其他的年輕未婚媽媽，她的焦慮爲**稍低**。

桃樂絲**童年**焦慮清單顯示的焦慮量爲「稍高」，而**當前**和**未來**清單則屬於高的範圍。因爲最後一次的勾選是在眞相大白後進行的，其中所顯示的高焦慮量，便不能被詮釋爲原來衝突的結果。我相信她勾選很多項目的原因在於她會順從權威，也覺得自己應該勤快地勾選想像得到的憂慮項目。㉗恐慌性焦慮則是她的主要焦慮範圍。

至於被親人排斥這一項，她和阿姨、母親、父親的關係不同，所得出的圖像也不同。很顯然阿姨是以高壓排斥逼她就範。但是關於她和母親的關鍵性童年關係，則資料不清且多爲推論。桃樂絲自己只是泛泛地談到她和母親的關係很溫馨。但是在桃樂絲五歲時媽媽生病後，雖然家裡還有兄姊，桃樂絲卻必須休學留在家裡照顧媽媽（以犧牲自己的上學慾望爲代價），這件事是家裡可能對桃樂絲差別待遇的線索，而且她受到的排斥應該比自己承認的更多。

來自父親的排斥更清楚地從她對童年的敘述中看出。自從媽媽生病後，父親便和別的女人同居，極少回家。當被問到這件事時，桃樂絲說小時候父親從來不和自己玩，只和小弟弟玩。當我問她是否感到遺憾時，桃樂絲吃驚地抬起頭來，好像自己從未想過這樣的問題。她這個反應甚至比回答「不」更令我難忘；爸爸和她不親近不但沒有造成她的主觀問題，她更訝異有人會提出這樣的問題。

我們將桃樂絲被父親排斥的程度列爲**稍高**焦慮。因爲缺乏桃樂絲母親的資料，我們暫時將桃樂絲的整體焦慮評等列爲**稍高**的排斥度，因爲考慮到她也可以合理地被列爲**稍低**的焦慮。

桃樂絲所顯示的是**威脅下的嚴重衝突，它能導致的焦慮強度幾乎達到恐慌的地步，具有極端退縮和部分心理癱瘓的特徵**。在她身上，我們看到一個人眞的被嚇呆時是什麼樣子。她的衝突是情境式的，當桃樂絲脫離阿姨的威脅，能夠透露懷孕的眞相後，衝突也消失了。但是身陷其中時，威脅的力量也無所不在，讓她覺得自己必須隱藏的秘密好像眞的要被揭穿一樣。這麼看來，產前檢查也被歸咎爲會洩漏眞相的不理性「魔」力。

桃樂絲明顯會將凌駕自己的力量歸咎於威權，並且有臣服於這種力量的傾向，這對於了解她的嚴重衝突頗具關鍵性。譬如說，要是她對阿姨的威脅力量嗤之以鼻，也相信自己不是沒力量的話，她的衝突便不會那麼明顯，她也不會緊抓著阿姨編出來的故事不放。另一方面，若不是桃樂絲賦予了社工人員和醫生這麼大的權威，她的衝突也不致如此強烈。基於這個假設，我們認爲桃樂絲會極力掩飾受孕的眞相，而不覺得自己有「受困的感覺」。桃樂絲在衝突下的焦慮便會非常高；衝突解除後，她的焦慮便降到**稍低**。㉘

我們暫時將桃樂絲受排斥程度評爲**稍高**。然而，重要的是桃樂絲就像露薏絲和貝西一樣，**並不認為被排斥是自己主觀造成的問題**。這方面最直接的證明便是她很驚訝有人會問：「爸爸和妳不親，會不會難過？」在桃樂絲身上，排斥是個眞實，不是主觀性疑問與衝突的成因。由這個推論基礎上來看，就算來自媽媽的排斥很明確，桃樂絲也可能不會如此詮釋或這麼認爲。

菲麗絲：人格貧瘠而不焦慮

二十三歲的菲麗絲是中產階級家庭的長女。她有兩個妹妹，大的十七歲，小的十二歲。父親是清教徒，媽媽是天主教徒；菲麗絲自己是在天主教信仰下成長的。她原是銀行的記帳員。不論在學校或職場上（以及生命的其他階段），她都公認是安靜、勤勉好學、有效率而謹慎小心的。最後這項特質表現在每次訪談前，她都會謹慎準備。她所懷寶寶的爸爸是一位軍醫，是她擔任ＵＳＯ女主人時認識的。他的專業和陸軍上校這個官階，讓菲麗絲和她媽媽頗引以爲傲。菲麗絲與這個男人的關係特色在於女方的天真，以及將男方過度理想化，她不斷說對方「聰明無瑕」。

菲麗絲說自己的童年「一直都很快樂」，她通常會順從父親的意見（「我們從不違逆父親」）和喜歡掌控一切的母親的意志。訪談時若媽媽也在場，菲麗絲都會溫馴地坐在一邊，讓媽媽代爲決定一切。菲麗絲只記得小時候曾經對父母回嘴過一次，那是發生在八歲全家開車出遊的途中。在她回了嘴後，爸爸媽媽很快將她趕下車，並讓她留在路邊過了一會兒才回來接她。顯然她已學會永遠不反抗。菲麗絲沒有同年齡的朋友，但是她一點都不在意，認爲「自己可以獨享好時光」。她偏愛年紀大的朋友；她從未實現過的「理想好時光」，就是受邀加入媽媽的橋牌俱樂部。

菲麗絲和媽媽最關心的是，菲麗絲在懷孕期間能夠得到專業的照顧。她不斷強調自己去城裡最好的婦幼醫院，並且由該診所的首席產科醫生親自看診。菲麗絲的看診經驗讓我了解到她爲什麼大肆強調專業的醫療照顧。在一次產前檢查中，某位助理醫生向菲麗絲透露有可能要剖腹生產。菲麗絲自己說，當時首席產科醫生將助理醫生拉到一邊警告他，「不要告訴產婦任何會讓她緊張的事。」不論菲麗絲怎麼問首席產科醫生，她得到的答案都是，「妳不會有事的；我們是不會跟病人說這些的。」

說到這裡時，菲麗絲露出了**滿足的微笑**；很顯然，**把自己**交託權威之手而**什麼都不要知道**，讓菲麗絲很感到滿足。這種「鴕鳥策略」，或把對自己的正向評價建立在**「不知」基礎上**的作法，我認為動機是菲麗絲想迴避任何關心、衝突或焦慮。預產期前一個禮拜，菲麗絲突然因認為自己可能會死，非常焦慮。她立刻將這個念頭排到腦外，告訴自己說，「現在科學很發達了，沒有什麼可擔心的了。」她強調自己「篤信科學，而且只相信科學。」

菲麗絲的「羅氏墨漬測驗」指出她的人格特質極度壓縮、分裂而「貧乏」，欠缺內省，也沒有與他人情感連繫的能力。㉙她顯得小心過度，只針對細節反應，因為她在那方面能夠非常精確，並可以成功地避免對別人產生情緒。嚴格來說，在她的記錄上看不出衝突或張力，焦慮也只有一點點。很明顯地，這種小心翼翼的壓迫行為已根深柢固在她身上，使得她毫無主觀困難地全盤接受這種貧乏的反應模式。她的焦慮評等為：深度2，廣度2，焦慮處理能力2，和其他年輕未婚媽媽比起來屬於「低」度的焦慮。在童年焦慮檢驗清單上，她的焦慮量屬於「稍低」的程度，而在同儕對自己的態度、工作成就和家人對自己的態度這三方面，都屬於最高度的焦慮。在當前焦慮檢驗清單上她也名列「高」等，其中對分娩的焦慮是增加其焦慮的因素。

儘管菲麗絲對生產確實有些焦慮（她的不安集中在可能要剖腹生產這件事上頭），

我們卻懷疑所增加的焦慮，是來自媽媽而不是她自己。這個假設和菲麗絲幾乎什麼事都以媽媽的態度爲依歸是一致的。總之，若將這項焦慮擺一邊的話，所有條件都指出菲麗絲極少焦慮。

她的訪談極少有反抗母親的指標。其中之一是她非常喜愛騎馬，懷孕前便不顧母親反對而執意追求這項嗜好。除此之外，菲麗絲對重大決定如嬰兒的未來等，都順從媽媽的意思。最後留下嬰兒自己撫養，也是媽媽的最終決定。我們的問題在於菲麗絲非婚懷孕是否是對媽媽某種程度的反叛，特別是在反抗媽媽加在她身上的阻礙和抑制的影響力。我們所獲得的資料不足以確認這項假設。已掌握的資料——包括菲麗絲對「性」過於天眞，將男方理想化等——顯示，未婚懷孕是她一貫從俗、順從行爲模式的產物（她因爲不會反抗男方的要求，而屈就獻身），並不是在反抗自己一貫的行爲模式。

菲麗絲也表達了生產後想回家並永遠不再離開的願望。就在分娩之前，她媽媽的掌控已達到無可忍受的殘酷程度：她竟然在「核桃屋」菲麗絲的房門外守夜，直到護士趕走她爲止，並且對菲麗絲發脾氣以宣洩自己極大的焦慮。但是，菲麗絲對媽媽的這些行爲都馴服地接受。

菲麗絲分娩後兩個星期，媽媽來把嬰兒帶回家，嬰兒不久卻死於肺炎。菲麗絲後來回核桃屋「看看」時，都穿著黑衣。她向大家展示自己和媽媽訂購的巨大彩繪圖畫，畫的是嬰兒躺在小棺木中；但是除了這些誇張的舉動外，她並不帶有特殊熱情。在後續的訪談中，菲麗絲說她已放棄騎馬，並以已婚為由拒絕和男人約會。社工人員報告說，菲麗絲看起來像是個尊嚴高貴、小鳥依人的年輕女孩，完全靠著「媽媽什麼都知道」的信念在過日子。

我們從菲麗絲這位低度焦慮者身上可以看到從俗屈就的人格。她能夠沒有情緒糾葛的方法是，感情的貧乏以及順服母親而沒有主觀的掙扎，代價是放棄個體的自主性。她已經「成功地」被控制慾強的母親所束縛。從媽媽的觀點來看是「很成功」，因為菲麗絲沒有反抗；菲麗絲也認為很「成功」，因為順服母親並犧牲自己的成長，她反而避免了衝突、緊張與焦慮。菲麗絲並沒有感到被排斥（除了小時候被推出車外的事故，這對她而言反而證明順服是對的）。她偶爾反抗並不足以讓母親公然排斥她；而媽媽的隱性排斥（在菲麗絲分娩前所爆發的敵意與暴怒）菲麗絲並不覺得是排斥。我們猜測菲麗絲自小便學會順服大人的策略，因為這樣可以避免母女衝突所造成的焦慮處境。菲麗絲成年後也繼續臣服於權威——母親、理想性伴侶、醫療權威——以避免擔憂、衝突與焦慮。我們前面說的「鴕鳥策略」、不想了解自己的情況、「現在科學很發達，沒有什麼可擔心的了」話中的非理性信念等，都是菲麗絲束縛自己的一部分。

我所謂「對科學的非理性信念」指的不是醫療照顧本身（換作其他人可能會運用醫療來面對焦慮），而是指菲麗絲對「科學」的所謂「科學至上主義」的運用。對菲麗絲而言，「科學至上主義」無疑是避免面對自己眞正焦慮的方法，譬如在面對死亡的瞬間焦慮時，她可能不只有對死亡的不安，還有其他的焦慮因素。這種「科學信仰」是一種迷信，與魔咒或祈禱輪的使用同屬一個心理範疇，也是菲麗絲能順服母親權威的相同心理功能。**這個案例證明人格的貧乏具有避免焦慮處境的功能，代價卻是個體自主性與個人責任感的喪失，與他人建立有意義情感的能力也失去了。**

菲麗絲證明了齊克果、葛斯汀等人的理論，也就是說，既然焦慮是因爲個人發展和擴張自己的個體性而來的，那麼個人唯有拒絕面對這些可能性，才可能避免焦慮的處境。但是這麼一來，當事人的心理成長與發展的機會，也同時喪失了。我從心理治療的觀點出發評論說，焦慮的出現是菲麗絲人格發展的正面徵兆。

當然，最有意思的問題是：菲麗絲長期下來會怎麼變化？一個人有可能一直被束縛而不會以憂鬱或激烈反抗收場嗎？㉚儘管我們都會以自己對人性的設想爲基礎，來回答這個問題，我的答案斬釘截鐵，「一定會」。我相信這種「完美」調適遲早會崩盤。當然，它的形式可能是漸漸成爲慢性憂鬱，那時候便可被稱爲是「常態」。這個問題的答案在於，社會「從俗主義」的動能該如何適應社會規範，以及過於順從權威會產生的後果。

法蘭西絲：壓縮V.S.創造性衝動

法蘭西絲是一位二十一歲的職業踢踏舞者，從小就由中產階級家庭收養。這個案例有意思的地方在於，法蘭西絲想要壓縮自己的人格以避免焦慮，卻（與菲麗絲相反地）無法成功。焦慮因此隨著壓縮模式的崩解而出現。

她將自己與養父母的關係理想化。她說自己的童年「完全無憾」；爸爸「完美」而媽媽很「甜」，也很能回應自己的需要與願望。但是她這些說法的結論卻往往空泛含糊，例如，「你知道母女的溝通就是這麼回事」，而且沒有足以令人採信的跡象顯示，她和養父母的關係不只流於表面。小時候，養母會爲她講睡前故事，並將她被收養的經過編成故事。她長大後，養母也提議透過仲介機構尋找她的親生父母，但遭到拒絕，因爲她「要維持小時候床邊故事的原貌」。她在訪談時無意中提到了自己做的夢，顯示她因爲自己是被收養的，所以在和樂的親子關係下，其實很孤獨也有敵意。這番告白驗證了她爲什麼要堅持童年的故事，並將養父母理想化，爲的就是要掩飾自己對他們的敵意，她將男朋友理想化的用意也如出一轍。

讓法蘭西絲受孕的是她交往了四年的男朋友，她會將對方理想化是因爲他是一位「紳士，而且很可信賴。」當對方並沒有如她預期地提出求婚，甚至不願意提供產前的支持時，法蘭西絲對他的態度突然由愛轉恨。她任性地隨口表達自己的恨，並說自己現在「恨所有的男人」。她將男人理想化的作法應該是爲了讓自己能夠對抗她對男友潛在的疑心與敵意；她突然翻臉顯示其抑制的敵意其實一直都存在。理想化與大翻臉的共通處，就是我們在「羅氏墨漬測驗」中看到的：迴避對別人的眞感情。在分娩之後，她對男性的態度（出現在兩次產後訪談以及第二次的「羅氏墨漬測驗」），變成不再與之接觸，也不再有感情。她自己這麼說：「我不再恨男人；我怕他們」；她計畫重新與男性接觸，特別是教會的朋友，但是絕不談感情。

她的「羅氏墨漬測驗」顯示相當程度的人格僵固與壓縮，但並不表示這是貧乏的人格，證據包括記錄中的多樣性與原創性、對某些顏色以及她的壓縮經常在測驗過程中突然崩解。㉛這種對自己的壓縮，在她覺得自己投入情感的對象是具惡意或敵意的人時，便特別會出現。她的內在對他人有敵意，但卻受到抑制。她努力壓縮自己的技巧便是將自己的反應控制在「常識」、「實務」與「現實」的層次。當此一機制因爲「羅氏墨漬測驗」而崩盤時，她的焦慮也隨之出現。她希望壓抑自己的感官刺激，但也只能偶爾奏效。

法蘭西絲的「羅氏墨漬測驗」顯示，她的原創性很容易便毀掉她對自己的壓縮，這點很有意思。**跡象顯示，當她能夠抑制自己的原創性時，就能夠避掉焦慮；但是當原創性真的出現時，便會打破其壓縮的模式，焦慮也跟著出現。**她試圖用自我投降來對抗焦慮的處境，但是「羅氏墨漬測驗」卻將她的意圖洩了底，她的壓縮策略老是不成功，所以千變萬化的焦慮也隨即現身。她的「羅氏墨漬測驗」焦慮評等爲：深度4、廣度3.5，焦慮處理能力2，和其他年輕未婚媽媽比起來是屬於**高**焦慮的範圍。童年、當前與未來焦慮檢驗清單分別顯示，她的焦慮量爲**稍低**、**稍高**和**高**，野心是她的焦慮主軸。

在社工人員和心理師所進行的訪談中，她總是將自己的談話內容限定於「實際」或「現實」的主題，並一再拒絕處理潛藏的情緒問題。看來大力強調「現實」正是她掩飾眞正情感的手段。她並不是沒有覺察到自己的「實際」具有保護色彩，她也承認自覺表達眞正感情或原創性是危險的，理由之一是人們會認爲她很有「愚蠢」。她在訪談時不像在做「羅氏墨漬測驗」時的反應，比較能成功地維持她壓縮情感的行爲模式，並迴避多數會帶來焦慮的主題。她與「核桃屋」其他年輕女性的表面關係直接而隨和，另一方面卻對她們一直有疑心和敵意，這也時而形成「核桃屋」的內部問題。

在爲法蘭西絲受排斥程度評等時，我們便要面對她在表面上的否認一切，以及潛藏指標所顯示出來的矛盾。既然我們在訪談中，無法突破法蘭西絲的行爲模式以及迴避問題的策略，而且其中確有誇張的成分（將養父母理想化和神仙故事的主題等），所以我們便假設她的親子關係版本並不可靠，採用潛藏的指標做爲她受排斥程度的判斷基礎。指標顯示她受排斥的程度爲**稍高**，因爲她無法在「羅氏墨漬測驗」中看出人形，對別人也有潛在疑心與敵意，更極力避免與外人接觸或投入感情。

法蘭西絲也呈現**稍高的焦慮**。我們**在她身上看到因為「無法成功壓縮自己的情感」**所帶來的焦慮。她試圖以壓縮自己做爲避免焦慮處境的手段，特別是對他人產生情感。這個壓縮的兩種主要機制是：努力將自己的所有反應都維持在非常「現實」與「實際」的層次，第二爲將他人理想化。因爲她的人格並不貧乏，在她的理想化之下其實相當有敵意，同時「現實」與理想化確實互相矛盾，所以她的感情壓縮模式也註定會崩解。一個人不能同時擁有互相矛盾的信念；這種矛盾註定要分裂。法蘭西絲就在這些地方出現焦慮。她對「性」和敵意衝動以及原創性的壓抑，是她努力壓縮感情的一環。

當「羅氏墨漬測驗」中確實出現原創性時，她也同樣會有焦慮，這點非常重要。我們已經在菲麗絲的案例中指出，成功地壓縮自己會降低焦慮。在法蘭西絲身上也可以看到情感壓縮與避免焦慮之間的類似關係；當法蘭西絲能夠壓縮自己時，她就不會有焦慮，但是當其壓縮無法成功時，焦慮便隨即出現。

夏洛特：以精神病逃避焦慮

夏洛特是中產階級農家的二十一歲女兒。她有一位大她一歲的哥哥，以及兩位弟弟，分別是十七歲和十二歲。醫療檢驗顯示她有先天梅毒，並感染了淋病。

她在「核桃屋」的行爲以及她的「羅氏墨漬測驗」，都顯示她有輕微卻明顯的精神病傾向。她的「羅氏墨漬測驗」中出現數次在理智上受到扭曲的反應，並有輕微驚恐的特色，她的每一次反應時間都拖得很長，障礙也很多。㉜她做測驗時花了很多力氣，頻頻爲她的反應道歉，但是她的努力多半徒勞無功，也沒有什麼熱情。她的反應中有些混雜不清，但是還看不出嚴重精神病的特徵。她進行「羅氏墨漬測驗」時，經常迎合巴結地朝著我笑，眼神卻是空洞的。「羅氏墨漬測驗」診斷出她有輕微精神分裂，可能是屬於青春型的（hebephrenic）。她的焦慮只有一點點，儘管她處理焦慮的能力很差。「羅氏墨漬測驗」的評等爲：深度1.5，廣度3，焦慮處理能力4，和其他未婚媽媽比起來，她屬於低度的焦慮。

夏洛特在「核桃屋」的表現一般說來莊重、溫和又親切，但是間而會有強烈的憤怒。懷孕這件事對她的影響有限，她對分娩和嬰兒缺少實際的規劃。

她的背景也透露出嚴重的心理干擾。她時而高雅、信仰虔誠，是鎮上的「萬人迷」，時而過於衝動、大膽，是一位社交「野」貓，她就是這樣聞名於小鎮。二十歲時她衝動地與一位老實固執的年輕人結婚，她說是爲「補我的不足」。這次婚姻可能是爲了避免精神病的嘗試，好讓她不致崩潰。但是他卻隨後在軍隊中深受精神錯亂之苦。她到軍中探望先生，兩人都認爲這次婚姻是個錯誤，並決定以婚姻無效收場。她描述當時自己「非常混亂，什麼都管不了。」

接下來的雜亂性生活讓她懷了孕。她和一位不知名姓的軍官性交往並導致懷孕，據她形容自己是被迫的，但是「我又不能怎麼樣」。懷孕以及連帶的相關行爲，很可能都是輕微的精神分裂狀態（或精神分裂的開始）。

儘管夏洛特在訪談中對自己的童年侃侃而談，但是她從不觸及自己目前所憂慮的事。她似乎沒有任何問題；當被問到的主題是焦慮的可能來源時，她會強顏歡笑，或面無表情地陷入一長段沉默中。某些次要的評論顯示她有許多隱而不顯的疚責——譬如，「我犯了錯，所以必須付出代價」——但是並看不出她有任何疚責情感。童年焦慮檢驗清單顯示她的焦慮量爲**稍高**，極度「害怕黑暗」（「因爲黑暗代表未知事物」），也有其他恐慌性的不安。她的當前與未來焦慮檢驗清單分別顯示其焦慮量爲**稍低**和**低**。若是焦慮量的表面值有其意義，她在精神病狀態「之前」必定曾經驗到大量焦慮的命題便可以得到支持，正如我們前面（第三章）對焦慮與精神病關係的推論所期待的一樣。只是她的焦慮現在被掩蓋在輕微的精神分裂狀態之下。

夏洛特的低度焦慮說明了精神病發展，確實可以有效地遮掩焦慮。許多型態的精神病也可以被看成是，當事人的衝突與焦慮大得無法承受，且無法在任何其他層次得到解決，於是精神病就爆發了出來。在這類案例中，大量的焦慮會出現在精神病初始的時候。在夏洛特的身上，就是她同意讓婚姻以無效收場後的那段時間。精神病的發展特質是，當其他辨法都不能解決問題時，它可以被當作減緩衝突與焦慮的手段，但付出的代價便是無法做出某些現實的調整。夏洛特便是這樣的例子。我們不知道夏洛特精神病的來歷；但是從她身上可以看出，焦慮和衝突相當程度地「被遮掩」或「遺失」在精神病之中，這點是很清楚的。㉝

海絲特：焦慮、反抗與叛逆

十七歲的海絲特是中產階級家庭的獨生女兒。有兩位分別大她二歲和四歲的哥哥，以及一位小她五歲的弟弟。她的父親是室內設計師，在她七歲時因爲飲酒過度而死。她中學上的是中上階級的私立教會女子寄宿學校，在學校以叛逆、脾氣暴躁著名，很聰明但是很「懶惰」。讓她懷孕的對象是一位只有鏡花流水交情的水手。

她的「羅氏墨漬測驗」呈現出大量的情緒衝動與幼稚行爲，有些表現癖傾向，而對抗凌駕自己之上的權威則是她最主要的傾向。㉞她的性衝動多半用在這個反抗上頭。她在「羅氏墨漬測驗」中唯一看出的人形是一個小丑。她的焦慮跟著疚責而出現，因此焦慮反而成了反抗的產物，特別是當她以性衝動來做爲自己反抗的形式。其「羅氏墨漬測驗」中的焦慮評等如下：深度3，廣度3，焦慮處理能力3，與其他年輕未婚媽媽比起來是屬於**稍高**焦慮。她在童年與當前焦慮檢驗清單表現出**高度**焦慮，她的主要焦慮範圍有同儕的看法、恐慌性不安以及對學校和工作競爭的焦慮。

她童年的家庭氛圍充滿父兄的取笑，其中不乏虐待的成分。媽媽通常是主要被取笑的對象，海絲特則次之。她覺得小時候自己和父親的關係相當親近，但是她所說的一些故事反應出，父親的取笑對她所造成的傷害遠超過想像，某些行爲更是在排斥她。譬如，她小時候和父親去釣魚時，在要離開時她被籬笆卡住了。父親（表面上好像只是「取笑」）已坐進車裡，卻不管她而開車繞一圈後才回來載她，這期間她一個人一直卡在那裡。海絲特將自己的反抗行爲歸疚於從小喪父的事實。「如果我有個父親可以聊聊的話，這些生命的雜亂無章（包括懷孕），便不會發生了。」在「核桃屋」的訪談中，她媽媽是被動出現的。她除了經常認爲海絲特是個麻煩，並被迫對海絲特在學校等地的狀況表示關心外，從未對自己的女兒感到興趣或表示了解。

一位熟悉海絲特家庭狀況的親戚，也接受了「核桃屋」的訪談。她說海絲特的媽媽以孩子的物質、社會優勢爲重心，所以才無法事事躬親，只能在海絲特最糟糕的時候才注意到。有趣的是這位親戚認爲，如果做母親的可以更「有權威」點會更好。她的意思是媽媽要更能回應海絲特的需求、更常出現在海絲特身邊，甚至偶爾懲罰自己的女兒，那麼海絲特便更能從家庭中找到自己所需的心理方向。正如我們下面會提出的，這麼一來，海絲特針對奪取媽媽的愛而來的反叛行爲，可能便可以避免了。海絲特雖然崇拜母親，她卻說媽媽冷漠又不隨和；她常常找媽媽一起去看球賽，但總是遭到拒絕。根據海絲特的描述，小時候當兄弟姊妹之間有爭吵時，媽媽總是站在男孩子那一邊。

海絲特的反抗與叛逆不論公開或私底下，似乎都針對了她媽媽，訪談（與「羅氏墨漬測驗」的資料相符）中亦有指標指出，她的性衝動也是如此。她的首次性經驗發生在她十三歲逃家時。指標顯示她懷孕具有反抗並強迫媽媽關心她的功能。海絲特最常用來紓緩焦慮的方法，便是嘲笑的態度——在這樣的脈絡下，那同樣是一種反抗（「我不在乎」）的行爲模式。

我們發現海絲特的焦慮程度爲**稍高**，受排斥程度也是**稍高**。她的當前焦慮來自因自己的反抗叛逆行爲而起的疚責感，她的性衝動（再加上懷孕）都是因叛逆行爲而來的。她的反抗以媽媽的疏離爲主軸，而她的反抗與叛逆似乎都是要強迫媽媽關心她。她的焦慮的源頭本來便來自被母親孤立的原初情感，父親之死雖然重要但只佔次要的地位。因此，海絲特身上出現了一種惡性循環：她藉由反抗與叛逆的手段來克服原初焦慮（孤立），但是這種克服焦慮的方式卻製造出更多的焦慮。

莎拉與愛達：兩位黑人女性的焦慮

莎拉

莎拉是一位二十歲的勞動階層黑人女性，她出生南方，父親是礦工，母親是家庭主婦。莎拉四歲便住到某位叔叔（也是一位礦工）家中，因爲叔叔和嬸嬸喜歡小孩卻膝下無子。莎拉的五個兄弟姊妹中，有二位和她一起住到叔叔家。高中畢業後，莎拉便來到紐約工作，她懷孕時是工廠的女工。

莎拉給我和社工人員留下深刻的印象，她是一位穩定、調適良好、獨立的女孩，能客觀地接受並處理自己的問題。她務實地規劃寶寶的出生與日後照顧問題（她最終能夠獨自撫養、照顧寶寶）。她很確定自己不要接受市府福利單位的財務支援，並且拿自己的積蓄來支持「核桃屋」的開銷。她一直很喜歡嬰兒的年輕爸爸，一度考慮嫁給他。但是在她懷孕後，男方的態度與行爲變得越來越不可靠。因此，還住在「核桃屋」時，她便已決定不嫁給這個男人，也不再拿他的錢，但她還是努力爭取讓嬰兒冠父姓。當他堅持拒絕時，莎拉很失望，卻也務實地接受並適應這個事實。

莎拉的競爭野心（這點明顯出現在她的焦慮檢驗清單上），並不是以侵略性的形式出現。事實上，學生時代她便發展出一套「既不佔鰲頭，也不吊車尾，而隱藏中間」的哲學。㉟她從工作中得到許多滿足，顯然僱主對她的評價也很高，因此工廠讓她分娩後還能回去工作。

莎拉在「核桃屋」的行爲唯一有問題的處境，是因爲她以跟種族議題相關的反抗形式，來表現自己的獨立。因爲「核桃屋」只有她和愛達是黑人，再加上許多白人女性有種族偏見，莎拉的對策是保持冷漠，待在自己房裡少出去。「如果妳遠離大家，便可以避免麻煩」，這便是她的良方。她也特別對一位「愛指使人」的職員反感。她說自己並不喜歡去南方探望父親，因爲那裡「太多規矩和限制，對大不了自己多少的人還要隨時稱『是』。」莎拉的反抗有時候比處境的需要更極端（她承認別人雖非刻意，自己也感到被冒犯了）。但是他也不是不分青紅皀白地反抗；反抗只出現在種族歧視的議題上。然而就整體而言，她似乎特別敏感，也特別具有反抗性，這對於與白人女性親暱群居相處的黑人女性，是可以理解的，這些人又同樣處於特別容易有防衛性的狀態（懷孕）。從這個觀點來看，我認爲莎拉的反抗傾向是一種有意識的調適，而不是神經性模式的表達。若說她的這種有意識的反抗具有正面功能是完全可以成立的，也就是說，莎拉以有意識的反抗來適應所要面對的種族議題，並不致造成能力的貧乏，或放棄心理的自由。

莎拉的「羅氏墨漬測驗」顯示，她是一位具原創性、天眞外向、智商高於平均值的女性。㊱她在人際關係上會有所從俗和小心翼翼，但都不屬於神經性的形式——意思是，她的小心翼翼與從俗都是在有意識地適應自己的處境，而非自我抑制的機制。測驗中也顯示她的獨立性相當高，很清楚自己要或不要什麼。她運用了「對生命不要太認眞」的技巧，保留一種「隨遇而安」的態度，避免過於涉入與別人的關係，以避免人際間的複雜性；但這些特徵都不過度，也不會讓她的能力貧乏。整體而言，我們在「羅氏墨漬測驗」中看到一位頗具特色卻不複雜的人格。在她身上也幾乎看不到衝突或神經官能問題的跡象。她的焦慮評等爲：深度1，廣度1，焦慮處理能力1，和其他未婚媽媽比較起來是屬於**低**焦慮度。她的童年和當前焦慮檢驗清單，也頗爲相符地分別屬於**低度**與**稍低度**的焦慮量。她的主要焦慮領域爲野心，以及家人朋友對她的想法。

莎拉的成長背景中並沒有確切的被排斥跡象。她說自己小時候不論在自己家或叔叔家，都度過了快樂的童年；她對叔叔嬸嬸或兄弟姊妹的態度，就像她對父母親的態度一樣，充滿著熱情。來自莎拉家鄉的社服機構報告指出，莎拉的雙親是勤奮、負責、有同情心的人，這透露了莎拉在兩個家庭中的童年背景都相當健康。她希望在小孩生下來後，才告訴父母叔叔嬸嬸未婚生子一事，因爲她覺得他們知道後會要給她錢，而他們是負擔不起的。但因爲社會機構的疏失，莎拉的雙親在分娩前便收到她懷孕的通知；莎拉對於這種背信的事非常生氣（還記得我們上面提到的，她會反抗那些「愛指使人」或爬到她頭上的人）。但是父母親隨後寄信來表示諒解，也未對莎拉有任何責備。

莎拉的焦慮程度爲**低**，也辨識不出她受到任何排斥。她的問題屬於客觀務實層次，她也能不帶主觀衝突地處理問題，除了對種族歧視特別敏感並導致其反抗之外。但是這一點以她身爲黑人女性的現實前提下，應屬「正常」而非神經官能性的反應。我們可以結論說，莎拉之所以沒有神經性焦慮，**與家人對她並沒有心理排斥**這個事實有關，不論是小時候或未婚懷孕的處境。莎拉的案例倒是凸顯了我們這個研究的文化因素（另一位黑人女性愛達的情況也一樣）：非婚懷孕在黑人社群比起白人文化環境，較不會導致焦慮。因此，莎拉沒有焦慮可能是我們設計的處境不會引發她的焦慮。這個因素雖然可以說明爲什麼莎拉的焦慮比較少，卻無法說明爲什麼她**沒有**神經性焦慮。不論案主是否處於客觀性的焦慮處境，「羅氏墨漬測驗」本來就會將神經性焦慮揭露出來。

愛達

本研究的另一位黑人女性愛達年方十九，天主教徒，自小在紐約郊區長大。自從四歲死了父親後，她和小二歲的弟弟便由母親靠著社會福利金撫養長大。愛達上過天主教小學和公立高中。十七歲高中畢業後，媽媽因爲「工作過勞、神經崩潰」，而回到南方依親。愛達和弟弟則搬到紐約市和一位女親戚同住。

愛達本來要當護士，意外懷孕後只得到工廠做工撫養小孩。愛達的社經地位難以界定：她的背景原屬於勞工階級，但職業目標爲護士，其態度（將在下面討論）也多屬於中產階級。我們認爲她介於勞工階級與中產階級的分水嶺上。

讓她受孕的男人與她同年，兩人高中時認識並成爲親密的男女朋友。根據她自己的描述，他對她的「佔有慾」很強，並嫉妒她的朋友，她在表面上也順服他的操控。他雖然坦承孩子是自己的，卻拒絕娶她，她傷心地說自己「心中已經沒有這個人」。身體檢查結果顯示她得了梅毒，並且就是從孩子的爸爸那裡感染的。

愛達的「羅氏墨漬測驗」透露出她是一位呆板、順從、溫馴的人，沒有什麼原創性，智商也平平。㊲**記錄的主要特色是她為自己設下高標準**，但這些標準卻沒有什麼正向的內容。這就好像她**有要迎頭趕上的需求，卻不知道自己想迎頭趕上的是什麼，也沒有熱情**。照傳統的說法，這個人擁有超強的超我。她執著於高標準的動機是為了符合他人對自己的期望，也符合她自己對內投射的期望。如此一來，她的自發性與內在的本能刺激（性慾和敵意）也幾乎完全被抑制了。雖然她在感官等形式上對他人的反應有極大的潛能，但這類反應會帶給她焦慮，因為她的反應方式無法符合自己設定的高標準。她也從來不提自己發生「性」關係的動機。從「羅氏墨漬測驗」中來看，她的動機除了自己的性需求外，**也想遷就年輕男友的期望**。第二項因素又來得更重要，因為愛達需要從性關係上表現其溫馴的傾向，好克服她對「性」的強烈抑制。

當某個反應（VII卡）讓她聯想到去醫院做陰道檢查時，她產生了全面性的干擾，並整個延續到對所有其他的卡片，幾乎讓她焦慮得喋喋不休。這表示如果她無法符合自己訂下的高標準（懷孕便是個失敗），她在人際關係上（包括與自己的關係），便會進退失據，大量的焦慮也隨之而起，她的焦慮評等為：深度2.5，廣度4.5，焦慮處理能力3，與其他未婚媽媽比起來屬於高焦慮範圍。

愛達的童年焦慮屬於**稍高**焦慮群，而當前和未來的焦慮則屬於**稍低**焦慮群。她的主要焦慮來源爲工作的成敗，以及家人和雙親代理人對自己的想法，來自教師與媽媽的責罰是她最主要的焦慮。

她住在「核桃屋」期間的行爲以及在訪談中的表現，都綜合了上面所描述的順服與高標準於一身。她會誠實地回答所有問題，但從不主動表達自己的想法或情感。而她爲「核桃屋」跑腿打雜，或配合要求做一些不需要其主動性的工作，都是很可信賴的。因爲她既沒有獨立性，也不具莎拉那種反抗傾向，愛達與「核桃屋」的白人未婚媽媽都相處得很好。她在校的成績很好，對學校生活很滿意：「每件事都得到嚴格訓練——這樣妳學得更多。」

愛達對自己制定嚴苛標準的源起，從她描述的母女關係中透露了出來，她和嬸嬸的關係也是這樣的模式，只是程度較輕。儘管愛達概括地說自己童年時媽媽很「快樂」，但是她又說媽媽「精神崩潰」是因爲她「什麼都擔心」，這個事實暗指她媽媽可能緊張又嚴苛。她媽媽對小孩非常嚴厲；愛達說媽媽經常鞭打兒子，「因爲他沒有隨傳隨到。」根據愛達自己的說法，她並沒有那麼常受到懲罰；事實上，她覺得媽媽對她管得很鬆。然而這種說法不過是洩露出愛達自己的嚴格標準（她覺得自己**應該**經常受罰），而不是在客觀描述童年的處境。愛達小時候總是服從一切，總是順從媽媽的意思，對媽媽只偶有輕微敵意。愛達說，她從小便學會自己平息、「克服」怒氣。愛達的媽媽和稍後同住的嬸嬸都是虔誠天主教徒，愛達也一直是虔誠的教徒。

愛達說嬸嬸也非常嚴格。嬸嬸在訪談中解釋自己刻意用高標準來教育愛達的原因，並說非常以愛達為榮；儘管嬸嬸不會因為愛達未婚懷孕而懲罰愛達，但是在愛達懷孕後她便不讓愛達回到公寓去住，因為這麼一來，嬸嬸難以原來的高標準教育自己的兩個小孩。如果我們視嬸嬸的態度為愛達成長背景的代表，我們便可得出支撐愛達心理模式的成人信條：(1)這些大人試圖教給她「高標準」；(2)只要她服從了這些高標準，他們便以她為榮；(3)如果她不服從這些高標準，他們便以排斥她來威脅。

在愛達身上已看不到受母親排斥所帶來的情感，因為愛達覺得在自己青少年之前，母女關係雖然有點距離卻很友善。愛達很明顯自小便完全接受並順從來自母親與成長環境的「高標準」，以至於媽媽根本不會公然排斥她。在「核桃屋」這段時間，愛達一直沒辦法讓弟弟知道自己懷孕的事，因為她肯定弟弟會因此排斥她；她也猶豫了好幾個月才寫信告訴媽媽自己的處境。當她終於下定決心通知媽媽時，媽媽顯然能夠接受這項事實，並提出留下寶寶的規劃。

愛達的焦慮程度為**稍高**。她受排斥程度則因不同面向而變化：她受到嬸嬸的高度排斥；她預期弟弟也會高度排斥她；儘管我們很難評估來自母親的排斥程度，但因為她對母親一直是全然服從，所以愛達應該相當害怕會受到母親排斥。我們也可以假設母女關係中潛藏著排斥。

能夠了解愛達的焦慮動能，其本質便在**她受到自己「高標準」的排斥**。這些標準不是與生俱來的自我選擇價值，而是母親和家庭環境的正式期望所「內射」（introjection）的。因此，在她身上最重要的排斥形式便是自我排斥，她的自我取代了母親的權威。當愛達覺得自己沒能達到這些內化的期待時，她便有一種深深的心理失序感（明顯的反應在「羅氏墨漬測驗」中），主觀衝突與焦慮也隨之而生。

她媽媽能夠接受未婚寶寶，並不表示她就不排斥愛達（隱性或顯性）。就像莎拉一樣，被排斥的問題在這些黑人女性身上，和其他白人未婚媽媽不應同等看待。不論愛達或莎拉身上的指標都顯示，非婚生子在黑人社區不會像白人社區那麼嚴重或可恥。對愛達的排斥如嬸嬸不希望她回去同住、害怕弟弟會排斥她、愛達對自己的排斥等，都不像是針對她的非婚生寶寶，反而比較像是導致她懷孕的行爲。我們很難具體認定這些舉止中不得認可的究竟是什麼，因爲被觸犯的「高標準」只徒具形式卻沒有具體內容。對我而言，愛達要面對的排斥及其焦慮下的心理迷亂，二者的來源都在下列事實：服從母親或母親代理人以外的權威和期望（例如，年輕男友的期望或她自己的性衝動）。愛達對自己的性關係或未婚懷孕，並沒有顯著的疚責，這點更加證明她的焦慮來源是因爲不服從母親的期望，這更給她帶來了心理迷亂。

我們已指出，導致神經性焦慮的衝突，來自當事人的期望與現實之間的落差，其源頭主要是父母親的態度。愛達的明顯落差又以不同於其他未婚媽媽的形式出現；那是她自己的「內射」期望與現實處境之間的落差。㊳**愛達的焦慮不是因為性關係或未婚懷孕而起的疚責感，而是因為她服從了母親以外的權威和期望，並經驗到心理的迷亂**。

有人可能會認爲如果愛達能符合母親的期望，便不再焦慮，儘管這種母親的期望是她自己「內射」的。愛達想藉這種方式免於焦慮，註定是沒有效的，而且會在她生活中的各個層面擴大開來。她以這個基礎想要有免於焦慮的自由，卻永遠無法遵循自己的欲求，也永遠無法服從於母親以外的任何人；但是因爲她在所有的人際關係上，都是服從於對方，她的心理模式便註定會不斷有衝突。這個案例的當事人處於一種兩難的困境，因爲她免於焦慮的自由，是以服從於非關自己自主性的權威爲基礎。

比較莎拉與愛達二人便可以說明神經性焦慮的動能。未婚懷孕對這二位黑人女性並不是滋生焦慮的處境。兩人身上都可以發現「服從」這項特質：莎拉的服從是一種有意識的調適方法，特別是種族的議題，但是只要她覺得服從會威脅獨立時，她便有意識地反抗以維護自主與自我感受。但是愛達的服從既是無意識也是有意識，她的自我感受與自我接納要看她服從得好不好，順服於母親的期望是其模式的雛型。莎拉被雙親排斥的程度極少或完全沒有；愛達則相當受到排斥，並以其「內射」的標準來自我排斥。莎拉身上極少主觀衝突，焦慮也只有一點點。愛達則在「內射」期望與眞實處境之間，出現

強烈的主觀衝突，造成她顯著的心理迷亂和稍高程度的焦慮。

愛琳：焦慮、過度謹慎和害羞

十九歲的愛琳由一對中產階級老夫婦收養。他們一直住在鄉下，而且因爲沒有兄弟姊妹，愛琳直到上了高中都很孤僻。讓她懷孕的對象是其未婚夫，他們從高中便談戀愛。愛琳說父母雖然沒有公開反對他們訂婚，但是並不認同其未婚夫，主要因爲未婚夫家是賣酒的。在她高中畢業、兩人正式結婚之前，他們發生了多次性關係。

愛琳的「羅氏墨漬測驗」的主要特色是極爲謹慎、顯著的孤僻與退縮傾向、過度細膩的控制，以及興趣的單調傾向（可能和她的孤僻背景有關），同時原創性也相當高。㊴她回答問題時會暫停很久，並認眞地研究卡片，好像在默默地思考並過濾反應，這似乎是因爲她的自我表達有文化上的困難，同時也證明她的強制性謹慎。刻意謹慎需要花許多力氣，也會阻礙生產力。

雖然她接收自己的內張性刺激時並無困難，但是她對於人際關係上的情緒刺激反應則小心異常。害羞、退縮與小心都是她在表達與反應上的文化障礙——她認爲這是因爲「我不過是個鄉下女孩」。但在較深刻的層次上，她的謹慎是爲了避免情緒涉入而產生焦慮，但是她的過度謹慎也將焦慮表露無疑。彷彿她除了透過完美、滿足高標準的強制外，就無法有人際關係。當她突破了害羞與謹慎，並針對來自「羅氏墨漬測驗」的外在刺激做出反應時，她的焦慮和過度謹慎也減弱了。這表示她的過度謹慎是在對抗產生焦慮的處境。她的焦慮爲：深度4.5，廣度2，處理焦慮能力2，和其他未婚媽媽比起來，她屬於**稍高**焦慮群。

她的童年與當前焦慮檢驗淸單都落在**低**焦慮量**範圍**，但這無疑是因爲她排拒「羅氏墨漬測驗」的表達方式。在童年焦慮檢驗淸單上，工作的成敗是其焦慮主軸，恐慌性不安佔第二位；當前的焦慮主軸也是工作成敗，第二則是家人的想法。

顯然愛琳的強制謹愼是其個性特徵。她憑著極大努力以第一名畢業，並因此短暫「精神崩潰」。另一個例子是她非常小心不要結交比自己「社會地位低」的朋友。在訪談中，她表現得非常謹愼並極力要討好別人的樣子，但這不全是爲了獲得我的認可，而是要合於她的特定行爲標準。

她的雙親不論在宗教或道德上都非常保守，他們反對跳舞、抽煙或看電影。但是他們並不反對愛琳從事這些活動。愛琳參與的是風氣較開放的教會，公開從事上述活動，都不致與父母公開衝突，但是卻免不了有隱藏的親子衝突。她形容自己的母親總是「憂心過度」。在「核桃屋」的訪談中，她媽媽用「媽媽的小女孩」來稱呼愛琳，而愛琳和她媽媽也都承認她媽媽確實過度保護並「溺愛」女兒。她的父母對於愛琳未婚懷孕的事感到受傷且驚訝，但是能夠接受並配合愛琳的規劃。然而，他們的接受態度比較像是父母親在照顧小孩。

她的家庭背景特色很明顯是一種情緒眞空的狀態：父母親忌諱吵架，不論是他們彼此之間或與愛琳。他們從來不打她，但會在她承認做錯事時，與她講道理並讓她安靜坐在椅子上反省——愛琳回憶說，「在那段時間內，我會大發雷霆。」這種情緒交換的缺乏，兒時情緒出口的缺乏，以及父母親對嚴格標準的信仰，無疑奠定了愛琳疚責感的基礎。疚責感也是愛琳過度謹愼的主要動機，這也合理。她說小時候一直很寂寞。她這麼說了之後又立刻道歉，堅持自己與寵物狗比和父母更親。她從不覺得母女之間有任何連結，也沒有機會與媽媽親暱對話。

她與不得雙親認可的對象訂婚並有性關係，似乎一方面是因爲對雙親（特別是媽媽）的抑制敵意之故，另一方面也爲了彌補家中缺乏溫暖與了解所致。她在最後一次訪談中，對媽媽表達出敵意與排拒，並集中在媽媽溺愛她、對她了解太少也沒什麼信心等事實。

愛琳建設性地利用「核桃屋」的治療機會。後續追蹤資料顯示她對大學生活調適得很好，也全心投入。

儘管愛琳沒有受過肢體的排斥（肢體懲罰），明確證據卻顯示她在情緒上曾大受排斥，也很寂寞；因此我們在受雙親排斥這一項的評等爲**稍高**。若從她的焦慮症狀（過度謹慎、退縮、小心翼翼和害羞）來看的話，她的整體焦慮評等也是**稍高**。

雖然在表面上，這些行爲特徵與她的孤僻背景相關，而在更深刻的層次上，她的退縮、謹慎和小心翼翼，顯示她在努力適應親子關係所帶來的焦慮處境。她的退縮與害羞，似乎是對抗家庭情緒冷漠的保護方法，而她的過度謹慎是在調整達到父母的嚴格標準與被接納的努力。家庭的情緒眞空提供了愛琳焦慮下的主觀衝突的脈絡。愛琳的父母不但壓抑了自己的侵略性，也不讓她有機會反抗他們（與她「講道理」、讓她靜坐椅子反省，都是累積排拒與敵意的權威式壓迫）。我之前提過，儘管雙親讓她可以自由選擇，證據顯示愛琳在自由選擇以及雙親的壓迫敵意下，相當有疚責感。她的強制性過度謹慎，也是因這種疚責感而來的。

我們可附帶觀察出，愛琳在心理上的主觀衝突與疚責感更爲強烈，因爲她無法對父母產生有意識的敵意。對照被父母公然懲罰的露薏絲和貝西，愛琳找不出疚責感的客觀焦點。

註釋

①「核桃屋」是依匿名的慣例所採用的虛構名字。這些年輕女性從十四歲到二十五歲左右都有。她們選擇「核桃屋」多少出於自願，雖然有些人是透過社工機構轉介過來的。當時她們沒有人在進行心理治療，儘管有一位紐約法院的精神醫生負責法律事務，但她並不常出現。調查中時而會提到的心理醫生指的是我自己。那裡的職員

包括三位全職社工和幾位護士。

②非婚懷孕在現在當然比較不會有焦慮，主要是社會態度的轉變。撇開社會的態度不管，我並沒有說非婚懷孕本身的焦慮較不嚴重。關於焦慮與其他情緒如墮胎之關係的詳細討論，讀者可參閱丹尼斯（Magda Denes）的《需求與悲苦》（*In necessity and sorrow*, New York, 1976）。

③齊克果中肯而深刻的洞見可適用於不同處境者。然而，齊克果的洞見主要來自對自己的集中研究。弗洛依德對夢的早期理論也一樣，但是弗氏的夢的理論已被廣泛接受，並證實可應用在各種人身上；弗洛依德獲致這些理論的方法，主要透過研究自己所做的夢。

④每位年輕女性初進「核桃屋」時，會由社工組長進行訪談，訪談過的女性便成爲其他社工的案例，社工會在案主住在「核桃屋」期間（三到四個月不等），不時與之會面討論。

⑤這些焦慮檢驗清單列在書後附錄中。第二次「羅氏墨漬測驗」和第三份焦慮檢驗清單的目的，在發掘案主的產後焦慮主軸有沒有變化。因此第三份焦慮檢驗清單所問的項目，除了用字不同外，幾乎和第二份的項目一樣。某些案例不可能進行第二次「羅氏墨漬測驗」，因爲部分年輕女性生產後便沒有再回到「核桃屋」。所以也不可能讓她們進行第三次焦慮檢驗。因此，我們對產後的焦慮主軸，只能掌握有限的數據。分娩後焦慮檢驗的結果，旨在顯示當事人的態度與焦慮的變化。

⑥等級從1到5，1相當於最緩和或最低度焦慮。「深度」指焦慮的穿透與深入程度；這是焦慮**品質的強度**。「廣度」爲區別焦慮屬於一般性，或限定在特殊範圍；這在顯示焦慮**症狀量的強度**。「處理」指的是主體管理自己焦慮的努力成效度。

⑦所有焦慮檢驗清單的項目，都由三個人獨立分類：西蒙茲醫生（Dr. P. M. Symonds）、「核桃屋」的一位社工以及我自己。

⑧「羅氏墨漬測驗」的焦慮等級，會在討論到個別「羅氏墨漬測驗」時提出，也會提供當事人相較於他人的「羅

氏墨漬測驗」焦慮總等級。後者對焦慮的**深度**和**廣度**採用的是綜合分等；**處理**過程也省略掉了，因爲與焦慮的量或種類無關。儘管「羅氏墨漬測驗」的分等與我對當事人的整體焦慮看法相當一致，這兩者不應被混淆。

⑨請參看奧爾波特（G. W. Allport），《個人記錄在心理科學中的使用》（*The use of personal documents in psychological science*, New York, 1942）。

⑩整體反應爲 46: 10 *M*, 7 *FM*, 1 *m*, 2 *k*, 1 *K*（另外還有三個），4 *FK*（另外還有四個），8 *F*, 4 *Fc*, 4 *FC*, 5 *CF*；受歡迎的反應 7，原始反應 15；*W*% 66, *D*% 34；以「羅氏墨漬測驗」爲基礎來估計的智力：潛能 130（或更高），效能 120。此一智力的估計與她在學校和大學做過的兩次智力測驗的結果吻合。

⑪這些因應焦慮的方法，有助於當事人對抗焦慮。這些方法在軍中也是通過測試的可行方法。

⑫事實上，海倫的陣痛結果完全不是她害怕的情況。分娩後她對心理醫生說：「如果你太太告訴你女人生產很痛苦，不要相信她。」當然，我們無從做出下列結論：因爲事實證明她的恐懼是不實際的，**所以**其恐懼也是神經性的。但是無論如何，海倫分娩後大鬆一口氣的表現，比較像是驅散神經性恐懼後的感受：「我在害怕什麼呢？」而不太像逃離眞實威脅後的解脫：「很危險，但是我很幸運。」

⑬儘管第二次「羅氏墨漬測驗」所顯示的焦慮比第一次來得少，其中的焦慮量仍然不少。我相信海倫在主觀性衝突被刺激到的情境下，都會有適中到稍高程度的焦慮。

⑭我們指的並不是針對焦慮與疚責感的純科學理性態度；反之，我們說的是以知性化爲防衛機制，是一種合理化而非理性的態度。

⑮整體反應爲 41: 6 *M*, 3 *FM*, 1 *K*, 22 *F*, 7 *Fc*, 1 *C'*, 1 *CF*；一般性反應 5；原始反應 8; *W*% 10, *D*% 41, *d*% 24½, *Dd* % 24 1/2，（*H* plus *A*）:（*Hd* plus *Ad*）是 12: 13；所有色卡的反應百分比爲 29；從「羅氏墨漬測驗」所估計出來的智商：潛能 125，效能 115。

⑯這不僅在她對母親的態度中表現得非常明顯，在她的當前處境中也明顯可見：她說只要自己有所擔心，一想到

未婚夫和「我們的美好將來」，便不再擔憂。

⑰可以由這個角度比較菲麗絲（Phyllis）的情形，她以人格的貧乏為代價，避免對他人產生感情，而得以不再焦慮。

⑱整體反應為 13: 6 *M*, 2 *FM*（5 個額外的 *m*），2 *F*, 1 *Fc*, 2 *CF*；一般性反應 3，原始反應 7; *W*% 62, *D*% 30; *Dd*% 8。估計智商：潛能 120，效能 110。

⑲整體反應為 22: 1 *K*, 11 *F*, 4 *Fc*, 1 *c*,; 3 *Fc*, 2 *CF*; *W*% 45, *D*% 55；一般性反應 2，原始反應 4。「羅氏墨漬測驗」所估計的智商：潛能 100，效能 100。

⑳童年清單上的焦慮量似乎透露出露薏絲的良心，以及她想討好心理學家的慾望，她希望能配合心理學家的研究。（請參見我們針對她與她認為「高自己一等者」共處時，所表現出來的謙恭順從人格的後續討論。）當著社工人員填寫「當前」焦慮清單，比較能反應出她的焦慮量。

㉑整體反應為 20: 1 *M*, 5 *FM*, 3 *FK*,; 7 *F*, 2 *Fc*, 2 *FC*，一般性反應 4，原始反應 2; *W*% 50, *D*% 40; *S*% 10。最後三張卡片的反應百分比 25。估計智商：潛能 115，效能 100。（這個記錄與貝西待在「核桃屋」期間，兒童法庭給她做的心理測定報告結果一致，所測得的智商為 101。）

㉒這些案例中將不只一次提起清單上選項的多寡，部分是因為當事人的從俗、屈服傾向所致（譬如，她受到自己信念的影響，認為選項越多便越能取悅我這位心理師）。貝西選項不多的事實支持下列假設：她不是個從俗者，而相當堅持自我，也不覺得有取悅他人的需要。

㉓結果她並不需要在父親的審判上做證，她在社工人員和寄養媽媽的陪伴下，在法院聽證會上也表現得很好。

㉔第一張卡片的反應為：*W-F-A-P*；第二張卡片為：*W-M-H-P*；第三張卡片：*D*→*W-FM-A-P*。在「侷限的測試」這個層次，她透露自己運用色彩和墨漬的細節都毫無困難。這個測驗更加證明上述假設：她的干擾不是因為精神病或器官的衰敗，而是因為嚴重心理衝突。桃樂絲使用英文有輕微障礙，但是並不會真的阻礙她進行「羅氏

墨漬測驗」，因為她確實有所反應，她對測驗的反應也都可以理解。

㉕最好的情況是在其「告白」後立刻進行「羅氏墨漬測驗」，但在當時卻不可行。我們認為變化會在她的行為中擴大表現出來，也就是在她說出自己懷孕的眞相時，也發生了激烈變化。

㉖整體反應為 15: 2 *M*, 4 *FM*, 8 *F*, 1 *FC*；一般性反應 4，沒有原始反應；*W*% 33, *D*% 60; *d*% 7；整體時間十四分鐘，相較於第一次「羅氏墨漬測驗」的整體時間為三十五分鐘。估計智商在第一次記錄中看不到；但是在這一次便可以。估計智商：潛能 110，效能 90 到 100。（她在紐約的學校上五年級時所做的智商測驗為 I.Q. 80，但是考慮到其語言障礙，該記錄是不可靠的。）

㉗她癱瘓性衝突期間所完成的頭兩份清單，顯示出的反應度相當高（也就是說選項很多），這點是很重要的，反之，她在同一時期卻拒絕對「羅氏墨漬測驗」反應。我們可適當解釋為，當事人勾選清單時，清楚知道自己所為；這沒有透露秘密的危險。因此，清單對桃樂絲不構成威脅。

㉘基於她的第二次「羅氏墨漬測驗」，以及她在衝突解除後的行為，我們做出她的焦慮評等為稍低，這個評等是我們在第十章比較桃樂絲與其他女孩的基礎。

㉙整體反應為 39: 2 *M*, 1 *FM*, 2 *K*, 18 *F*, 13 *Fc*, 1 *c*,; 1 *FC*, 1 *CF*；*F* 區的整體百分比 80; *W*% 15, *D*% 59; *d*% 5, *Dd*% 21；（*H* plus *A*）:（*Hd* plus *Ad*）是 9: 14；一般性反應 5，原始反應 3。估計智商：潛能 115，效能 110。

㉚我個人在研究這些臨床筆記時的情緒是要爆發的感覺。

㉛整體反應為 37: 2 *M*, 4 *FM*, 1 *k*, 4 *K*, 21 *F*, 3 *Fc*, 1 *c*,; 1 *CF*; *F* 區的整體百分比 65；一般性反應 6，原始反應 7；第八、四、五張卡的反應百分比 51；整個記錄中只有一個 *H* 反應；連綿不斷的僵固；*W*% 16, *D*% 68, *d*% 8, *Dd* % 8。估計智商：潛能 125，效能 110。

㉜儘管夏洛特「羅氏墨漬測驗」中表現出的重要質素是理性扭曲回應，我們在此仍就一些數字計分，因為我們在其他案例一直這麼呈現。整體反應為 36: 9 *M*,4 *FM*, 4 *FK*,; 9 *F*, 3 *Fc*, 4 *FC*, 3 *CF*；平均反應時間，一分四十五

秒；一般性反應 8，原始反應 7; *W*% 44, *D*% 42, *d*% 3, *Dd*% 11。

㉝我們在這裡談的當然只是屬於心理遺傳的精神病形式——也就是說，來自主觀心理衝突，而不是身體損壞的精神病。這些精神病的特色是沒有焦慮的說法，並不牴觸焦慮會出現在某些偏執狂的形式之中；後者是一般模式中的不同結構。

㉞整體反應為 22: 1 *M*, 6 *FM*, 1 *K*, 3 *FK*,; 5 *F*, 1 *Fc*, 1 *FC*, 4 *CF*；一般性反應 6，原始反應 4; *W*% 50, *D*% 50。估計智商：潛能 120，效能 110。

㉟其「羅氏墨漬測驗」中的 *W*%並不高，也符合下列陳述：她的競爭野心並不具侵略性。

㊱整體反應為 40: 1 *M*, 6 *FM*, 1 *FK*,; 14 *F*, 10 *Fc*, 2 *FC'*, 6 *FC*；*W*% 20, *D*% 70, *Dd*% 5, *S*% 5；一般性反應 5，原創性 15。估計智商：潛能 110，效能 110。

㊲整體反應為 12; 1 *M*, 5 *F*, 2 *Fc*, 2 *FC*, 1 *CF*；1 *C*；一般性反應 4，沒有原創性；*W*% 67, *D*% 33。估計智商：潛能 100，效能 100（或更少）。

㊳我認為愛達的內化期望，和來自媽媽的權威規則與標準，並沒有兩樣。

㊴整體反應為 23; 3 *M*, 6 *FM*, 5 *F*, 6 *Fc*, 3 *FC*; *A*%, 70；一般性反應 6，原創性 6; *W*% 39, *D*% 61；平均反應時間，二分十七秒；最後三張卡反應百分比 48。估計智商：潛能 125，效能 110。

10

案例研究拾遺

Gleanings from the Case Studies

無意識中非理性質素的威脅，
解釋了為什麼人類害怕看清自己。
可能在幕後真的有什麼存在
——我們永遠不曉得——
因此人們對非意識所及的因素「寧信其有，也會小心檢視。」

——榮　格

343 在前兩章的案例研究中，我們探討了哪些關鍵性議題呢？我們從中得知什麼可協助我們了解焦慮的想法呢？

潛藏在恐懼下的焦慮

344 在第八章中，男主角布朗對癌症的恐懼屬於「眞實」和「理性」的恐懼。他否認這種恐懼和任何潛藏的焦慮有關。但是我們也注意到，他對癌症的恐懼通常在焦慮開始像著魔般逐步加劇時，便會出現。我們也注意到，他只要能關注在自己的癌症恐懼上，焦慮意識就不會太明顯，但是當焦慮的夢和焦慮意識在幾天後確實出現時，他的癌症恐懼也消失了。因此，我們無法不做出以下的結論：對癌症的恐懼不但是焦慮著魔狀態發展過程的初步形式，同時也是一種將潛藏焦慮錯置（displacement）爲理性與眞實威脅的掩蓋手法。

我們前面說過的，癌症恐懼是引發焦慮魔咒的初期訊號，而後者通常和布朗神經性焦慮下的某些衝突面向有關，亦即他和母親的衝突。如果他能夠一直關注在自己的癌症恐懼上（或假設他眞的**得了**癌症），他潛藏的衝突與焦慮便可以被迴避。因爲這樣他便能夠留在醫院得到照顧，而不會有疚責感，也可以向媽媽報復，因爲媽媽就被迫要資助他。因此，儘管癌症恐懼和母子衝突，在內容上明顯有表面和實質的差異，但是我認爲前者（神經性恐懼）與後者（潛藏的神經性焦慮）之間，存在著主觀上與邏輯上一致的關係。因爲從象徵的意義來看，難道這母子問題不就是哈洛・布朗的「癌症」嗎？

在海倫的案例中，我們假設她對分娩的恐懼其實是她潛藏焦慮的客觀化，而她的潛藏焦慮則來自未婚懷孕所引起的壓抑疚責。我判斷這確實有其事實基礎。只要她的不安能夠附著在可能的生產之痛上，也就是海倫認定的「合理」恐懼，她便不需要面對更困難的潛藏疚責感。即使承認這些疚責感，也會威脅到她整個心理保護機制，並讓她陷入更深沉的衝突。

這些案例說明**恐懼是潛在焦慮客觀化與特殊化的主題**。神經性恐懼會因爲潛藏其下的神經性焦慮，而具有誇張的特質。我們也要注意(a)**特殊神經性恐懼的內容，不是主體偶然或意外選中的，而是與主體潛藏的衝突模式和特殊的神經性焦慮模式，有一致和主觀的邏輯關係；(b)神經性恐懼的功能之一就在掩飾焦慮下的潛藏衝突**。

在未婚媽媽研究開始時我便提議說：神經性恐懼會隨著個人面對的實際議題和問題而變，但是神經性焦慮卻相對會一直保持常態。我們早先說過，第二次「羅氏墨漬測驗」和焦慮檢驗清單的目的之一，是要決定案主的焦慮主軸在生過寶寶後是否有所改變。我們基於這個假設得出的資料極爲有限。我們針對海倫、愛格妮絲、夏洛特、法蘭西絲和桃樂絲這幾個案例進行產後研究，並在分娩後進行了第二次「羅氏墨漬測驗」，其結果如下：(a)神經性焦慮在產後稍稍減緩了，但是(b)特定的焦慮模式仍舊沒變。某些焦慮主軸的變化很明顯——例如，海倫的分娩焦慮幾乎都消失了，而她對異性關係的焦慮則在產後稍有增加。法蘭西絲對於會帶來焦慮的異性關係，則從僵固的防禦（壓縮）轉變成接受其中的可能性，但卻有更多明顯焦慮的跡象。只是我們對於這個假設的現有資料不足。

布朗的案例讓我們了解，爲何我們在未婚媽媽神經性焦慮主題的變化上，無法獲得更多的資料（除了無法研究大量已分娩的未婚媽媽這項限制外）。他這個案例的研究長達二年半，案主焦慮主題的轉移十分明顯，上述假設可以清楚得到證明。然而，我們也注意到一個有趣的現象：在他的重度焦慮發作後，儘管其內在衝突並沒有徹底改善，但會出現一至數禮拜的喘息時間，使他可以不受焦慮的影響。

雖然潛在衝突並沒有解決，但是在嚴重焦慮後會出現一段喘息時間的現象，明顯指出一個令人困惑的問題。有一項立即想到的解釋就是焦慮中摻雜的疚責感。我的觀察是，掩藏在神經性焦慮下的內在衝突通常和大量的疚責感有關，這種疚責感非常細緻卻無所不在。**布朗的焦慮情境若是自己的成就，他會對母親感到疚責，若焦慮的處境是自己的依賴性，他便對自己感到疚責**。此時他若能忍受這種痛苦的焦慮經驗，疚責感就會暫時緩和下來。疚責感所引發的焦慮也會因此暫時緩和下來。他彷彿在說：「我已付出了代價；現在我可以平靜點了。」

喘氣期間過後，神經性焦慮又會重新浮現，通常會環繞著新的主題。所以，可能是我們對未婚媽媽產後研究的時間太短，才未能發掘本應浮現的新焦慮主題，例如她們重回職場或有了新的異性關係。我們的結論如下：本研究的資料傾向肯定我們的假設，也就是神經性焦慮的潛藏模式持續不變，而神經性恐懼的焦點卻會轉換。不過我們所獲得的資料尚不足以確切證實這個假設。

我們的研究案例說明了**焦慮和敵意（隱性或顯性）是同步起落的**。當案主（以布朗和愛格妮絲爲例）的焦慮相對加深時，顯性或隱性的敵意也更顯著，當焦慮減輕時敵意也跟著減輕。

我們也看出了造成這個互動關係的理由之一是，強烈的焦慮痛苦與無助，會激使個人對他認爲該爲自己痛苦負責的人產生敵意。此外我們也觀察到，潛藏在這個關係之下的另一項理由，那就是敵意（特別是壓抑的敵意）會導致焦慮。布朗對母親壓抑的敵意若是表達出來，便會與他依賴的對象產生疏離，因此敵意的存在會引發更多焦慮。神經性焦慮者身上出現的**敵意通常是壓抑的，並且會採取不斷試圖取悅和安撫他人的反應形式**。這個現象在南西這位研究中焦慮程度最高的女性身上，最是栩栩如生，她非常細緻地訓練自己來取悅和安撫他人。

然而這裡要提出的另一個案例（愛格妮絲，她的人格結構是施虐—受虐模式），敵意和攻擊卻是用來對抗焦慮的處境。她用敵意和侵略行爲迫使男朋友不要拋棄她，這樣她才不會更焦慮。

衝突：焦慮的來源

主觀的衝突在上一章的案例中，一直與神經性焦慮如影隨行。①表面上，這似乎是一種顯而易見與不證自明的人際關係。那些沒有神經性焦慮的案例中，主觀形式的衝突也不會出現，貝西、露薏絲、莎拉、菲麗絲和夏洛特都是如此。但是更有趣的問題是：「衝突所為何來？」

個別案例的衝突形式各自不同。我們僅引述其中三個案例來說明：布朗的主觀衝突在於，他一方面需要成就某種自主性並運用一己的權能，另一方面他又深信，如果他確實獲取了力量，他便會死在媽媽手中。因此，他的行為特徵就在於既極度依賴母親（或母親代理人），又同時對她懷有敵意。這種衝突一旦啓動，無所不在的極度不舒服感、無助感以及隨之而來的焦慮都會出現，行動能力也為之癱瘓。海倫的矛盾衝突就在於，她一方面有疚責感，另一方面又要表現得超越道德和具有知性的成熟度（她的自尊有賴於這些表現）。南西的衝突則在於，她需要完全依賴別人以獲得安全感，卻又深信沒有人可以依賴。

在這些案例中，啓動衝突的處境也都是產生焦慮的處境——布朗的依賴或個人成就兩者的並存，海倫因未婚懷孕而生疚責，南西與未婚夫的關係等皆是。在這些研究中，**內在衝突總是與顯明焦慮同時出現，而且是這個衝突的啟動，才引發了神經性焦慮**。

此外，個人預期的威脅與衝突兩者間的關係，也是個問題。一般認爲，不論正常或神經性焦慮，都會有某些預期的威脅，這點與我們的研究資料並沒有矛盾。在正常的焦慮與恐懼中，**威脅的描述相當完整地說明了不安的存在**。死亡焦慮便是一例。我們曾經區別了焦慮與恐懼的不同：當威脅針對的是根本價值時，出現的反應便是焦慮；當威脅針對的是周邊價值時，出現的反應便是恐懼。

神經性焦慮有兩個必要條件：⑴**威脅必須是針對重大的生命價值**；⑵**這個威脅必須與另一個威脅並列**，所以個人至少必須面對其中的一個威脅。在神經性焦慮的模式中，個人至關重大的存在價值之間，彼此是互相矛盾的。如果布朗運用自己的權能，他便受到死亡的威脅，但是如果他繼續依賴媽媽，他就必須以延續他的無意義感和無助感爲代價，而這個威脅對他又嚴重得像是被殺死一般。南西面對的是被他人（媽媽和未婚夫）排斥的威脅，這些人她認爲是無法依靠的，但是沒有這些人的照顧她又無法獨自生活，這又讓她遭受另一方面的威脅。**神經性焦慮中的「受困」感本質，就是個人隨時隨地受到威脅**。因此，深入探究神經性焦慮者預期威脅的本質，顯示正反兩面的衝突中都有威脅存在。

上述案例指出和說明了一個必然的推論——那就是神經性焦慮的**情境**與**成因**的不

同。（「情境」在這裡是指促進焦慮的事件。）我們觀察到，造成布朗神經性焦慮的情境，通常是他能夠處理也做得到的處境，例如學術作業的表現。因此，在那些事件中的焦慮情境與焦慮成因是不一樣的。我們也還記得他越是焦慮，便越堅持焦慮和情境一點關係都沒有，並說自己「什麼都害怕」，「害怕生命」。雖然誘發焦慮魔咒的特殊情境，可以在回想時被認爲與焦慮本身有心理上的一致性，不過，他堅持情境與成因有所不同，仍有一定的道理。在神經性焦慮中，**情境的重要性在於，它引發了潛在的衝突，但是焦慮的成因就是這個衝突**。就像我們從哈洛・布朗身上看到的，情境不論在客觀上是多麼重要，它們總是與個人的某個內在衝突之間，具有某種主觀的邏輯關係。換言之，情境對主體焦慮所以重要，是因爲它們引發了個人獨特的神經性衝突。

我們似乎可將假說陳述如下：**焦慮經驗越是趨近於正常，焦慮情境（催化焦慮的事件）與成因便越一致；但是焦慮越是神經性，情境和成因便越不同**。例如，一艘行駛在密佈潛水艇海域的船客會擔心自己乘坐的船被魚雷打中。這樣的焦慮是眞實的，也與處境相吻合，被魚雷打中的情境也相當充分地解釋乘客爲什麼會有焦慮。但另一個極端是，熟人隨意說的一句話、路人沒有打招呼或是一段飛逝的記憶，都會催化重度神經性焦慮患者的焦慮魔咒。因此，焦慮的神經性色彩越濃，越無法用客觀情境來解釋，我們也就越想了解個人如何詮釋情境，以找出適當的焦慮原因。這通常是與焦慮情境不相稱的焦慮。它和情境**是**不相稱的，但是它和原因——情境所啓動的內在衝突——卻**不**

會不相稱。在我處理過最嚴重的焦慮——例如邊緣人格的精神病案主——案例中，客觀的情境根本無法解釋焦慮，當事人的焦慮原因幾乎完全是主觀的。

以上我談的主要是神經性焦慮及其背後的衝突。然而，我們此刻所面對的難道不就是正常焦慮與神經性焦慮的難以區分嗎？我們不是或多或少都有這些衝突嗎？而所有衝突到了某個程度不是都變成矛盾了嗎？畢竟所有的焦慮都來自衝突，而其源頭又在於存有與非存有的衝突，以及存在與威脅存在的衝突。不論我們是「神經性的」或「正常的」，都曾經驗過期望與現實的落差。這個區分已不是那樣重要了，我相信我們必須檢視所有形成的焦慮，把它視為人類處境的一部分，最好不要把它貼上標籤。

雙親的排斥與焦慮

本節要探討的問題以十三位未婚媽媽的研究為基礎。我們的訪談特別強調探究年輕未婚媽媽受雙親（特別是媽媽）排斥的程度，與她當前神經性焦慮程度之間的關係。下列對照表按了她們的焦慮度以及受雙親排斥度排列，並立即呈現出兩種現象：⑴**對多數受訪女性而言，排斥與焦慮之間清楚存在著對應關係；但是**⑵**對某幾位受訪女性而言，卻沒有任何對應關係。**

有九個案例——南西、愛格妮絲、海倫、海絲特、法蘭西絲、愛琳、愛達、菲麗

焦慮度	
高	南西、愛格妮絲
稍高	海倫、海絲特、法蘭西絲、愛琳、愛達
稍低	桃樂絲、貝西
低	露薏絲、菲麗絲、莎拉

受排斥程度	
高	南西、愛格妮絲、貝西、露薏絲
稍高	海倫、海絲特、法蘭西絲、愛琳、愛達、桃樂絲
低	菲麗絲、莎拉

絲、莎拉——的焦慮度與受排斥度落在相同的範圍內。這個族群一旦被雙親明顯排斥時，便會出現程度大致相符的神經性焦慮。這些案例的指標傾向於支持傳統的假說：被雙親（特別是媽媽）排斥者，易罹患神經性焦慮。但是露薏絲和貝西這兩個案例，則呈現全然不同的圖像。這二位年輕女性被父母親排斥的程度既深且廣，但是卻沒有對應程度的焦慮。桃樂絲也屬於這個族群，雖然她受排斥的程度不如另外二位那麼嚴重和無法紓緩。

要解答這個既困惑又迷人的問題，就必須探尋**排斥的心理意義**。我們先參照因排斥而焦慮的未婚媽媽，再參考被排斥卻不焦慮的案例，提出下列問題：**個人是如何主觀地詮釋他人對自己的排斥**？她對生命的期望與現實之間是什麼關係？

與這個假說吻合的主要特徵是，她們**對父母高度期待，並以此為背景來詮釋被排斥這件事**。她們在對父母的態度方面，呈現出我所謂**期望與現實間的矛盾**。她們永遠無法從實際客觀的角度接受排斥這件事。前一刻，南西才說媽媽殘忍地將她單獨丟在家裡，關心「上酒吧更甚於自己的小孩，」但是下一刻她又說，「可是我媽媽**能夠**當個好母親。」同理，儘管客觀指標顯示她媽媽在親子關係上，一貫善變且不負責任，但是南西卻必須一直對自己洗腦「媽媽在她童年的某個階段是個『好』母親」。我們在南西身上看到出現在其他案例的觀點——**理想的期望與被排斥的感覺，兩者互相強化**。理想化對南西（其他人也一樣）的具體功能在掩飾被排斥的事實，而對照了她的理想期望，受排斥感使得她更加痛苦。

我們在其他年輕未婚媽媽身上，也看到了期望與事實間的矛盾。海倫提及媽媽「背棄」了她，隱含的意思是期望媽媽可以不要這樣或不應該這樣。法蘭西絲將父母理想化，說他們又「棒」又「甜」，把這個理想保存在「神仙故事」的主題下，並努力壓抑自己是個領養小孩的孤獨，以及對養父母大量的敵意。此外，這些年輕未婚媽媽對自己與雙親的關係顯現出所謂的懷舊之情，不斷想著如果他們不如此的話，事情「可能有所不同」。**這份懷舊之情似乎既是把自己對父母親的期望理想化，也是一種迴避現實親子關係的方法**。海絲特所展現的舊日情懷形式不太一樣：「如果爸爸在世，我就不會陷入這些難題了。」

此外，這些年輕未婚媽媽更完全不切實際地期待能夠改變父母親。海絲特不斷叛逆的行爲就是要讓母親注意到她。愛格妮絲雖然知道爸爸從來都不曾眞正關心她，她還是抱著爸爸可能會改變的渺茫希望，長途跋涉地去看他。年輕未婚媽媽們與雙親的古老爭戰仍舊持續地進行著。

總的來說，當排斥與神經性焦慮同時出現在這些符合傳統假說的案例時，我們發現會出現某種特殊組合的現象：**排斥從來不被當作客觀事實來接納，而會與個人對父母親理想化的期望並列。個人無法現實地評估自己的父母親，更分不清真實的親子關係與自己的期望有何不同。②**

我們的疑問是，這個主觀衝突是怎樣發生的？例如，我們看到南西的焦慮是以衝突的形式出現：她一方面對未婚夫的愛百分之百依賴，另一方面又對此愛是否靠得住不時感到懷疑。這個與她小時候的母女衝突關係是一樣的。我們看到法蘭西絲對男友的態度結合了理想化以及壓抑的敵意，這個組合同樣也出現在她與父母的關係上。我們無需再引述其他案例便可以明白，出現在**這些未婚媽媽成年時極度焦慮的衝突，與她們和雙親關係的一般性衝突完全相同**。③

在這些案例中，原始衝突變成內射和內化的衝突（**主觀衝突**），結果造成案主內在的創傷，**以及她們對自己或他人態度的根本心理迷失**。這不僅一直會是她們怨恨父母的根源，也是自我譴責的源頭。換言之，小時候與雙親的原始衝突，在她們成年的焦慮中被重新啓動了。更周延而精確地說，童年親子關係中的原始衝突，不僅爲成年人際關係中的性格結構定了調，個人更是以這個性格結構爲基礎來面對未來的人生處境。例如，**與雙親的關係若是在現實與期望間混淆不清，將使個人無法現實地評估自己未來的人際關係**。她會因此陷入不斷重複出現的主觀衝突和隨之而來的焦慮中。

與前述案例呈現尖銳對比、甚至完全相反的情況，可在那些受到排斥卻沒有明顯神經性焦慮的未婚媽媽身上看到，也就是貝西、露薏絲以及某種程度的桃樂絲。這些年輕女性對自己受排斥的反應與前一組案例不同，這點在桃樂絲吃驚的表情上生動地顯現出來，她很訝異心理師會問：小時候父親從不陪妳玩，是否感到遺憾？這個問題對第一組未婚媽媽顯然是意義之所在，也是多數案例借用來脫離自己怨恨母親的跳板。桃樂絲顯然不曾想過這個問題。第二組年輕未婚媽媽對父母親並沒有心存理想化的期望；她們現實地評估自己的雙親。露薏絲和貝西如實接受自己的媽媽就是個殘酷而令人憎恨的人。她們沒有人會懷念小時候的「好」媽媽，或心存母親突然變好的幻想。露薏絲和貝西更客觀如實地看待母親的排斥；露薏絲稱它為「惡運」，貝西則務實地從雙親以外的其他人際關係中獲取感情。**她們不會讓雙親的排斥影響自己的行為**。儘管小時候曾受到父親的殘酷排斥，貝西仍繼續與其他兄弟姊妹玩耍，露薏絲則拒絕對殘暴的媽媽表達愛意。

對第二組年輕女性而言，**親子關係的期望與現實之間，並沒有鴻溝或矛盾**。她們的親子或人際關係衝突，是在清楚而客觀的基礎上發生進行的。**她們能夠免於神經性焦慮的根本原因，就在她們沒有把受到的排斥內化；它沒有成為主觀衝突的來源，也不會在她們對自我或他人的評估上，造成心理的迷失**。

期望與現實的落差

我們對未婚媽媽的研究支持了下列假說：神經性焦慮下的衝突來自個人與父母的關

係；但是卻不支持下面這個陳述：這類受排斥的事件會造成神經性焦慮。事實的情況是，**神經性焦慮傾向的起源，在於親子關係這個特殊的家族排列，在這種特殊的親子關係中，小孩無法現實地評估雙親的態度，也無法客觀地接受被排斥的事實。用蘇利文的話來說，神經性焦慮不是因為有一位「壞」媽媽，而是因為孩子永遠不確定媽媽是「好」或「壞」**。④

我們只要觀看父母親對孩子的行爲，便可以知道潛藏在神經性焦慮之下的衝突原因，就在**以愛和關懷為外衣掩飾的排斥**。在露薏絲和貝西的案例中，殘酷的雙親至少並沒有想要掩飾自己對孩子的恨。當代分析心理學家梅莉・舒米登堡（Melitta Schmideberg）曾經問道，與維多利亞時代雙親嚴厲的子女相較，爲什麼生活在當代家庭中的子女，在父母親顯然寬懷得多的情況下，卻反而更加焦慮。她相信箇中原由在於，當代父母親不讓孩子怕他們，因此孩子必須將自己的恐懼和敵意轉移到別處，也因此承受更多的焦慮之苦。她又說，如果父母親無法控制自己不懲罰小孩，至少應該讓孩子有害怕他們的權力（請參見她在〈焦慮〉〔Anxiety〕一文中的陳述，《精神分析評論》〔*Psychoanalysis Review*〕，1940, 27: 4, 439-49）。我們不需要進入不同時代焦慮的歷史問題，或其中的複雜因素，就可以同意舒米登堡醫生強調要讓小孩現實評估親子關係的觀點。露薏絲和貝西就是因爲這樣，才能夠務實地接受被排斥的事實——貝西也就是這樣才能夠在其他地方找到愛和正面的人際關係。因此，當露薏絲和貝西長大後受到媽媽排斥時，**她們就**

不會有根本生命價值受到威脅的問題；反正她們也不曾期望從父母親那兒得到什麼好東西。露薏絲說：「小時候妳不會痛苦，有什麼便接受什麼。」她的意思是，如果妳能像她一樣，如實接受母親的態度，就不會有本質上的痛苦——也就是不會對自己的基本價值造成的威脅。但是在那些會有主觀衝突的年輕未婚媽媽身上，排斥被掩蓋在理想化的期望之下（父母的矯飾想必在孩子更小時，便早已存在），孩子也永遠不可能如實接受它。⑤

基於這些觀察，我們可粗略區分出三種不同類型的母女關係。首先是母親排斥孩子，但是這個排斥是公開且雙方承認的。第二，母親排斥孩子，但是被覆蓋在虛假的母愛之下。第三，母親愛孩子，並且在這個基礎與孩子互動。我們的研究資料確定，會導致神經性焦慮的是**第二種**親子關係。⑥

我們在此討論的觀點極為重要，所以我希望引述史塔奇特爾（Anna Hartoch Schachtel）有關孩童研究某些十分相似的發現。史塔奇特爾醫生討論到某位被母親排斥的孩子，這位媽媽不但排斥孩子，還要假裝自己愛小孩，對孩子愛祖母的表現，也妒嫉異常地暴露出自己的佔有慾，史塔奇特爾醫生說：「這個孩子活在虛假的處境；她要逃避自己不被愛的眞實處境；她活在一廂情願的期待之中，自己的興趣、恐懼、期許與願望，都建立在這個搖搖欲墜的基礎之上。」這個孩子和我們上面所描述的第一組年輕未婚媽媽很相似。史塔奇特爾醫生描述了另一個沒有爸爸的孩子，她在家裡經常挨打又討人厭。「對她而言，不被愛是個事實，但是這個事實卻無法損害她愛的能力。」她是一位獨立、相當堅毅、積極、合群和可靠的孩子，她「並不會對發生在自己身上的不幸或敵意事件視而不見或予以美化。」對我而言，這個孩子像極了貝西。貝西這個孩子不管雙親如何排斥她，她都能夠在朋友和兄弟姊妹身上找到愛。史塔奇特爾醫生指出，「對孩子而言，**不被愛比虛假的愛要來得好。**」我們的研究發現指出，這一點會導向焦慮是再眞實不過了。⑦

一般而言，焦慮可以透過這些年輕未婚媽媽與雙親的關係形式來加以描述嗎？——亦即**焦慮是期望與現實間根本矛盾所造成的主觀迷失嗎？它是一種根本的迷失嗎？是種無能為自己在世界中定向的狀態嗎？是種無能如實看待世界的情形嗎？**

這些問題將超越現有討論的範圍。但是我認爲它們是頗具成效的假說，兼具心理學與哲學的展望。麥肯農（Donald MacKinnon）對焦慮所做的描述，除了它的地誌學特色（這點可以再討論）之外，與我們的假說類似：

> 受焦慮困擾的人……不是把事物看得**比較好**，就是**比較壞**。……他根據自己的**希望**，不切實際地把它的真實層次結構做正面的扭曲，同時他又根據自己的**恐懼**，不切實際地把他的真實層次做負向的扭曲。……意思是，這個人的心理基礎並不穩固，因為他生命空間的真實層次缺乏清晰的認知結構，成功與

可能失敗同時並存，而使得意義互相衝突。⑧

神經性焦慮與中產階級

最後一個問題源自以下的事實：出現神經性焦慮的第一組未婚媽媽，**統統來自中產階級家庭**，能夠接受自己受排斥而不會有神經性焦慮的第二組未婚媽媽，則**統統來自勞動階級家庭**。事實上，貝西、露薏絲、莎拉和桃樂絲這四位勞動階級的研究對象，都沒有任何明顯的神經性焦慮。我們注意到，史塔奇特爾醫生筆下接受自己被排斥事實的孩子，也屬於勞動階級。

最後這裡衍生出一個重要的問題，亦即潛藏在神經性焦慮傾向底下，期望與眞實間的矛盾現象，是否是西方中產階級的專屬特徵；同理，**神經性焦慮是否主要是中產階級的現象**。關於是否會染患神經性焦慮的古典假說，是否奠定在臨床與精神分析的案主身上，他們幾乎淸一色來自以中產或上層階級。弗洛依德的案主，以及在他之後的私人執業醫生的多數精神分析案主，都屬於這一族群。或許上述假說對中產階級適用，但不適用於其他階級。

對於神經性焦慮是否爲西方中產階級專屬現象的爭論，這其中有許多**先驗的理由**，也有部分**經驗的**資料。不論在心理或經濟層面上，中產階級在眞實與期望的落差特別顯著。馬克思說勞工階級是個不革命就沒希望的階級。我們在第四章提過，西方文化中與當代焦慮密切相關的個人競爭野心，也是中產階級的主要特徵之一。我們研究中的勞動階級女性比中產階級女性，確實顯現得較不具競爭野心。莎拉自有一套聰明系統可讓其野心不具競爭性，「我設法讓自己不在最高，也不在最低，而在中間。」法西斯式極權主義這個著名的當代文化焦慮症狀，便是從中下階級的運動開始的。而極權主義這個當代文化焦慮症狀，也是由中下階級運動開始的。中產階級的焦慮重擔最爲沉重，一方面是行爲標準難以遵循，一方面是覺察到支撐這些標準的價值已不存在了，中產階級便困在其中。這肯定對社會學家和心理學家都是個非常誘人的探討主題。

註釋

①這些案例有布朗、海倫、南西、愛達、愛格妮絲、海絲特、法蘭西絲和愛琳，最誇張的則是桃樂絲。

②雖然布朗的案例並沒有出現在這項未婚媽媽的系列研究中，但是值得注意的是，他同樣無法在意識層次看清楚他母親的暴虐性質，反而把媽媽的掌控行動詮釋爲「愛的」行爲。其中涉及的衝突在他的夢中看得很清楚，他深層的夢境透露，他實際上覺察到媽媽主導和暴虐的傾向。

③這是假定雙親排斥（以童年期最明顯）和目前的神經性焦慮傾向，兩者間具有因果關係的基礎。我在討論蘇利文、霍妮、佛洛姆的觀點時，已討論過這種因果假設背後的先驗推論，事實上幾乎所有弗洛依德以降的精神分析作者都持此觀點。上述的推論假設了個體性格結構的連續性。

④有趣的是，這個一九五〇年的洞見已經預見了貝特森（Gregory Bateson）在一九五〇年代中葉形成的雙重束縛（double-bind）說。我已經和貝特森討論過這件事。他將達爾文和華勒斯（Wallace）的處境做了比較——達爾文（貝特森）看到這個新觀念可以被廣泛地運用，但是華勒斯（我）卻沒有看出來。我當時確實沒有察覺這個概念普遍運用的可能性。當然，當時的一些發展中的概念還是處於「懸盪的狀態」，就像「集體無意識」的說法在當時仍不成熟一樣。結果這些概念大約同時出於幾位不同的思想家。我想「天才」大概就是知道自己捕獲珍貴大魚的人。

⑤請參見第七章中卡迪納的觀點。他認爲在衆多因素當中，西方父母管教小孩的不一致性，是造成西方人心理成長模式的神經性焦慮最重要的基本原因。

⑥如果孩子被徹底排斥——也就是在嬰兒期與雙親或雙親代理人，連具有敵意的連結經驗都沒有的話——便會導致精神錯亂的人格。這種人格類型的特色便是不會有神經性焦慮。讀者可能還記得，我們已排除露薏絲與貝西神經性焦慮的可能性。有關這個觀點的精彩討論請參見班德（Lauretta Bender）一九四五年六月四日發表在美國精神病理學會（American Psychopathological Association）討論會上的文章，〈孩童的焦慮〉（Anxiety in disturbed children）。該研討會的內容會後並出版成册（《焦慮》〔*Anxiety*〕，霍克等〔Paul Hoch and Joseph Zubin〕, New York, 1950）。

⑦這些研究結果收錄在一本未出版的論文，〈童年之愛的條件〉（Some conditions of love in childhood），史塔奇特爾（Anna Hartoch Schachtel），一九四三年三月。

⑧麥肯農（Donald W. MacKinnon），〈焦慮的主題分析〉（A topical analysis of anxiety），《個性與人格》（*Character & Personality*），1944, **12**: 3,163-76。

PART

III

焦慮的管理

The Management of Anxiety

冒險造成焦慮，不冒險卻失去自己。

11

處理焦慮的方法

Methods of Dealing Anxiety

唯有洞明自己屬於人類群我的個人，
才能豁免焦慮地安渡一生。

——阿德勒

363

焦慮是有作用的。它的作用最初在保護穴居人，使免於野獸與野蠻鄰人的侵擾。今日，焦慮的情境已大不相同——我們害怕在競爭中失敗、感到不被需要、孤立無援、浪跡天涯。但是，焦慮的作用仍在保護我們免於帶來相同威脅的危險：我們的實存，或我們所認同的實存價值。除非我們以冷漠或麻痺自己的感性與想像力爲代價，否則這種生命中的正常焦慮是無法避免的。

焦慮所以無所不在，正因為我們察覺到人類是隨時要直接面對非存有的存有。非存有是那摧毀存有之物，如死亡、嚴重疾病、人與人之間的敵意，以及會毀滅我們心理根底的劇變。不論如何，當一個人面對某種破壞其實存或他所認同之價值時，便會有焦慮的反應。

364

我在這章不是要列出所有與這種不安相處的各種方法。而是希望能闡明人們在面對焦慮時有用的基本原則。

焦慮無法避免，卻可以降低。**焦慮的管理問題是將它降低到正常的水準，並利用這種正常的焦慮做為增加我們覺察、警戒和生存熱情的刺激**。

另一種表達方式是，焦慮是個人人格或人際關係出了問題的警示信號。焦慮可以被視爲解決該問題的內在渴求。當然，問題可能千變萬化。它可能是我們與僱主之間的誤會，或是朋友與情侶之間的間隙，這通常靠著雙方的眞誠溝通便可解決。對此蘇利文創新地說：開放溝通可以出人意外地解決許多問題情境。布雷克（William Blake）下面的詩句談到憤怒，不過也可能是指焦慮：

我和我的敵人生氣，
我藏住憤怒，憤怒卻兀自增長。
我和我的朋友生氣，
我說出憤怒，憤怒卻停止了。

或者可能是我們的某些期望出了問題，它們在當前的發展階段事實上無法達成。孩子不安所帶來的焦慮，往往只有在他能力成熟後才能解決。此時，焦慮至少可以被當成冒險去經驗展現在年輕人面前的嶄新可能性。或者問題只能被坦然接受爲生命本然的一部分；倒如某位幽默家說過：「死亡——是我們都深受折磨的病態。」或者焦慮會因爲我們對人類生命限制的覺察而引發這些限制，包括：人類的智慧、活力、無可避免的孤獨以及其他受造物的屬性。在這些後面提到的案例中，焦慮的形式可能是強烈程度不同的懼怖。這些情境的強度當然各有不同：懼怖可能只是不安的暗流，或是想像另一場氫彈戰爭的爆發，或對自己逐步逼近的死亡的暇想。

在這些焦慮情境中，我們感到不對勁的地方可能只是人類宿命的部分面向，卻也是我們都必須坦然接受的人類處境。卡繆的論文〈薛西弗斯〉（Sisyphus）便是在詮釋人類命中註定不可避免的侷限。就這個意義而言，**與焦慮相處的建設性方法便是學習與之共處，或是借用齊克果的話來說，要以焦慮為「師」來接納它，以便學習面對人類的宿命**。巴斯卡對此做出最優美的詮釋：

> 人只是一枝蘆葦，大自然中最脆弱的蘆葦，但是他是一枝會思考的蘆葦。整個宇宙為了要滅絕他而武裝起來是沒有必要的：一股蒸氣、一滴水，就足以殺死他。但是如果宇宙真摧毀了他，人類還是比宰殺他的宇宙更崇高，因為他知道自己死了，**也知道宇宙相對於他的優勢；關於這一點，宇宙卻一無所知。**①

面對這些侷限可以啓發我們的藝術創作，就好像它啓發原始人從微弱的火花中撿起一段木炭，在所居住的洞穴牆上畫下迷人的野牛和麋鹿一樣。詩歌、戲劇、科學以及人類文明的其他表現，部分都是因爲我們認識到自身的限制而產生的。**這種賦予生命形式的渴望，就來自人類對死亡的焦慮。就是焦慮使得我們創造和賦予生命想像力的需求，變得敏銳異常。**

我們的日常行爲多半是爲了降低或減緩焦慮，許多人知道這一點時都非常吃驚。雜誌與電視廣告所呈現的都是群衆**想要**相信自己和生活的樣貌，它們一成不變地秀出信心十足、堆滿笑容的人，好像這個世界沒有一點愁苦，或者更精確地說，只要他們購買特定廣告商品，就可以無憂無慮了。我們甚至不用訴諸下列愚蠢案例，就可以說明人類減緩焦慮的日常生活行爲：我們會刻意走在人行道的另一邊，以避免碰到會打擊我們自尊的人。人們以各種細緻的方式談話、開玩笑和互相爭辯，這在在證明人類有建立安全感的需要；**方法便是確定自己能掌控情勢，避免可能會製造焦慮的情境**。梭羅認爲多數人生活在無聲的絕望處境下，但是它大體上被西方文化接受的減緩焦慮方式遮蓋了。

如此迴避焦慮的正是許多所謂「正常」行爲的目的，只有極端的強制形式才會被認爲是「神經性的」。「苦中作樂幽默」（gallows humor）在焦慮的時候特別會湧現；就像所有的幽默一樣，它使人們與威脅保持一段舒適的距離。人類雖然往往不願公開承認說，「我們的笑是爲了不要哭」；但這就是他們的感覺。軍隊和戰場上隨時開玩笑的現象，便是以幽默克服焦慮的實例。公衆演說家演講時會以笑話開場，因爲他很淸楚笑話可以釋放站在講台上與聽衆對峙所形成的緊張，這種張力若沒有釋放，反而會使得聽衆在焦慮的刺激下，抗拒他要溝通的訊息。

極端的處境

一項針對十二名「綠扁帽」（Green Beret）越戰機動部隊士兵的焦慮與壓力研究，栩栩如生地描繪出某些面對焦慮的方式。②這些士兵被派到柬埔寨邊界的一個獨立營區。

這些人過去都有戰鬥經驗，也受過爆破或無線電操作等特種訓練。他們對自己的職責都有極高的奉獻熱忱。該營地設在越共控制的範圍，目的在阻止敵軍南下到胡志明市，以及訓練當地的人員。

來自敵軍的優勢軍力威脅一直都存在，但是在一九六六年五月初的季節風期又相對增加。五月十日那天，營區透過無線電得知在十八日到二十二日之間，將有一波攻擊行動，極可能會在十九日晚上發動。儘管這次攻擊並未落實，實際壓力已使得大家的焦慮不斷攀升，直到十九日之後才逐漸減弱。

這些人對抗焦慮的方式極具教育性。首先，他們有極大的信心，「自信到幾乎無所不能的地步。」他們對自己刀槍不入的信心近乎一種不朽的感覺。其次，他們對自己的職責全心投入。「他們面對環境的威脅，會以瘋狂投入的行動迅速驅散漸增的緊張。」③第三，他們對領導人物的信心與信任，當然也很重要。而且宗教信念顯然也扮演了對抗焦慮的重要角色。讓我們直接引一段出自該研究報告的話：

> 團體中某位研究對象的宗教信仰非常虔誠，他會駕著吉普車在危險的叢林中開上好幾哩，好讓一位幾乎不懂英文的越南籍神父聆聽他的告解。這個人因為太常從事這種高危險行動，所以得以維持對神聖守護其靈的強烈信仰，也不覺得戰鬥有什麼可害怕的。④

有意思的是，小隊中的兩位軍官既無法運用這些對抗焦慮的機轉，也不如士兵那麼容易處理額外壓力。這兩位軍官要一直和四十哩外的基地保持聯繫，也更清楚可能會發生的事。通常他們比較年輕，會甘冒風險以贏得領導權。最重要的是，他們必須擔負部屬生命安全的責任。這種責任就像一位父親之於他的子女，範圍延伸至一切可能的威脅。

總的來說，該小隊用來對抗焦慮的機轉有自尊、職責、對領導人物的信仰，以及宗教信念。

針對帕布洛事件的比較研究，也得出類似結論。在這個韓戰事件中，一群美國砲艦船員被北韓俘擄並監禁起來。換言之，這些人對抗難以忍受之焦慮的方法有對領導人的信仰、對目標的信仰以及對自己宗教的信任。某位團體成員對我做這項研究的朋友說，他對隊長的信心就像對神的信仰一樣。

顯然在這種極端情境下，人類需要有對抗焦慮的機制。少了幻想，這些防衛機制仍然能夠存在嗎？例如還會相信自己刀槍不入嗎？希望一定得靠這類幻想來支撐嗎？我提出這些問題卻不期待會有答案。顯然個人無法不靠任何防衛機制，而活存在這種極端懼怖的情境下，也無法一輩子無焦慮地活著。

毀滅性方式

負面處理焦慮方式的範圍包括單純的行爲特徵，如極度害羞、神經官能症、身心相關疾病，以及極端的精神分裂。在極度嚴重的衝突情境如「巫毒死亡」（voodoo death）下，個人只能放棄生命才得以避免焦慮。這些負面處理焦慮的方法，是去紓緩或避免焦慮，但卻不去解決焦慮下衝突。換言之，就是躲避危險的情境而不解決它。

當活動成爲強制時——個人覺得被迫從事某個行爲，因爲它常能紓緩其焦慮，而非自己眞心想完成這個行爲——「正常」與「神經性」的界線於焉出現。酗酒和強制「性」行爲都是這類例子。動機不再是活動本身，而是活動的外在成效。易卜生在《皮爾金》（*Peer Gynt*）一劇中便示範了強制「性」行爲和酗酒。男主角皮爾金在前去婚宴的路上，因故自尊受到摧殘，所以躲入樹叢中獨白：

人們老是在你背後竊竊私語，
交頭接耳地燒透你的全身。
如果我喝了一小杯烈酒。
或能不被注意。（如果沒有人認得我。）

來一杯最好不過。嘲笑便不再能傷人。⑤

稍後，皮爾金對他碰到的三個女孩自吹自擂：

皮爾金（突然跳到她們中間）：我是個三頭精靈，來一段一男三女的4P吧！

女孩們：一對三？你行嗎，乳臭未乾的小子？

皮爾金：試試看就知道！⑥

強制性行爲可從個人被制止從事特定活動，便會有嚴重焦慮看出。在西方社會中，「性」活動經常被用來當作逃避死亡焦慮的方式。但是當個人像海明威一樣，變成性無能時，會發生什麼事呢？

各種瘋狂活動都可以釋放焦慮在有機體身上動員起來的緊張狀態。強制性工作可能是美國人紓緩焦慮最普遍的方式，它或許可被稱作「正常的神經官能症」。它通常綜合了所有對焦慮的必須反應——工作**是**釋放焦慮所造成緊張狀態的最便捷方式之一。但是工作也很容易便成爲強制性的。就像哈洛．布朗在焦慮時，講話速度也變得超快一樣，它只是一種虛假的生產力。

大家或許多少知道，瘋狂活動通常既非個人的最佳表現，也不具有眞正的創意。它也無法解決造成緊張狀態的問題。重要的問題在於，所追求的活動是否**釋放了緊張狀態但卻無法解決潛在的衝突**。如果是這樣，衝突依然存在，行動也必定會重複出現。這可能就是強制性神經官能症的開端。但是這麼說肯定會過度簡化；我在此要說明的只是，紓緩焦慮的建設性與毀滅性方法之間，存在著重大的差異。

思想的僵固是另一種邊緣人格的特徵。在宗教或科學的教條主義中，我們可以觀察到僵固是一種疼愛自己使免於威脅的方式。齊克果以某位教授的故事爲例，該教授只能完美地以特定的方式來證明一條定理，但卻無法以另一種方式進行。僵固的思想能帶來短暫的安全感，代價卻是失去了發掘嶄新眞理的可能性、排除新的學習以及適應新情境的特異技能。特別在當前這個變遷的時代，當演化擦身而過時，僵固的人就只能孤立無援地被留在荒島上。齊克果又說，**對命運或宿命的信仰，就像迷信一樣，是不願意為衝突負全責的一種方法**。個人或可因此繞過焦慮，但是卻以創造力的喪失爲代價。當個人需要保護的價值特別容易受到威脅（經常是因爲這些人的內在矛盾），而且個人對新情境也比較沒有能力適應時，僵固的思想和行爲便會以強制性神經官能症的形式出現。

在本書的個案研究中，我們已看到許多避免焦慮情境的方式。其中包括對困境務實地調適，例如貝西逃到公園躲避媽媽的虐待便是；此外，愛琳的過度害羞，以及海倫否認焦慮的複雜機制——「不，我沒有任何疚責感——我甘受這種詛咒的折磨以解決它

〈生小孩〉」——也都是。當迴避焦慮的方法變得更複雜時，就會產生壓抑和形成症狀。我無意將這些行爲模式分門別類，只想摘述某些它們的共同特色。

我們在前面已看到，個人在面對焦慮情境時，這些行爲模式便會被召喚出來。以海倫爲例，我們注意到她在某個「羅氏墨漬測驗」反應的焦慮越高，她個人獨特的防衛機制如強迫性笑聲、否認和智識化現象也越頻繁。同理，在愛格妮絲身上，她因爲男性朋友的忽視而越加焦慮，就越會顯現她獨特的防衛行爲——侵略性和敵意。我們更看到在焦慮被撫平時，防衛行爲也淡化了。這些現象背後的道理很明顯；當個人面對焦慮的情境時，對抗它的防衛機制就被啓動了。因此，**焦慮的出現以及避免焦慮情境之行為模式的出現，兩者間有直接的關係**。

但是，一旦行爲模式被結構化，成爲一種心理症狀的形式，產生焦慮的衝突在到達意識覺醒層次之前，便被壓制下來。從這層意義看來，症狀可以說是一種以自動心理過程，來化解衝突的結構化內在防衛機制。以布朗的情境爲例，只要他能感受到對癌症的恐懼，並全神貫注在頭暈這個身心症狀上，他也就不能也不會承認任何衝突意識或神經性焦慮。但是當衝突或焦慮意識浮現出來，症狀也就消失了。因此（和前面的陳述並不衝突），**有意識的焦慮和症狀的出現，兩者間是一種反比的關係**。

雖然我不清楚布朗是否同意，但是我們都認爲，當他的衝突提升到意識的層次時，他便處於「較健康」的狀態。我將「較健康」一詞放在引號內，因爲比起症狀的發作，這種狀態對布朗肯定是更痛苦和不舒服的。但是此時焦慮的情境卻能夠解除，在這之前他反而困於嚴苛的症狀之中。我們可將其中隱含的意義普遍化如下：**有意識的焦慮雖然比較痛苦，但是它可用來整合自我**。當布朗勇敢面對自己的焦慮時，他便不再恐懼癌症；但是他也無法逃避自己對母親神經性依賴所帶來的兩難處境。這個觀點足以讓精神分析師和心理治療師當成格言來學習，那就是，恐慌症患者如果想克服自己的恐慌，他遲早必須做到自己所恐慌的事。用擬人化的方式來表示就是，克服焦慮必須以「不入虎穴，焉得虎子」的精神，直搗巢穴才行。我們希望案主在治療師的協助下，能夠漸漸克服多數的神經性焦慮，好在公開面對眞實的情境時，不致衝擊過大。

我們由此可以推論，神經性焦慮中的防衛機制和症狀的目的，是爲了避免啓動內在的衝突。只要這些機制能夠奏效，個人便不用面對自己的衝突。如果南西能夠讓身邊的人善待她，她這種完全依賴於別人，同時又認爲這些人不可靠的衝突，便永遠不會出現。如果海倫能夠成功否認或智識化自己的疚責感，那麼她的衝突便可以避免。同樣的目的，在症狀比較複雜的哈洛・布朗身上也可以辨識出來：如果他眞的**罹患**癌症或腦神經受損（或眞的相信自己確實如此），他就可以住進醫院，將自己交給當局照顧而不會有疚責感。他也不需要去嘗試自認無法勝任的工作，並且藉此報復媽媽，因爲媽媽會被迫在他生病期間提供財務支援。於是，他衝突中的三項主要質素——他的**被動性**、他向**權威臣服**的需要以及**免於疚責**的需求——便可以一次解決。

只要神經性焦慮的衝突是主觀的，撫平它的機制**不免便會涉及某種壓抑的形式或與某種真實或態度的解離**。與貝西跑到公園避免焦慮情境的作法相較，神經性焦慮者努力要擺脫的質素則來自他的內在。要擺脫焦慮便要與這些質素分裂才能達成，如此便會造成內在的矛盾。海倫一方面試圖公開否認疚責感的存在，但同時又相當徹底地將這些情感以理性來處理。她這兩種減緩疚責感的方法是互相矛盾的：如果她眞的相信自己沒有疚責感，她便不需要將它理性化。這就好像將軍一方面宣稱沒有戰爭，一方面又徵召軍隊去衝鋒陷陣一樣。具體而言，海倫這類人所採用的模式是，以公開否認來壓抑自己的情感。在更深刻的層次上，她也覺察到壓抑中的謊言，於是又啓動了理性化這個機制。爲減輕主觀衝突而必須採取的解離作法，會啓動內在的矛盾，這解釋了爲何紓緩神經性焦慮的行爲模式所帶來的安全感，會不斷地陷入危機。這些行爲模式在迴避衝突方面，根本不能持久有效。

我們在以上案例的討論中提到一種使個人免於焦慮情境的模式，就我所知還不曾出現在任何焦慮相關的文獻中。這個模式就是**把焦慮本身當成防衛**，這個機制在南西身上看得最清楚。這位年輕未婚媽媽除了一直保持謹慎與警覺——換言之，不但行爲極度焦慮，也讓別人看到她是多麼焦慮——之外，並沒有其他有效的防衛方式。她極力讓別人能一直善待她（這樣她便可以避免衝突），方法是讓別人看到她非常需要他們，如果他們不善待她的話，她就會受到很大的傷害。總而言之，這種方法就是在呼喊說：

「我已經這麼焦慮了，不要讓我更焦慮。」焦慮和表現得焦慮的實例都是爲了避免衝突，而經常採取柔弱的姿態，她彷彿相信如果別人看到她的焦慮，就不會攻擊她、拋棄她或對她有太多期待。我將這種防衛功能的焦慮，稱爲**假性焦慮**（pseudo-anxiety）。阿德勒也看出這種運用焦慮的方式，但是不稱爲防衛或假性焦慮，他把所有的焦慮都歸類在這個項目下。不過這種焦慮的防衛性用法，除非個人經歷了眞的深層焦慮，否則不會進一步發展。

心理治療區分防衛性焦慮與眞正焦慮的不同，特別具有意義。因爲具防衛功能的假性焦慮是焦慮共通原則的例外；所謂的焦慮共通原則就是，病患必須先放棄對抗焦慮的防衛，焦慮才有可能釋放。當這樣的焦慮在心理治療中得到讚賞，或僅以表面價值對待時，潛藏的衝突就無法澄清，因爲焦慮（和其他任何防衛機制一樣）只是在遮掩衝突罷了。瑞奇認爲，儘管心理治療案主的焦慮爆發，治療師還是要攻擊他的防衛機制，他的討論在這裡特別重要。⑦

建設性方式

我們在前面說過，焦慮可以建設性地來看待，方法是把它視爲一種有待釐清的挑戰和刺激，並儘可能地解決潛在的問題。焦慮指出個人內在價值系統存在的矛盾。只要有衝突，正向解決的方案都是有可能的。

就這個角度而言，焦慮可說具有發燒的預警價值：它是人格不斷在掙扎的信號，也是即將發生嚴重崩解的指標。我們在夏洛特的身上看到，個人即將精神分裂時，焦慮也消失了。焦慮的存在顯示當事人尚未精神分裂。

至於解決導致焦慮問題的方法，衆多心理治療學派共同支持的有兩種過程。這兩個過程與本書對焦慮的研究有邏輯關係。一種是**覺察的擴張**：個人了解受威脅的是什麼價值，並逐漸覺察自己目標之間的衝突，以及這些衝突是如何發展起來的。第二種是**重新教育**：當事人重新安排自己的目標，做出價值的選擇，然後負責任且務實地逐步達成這些目標。這些過程顯然不可能完美達成——就算達成了也不見得好；它們指出的只是心理治療過程要達到的一般性目標。

運用神經性焦慮做爲解決問題的挑戰，是大家一致的看法，但是，現代的我們經常忽略了**正常**焦慮的可能性，它也可以被建設性地運用。**西方文化很容易將恐懼和焦慮當作負面事物，並認為是不當學習的結果，這樣的看法已不只是過度簡化而已。由於它的暗示作用，使得建設性地接受和運用這些非神經性的日常焦慮經驗的可能性，輕易地被我們排除掉**。凱根（Jerome Kagan，譯註：哈佛大學心理系教授，兒童行爲心理專家）附和了這個觀點，並攻擊下列的謬誤：「焦慮的徵兆總是不好的，也是精神病理學的指標。」⑧「精神健康就是過著無焦慮的生活」，這段話自有崇高的理想意義；但是當它被過度簡化，成爲日常俗諺中所謂**生命的目標便是完全沒有焦慮，這不但是自我欺騙，甚至是很危險的**。

當我們處理蘊藏在死亡與個體發展帶來的孤立威脅等人類有限性中的焦慮時，我們不可能期望焦慮完全消失。戰時不會對士兵感到焦慮的軍官，一定是不負責任的，由他領導作戰也很危險。生活在當前的歷史時刻而不感焦慮，不僅是對西方文化處境的觀察不切實際和不夠敏銳，對自己的公民職責更是一種不負責任的態度。**從西班牙和德國法西斯主義式極權主義的興起，便可證明那些對社會危害毫無覺察的公民，就會毀滅在新興暴政之手**。⑨

可以確定的是，神經性焦慮**是**不當學習的成果，因爲個人完全消失在童年早期，還沒有能力直接或建設性地面對威脅處境時，便被迫去處理這種經驗。從這個觀點看來，**神經性焦慮是因為我們處理早期焦慮經驗失敗所致**。但是正常焦慮卻不是來自不當的學習過程。它反而來自我們對危險情境的務實評估。**一個人能夠在日常生活的焦慮出現時，建設性地面對它，他便能夠避免導致日後神經性焦慮的壓抑與退縮**。

因此我們的問題在於，**正常的焦慮應如何建設性地運用**。雖然這個問題並沒有在科學領域得到廣泛的處理，但是齊克果在一個世紀以前便直接探討過這個問題。**齊克果認為焦慮是比現實更好的良師，因為現實情境或可暫時躲過，但焦慮卻是除非壓縮人格否則便無法脫逃的內在功能**。齊克果寫道，只有在「焦慮學府」受過教育的學生，也就是面對並通過先前焦慮經驗的人，才能夠面對當下與未來的焦慮經驗，而不致被吞沒。因此，曾在生活中體驗過焦慮的士兵，或甚至「神經質」的士兵，顯然比戰前沒有焦慮經驗的士兵，更能面對戰鬥時的焦慮體驗。⑩

葛斯汀等人便探討過焦慮的建設性用途在當代的問題。我們還記得在第三章中，葛斯汀曾強調每個人在正常成長過程中，都會頻繁地面對焦慮震撼，也只有正面回應這些存在的威脅，個人的能力才得以實現。葛斯汀以最簡單的例子說明：健康的孩子雖然在成長的過程中會跌跤、受傷，但他還是學會了走路。

當我們從**客觀**面來審視正常焦慮的建設性用途時，我們注意到它的特色在於，個人能坦然面對產生焦慮的情境，承認自己的不安，**在焦慮的情況下繼續前行**。換言之，就是要**通過**焦慮的經驗前進，而不是**繞過**這些情境或臨陣**退縮**。有趣的是，這種態度相當於皮爾金學到的終極教訓。易卜生把那些精靈描述成走路**繞圈圈**的生物。皮爾金個性的改變出現在故事結尾，當他聽到精靈唱著「回去！繞過去！」時，他大叫：「嘔！不要！這次我要直接穿過去。」⑪我們再以二次世界大戰的士兵爲例，他們最具建設性的態度就是能夠坦承自己對戰爭的恐懼或焦慮，但是卻在不安的情況下主動備戰。

我們也已指出另一項副題，**並不是沒有恐懼和焦慮就是勇敢，而是即使害怕卻依然前行的能力**。這種在日常生活和危機中，建設性地面對正常焦慮的態度，需要的是道德勇氣而非暴虎憑河的血氣之勇（例如心理治療中出現的自我發展危機，其中往往伴隨深度的焦慮），這使人興起一股冒險之感。然而在其他更嚴重的焦慮情況下，即使衝撞也不會有愉快的結果，只是純然不幸地被決定罷了。

我們若從**主觀**的角度審視這個過程時——也就是當我們問說，使某人直接面對危險，而另一個人在同樣處境下卻拔腿就跑的內在過程爲何時——我們將發現某些極爲重要的資料。我們再度以士兵的研究來說明，我們先前指出過，讓士兵願意面對危險的主觀動機，是因爲他們深信臨陣退縮的威脅，遠大於迎向戰鬥的威脅。用積極的話說就是，面對危險比臨陣退縮更有價值。對許多士兵而言，他們的共同價值可能就是同僚的期望——他不能讓自己所屬的營隊失望。用簡單的話說，就是不想在自己的夥伴面前顯得「膽小如鼠」。對較成熟的士兵而言，這句話可以被詮釋爲社群的責任。有句略顯陳腔濫調的話說，個人會願意面對並克服危險，不只是爲了對抗威脅而已，更重要的是要有「理由」，這其實是頗具深意的。這句俗話的唯一問題在於，只有成熟的士兵才能將戰鬥的價值變成更深刻的「理由」，如愛國主義、自由或人類福祉等。

我希望上面這段說明可做爲下面這段一般性陳述的基礎：**當個人被說服（有意識或無意識）接受迎戰遠比躲避更具價值時，他在主觀上便已準備好要建設性地面對不可避免的焦慮**。我們早先也曾指出，當個人所認同的存在價值受到威脅時，焦慮便油然而生。我們不妨這樣看，威脅以及個人存在所認同的價值對立衝突時，其結果就是焦慮。於是我們便能了解，當神經官能症和情緒性的病態出現時，就表示前者（威脅）贏了這場角力，如果是建設性地對待焦慮則代表是後者（個人的價值）勝出了。

對許多讀者而言，「價值」這個字可能只是個含糊的概念。它在此刻意當成中性名詞，並且提供最大的心理彈性，使每個人都有權利擁有自己的目標。因此，面對焦慮經驗的價值基礎顯然會因人而異——就像上述的士兵案例一樣。多數人所以會被激勵乃是基於自己從未明言的基本價值——如保護生命的需要，或追求「健康」的基本傾向；蘇利文指出說，後者是我們在心理治療過程中所假定的（有其實用層次的正當性）。

在其他層次上，社會名望當然是使個人能夠面對危險非常重要的價值。另外，我們也會透過一己權力的擴張和廣泛運用，來達到滿足（蘇利文、葛斯汀等人強調的重點）這在小孩學走路以及透過危機而成長的其他層面，應該都有在運作。許多藝術家與科學家在創造新的藝術形式或激進的新假說時，體驗到許多存在的震撼，此時更高度分化的價值形式會產生。對於身心健康的藝術家和科學家而言，發現新眞理以及深入未知場域的冒險，都值得讓他們不顧孤立與焦慮的威脅繼續前進。長期而言，如何面對正常的焦慮，有賴於個人對自己和自己存在價值的認定。

我們面對正常焦慮的價值系統可被稱爲——佛洛姆就是這麼稱呼它——我們「方向與奉獻的架構」。⑫保羅・田立克從神學的觀點出發，以「終極關懷」來表達這種價值的活動。廣泛地說，這些價值反應出一個人對生命的宗教態度，「虔誠」（religious）一詞則是評斷事物價值的基本前提。這種價值的承擔清楚展現在弗洛依德對一般科學的熱情奉獻上，特別是在心理學眞相的發掘方面。衆所周知，雖然弗洛依德曾嚴厲攻擊正統派宗教的形式化，但是他對價值——也就是他的「科學宗教」——的熱情肯定是毫無疑問的，它讓他以超凡的勇氣忍受前十年的獨自孤寂探索，且能不顧毀謗和攻擊地持續數十年的研究。⑬

我們的觀點同樣可以從齊克果對「無限可能性」（infinite possibility）的獻身得到證明；齊克果獻身的信念是，除非個人以內在正直和個人勇氣，追尋日常新體驗中的智識與道德洞見，否則便喪失了擴延的可能性，以及人的存在意義。因此，齊克果與弗洛依德類似，能不顧社會的誤解、衝突，以及極度的孤立與焦慮，產出驚人的創作。

我們現在可以更了解前面史賓諾莎所說的話；**負面的情感如恐懼和焦慮最終只有藉著強有力的建設性情感才能克服**。他相信終極的建設性情感存在於個人「對神的知性之愛」。在我們現在的討論脈絡下，史賓諾莎的「神」可以被理解爲個人認定值得終極關懷的象徵符號。

我們在前面已經指出，人們據以面對焦慮經驗的價值基礎，從純粹物理生命的保有，到古典的享樂主義、禁慾主義和人性價值，以及傳統宗教所提供的「方向與奉獻的架構」都有。我既沒有暗示這些價值的假設具有同等的效用，也不願評斷它們。本書的意旨在於，正常的焦慮經驗需要建設性地面對，因爲迎戰比退縮的挑戰更多，有待達成的目標也更多。我希望本書的討論限定在心理學的層次，使得這些價值在個人與文化上的巨大差異得以保存。其中隱含的唯一心理條件在於：有哪些價值的形成，最能建設性地提供個人面對焦慮的基礎？換言之，哪一項價值最能釋出個人的能力，並讓個人的權力以及他的人際關係更能大幅提升？

註釋

①巴斯卡（Blaise Pascal），《沉思錄》（*Pensées*）。

②羅森等（Bourne, Rosen, Mason），Urinary 17-OHC Levels，取材自《一般心理醫療學文獻》（*Archives of General Psychiatry*），一九六七年八月，**17**, pp.104-10。

③同上，p.138。

④同上，p.137。

⑤易卜生（Henrik Ibsen），《皮爾金》（*Peer Gynt*, Garden City, N.Y., 1963），梅爾（Michael Meyer）譯，p.16。

⑥同上，p.34。

⑦請參看瑞奇的《性格分析》（*Character analysis: principles and technique for psychoanalysis in practice and training*, New York, 1945），吳爾夫（T. P. Wolfe）譯。

⑧凱根（Jerome Kagan），〈兒童社會心理發展〉（Psychosoical development of the child），收錄在福克納（Frank Falkner），《人類發展》（*Human development*, Philadelphia, 1966）。

⑨耶魯大學的堅尼斯（Irving Janis）研究即將進行手術的病患，發現那些「無焦慮」者和那些過度焦慮者，都不能正常吃喝。能夠正常吃喝的病患是有點焦慮，卻能夠適切表現出堅尼斯所謂的「擔憂效應」（work of worrying）者。（請參見《心理壓力》〔*Psychological stress*〕，New York, 1974）

⑩史匹格爾等（R. R. Grinker & S. P. Spiegel），《壓力人》（*Men under stress*, Philadelphia, 1945）。

⑪易卜生，《皮爾金》，梅爾譯，p.126。

⑫佛洛姆（Erich Fromm），《探索倫理心理學》（*Man for himself, an inquiry into the psychology of ethics*, New York, 1947）。

⑬弗洛依德對宗教形式化的批判態度，以及他投身於科學以成就人類幸福的熱情，可以在兩本他的著作中看到：《虛幻的未來》（*The future of an illusion*, London and New York, 1961），和《文明及其不滿》（*Civilization and its discontents*, London and New York, 1961）。

12

焦慮與自我發展

Anxiety and the Development of the Self

……我們蠢極了
拒絕時間的功課
並且，漠視生命，
哭喊著說——「我是邪惡的可憐蟲，
身世滄桑坎坷。」
我們寧願被毀，也不願改變，
寧願死於自己的懼怖之中
也不願爬上當下的十字架
讓自己的幻影死去。

——奧登，《焦慮的年代》

當個人有意框限或覺得被迫要框限自己的人格，又或者當他有意在自己四周築起一道牆以免於焦慮時，究竟是怎麼回事？例如，我有一位案主便患有曠野恐懼症，她無法走出屋外、購物開車或是去參加演員丈夫的首映會。她必須由私人司機載到我辦公室進行心理治療。她名副其實地圈限了自己的世界、活動場域以及刺激發展的場所。神經官能症可說是可能性的**否定；是生活世界的減縮**。自我的發展因此急遽被削減。用田立克的話來說，這個人爲保留少量的**存有**，而被迫（或選擇）接受較廣的**非存有**。

焦慮和人格貧乏

有關菲麗絲的研究證明，人格的貧乏會阻斷任何導致焦慮的衝突。菲麗絲完全臣服於周遭環境的要求（特別是媽媽），接受伴隨而來的人格貧乏，並且全然不會焦慮。我們在討論（第八章）中特別提到，菲麗絲很高興產科醫生沒有讓她知道自己的狀況，她對自己的「**不知道**」也頗得意，而且她還利用自己不理性的「科學信仰」做爲減緩焦慮的符咒，就像古代迷信者會運用「祈禱輪」一樣。她的處境說明了牢不可破的人格窄化所產生的效應。她接受了拘限，並徹底僵化自己的行動（與桃樂絲和布朗不同），使得她擴延與發展的能力均告萎縮。逃避衝突與焦慮的代價便是，放棄自己的自主性，讓自己的思考與感知能力變得貧乏，並使自己與他人連結的能力大幅耗弱。

有趣的是，同樣情況在法蘭西絲身上並不成功，她也試圖框限自己的人格、壓抑情感與原創性，以避開焦慮的情境。但是她的原創性卻會突破這個框限的過程。當她成功地壓抑自己的原創性時，便不會有焦慮。但是當這個框限的過程失敗時——例如當原創性浮現時——焦慮也就跟著浮現。

嚴重焦慮會造成人格的貧乏。我們前面說過，哈洛・布朗在嚴重焦慮狀態下所做的第一個「羅氏墨漬測驗」，生產力極低。既無原創性，也不太運用情感與思考的能力，淨是含混的回應，也缺乏與具體眞實連結的能力。這些特質可說是焦慮對他的直接效應。通常這種人與自己或周遭環境的關係圖條，可說是「模糊不淸」。他疾風式說話的行爲症狀，就像「快速轉動的」汽車引擎：噪音與活動很多，卻沒有移動或生產力。他在不焦慮下所做的第二次「羅氏墨漬測驗」，生產力便大增，原創性稍有恢復，思考與情感的運用能力明顯增加，處理具體眞實的能力也增加很多。先前的曖昧以及與眞實含混的關係也消失了。

另一個案例是桃樂絲，她的焦慮性恐慌使得她在第一次「羅氏墨漬測驗」中，事實上癱瘓了她的生產力，也使得她幾乎完全無法與「核桃屋」的其他人互動。

這些事件證明了焦慮多少會癱瘓人在不同活動層面的生產活動——不論是思考與情感的能力如此，規劃與行動的能力也一樣。這種焦慮造成的貧乏效應是「焦慮會使人不能工作」這個格言背後所隱含的道理。個人與自己、他人以及其他現實層面的關係

「含混」，驗證了我的觀點；換言之，焦慮破壞了務實評估刺激和區分主客的能力。用葛斯汀的話來說，這相當於一種「自我消解」的經驗，與自我實現完全對立。當然，就像我們在前一章所看到的，如果我們能夠努力工作生產，事情也會朝相反的方向發展：工作有助於消除焦慮。

要避免扭曲眞相與貧乏人格的難忍衝突，另有其他方法。那就是精神病。我們曾說明，夏洛特的輕微精神病，當下似乎沒有問題。如果訪談中出現觸及可能衝突的主題時，夏洛特便會採取一種強顏歡笑的態度，或退縮靜默不語。在她身上，精神病的發展遮蔽了可能的衝突。**各種形式的精神病都是主體衝突，大到難以承受，而又無法解決以其他方式解決所造成的結果**，因此，精神病代表的是衝突與焦慮的極端出路。在夏洛特這類案例身上，解決衝突的代價便是眞實與關係的扭曲，在她對自己未婚懷孕的態度，以及「羅氏墨漬測驗」的扭曲反應中都可以看出。我們說過，**焦慮的出現是個人尚未嚴重惡化的指標**。就當前討論而言，**焦慮的出現反而表示個人尚未屈服於衝突**。夏洛特已經輸了這場戰役。她要擁有健康的狀態，便要重拾焦慮。

因此，**人格的壓縮與貧乏便可避免主體的衝突以及伴隨而來的焦慮**。但是個人也在這個過程中被迫放棄了自由、原創性、獨立關愛的能力，以及自主人格發展與擴張的其他可能性。可以確定的是，因爲人格的貧乏，我們得以暫時免於焦慮。但是這種「籌碼交換」的代價所失去的，便是人類自我最獨特和寶貴特質。

創造力，智力與焦慮

另一個面向的問題在於：**越有創造力的人，越會面臨焦慮的情境嗎**？我們已經看到貧乏的人格比較不會有神經性焦慮。反之亦然嗎？齊克果有一項論題說，既然焦慮是因爲我們面對成長過程的可能性，以及與他人的溝通性，因此越有創造力的人，越會面對可能性的情境；所以也就比較常置身在焦慮處境中。葛斯汀也認爲有創造力的人比較會涉險，使自己暴露在許多震撼的處境，因此也比較會面對焦慮。陶倫斯（Paul Torrance）說有創造力的孩子，會不斷設法尋求焦慮的情境，以促進他們自己的自我實現。①

以下我將引述我們研究的年輕未婚媽媽，以她們的焦慮量對照她們的智力潛能、原創性和分化程度，來處理這個問題。我很清楚這個方法還有很大的進步空間；評等也必然是粗略的評斷。況且，智力潛能、原創性和分化程度這些因素，可否做爲齊克果所謂「創造性」的特徵，是可存疑的。他使用的是德文**雛型**（*Geist*）這個字，意指人類不同於動物的能力就在於他能構思與實現他的可能性。葛斯汀在腦損的研究中，把它稱爲因「可能性」而超越當下具體處境的能力。我們的研究方法或有缺失，但我相信至少具有建議性指標的作用。

乍看之下，焦慮和智力潛能這兩項的比較都顯示，焦慮量爲「高」或「稍高」的年

焦慮量	
高	南西 愛格妮絲
稍高	海倫 海絲特 法蘭西絲 愛琳 愛達
稍低	桃樂絲 貝西
低	露薏絲 菲麗絲 莎拉

智力潛能②	
高	海倫（130） 南西（125）
稍高	愛格妮絲（120） 法蘭西絲（120） 海絲特（120） 愛琳（120）
稍低	貝西（115） 桃樂絲（110） 菲麗絲（115） 莎拉（110）
低	愛達（100） 露薏絲（100）

輕未婚媽媽，智力潛能也都屬於「高」或「稍高」（愛達除外）。相反地，焦慮量爲「低」或「稍低」的年輕女性，智力潛能也同樣屬於較低的範圍（愛達還是唯一的例外）。因此，從兩者的比較可以看出，擁有較高智力潛能的女孩，焦慮也較高。

我並不是說她們必定會有較嚴重的**顯明**焦慮；智力較高者本來就比較能有效地管理、控制自己的焦慮。雖然有些讀者寧可用「潛在的焦慮」這個詞，但是加入「潛在的」這個形容詞並不會改變上述觀點。潛在的焦慮還是焦慮。③

若比較原始反應次數與焦慮程度（見下表），我們注意到所有年輕女性中，除了有一位的原始反應次數屬於「高」的範圍，焦慮程度卻屬於「稍高」外，其他的原始反應次數與焦慮程度，都是屬於「高」或「稍高」的對應範圍。唯一的例外便是研究中的另一位黑人女性莎拉。

在分化程度與焦慮程度的比較上，除了一個年輕女性外，其餘分化程度爲「高」或「稍高」者，其焦慮程度也屬於這兩個範圍。這裡的例外仍舊是莎拉。④依據我們現在採用的研究方法，**結果似乎比較偏向下列假說：亦即智力、原創性和分化程度較高的人格，也比較會有焦慮**。正如利戴爾所說的，「**焦慮與知識活動如影隨行。**」⑤我的說法則是，**焦慮的出現是與知識成正比的**。⑥

以下就是按照原創性（「羅氏墨漬測驗」的反應次數）和分化程度所做的評等。

總的來說，在我們的研究案例中，人格的貧乏與缺少焦慮有關。焦慮會使得人格貧

「羅氏墨跡測驗」的原始反應次數

高	海倫	15
	莎拉	15
稍高	南西	8
	法蘭西絲	7
	愛格妮絲	7
	愛琳	6
稍低	海絲特	4
	露薏絲	4
	菲麗絲	3
	貝西	2
低	愛達	0
	桃樂絲	0

「羅氏墨跡測驗」所估計的分化程度

高	海倫
稍高	愛琳
	法蘭西絲
	南西
	莎拉
	愛格妮絲
	海絲特
稍低	貝西
低	露薏絲
	菲麗絲
	桃樂絲
	愛達

乏和壓縮，一旦人格貧乏確定並結構化了——亦即人們變得貧乏了——便可以避免主體的衝突與神經性焦慮。齊克果、葛斯汀等人的論旨，已被多項研究所肯定，也就是人格的創造性和生產力越強，面對焦慮的處境就越多。那些書讀得特別好和特別有天賦的學生，焦慮也越大，也就越會以焦慮來回應各種壓力。那些競爭力較差的學生則會以自責或責備他人來面對自己的表現不佳，以釋放自己的焦慮。⑦再者，焦慮可以抑制也可以催化表現，關鍵在於焦慮的強度以及個人的創造潛能。擁有較高創造力的人比起創造力較差的人，更能夠在壓力下完成認知性的任務。⑧許多心理學者相信，焦慮在一定程度內可以促進個人的表現，但是當焦慮不斷增加以致淹沒個人時，表現能力亦告衰退。我們同意丹尼（J. P. Denny）的說法：或許就是任務的艱難才造成能力較差者的焦慮。⑨其他本來就比較聰明和具創造性的人，則會以焦慮激發自己去達成高品質的表現。

同理，我們也從備受爭議的老鼠實驗中學習到教訓。《科學》（*Science*）月刊的一篇報告指出，劍橋大學的研究者發現包括痛苦與焦慮在內的任何尋常亢奮，都能夠刺激學習。⑩研究中也發現，住在擁擠圍欄中的老鼠，原本預期會有較大的壓力卻比住在較大空間的老鼠，更不容易感染疾病（肺結核）。**換言之，當有機體受到激勵即使是痛苦和不方便引起的，也會運作得比較好**。這個研究的剩餘價值可以陳述如下：適量的焦慮對有機體具有建設性的影響。換言之，生命的目標不是只求滿足。我認為**生命活力、價值信念、敏感包容**都是更恰當的目標。這可能就是為什麼那些無法「免於焦慮」

並眞實經驗焦慮的跳傘員⑪和士兵，都比他們在「非焦慮狀態」下在從事任務時表現得更好的原因。

我接下來要呈現的想法，或許可以總結出一些比較不那麼嚴謹的焦慮理論目標。我們在本章前段已指出，神經性焦慮是因爲期望與現實的落差或矛盾而產生，而這個矛盾的源頭是個人與雙親的童年關係和態度。我們現在要強調的是，期望與現實的落差有神經性的形式，也有正常和健康的形式。

這種落差事實上就是**所有創造性活動中一種條件的呈現**。藝術家在自己的想像中孕育具有重要意義形貌的風景形貌。這個風景一部分來自他看待自然景觀的方式，一部分來自他的想像。他的畫作便是他將自己期望——他的藝術構想——與展現在他面前的風景實況加以結合的成果。於是，此一人爲的畫作就比被入畫的無生命大自然，更豐富和扣人心弦。同理，每一項科學探索也都是科學家將自己的期望——他的假說——帶入眞實，而當這個過程成功時，他就揭露了某種新的認識眞實的方式。在倫理的領域中，個人將自己的期望——更令人滿意的關係——引進自己當前的人際關係中，於是人際關係也因此有所轉化。

這種對期望與眞實落差的體驗，以及將期望變成眞實的能力，是所有創造活動的特徵。我們已經在人類身上看到這種因應的「可能性」，以及「規劃」的能力。⑫在這個脈絡中，人類可說是具有想像力的哺乳動物。

不論我們如何界定這種能力，它**既是**焦慮也是創造力的條件。兩者密不可分；如同利戴爾所說的，**焦慮是知識的陰影，也是產生創意的環境**。我們的討論到此圓滿完成。我們看出人類的創造能力和對焦慮敏感的特性，乃是一體的兩面，覺察出期望與眞實的落差乃是人類所獨具的能力。

但是這種能力究竟是以神經性或健康的形式被顯現出來，差異極大。神經性焦慮下的期望與眞實的落差，是一種**矛盾**的形式。期望與眞實無法兜在一塊兒，而因爲沒有人能夠長期忍受這種落差的緊張，於是個人對眞實進行神經性的扭曲。雖然這種扭曲是爲了讓個人免於神經性焦慮，但是長此以往只會讓期望與眞實間的矛盾更加僵固，因此會進入更嚴重的神經性焦慮。

然而，具有生產力的活動，它的期望與眞實並不矛盾，反而被當成**轉化眞實的創造性**手段來運用。這種落差會因爲期望與眞實逐漸達到和諧，而得以紓解。我們在書中許多地方曾試圖指出，這是一種克服神經性焦慮的好辦法。人類解決期望與眞實之間衝突的力量——我們的**創造力**——它同時也就是超越神經性焦慮，以及與正常焦慮共處的力量。

自我的實現

研究焦慮的學者在使用「自我」（self）一詞時有兩層意義。就其較廣泛的意義而言，「自我」指的是個人的整體能力，這是葛斯汀的用法。在比較狹義的用法上，「自我」指的是人類有機體對自己的活動能夠有所覺察，並透過這種覺察練習獲取指導這些活動的個人自由。這是齊克果、蘇利文與佛洛姆的用法。自我發展中所涉及的焦慮就是這兩層意義。

自我實現——個人能力的表達和創造性運用——只有在個人面對並經驗焦慮後，才有可能發生。**身心健康個體的自由，就在於他能夠在面對和克服存在威脅時，充分運用新的可能性**。我們度過焦慮的經驗，才能尋求並部分達成自我的實現。他的活動範圍和自我的度量都擴大了。它同時也是度過焦慮的先決條件。腦損病患最難具備這種忍受焦慮的能力，兒童的忍受力高些，具創造力成人的忍受度最強。

蘇利文以較侷限的「自我」意義——對個人經驗與活動的覺察功能——做出重要的貢獻。他主張，**自我就在小孩的焦慮經驗中誕生**。嬰兒在與母親的早期關係中，學會分辨許可和回饋，以及禁止和可能受罰的活動。後者會引發焦慮。這種蘇利文所謂的「自我動力」（self-dynamism）是一個發展過程，此時焦慮經驗從活動與覺察中被排除，而得到認可的活動則被整合到孩子的覺察與行爲之中。由此觀之，自我是爲了保護個人安全，使其免於焦慮而誕生。這個觀點強調的是焦慮在自我發展中的整合性功能，並且澄清了我們前面提過的共同現象：那就是焦慮經驗若是以非建設性的方式處理，將導致自我的壓縮。蘇利文針對建設性運用焦慮這一點指出，**個人如果能夠建設性地處理自己的焦慮，人格中的焦慮地帶反而往往會成為重要的成長領域，這在心理治療與良好的人際關係中不乏其例。**

現在讓我們來思考自我的正向層面——自由、擴大的自我覺察以及責任。個體自由的浮現與焦慮密不可分；事實上，自由的可能性總是會引發焦慮，個人面對焦慮的方式將決定自由是得到肯定或被犧牲。孩子在打破依賴雙親的原始連結時，免不了會有焦慮。健康的孩子會在更大程度的自我定向和自主基礎上，重新與雙親和他人建立新的連結關係，以此克服焦慮。但是如果脫離雙親獨立帶來無可忍受的焦慮（就像那些雙親表現出敵意或過度焦慮的孩子），而且因此要付出無助孤立的代價太過龐大，孩子便會退縮到新的依賴形式中。擴大自我的那個可能性被犧牲了，於是個人長大後出現神經性焦慮的可能也隱然若現。這表示，如果要建設性面對焦慮的話，獨立與自由的能力是必要的。

每當在我們面對並經歷新的可能性時，自我覺察的擴大便會產生。雖然新生嬰兒的首次焦慮是因爲得不到滿足，但是當自覺浮現之後，就產生了變化。齊克果稱這種自覺的浮現為「質性的跳躍」（qualitative leap）.；它在當代動能心理學的不同脈絡下，被描述為自我的浮現。孩子現在知道自由需要承擔責任。所謂的承擔責任除了「做自己」之外，也要對別人負責。這個責任的反面便是疚責感。個人只要拒絕把握新的可能，拒絕從熟悉領域擴展到不熟悉的領域，並藉此避免焦慮、責任與疚責感，他們便犧牲了自己的自由，並進一步壓縮自己的自主性與自覺。

「冒險造成焦慮，不冒險卻失去自己，」這是齊克果簡潔有力的諍言。善用潛能、面對焦慮並接受其中的責任與疚責感，就會增進自覺、自由，以及創造性範疇的擴大。

> 即便是從世界的眼光看來，大膽奮進也是一件危險的事。原因何在？因為個人可能會失敗。然而，不冒險或許機靈，但是如果不勇敢前進，那麼我們極可能非常容易就會失去，那即使在最艱難的冒險中也很難失去的東西，那在任何情況下最容易、最完整、宛如無物的事物……亦即個人的自我。如果我的冒險出了差錯，很好，那麼生命就會以它的懲罰幫助我。但是如果我根本裹足不前，那麼誰能幫助我呢？此外，如果我根本就不去冒險（完全冒險的意思是對自我的覺知），我贏得一切世俗的利益……但卻失去了自我！如此可好？⑬

個人越有創意，便越具可能性，也越容易焦慮，以及遭逢伴隨的責任和疚責感。或表就像齊克果說的：「意識越清明，越趨向自我。」自覺提升意味著自我人格（self-hood）的增進。我們的結論是：**當個人能夠面對焦慮經驗，並進而成功地走出來時，他自我人格中的正向層面也隨之成長。**

註釋

①陶倫斯（E. Paul Torrance），〈壓力比較研究〉（Comparative studies of the stress-seeking in the imaginative stories of preadolescents in twelve different subcultures），收錄在卡魯斯納（Samuel Kalusner）主編，《爲什麼人要碰運氣》（*Why man takes chances: studies in stress seeking*, New York, 1968）。

②這兩項評等由「羅氏墨漬測驗」專家克洛福（Bruno Klopfer）醫生完成。智力潛能是以「羅氏墨漬測驗」爲基礎，目的在與智力效能做出區分。評量智力效能對本書研究的問題似乎不太有用。

我們在此省略了夏洛特的案例，因爲精神病的發展會帶入不同的質素，最明顯的是讓案主從造成焦慮的衝突中退縮出來。

我也注意到現階段的智力測量仍具爭議性。「智力潛能」一詞可以是「創意潛能」，它不會改變我要表達的重點。

③「我可能會焦慮」只是強度較弱的「我焦慮」。

④我們在莎拉的討論中指出，非婚懷孕對她所造成的焦慮，不如其他白人女性嚴重。因此她是不是該給予同樣的評等，頗令人猶豫。

⑤請參見第三章。

⑥阿曼（Amen）與雷尼森（Renison）針對孩童恐懼的研究，可用來證明焦慮與智力的關係，並得出如下結論：越聰明的小孩越能夠逼眞地記得恐怖的經驗，並將之投射到未來成爲潛在的威脅來源。阿曼等（E. N. Amen & N. Renison），〈孩童遊戲模式與焦慮關係的研究〉（A study of the relationship between play patterns and anxiety in children），《心理學月刊》（*General Psychology Monthly*），1954, **50**, 3-41。

⑦潔如兒芙等（Kristen Kjerulff & Nancy Wiggins），〈研究生如何因應壓力〉（Graduate students style for coping with stressful situations），《教育心理期刊》（*Journal of Education Psychology*），1976, **68**（3），247-254。

⑧辛波斯基（John Simpowski），〈壓力與創意的關係〉（The relationship of stress and creativity to cognitive performance），《國際論文摘要》（*Dissertation Abstract International*），1973, **34**（5-A），2399。

⑨丹尼，〈概念形成中的焦慮與智商效力〉（Effects of anxiety and intelligence on concept formation），《經驗心理學期刊》（*Journal of Experience Psychology*），1966, **72**, 596-602。

⑩摘自《心腦公告》（*Brain-Mind Bulletin*），一九七七年一月三日，**2**（4）。

⑪芬兹等（W. D. Fenz & S. Epstein），〈跳傘員心理亢奮程度與起跳的函數關係〉（Gradients of physiological arousal in parachutists as a function of an approaching jump），《心身醫學期刊》（*Psychosomatic Medicine*），1967, **29**, 33-51。

⑫請參見第三章利戴爾所言。

⑬齊克果，《向死之病》（*Sickness unto Death*, Princeton, N.J., 1941），勞瑞（Walter Lowrie）譯，p.52。

〈焦慮檢驗清單〉

焦慮檢驗清單一：童年的焦慮

每個孩子都會擔心、恐懼和焦慮。請妳針對小時候在下列項目的擔心程度（「從來沒有」、「有時候會」或「經常如此」）勾選。

	從來沒有	有時候會	經常如此
1. 學校考試失敗			
2. 爸爸失業	____	____	____
3. 被老師責備	____	____	____
4. 碰到意外	____	____	____
5. 媽媽離我而去	____	____	____
6. 沒有足夠東西可以吃	____	____	____
7. 沒有同性朋友	____	____	____
8. 學校成績落後	____	____	____
9. 父母親生病	____	____	____
10. 晚上有人跟著我	____	____	____
11. 兄弟姊妹離我而去	____	____	____
12. 不受歡迎	____	____	____
13. 被車撞到	____	____	____
14. 在學校裡公開演講	____	____	____
15. 生病了	____	____	____
16. 父親責備我	____	____	____
17. 做惡夢	____	____	____
18. 沒有男朋友	____	____	____
19. 找不到工作	____	____	____
20. 我快死了	____	____	____
21. 不是個成功的人	____	____	____
22. 兄弟姊妹欺負我	____	____	____
23. 有一天必須撫養父母	____	____	____
24. 母親責備我	____	____	____
25. 聖誕節禮物太少	____	____	____
26. 在學校演話劇（怯場）	____	____	____
27. 房子燒毀了	____	____	____

28. 貧窮…………………………………………… ______ ______ ______
29. 獨自一個人在黑暗中……………………… ______ ______ ______
30. 聖誕節時兄弟姊妹的禮物比我多…… ______ ______ ______
31. 父親離我而去……………………………… ______ ______ ______
32. 我會不會結婚……………………………… ______ ______ ______
33. 父親處罰我………………………………… ______ ______ ______
34. 媽媽快死了………………………………… ______ ______ ______
35. 什麼時候月經會來………………………… ______ ______ ______
36. 小偷闖進家裡……………………………… ______ ______ ______
37. 我家不夠漂亮……………………………… ______ ______ ______
38. 兄弟姊妹有人快死了……………………… ______ ______ ______
39. 孤單…………………………………………… ______ ______ ______
40. 感到爸爸媽媽可能不關心我………… ______ ______ ______
41. 巫婆或鬼怪來了…………………………… ______ ______ ______
42. 母親處罰我………………………………… ______ ______ ______
43. 爸爸快死了………………………………… ______ ______ ______
44. 不夠漂亮…………………………………… ______ ______ ______
45. 不夠健康…………………………………… ______ ______ ______
46. 電影中的可怕東西如科學怪人……… ______ ______ ______
47. 閃電或雷雨時待在外頭………………… ______ ______ ______
48. 有人挑釁我………………………………… ______ ______ ______
49. 碰到蛇……………………………………… ______ ______ ______
50. 碰到大型動物……………………………… ______ ______ ______
51. 拔牙…………………………………………… ______ ______ ______
52. 有人嘲弄我………………………………… ______ ______ ______
53. 從高崖上跳下來或跌下來……………… ______ ______ ______
54. 自己關在房裡……………………………… ______ ______ ______

焦慮檢驗清單二：我當前的焦慮

人們對不同的事情會擔心或產生焦慮。請妳針對下列項目的擔心或焦慮程度（「從來沒有」、「有時候會」或「經常如此」）勾選。

1. 被車撞到…………………………………… 從來沒有 有時候會 經常如此
2. 對異性沒有吸引力………………………… ______ ______ ______

3. 上醫院去			
4. 工作成功與否			
5. 老得太快			
6. 母親會不會對我感到失望			
7. 我是否快樂			
8. 錢不夠			
9. 動手術			
10. 沒有異性朋友			
11. 我的寶寶是否健康			
12. 醫院裡的人會怎麼說我			
13. 被解僱			
14. 我的兄弟姊妹會怎麼看我			
15. 城市受到敵機轟炸			
16. 我要住到哪裡			
17. 惡夢或夢魘			
18. 我會不會結婚			
19. 被歹徒綁架			
20. 我的寶寶會長得怎樣			
21. 我的身材變型			
22. 不健康			
23. 我的女性朋友會怎麼看我			
24. 我快死了			
25. 臨盆的痛苦			
26. 我的男性朋友會怎麼看我			
27. 運氣不好			
28. 我是不是該留下寶寶			
29. 我的父親會怎麼看我			
30. 我該找什麼工作			
31. 孤獨			
32. 爸爸或媽媽快死了			
33. 人們生我的氣			
34. 被下毒			
35. 得不到我愛的男人			
36. 朋友讓我失望			
37. 快淹死了			

	從來沒有	有時候會	經常如此
38. 得不到僱主的認可			

焦慮檢驗清單三：未來的焦慮

人們有不同的憂心或焦慮。請妳針對下列項目的擔心或焦慮程度（「從來沒有」、「有時候會」或「經常如此」）勾選。

	從來沒有	有時候會	經常如此
1. 我對朋友不忠			
2. 我要住到哪兒，該如何生活			
3. 被解僱			
4. 在空襲中受傷			
5. 沒有異性朋友			
6. 我的兄弟姊妹會怎麼看我			
7. 我住的公寓著火了			
8. 我的寶寶會怎麼成長			
9. 動手術			
10. 我會不會結婚			
11. 惡夢或夢魘			
12. 得不到我愛的男人			
13. 被下毒			
14. 爸爸或媽媽快死了			
15. 孤獨			
16. 我該找什麼工作			
17. 我的男性朋友會怎麼看我			
18. 某個大災難降臨到我身上			
19. 身材不好			
20. 爸爸會怎麼看我			
21. 我該如何為寶寶規劃未來			
22. 我快死了			
23. 健康不佳			
24. 我的女性朋友會怎麼看我			
25. 被車撞到			
26. 老得太快			
27. 工作表現不好			
28. 我的鄰居會怎麼看我			

29. 我是否快樂……………………………………	______	______	______
30. 我是否有足夠的錢生活…………………	______	______	______
31. 寶寶是否健健康康的………………………	______	______	______
32. 對男人沒有吸引力…………………………	______	______	______
33 得不到僱主的認可…………………………	______	______	______
34 有人挑釁我………………………………………	______	______	______
35 歹徒跑到家裡…………………………………	______	______	______
36 媽媽會怎麼看我………………………………	______	______	______
37 拔牙……………………………………………………	______	______	______
38 必須再去一次醫院…………………………	______	______	______

註：上面三份清單僅用來研究本書中未婚媽媽的焦慮，不適用於其他研究。它們是針對本研究設計的，內容只與本次研究相關。它們附錄在這裡，是為了讓讀者更能具體了解本書案例的研究進路之一。

〈參考書目〉

ADAMS, J. DONALD. 1948. *New York Times Book Review*. January 11, 1948, p. 2.

ADLER, ALFRED. 1917. *The neurotic constitution*. English trans. by Bernard Glueck. New York: Moffatt, Yard & Co.

———. 1927. *Understanding human nature*. Trans. by W. Beran Wolfe. New York: Greenberg Publisher, Inc.

———. 1930. *The pattern of life*, ed. W. Beran Wolfe. New York: Cosmopolitan Book Corp.

———. 1930. *Problems of neurosis*, ed. Philippe Mairet. New York: Cosmopolitan Book Corp.

ALEXANDER, FRANZ. 1934. The influence of psychologic factors upon gastrointestinal disturbances. *Psychoanal. Quart.* **3**, 501–88.

ALLPORT, G. W. 1942. *The use of personal documents in psychological science*. New York: Social Science Research Council.

ALLPORT, G. W., and VERNON, P. E. 1933. *Studies in expressive movement*. New York: The Macmillan Co.

AUDEN, W. H. 1947. *The age of anxiety: a baroque eclogue*. New York: Randon House, Inc.

BAILEY, PEARCE. 1935. *Theory and therapy: an introduction to the psychology of Dr. Otto Rank*. Paris: Jouve et Cie., Editeurs.

BATESON, GREGORY. 1975. *Steps to an ecology of mind*. New York: Ballantine Books.

BECK, AARON. 1972. Cognition, anxiety, and psychophysiological disorders. In Charles Spielberger (ed.), *Anxiety: current trends in theory and research*. Vol. II. New York: Academic Press.

BENDER, LAURETTA. 1950. Anxiety in disturbed children. In Paul Hock and Joseph Zubin (eds.). *Anxiety*. New York: Grune and Stratton.

BERNSTEIN, LEONARD. 1949. Notes on *The age of anxiety*, Bernstein's Second Symphony, in *Concert Bulletin*. Boston: Boston Symphony Orchestra.

BINGER, CARL. 1945. *The doctor's job*. New York: W. W. Norton & Co., Inc.

BOURNE, PETER, ROSE, ROBERT, and MASON, JOHN. 1967. Urinary 17-OHCS levels. *Archives of General Psychiatry*, **17**, 104–10.

BROCK, WERNER. 1935. *An introduction to contemporary German philosophy*. London: Cambridge University Press.

BROWN, LAWRASON. 1933. The mental aspect in the etiology and treatment of pulmonary tuberculosis. *International Clinics*, **3**:43, 151–62.

BURCKHARDT, JACOB. 1935. *The civilization of the Renaissance in Italy*. Authorized trans. from 15th ed. by S. G. C. Middlemore. ("Bonibooks Series.") New York: Albert and Charles Boni, Inc.

CANNON, W. B. 1927. *Bodily changes in pain, hunger, fear and rage*. (2d ed.) New York: Appleton-Century-Crofts, Inc.

———. 1939. *The wisdom of the body* (Rev. and enl. ed.). New York: W. W. Norton & Co., Inc.

———. 1942. Voodoo death. *Amer. Anthrop.*, **44**:2, 169–81.

CASSIRER, ERNST. 1944. *An essay on man*. New Haven, Conn.: Yale University Press.

COATES, D. B., ET AL. 1976. Life-event changes and mental health. In Irwin Sarason and Charles Spielberger (eds.), *Stress and anxiety*. Vol. III. New York: John Wiley and Sons, pp. 225–250.

COUSINS, NORMAN. 1945. *Modern man is obsolete*. New York: The Viking Press, Inc.

DOLLARD, JOHN. 1935. *Criteria for the life history*. New Haven: Yale University Press.

———. 1942. *Victory over fear*. New York: Reynal & Hitchcock, Inc.

DOLLARD, JOHN, and HARTEN, DONALD. 1944. *Fear in battle*. (Rev. ed.) Washington, D.C.: *The Infantry Journal*, 1944.

DU BOIS, CORA. 1944. *People of Alor*. (With analyses by Abram Kardiner and Emil Oberholzer.) Minneapolis: University of Minnesota Press.

DUNBAR, HELEN FLANDERS. 1938. *Emotions and bodily changes*. (Rev. ed.) New York: Columbia University Press.

———. 1942. The relationship between anxiety states and organic diseases. *Clinics*, **1**:4, 879–907.

———. 1943. *Psychosomatic diagnosis*. New York: Paul B. Hoeber, Inc., Medical Book Dept. of Harper & Bros.

DUNNE, JOHN S. 1972. *The way of all earth*. New York: Macmillan.

EBON, MARTIN. 1948. *World communism today*. New York: Whittlesey House.

ENDLER, NORMAN. 1975. A person-situation-interaction model for anxiety. In Charles Spielberger and Irwin Sarason (eds.), *Stress and anxiety*. Vol. I. New York: John Wiley and Sons, pp. 145–162.

ENGEL, GEORGE. 1962. *Psychological development in health and disease*. Philadelphia: W. B. Saunders, Co.

FORD, CHARLES. 1975. The *Pueblo* incident: psychological response to social stress. In Irwin Sarason and Charles Spielberger (eds.), *Stress and anxiety*. Vol. II. New York: John Wiley and Sons.

FRANK, L. K. 1936. Society as the patient. *Amer. J. Sociol.*, **42**, 335.

———. 1939. Projective methods for the study of personality. *J. Psychol.*, **8**, 389–415.

FREUD, SIGMUND. 1968. *A general introduction to psychoanalysis*. New York: Liveright. (First published in German in 1916.)

———. 1974. *New introductory lectures in psychoanalysis*. New York: W. W. Norton & Co., Inc.

———. 1964. *The problem of anxiety*. Trans. by H. A. Bunker. (American ed.) New York: W. W. Norton & Co., Inc. (Originally published under the title *Inhibition, symptom, and anxiety* by the Psychoanalytic Institute, Stamford, Conn., 1927.)

———. 1970. *An outline of psycho-analysis*. New York: W. W. Norton & Co., Inc.

FROMM, ERICH. 1939. Selfishness and self-love. *Psychiatry*, **2**, 507–23.

———. 1941. *Escape from freedom*. New York: Rinehart & Co., Inc.

———. 1947. *Man for himself, an inquiry into the psychology of ethics*. New York: Rinehart & Co., Inc.

GESELL, A. L. 1929. The individual in infancy. In Carl Murchison (ed.), *The foundations of experimental psychology*. Worcester, Mass.: Clark University Press. Pp. 628–60.

GOLDSTEIN, KURT. 1938. A further comparison of the Moro reflex and the startle pattern. *J. Psychol.*, **6**, 33–42.

———. 1939. *The organism, a holistic approach to biology*. New York: American Book Co.

———. 1940. *Human nature in the light of psychopathology*. Cambridge, Mass.: Harvard University Press.

GRAY, G. W. 1939. Anxiety and illness. *Harper's Magazine*, May, 1939, pp. 605–16.

GRAY, J. 1971. *The psychology of fear and stress*. London: Weidenfeld and Nicolson.

GREENACRE, PHYLLIS. 1941. The predisposition to anxiety. *Psychoanal. Quart.*, **10**, 66–94, 610–38.

GRINKER, R. R. 1944. Treatment of war neuroses. *J. Amer. med. Ass.*, **126**:3, 142–45.

GRINKER, R. R., and SPIEGEL, S. P. 1945. *Men under stress*. Philadelphia: The Blakiston Co.

GROEN, J. J. and BASTIAANS, J. 1975. Psychosocial stress, interhuman communication and psychosomatic disease. In Charles Spielberger and Irwin Sarason (eds.), *Stress and anxiety*. Vol. I. New York: John Wiley and Sons, pp. 27–50.

HAGMAN, R. R. 1932. A study of fears of children of preschool age. *J. exp. Educ.*, **1**, 110–30.

HALLIDAY, JAMES L. 1948. *Psychosocial medicine, a study of the sick society*. New York: W. W. Norton & Co,. Inc.

HALLOWELL, A. I. 1938. Fear and anxiety as cultural and individual variables in a primitive society *J.. soc. Psychol.*, **9**, 25–47.

———. 1941. The social function of anxiety in a primitive society. *Amer. social. Rev.*, **6**:6, 869–87.

HARTZ, JEROME. 1944. Tuberculosis and personality conflicts. *Psychosom. Med.*, **6**:1, 17–22.

HASTINGS, DONALD W. 1945. What fear is—and does—to fighting men. *New York Times Magazine*, July 15, 1945, pp. 11, 31–32.

HEALY, W., BRONNER, A. F., and BOWERS, A. M. 1930. *The meaning and structure of psychoanalysis*. New York: Alfred A. Knopf, Inc.

HERSHEY, LEWIS B. 1942. Fear in war. *New York Times Magazine*, September 27, 1942, pp. 5, 6, 36.

HESSE, HERMAN. 1947. *Steppenwolf*. Trans. by Basil Creighton. New York: Henry Holt & Co., Inc.

HOCH, PAUL and ZUBIN, JOSEPH (eds.). 1950. *Anxiety: proceedings of the thirty-ninth annual meeting of the American Psychopathological Association*. New York: Grune and Stratton. Republished by Hafner Publishing Co., New York, 1964.

HORNEY, KAREN. 1937. *The neurotic personality of our time*. New York: W. W. Norton & Co., Inc.

———. 1939. *New ways in psychoanalysis*. New York: W. W. Norton & Co., Inc.

———. 1945. *Our inner conflicts, a constructive theory of neurosis*. New York: W. W. Norton & Co., Inc.

HOROWITZ, MARDI. 1976. *Stress response syndromes*. New York: Jason Aronson, Inc.

HUIZINGA, JOHAN. 1924. *The waning of the Middle Ages*. London. Edward Arnold & Co.

HUNT, J. MCV. (ed.). 1944. *Personality and the behavior disorders*. New York: The Ronald Press Co.

IBSEN, HENRIK. *Eleven plays of Henrik Ibsen*. New York: Random House, Inc.

IBSEN, HENRIK. 1963. *Peer Gynt*. Trans. by Michael Meyer. Garden City, N.Y.: Doubleday, p. 16.

JANIS, IRVING. 1958. *Psychological Stress*. New York: Academic Press.

JERSILD, A. T. 1933. *Child psychology*. (Rev. ed.) New York: Prentice-Hall, Inc., 1940.

———. 1935. Methods of overcoming children's fears. *J. Psychol.*, **1**, 75–104.

JERSILD, A. T., MARKEY, F. V., and JERSILD, C. D. 1933. *Children's fears, dreams, wishes, daydreams, likes, pleasant and unpleasant memories*. Child Develpm. Monogr. No. 12. New York: Teachers College, Columbia University.

JERSILD, A. T., and HOLMES, F. B. 1935. *Children's fears*. Child Develpm. Monogr. No. 20. New York: Teachers College, Columbia University.

JONES, E. S. 1944. Subjective evaluations of personality. In J. McV. Hunt (ed.), *Personality and the behavior disorders*. New York: The Ronald Press Co. I, 139–70.

JONES, H. E., and JONES, M. C. 1928. A study of fear. *Childhood Education*, **5**, 136–43.

JUNG, C. G. 1916. *Collected papers on analytical psychology*. Authorized trans. by C. E. Long. London: Baillière, Tindall & Cox.

———. 1938. *Psychology and religion*. New Haven, Conn.: Yale University Press.

KAFKA, FRANZ. 1930. *The castle*. Trans. from the German by Edwin and Willa Muir. New York: Alfred A. Knopf, Inc.

———. 1937. *The trial*. Trans. from the German by Edwin and Willa Muir. New York: Alfred A. Knopf, Inc.

KAGAN, JEROME. 1966. Psychosocial development of the child. In Frank Falkner, *Human development*. Philadelphia: W. B. Saunders.

KARDINER, ABRAM. 1939. *The individual and his society—the psychodynamics of primitive social organization*. With a foreword and two ethnological reports by Ralph Linton. New York: Columbia University Press.

———. 1945. *The psychological frontiers of society*. New York: Columbia University Press.

KIERKEGAARD, SØREN. 1941. *Sickness unto death*. Trans. by Walter Lowrie. Princeton, N.J.: Princeton University Press. (Originally published in Danish, 1849.)

———. 1944. *The concept of dread*. Trans. by Walter Lowrie. Princeton, N.J.: Princeton University Press. (Originally published in Danish, 1844.)

———. 1976. *The concept of anxiety*. Ed. and trans. by Howard V. Hong and Edna V. Hong. Northfield, Minn.

KIMMEL, H. D. 1975. Conditioned fear and anxiety. In Charles Spielberger and Irwin Sarason (eds.), *Stress and anxiety*. Vol. I. New York: John Wiley and Sons, pp. 189–210.

KJERULFF, KRISTEFF, and WIGGIN, NANCY. 1976. Graduate students' style for coping with stressful situations. *Journal of Educational Psychology*, **68**:3, 247–254.

KLAUSNER, SAMUEL (ed.). 1968. *Why man takes chances: studies in stress seeking*. New York: Anchor Books, Doubleday & Company.

KLINEBERG, OTTO. 1940. *Social psychology*. New York: Henry Holt & Co., Inc.

KLOPFER, BRUNO, and KELLEY, DOUGLAS. 1942. *The Rorschach technique, a manual for a projective method of personality diagnosis*. Yonkers, N.Y.: World Book Co.

KUBIE, L. S. 1941. The ontogeny of anxiety. *Psychoanal. Rev.*, **8**:1, 78–85.

LANDIS, C., and HUNT, W. A. 1939. *The startle pattern*. New York: Rinehart & Co., Inc.

LAZARUS, RICHARD, and AVERILL, JAMES. 1972. Emotion and cognition: with special reference to anxiety. In Charles Spielberger (ed.), *Anxiety: current trends in theory and research*. Vol. II. New York: John Wiley and Sons, pp. 241–283.

LEONARD, A. G. 1906. *The lower Niger and its tribes*. London.

LEVINE, SEYMOUR. 1971. Stress and behavior. *Scientific American*, **224**:1, 26–31.

LEVITT, EUGENE. 1972. A brief commentary on the "psychiatric breakthrough" with special emphasis on the hematology of anxiety. In Charles Spielberger (ed.), *Anxiety: current trends in theory and research*. Vol. I. New York: Academic Press.

LEVY, D. M. 1938. Maternal overprotection. *Psychiatry*, **1**, 561 ff.

———. 1949. The source of acute anxieties in early childhood. In Paul Hoch and Zubin eds.), *Anxiety*. New York: Grune and Stratton.

LEWIN, KURT. 1936. *Principles of topological psychology*. New York: McGraw-Hill Book Co., Inc.

LIDDELL, HOWARD S. 1949. The role of vigilance in the development of animal neurosis. In Paul Hoch and Joseph Zubin (eds.), *Anxiety*. New York: Grune and Stratton, pp. 183–197.

LIFTON, ROBERT JAY. 1961. *History and human survival*. New York: Random House.

———. 1961. *Thought reform and the psychology of totalism*. New York: W. W. Norton & Co., Inc.

———. 1976. *The life of the self*. New York: Simon and Schuster.

LOWRIE, WALTER. 1944. *A short life of Kierkegaard*. Princeton, N.J.: Princeton University Press.

LUDWIG, WALTER. 1920. Beiträge zur Psychologie der Furcht im Kriege. In Stein and Lipmann (eds.), *Beiträge zur Psychologie des Krieges*. Leipzig.

LURIA, A. R. 1932. *The nature of human conflicts*. New York: Liveright Publishing Corp.

LYND, R. S., and LYND, H. M. 1929. *Middletown*. New York: Harcourt, Brace & Co., Inc.

———. 1937. *Middletown in transition*. New York: Harcourt, Brace & Co., Inc.

LYNN, RICHARD. 1975. National differences in anxiety. In Irwin Sarason and Charles Spielberger (eds.), *Stress and Anxiety*. Vol. II. New York: John Wiley and Sons, pp. 257–272.

MACKINNON, DONALD W. 1944. A topological analysis of anxiety. *Character & Pers.*, **12**:3, 163–76.

MALLER, J. B. 1944. Personality tests. In J. McV. HUNT (ed.), *Personality and the behavior disorders*. New York: The Ronald Press Co. I, 170–214.

MANN, THOMAS. 1937. *Freud, Goethe, Wagner*. New York: Alfred A. Knopf, Inc.

MANNHEIM, KARL. 1941. *Man and society in an age of reconstruction*. New York: Harcourt, Brace & Co., Inc.

MASLOW, A. H., and MITTELMANN, BÉLA. 1941. *Principles of abnormal psychology: the dynamics of psychic illness*. New York: Harper & Bros.

MASON, JOHN. 1975. Emotion as reflected in patterns of endocrine integration. In L. Levi (ed.), *Emotions—their parameters and measurement*. New York: Raven Press.

MATTHEWS, HERBERT L. 1946. *The education of a correspondent*. New York: Harcourt, Brace & Co., Inc.

MAY, MARK A. 1941. *Education in a world of fear*. Cambridge, Mass.: Harvard University Press.

MAY, ROLLO. 1950. Historical roots of modern anxiety theories. Paper read before the American Psychopathological Association. In Paul Hoch and Joseph Zubin (eds.), *Anxiety*. New York: Grune and Stratton, 1964, pp. 3–16.

———. 1950. *The meaning of anxiety*. First Edition. New York: Ronald Press.

———. 1953. *Man's search for himself*. New York: W. W. Norton & Co., Inc.

———. (ed.). 1960. *Symbolism in religion and literature*. New York: George Braziller.

———. 1967. *Psychology and the human dilemma*. Princeton: Van Nostrand Co.

———. 1969. *Love and will*. New York: W. W. Norton & Co., Inc.

MAY, ROLLO, ANGEL, ERNEST, and ELLENBERG, HENRI (eds.). *Existence: a new dimension in psychiatry and psychology*. New York: Basic Books.

MILLER, N. E., and DOLLARD, J. 1941. *Social learning and imitation*. New Haven, Conn.: Yale University Press.

MITTELMANN, B., WOLFF, H. G., and SCHARF, M. P. 1942. Experimental studies on patients with gastritis, duodenitis, and peptic ulcer. *Psychosom. Med.*, **4**:1, 5–61.

MOWRER, O. H. 1939. A stimulus-response analysis of anxiety and its role as a reinforcing agent. *Psychol. Rev.*, **46**:6, 553–65.

———. 1939. The Freudian theories of anxiety: a reconciliation. New Haven, Conn.: Institute of Human Relations, Yale University (mimeographed).

———. 1940. Anxiety-reduction and learning. *J. exp. Psychol.*, **27**:5, 497–516.

———. 1940. *Preparatory set (expectancy)—some methods of measurement*. Psychol. Monogr. No. 233.
———. 1950. *Learning theory and personality dynamics*. New York: Ronald Press.
———. 1950. Pain, punishment, guilt, and anxiety. In Paul Hoch and Joseph Zubin (eds.), *Anxiety*. New York: Grune and Stratton.
MOWRER, O. H., and ULLMAN, A. D. 1945. Time as a determinant in integrative learning. *Psychol. Rev.*, **52**:2, 61–90.
MUMFORD, LEWIS. 1944. *The condition of man*. New York: Harcourt, Brace & Co., Inc.
MURPHY, GARDNER. 1932. *An historical introduction in modern psychology*. New York: Harcourt, Brace & Co., Inc.
MURPHY, GARDNER, MURPHY, L. B., and NEWCOMB, T. M. 1937. *Experimental social psychology, an interpretation of research upon the socialization of the individual*. (Rev. ed.) New York: Harper & Bros.
MURRAY, H. A., JR., *et al.* 1938. *Explorations in personality*. New York: Oxford University Press.
NIEBUHR, REINHOLD. 1941. *The nature and destiny of man*. New York: Chas. Scribner's Sons.
NORTHROP, F. S. C. 1946. *The meeting of East and West, an inquiry concerning world understanding*. New York: The Macmillan Co.
OBERHOLZER, EMIL. 1949. Anxiety in Rorschach's experiment. Paper read before the American Psychopathological Association, June 3, 1949.
OPLER, M. K. 1956. Culture, psychiatry, and human values. New York: Thomas.
ORTEGA Y GASSET, JOSÉ. 1946. *Concord and liberty*. Trans. from the Spanish by Helen Wey. New York: W. W. Norton & Co., Inc.
PASCAL, BLAISE. 1946. *Pensées*. Ed. and trans. by G. B. Rawlings. Mt. Vernon, N.Y.: Peter Pauper Press.
PFISTER, OSCAR. 1948. *Christianity and fear, a study in history and in the psychology and hygiene of religion*. Trans. by W. H. Johnston. New York: The Macmillan Co.
PINTNER, R., and LEV, J. 1940. Worries of school children. *J. genet. Psychol.* **56**, 67–76.
PLANT, J. A. 1937. *Personality and the cultural pattern*. New York: Commonwealth Fund, Division of Publications.
PLAUT, PAUL. 1920. Psychographie des Krieges. In Stein and Lipmann (eds.), *Beiträge zur Psychologie des Krieges*. Leipzig.
RADO, SANDOR. 1950. Emergency behavior, with an introduction to the dynamics of conscience. In Paul Hoch and Joseph Zubin (eds.), *Anxiety*. New York: Grune and Stratton, pp. 150–175.
RANK, OTTO. 1929. *The trauma of birth*. New York: Harcourt, Brace & Co., Inc.
———. 1936. *Will therapy*. New York: Alfred A. Knopf, Inc.
REES, J. R. 1946. What war taught us about human nature. *New York Times Magazine*, March 17, 1946, pp. 11, 54–55.
REICH, WILHELM. 1945. *Character analysis: principles and technique for psychoanalysts in practice and training*. Trans. by T. P. Wolfe. New York: Orgone Press. (First published in German in 1935.)

REIK, THEODORE. 1941. Aggression from anxiety. *Int. J. Psycho-Anal.*, 22, 7–16.

RIEZLER, KURT. 1944. The social psychology of fear. *Amer. J. Sociol.*, **46**:6, 489–98.

ROLLAND, ROMAIN. 1915. *Michaelangelo*. New York: Albert and Charles Boni, Inc.

RORSCHACH, HERMANN, 1942. *Psychodiagnostics*. New York: Grune and Stratton, Inc.

SARASON, IRWIN, and SPIELBERGER, CHARLES (eds.). 1975 and 1976. *Stress and anxiety*. Vols. II and III. New York: John Wiley and Sons.

SARASON, SEYMOUR, et al. 1960. *Anxiety in elementary school children*. New York: John Wiley and Sons.

SAUL, LEON J. 1944. Physiological effects of emotional tension. In J. McV. Hunt (ed.), *Personality and the behavior disorders*. New York: The Ronald Press Co. Pp. 269–306.

SCHICHE, E. 1920. Zur Psychologie der Todesahnungen. In Stein and Lipmann (eds.), *Beiträge zur Psychologie des Krieges*. Leipzig.

SCHLESINGER, ARTHUR M., JR. 1948. Communism: a clear-eyed view (book review), *New York Times Book Review Section*, February 1, 1948, p. 1.

SCHMIDEBERG, MELITTA. 1940. Anxiety states. *Psychoanal. Rev.*, **27**:4, 439–49.

SELYE, HANS. 1950. *The physiology and pathology of exposure to stress*. Montreal: Acta.

———. 1956. *The stress of life*. New York: McGraw-Hill Company.

———. 1974. *Stress without distress*. Toronto: McClelland and Stewart Limited.

SPIELBERGER, CHARLES. 1966. *Anxiety and behavior*. New York: Academic Press.

——— (ed.). 1972. *Anxiety: current trends in theory and research*. Vols. I and II. New York: Academic Press.

SPIELBERGER, CHARLES, and SARASON, IRWIN (eds.). 1975 and 1977. *Stress and anxiety*. Vols. I and IV. New York: John Wiley and Sons.

SPINOZA, BARUCH. 1910. *The ethics of Spinoza and treatise on the correction of the intellect*. London: Everyman Edition.

STEKEL, WILHELM. 1923. *Conditions of nervous anxiety and their treatment*. Authorized trans. by Rosalie Gabler. London: Kegan Paul, Trench, Trubner & Co., Ltd.

SULLIVAN, HARRY STACK. 1947. *Conceptions of modern psychiatry*. Washington, D.C.: William Alanson White Psychiatric Foundation. (Reprinted from *Psychiatry*, **3**:1 and **8**:2.)

———. 1948. The meaning of anxiety in psychiatry and life. *Psychiatry*, **2**:1, 1–15.

———. 1949. The theory of anxiety and the nature of psychotherapy. *Psychiatry*, **12**:1, 3–13.

SYMONDS, JOHN ADDINGTON. 1935. *The Italian Renaissance*. New York: Randon House, Inc.

SYMONDS, PERCIVAL M. 1946. *The dynamics of human adjustment*. New York: Appleton-Century-Crofts, Inc.

TAWNEY, R. H. 1920. *The acquisitive society*. New York: Harcourt, Brace & Co., Inc.

TEICHMAN, YONA. 1975. The stress of coping with the unknown regarding a significant family member. In Irwin Sarason and Charles Spielberger (eds.), *Stress and anxiety*. Vol. II. New York: John Wiley and Sons, pp. 243–254.

TILLICH, PAUL. 1944. Existential philosophy. *Journal of the History of Ideas*, **5**:1, 44–70.

———. 1947. *The Protestant era*. Chicago: University of Chicago Press.

———. 1949. Anxiety-reducing agencies in our culture. Paper read before the American Psychopathological Association, June 3, 1949 (to be published).

TOYNBEE, ARNOLD J. 1949. How to turn the tables on Russia. *Woman's Home Companion*, August, 1949, pp. 30 ff.

TREGEAR, E. J. *Anthrop. Inst.*, 1890, **19**, 100.

VASARI, GIORGIO. 1946. *Lives of the artists*. Abridged and ed. by Betty Burroughs. New York: Simon & Schuster, Inc.

WATSON, JOHN B. 1924. *Behaviorism*. New York: W. W. Norton & Co., Inc.

WILLOUGHBY, R. R. 1935. Magic and cognate phenomena: an hypothesis. In Carl Murchison, ed., *A Handbook of Social Psychology*. Worcester, Mass.: Clark University Press.

WOLF, STEWART, and WOLFF, H. G. 1947. *Human gastric function*. New York: Oxford University Press.

WOLFE, THOMAS. 1929. *Look homeward, angel*. New York: Chas. Scribner's Sons.

———. 1934. *You can't go home again*. New York: Harper & Bros.

———. 1935. *Of time and the river*. New York: Harper & Bros.

YASKIN, JOSEPH. 1937. The psychobiology of anxiety, a clinical study. *Psychoanal. Rev.*, Supp. to Vols. **23–24**, pp. 1–93.

YOUNG, PAUL THOMAS. 1968. Emotion. In *International encyclopedia of social sciences*. Vol. 5. New York: Macmillan.

ZELIGS, ROSE. 1939. Children's worries. *Sociology and Social Research*, **24**: 22–32.

ZILBOORG, G. 1932. Anxiety without affect. *Psychoanal. Quart.*, **2**, 48–67.

ZINN, E. 1940. Anxiety—clinically viewed. Paper presented before the Monday Night Group, season of 1939–40. New Haven, Conn.: Institute of Human Relations, Yale University (mimeographed).

〈人名索引〉

條目後的頁碼係原著頁碼
檢索時請查正文頁下邊的數碼

A

B

C

D

E

K

L

M

N

P

〈名詞索引〉

條目後的頁碼係原著頁碼
檢索時請查正文頁下邊的數碼

A

B

C

D

G

H

O

P

S

內容簡介

「本書初版於一九五〇年，當時只有兩本論述焦慮的書出版，一是弗洛依德，一是齊克果，與一九五〇年以前相較，到一九七五年間，即有二十本相關的書籍上市。在一九五〇年以前，探討這個主題的論文只有六篇，而一九五〇年以後，焦慮和相關主題的研究與博士論文，則估計至少有六千篇。焦慮無疑已經走出專業人士燈光微弱的辦公室，來到商業市場的耀眼明燈之下。我很高興，本書初版為這方面的關懷增添波瀾。」

以上這一段話是羅洛・梅（Rollo May）於本書出版二十七年之後在修訂版序中所寫。至今又過去二十七年，距初版亦已五十四年。這麼多年來在焦慮研究領域中，本書的經典地位始終未曾動搖。

本書主要討論「焦慮的意義以及它對人類經驗的價值」。焦慮有它毀滅性的部分，但也有建設性的部分。「面對焦慮」一直是人類的生存課題。在人類祖先發展思考能力，以及運用象徵與工具來拓展保護範圍方面，焦慮扮演了非常重要的角色。

但是到了現代，人類的焦慮對象已不再是遠祖時代老虎和乳齒象的獵物，而是受傷的自尊，被自己的族群孤立，或在競爭中受到失利的威脅。焦慮的形式已經改變，但是焦慮經驗依然大體相同。

焦慮無所不在，如果我們能穿透政治、經濟、商業、專業或家庭危機的表層，深入去發掘它們的心理原因，或者試圖去了解當代藝術、詩歌、哲學與宗教的話，我們在每個角落幾乎都會碰到焦慮的問題，並以某種方式與之共處。

羅洛・梅在這個對「焦慮」的經典研究中，檢視不同的焦慮理論，也挑戰「精神健康就是沒有焦慮」的流行信念。他從十三個未婚媽媽及其他案主的生命史中獲得證明，指出「有焦慮便有活力」。就像發燒一樣，焦慮表示人格內正在激戰。只要我們持續爭戰，建設性的解決方案便有可能。當焦慮不再，爭戰結束，憂鬱可能就會出現。他還引用齊克果的主張，認爲焦慮是我們的「良師」，只要當新的可能性浮現時，焦慮就會在那兒。這些思考點出一個當代研究幾乎沒有碰觸的主題，那就是焦慮與創造力、原創性和智識的關係。

本書是爲那些感受到今日社會的壓力和焦慮衝突的人而寫的，也是爲那些尋求焦慮的意義、原因，以及可能的因應之道的人而寫的。

而對於現代心理治療學派的比較研究感興趣的人，又不妨把本書當作教科書，其中呈現了這個領域十幾位代表人物的觀點。要了解這些不同學派，透過焦慮理論的比較是最有效的。

作者

羅洛・梅（Rollo May）

美國存在心理學家，一九〇九年生。幼年命運多舛，雙親長期不合，終至離異，姊姊曾不幸精神崩潰。大學因參與激進學生刊物遭退學。另行入學畢業後，赴希臘三年，任大學英文教席，並隨阿德勒（Alfred Adler）短期研習。返美後，旋入聯合神學院，與存在主義神學家田立克（Paul Tillich）以師友相交，深受其思想啓迪。

梅年輕時甚為結核病所苦，不得不入療養院靜養三年，然此病反成為其生命轉捩點。面對死亡、遍覽群籍之餘，梅尤其耽讀存在主義宗教思想家齊克果（Kierkegaard）之著作。出院之後，入懷特學院（White Institute）攻讀精神分析，遇蘇利文（Harry Stack Sullivan）與佛洛姆（Erich Fromm）等人，終於一九四九年獲得紐約哥倫比亞大學首位臨床心理學博士學位。

他是一位受歡迎的演講者，同時在哈佛、耶魯和普林斯頓大學任教，並曾擔任懷特學院的訓練兼主任分析師。畢生致力於將存在心理學引入美國，一九九四年病逝於加州。

譯者

朱侃如

中興大學外文系學士，美國天普大學新聞碩士。譯有《神話》、《坎伯生活美學》、《千面英雄》、《女性主義》、《維根斯坦》、《榮格心靈地圖》、《哭喊神話》、《權力與無知》、《焦慮的意義》（皆立緒文化出版）等書。

責任編輯

馬興國

中興大學社會系畢業；資深編輯。

國家圖書館出版品預行編目(CIP) 資料

焦慮的意義：羅洛．梅經典/ 羅洛．梅(Rollo May)著；朱侃如譯 -- 二版 -- 新北市新店區：立緒文化事業有限公司, 民108
面；　公分. -- (新世紀叢書）
譯自 : The Meaning of Anxiety

ISBN 978-986-360-141-8(平裝)

1. 憂慮

176.527　　108010741

焦慮的意義：羅洛．梅經典

The Meaning of Anxiety

出版——立緒文化事業有限公司（於中華民國 84 年元月由郝碧蓮、鍾惠民創辦）
作者——羅洛．梅（Rollo May）
譯者——朱侃如

發行人——郝碧蓮
顧問——鍾惠民

地址——新北市新店區中央六街 62 號 1 樓
電話—— (02) 2219-2173
傳真—— (02) 2219-4998
E-mail Address —— service@ncp.com.tw
劃撥帳號—— 1839142-0 號 立緒文化事業有限公司帳戶
行政院新聞局局版臺業字第 6426 號

總經銷——大和書報圖書股份有限公司
電話—— (02) 8990-2588
傳真—— (02) 2290-1658
地址——新北市新莊區五工五路 2 號
排版——伊甸社會福利基金會附設電腦排版
印刷——尖端數位印刷股份有限公司

法律顧問——敦旭法律事務所吳展旭律師

分類號碼—— 176.527
ISBN —— 978-986-360-141-8
出版日期——中華民國 93 年 8 月～ 108 年 10 月初版 一～四刷（1 ～ 5,300）
中華民國 108 年 8 月～ 109 年 11 月二版 一～二刷（1 ～ 1,700）
中華民國 112 年 5 月二版 三刷（1,701 ～ 2,300）

定價◎ 420 元（平裝）

年度好書在立緒

文化與抵抗
- 2004年聯合報讀書人最佳書獎

威瑪文化
- 2003年聯合報讀書人最佳書獎

在文學徬徨的年代
- 2002年中央日報十大好書獎

上癮五百年
- 2002年中央日報十大好書獎

遮蔽的伊斯蘭
- 2002年聯合報讀書人最佳書獎
- News98張大春泡新聞2002年好書推薦

弗洛依德傳
（弗洛依德傳共三冊）
- 2002年聯合報讀書人最佳書獎

以撒・柏林傳
- 2001年中央日報十大好書獎

宗教經驗之種種
- 2001年博客來網路書店年度十大選書

文化與帝國主義
- 2001年聯合報讀書人最佳書獎

鄉關何處
- 2000年聯合報讀書人最佳書獎
- 2000年中央日報十大好書獎

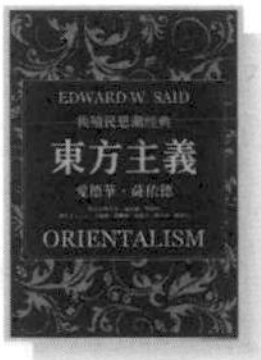

東方主義
- 1999年聯合報讀書人最佳書獎

航向愛爾蘭
- 1999年聯合報讀書人最佳書獎
- 1999年中央日報十大好書獎

深河(第二版)
- 1999年中國時報開卷十大好書獎

田野圖像
- 1999年聯合報讀書人最佳書獎
- 1999年中央日報十大好書獎

西方正典(全二冊)
- 1998年聯合報讀書人最佳書獎

神話的力量
- 1995年聯合報讀書人最佳書獎

心理學與哲學思考

羅洛．梅 Rollo May

愛與意志：羅洛．梅經典

生與死相反，
但是思考生命的意義
卻必須從死亡而來。

ISBN:978-986-360-140-1
定價：420元

自由與命運：羅洛．梅經典

生命的意義除了接納無
可改變的環境，
並將之轉變為自己的創造外，
別無其他。
中時開卷版、自由時報副刊
書評推薦
ISBN:978-986-360-165-4
定價：360元

創造的勇氣：羅洛．梅經典

若無勇氣，愛即將褪色，
然後淪為依賴。
如無勇氣，忠實亦難堅持，
然後變為妥協。

中時開卷版書評推薦
ISBN:978-986-360-166-1
定價：230元

權力與無知：羅洛．梅經典

暴力就在此處，
就在常人的世界中，
在失敗者的狂烈哭聲中聽到
青澀少年只在重蹈歷史的覆轍。

ISBN:978-986-3600-68-8
定價：350元

哭喊神話

呈現在我們眼前的....
是一個朝向神話消解的世代。
佇立在過去事物的現代人，
必須瘋狂挖掘自己的根，
即便它是埋藏在太初
遠古的殘骸中。

ISBN:978-986-3600-75-6
定價：380元

焦慮的意義：羅洛．梅經典

焦慮無所不在，
我們在每個角落
幾乎都會碰到焦慮，
並以某種方式與之共處。

聯合報讀書人書評推薦
ISBN:978-986-360-141-8
定價：420元

尤瑟夫．皮柏 Josef Pieper

二十世紀最重要的哲學著作之一

閒暇：一種靈魂的狀態 誠品好讀重量書評推薦

Leisure, The Basis of Culture
德國當代哲學大師經典名著

本書摧毀了20世紀工作至上的迷思，
顛覆當今世界對「閒暇」的觀念

閒暇是一種心靈的態度，
也是靈魂的一種狀態，
可以培養一個人對世界的關照能力。

ISBN:978-986-360-107-4
定價：280元

喬瑟夫 · 坎伯 Joseph Campbell

20世紀美國神話學大師

如果你不能在你所住之處找到聖地，
你就不會在任何地方找到它。
默然接納生命所向你顯示的實相，
就是所謂的成熟。

坎伯與妻子珍 · 厄爾曼

英雄的旅程

讀書人版每週新書金榜
開卷版本周書評
Phil Cousineau ◎著
梁永安 ◎譯

ISBN: 978-986-360-153-1
定價：420元

神話的力量

1995聯合報讀書人
最佳書獎
Campbell & Moyers ◎著
朱侃如 ◎譯

ISBN: 978-986-360-026-8
定價：390元

千面英雄

坎伯的經典之作
中時開卷版、讀書人版每周
新書金榜
Joseph Campbell ◎著
朱侃如 ◎譯

ISBN: 957-8453-15-9
定價：420元

坎伯生活美學

開卷版一周好書榜
讀書人版每周新書金榜
Diane K. Osbon ◎著
朱侃如 ◎譯

ISBN: 957-8453-06-X
定價：360元

神話的智慧

開卷版一周好書榜
讀書人版每周新書金榜
Joseph Campbell ◎著
李子寧 ◎譯

ISBN: 957-0411-45-7
定價：390元

美國重要詩人內哈特 John Neihardt傳世之作

巫士詩人神話　長銷七十餘年、譯成八種語言的美國西部經典

這本如史詩般的書，述說著一個族群偉大的生命史與心靈史，透過印第安先知黑麋鹿的敘述，一部壯闊的、美麗的草原故事，宛如一幕幕扣人心弦的電影場景。這本書是世界人類生活史的重要資產，其智慧結晶將為全人類共享，世世代代傳承。

ISBN: 986-7416-02-3　定價：320元